영원한 베타

원하는 변화를 이루기 위한 방법

Be the change you wish to be

영원한 베타

원하는 변화를 이루기 위한 방법

Be the change you wish to be

권두승

교육과학사

/머/리/말/

지금 우리 사회는 사회발전의 과정상으로는 4차 산업혁명 시대, 자본주의 5.0 시대로 일컬어지고는 있습니다만, 특히 코로나 19라는 세계적 팬데믹의 시대를 맞아 점차 '뷰카 시대'로 접어들고 있습니다. 우리 사회가 급변하고(volatile), 불확실하고(uncertain), 복잡하고(complex), 모호한(ambiguous) 상태라는 영어 첫 글자를 따서 뷰카(VUCA)라는 것입니다. 이제 우리 인간은 유발 하라리의 지적처럼 '우리 인류가 나룻배를 타고 문명의 바다를 건너 우주선의 시대로 접어들었지만, 우리가 어디로 가고 있는지는 아무도 모르는 시대'에 살고 있습니다.

그런데, 이러한 변화의 시대에 우리 사회는 세대 차이, 부의 양극화, 디지털 격차라고 하는 주요 해결과제를 안고 있습니다. 이에 더하여 우리는 다양한 가치를 지닌 5세대(베이비붐 세대, X, Y, Z, 알파 세대)가 지구상에서 함께 살아가는 역사상 처음 있는 시대에 살고 있습니다. 이러한 변화는 과거 어느 시대, 그 어떤 사회도 경험하지 못했던 급격한 변화이고, 이제 개개인은 인간으로서 과거의 그 어떤 모습과는 완전히 다른 존재로의 변화를 도모하지 않으면 그 생존마저 위협받는 시대가 되었습니다. 이에 따라 변화를 위한 부단한 노력과 기술이 필요합니다. 우리가 인생 100세 시대에 과거 사회와 같이 학습-일-은퇴로 이어지는 인생 구조는 이미 가치를 잃은 지 오래입니다. 이제는 배우고, 일하고, 참여하고, 성장하는 일들이 직선형이 아니라 순환형으로 반복되어야 하며, 이를 통해 우리는 더욱 건강하고 활기차며 가치 충만한 존재로 살아갈 수 있어야 합니다. 이를 위해서는 바로, 지금 여기에서 나 자신부터 인생 혁명을 시도할 필요가 있습니다. 여기서 우리는 인생 혁명이라고는 하지만, 실상은 인생 혁명이라는 것도 작은 변화에서 시작되어야 합니다. 그리고 그 결론은 삶을 바라보는 관점의 변화이고, 결국 그것이 우리 인생에 혁명적인 결과를 낳게 됩니다. 마치 돈이 복리로 불어나듯이 습관도 반복되면서 그 결과가 곱절로 불어나게 되어 결국, 인생의 혁명적인 변화를 초래하게 된다는 것입니다.

나는 지금까지 살아오면서 인생에는 재테크 못지않게 학 테크, 직 테크, 육 테크, 심 테크가 필요하다는 것을 배웠습니다. 여기서 학 테크는 공부 머리, 직 테크는 일머리, 육 테크와 심 테크는 각각 타인돌봄, 자기돌봄으로 합해서는 인생 머리로도 표현될 수 있습니다. 우리가 시도하는 인생 혁명을 위한 작은 변화는 이들 4가지 테크를 배우고 실천하는 것으로부터 시작해야 합니다. 이것이 바로 인생 혁명의 주된 내용이자 방법입니다. 이들 4테크를 차곡차곡 쌓아가게 되면, 점차 우리 자신이 과거와는 전혀 다른 혁명적으로 변화된 자신을 먼 훗날 발견하게 되리라고 확신합니다. 그리고 혁명적인 변화를 위한 노력이 '시작'보다는 '지속'이, '탁월함'보다는 '꾸준함'이 우리의 삶을 더 생산적이고 가치 있게 만든다는 것을 깨닫게 될 것이라고 믿어 의심치 않습니다.

이것은 바로 '영원한 베타(Permanent Beta)'의 정신과 태도를 갖는 것을 말합니다. '영원한 베타'는 호프먼(Hoffman)과 카스노카(Casnocha)가 《The Start of You》에서 사용한 말로서 '기업가들이 항상 그늘의 제품을 개선하는 데 투자하는 것과 마찬가지로, 우리 모두는 항상 자신을 개선하는 데 투자해야 한다'라는 의미입니다. 마치 소프트웨어 개발과정에서 베타 제품을 끊임없이 지속해서 수정, 보완하는 것과 같이 우리 자신을 지속해서 업그레이드해야 한다는 것입니다. 우리가 우리 자신을 **'영원한 베타'** 상태로 유지한다는 것은 우리 모두는 결점이 있는 존재이고, 그에 따라 항상 배울 것이 있다는 것, 언제나 새로운 것에 적응하고 진화해야 할 필요가 있다는 것을 인정하는 것입니다. 이것은 끊임없는 자기혁신을 통해서 어제보다는 오늘이, 오늘보다는 내일이 조금 더 풍요로운 인생을 살고자 하는 정신이자 가치입니다.

이와 같은 기본적인 생각을 중심으로 이 책은 크게 4부, 즉 학 테크, 직 테크, 육 테크, 심 테크로 구성되어 있습니다. 제1부 학(學) 테크는 '인생은 영원한 베타일 때 가장 행복하다'는 전제하에 삶에 있어서 목표의 설정, 그 목표를 달성해 나가는 데 있어서 맞이하는 선택의 문제, 그리고 학습의 기술에 대해서 다루었습니다. 제2부는 능력이 있는 곳에 자유가 있다는 믿음 속에 직

(職) 테크를 중심으로 경험의 축적, 역량개발, 그리고 관계역량에 대하여 언급하였습니다. 제3부 육(育) 테크는 사람을 움직이는 방법에도 왕도가 따로 있다는 입장에서 사랑, 이해, 그리고 만남의 중요성과 그 기술에 대하여 언급하였습니다. 마지막으로 제4부 심(心) 테크는 인생은 끊임없이 자신을 재창조하는 과정이라는 점에서 망각, 긍정, 그리고 변화의 힘과 그 방법에 대해서 기술하였습니다.

나는 앞에서 언급한 '4 테크의 법칙'을 바람개비형 인간에 비유하여 오래전부터 일반인을 대상으로 강의를 많이 한 적이 있습니다. 이것을 바탕으로 지금까지 생각하고 공부한 것들을 모든 사람과 공유하고 싶은 생각에 이 책을 내게 되었습니다. 특히, 지금까지 대학에서 강의하며 학생들과 만나고, 대학 보직 생활을 하며 여러 사람과의 만남을 통해서 무엇이 인생에 있어서 중요하고 가치 있는지를 깨달아 가면서 우리는 그로부터 배워야 할 것이, 그리고 생각하고, 변해야 할 것들이 많다는 확신이 이 책을 마무리하게 했습니다. 바쁜 일정 가운데에서도 이 글을 쓰는 시간만큼은 매우 재미있고 행복했습니다.

이 책을 완성하기까지 필자는 수많은 분으로부터 도움을 받았습니다. 먼저, 끊임없이 삶의 매 순간 기도하게 했던 하나님께 감사드리고, 힘든 삶의 여정을 함께하여 왔던 우리 가족 모두에게도 고개를 숙여 감사의 말을 전하고자 합니다. 무엇보다도 언제나 힘이 들 때 위로를 아끼지 않으셨던 김신일 선생님, 그리고 만남의 의미를 되새겨 주신 고려대학교의 (고) 정우현 선생님과 늘 마음의 스승이셨던 안기성 선생님께도 머리 숙여 감사의 말을 전하고자 합니다. 무엇보다도 이 책을 집필하면서 하나의 에피소드들을 공유하고 같이 이야기하면서 그 가치를 일깨워 주었던 친구 같은 작은딸, 그리고 글 하나하나를 읽고 소감을 마다하지 않았던 사무실의 동료, 친구들에게도 감사의 말을 전합니다. 특히, 어려운 시기임에도 출판을 허락하여 주신 교육과학사의 여러분께도 감사의 말씀 전하고자 합니다.

2023년 4월 어느 늦은 밤
아늑한 서재에서
권두승

/차/례/

제3부
육(育) 테크
사람을 움직이는 방법에도 왕도가 있다

제4부
심(心) 테크
인생은 끊임없이 자신을 재창조하는 과정이다

프롤로그

지금은 가치 중심의 인생 5.0의 시대이다

생각거리

"신의를 저버리거나, 양심을 배반하고,
다른 사람을 증오하고 의심하며 혐오한다든지,
부정직하다든지, 혹은 무엇인가를 감추기 위해
덮거나 가려야 할 일을 탐함으로써
얻게 되는 이익에 가치를 두지 마라.
자신의 마음과 내면의 신성,
그리고 선을 위한 봉사를 최고의 가치로 아는 사람은
가식적이지 않고, 불평을 늘어놓지 않으며,
고독 속에 은둔하거나,
대중 속에 휩싸이는 것도 바라지 않는다.
– 중략 –
생에 대한 그의 유일한 관심사는 그의 정신이 지성인으로서,
그리고 사회적 존재로서 걸어야 할 정도를
벗어나지나 않을까 조심하는 것뿐이다."

[출처] 마르쿠스 아우렐리우스. 《명상록》. 이현우 외 편역.
(서울: 메이트북스, 2021). p. 151.

지금은 가치 중심의 인생 5.0의 시대이다

오래된 미래, 지금은 초연결의 시기이다

지금 우리 사회는 인류문명 태동 이래 끊임없이 변화에 변화를 거듭하며 발전했습니다. 오늘날의 사회는 그 발전 과정상의 특징에 따라 4차 산업혁명 시대, 자본주의 5.0시대 등으로 구분됩니다. 또한 사회발전 과정에서 우리 사회는 수렵사회, 농경사회, 공업사회, 정보사회, 그리고 초연결사회로 구분되기도 합니다. 현대사회를 지탱하는 그 주요한 사회체제의 하나로서 자본주의도 마찬가지로 다양한 차원으로 변화하여 왔습니다. 오늘날의 자본주의는 자본주의 4.0을 지나 자본주의 5.0으로 진화하고 있습니다. 자본주의는 기본적으로 사유재산의 인정, 생산과정에서의 자본과 노동의 분리, 그리고 시장 중심 경제활동이라는 3가지를 핵심 요소로 하여 발전했습니다. 자본주의의 발전과정은 현재까지 애덤 스미스의 사상으로 대표되는 자유 방임주의(자본주의 1.0), 정부개입을 인정하는 수정자본주의(자본주의 2.0), 국가개입의 최소화를 지향하는 신자유주의(자본주의 3.0)를 지나면서, 사회구성원의 참여를 지향하는 자본주의(자본주의 4.0), 그리고, 공유 가치 창출을 기반으로 하는 정부와 시장 간의 유기적인 관계

구축 중심의 자본주의(자본주의 5.0)로 발전했습니다.[1)]

이와 같은 사회변화에 따라 인간들이 지향하거나 중시하는 가치 또한 변화됐습니다. 인간의 삶에 있어서 중시되는 가치의 변화과정을 살펴보면 일반적으로 생존-안전-성공-개인 가치 창출-가치 공동창출의 5가지 단계를 거치면서 발전했습니다. 말하자면, 수렵사회에서는 생존이 제1의 가치로, 농경사회에서는 안전이, 공업사회에서는 사회적 성공(돈, 권력, 명예)이, 정보사회에서는 개인적 가치의 창출이, 초연결사회에서는 가치 공동창출이 사회적으로 가장 중시되는 가치로 존중받아 왔다는 것입니다. 물론, 초연결사회라고 불리는 4차 산업혁명 시대, 자본주의 5.0 시대에서도 생존, 안전, 소속, 그리고 개인적 가치 창출도 여전히 중요한 가치로 남아 있습니다만, 더욱더 중시되는 가치가 가치 공동창출이라는 것입니다.

이와 같은 인식은 현대사회가 서로 심리적, 정서적, 사회적으로, 나아가서 지리적으로도 연결되어 있다 보니 자연적으로 하나의 국가 문제가 전 세계적인 문제가 되기도 하고, 전 세계적인 문제가 한 국가의 중요한 문제로 드러나기도 하기 때문입니다. 예를 들면 코로나 19 바이러스의 확산, 지구 온난화로 인한 기후변화 정책, 환경오염으로 인한 전 세계적인 쓰레기 처리 문제, 국지적인 전쟁으로 인한 경제적인 영향 등은 이제 한 국가만의 문제만이 아니라 전 세계적인 관심사로 부각되었습니다. 이와 같은 경향으로 인해 관련 개인이나 조직, 나아가서 국가들은 전체 사회를 떠나서는 존재 자체가 위협을 당할 수 있을 뿐만 아니라 개개인, 조직, 나아가서 한 국가의 안녕과 질서를 위해서 공동의 사회문제 해결을 위한 가치 공동창출 활동이 주요 과제로 두드러지고 있습니다.

〈사회발전단계별 주요 가치〉

사회발전단계	사회 주요 특징	주요 가치	인생 단계
수렵사회	이동 사회(수렵 채취)	생존	인생 1.0
농경사회	정주 사회(식민정책)	안전	인생 2.0
공업사회	경쟁 사회(자원이동)	성공	인생 3.0
정보사회	디지털 사회(노동이동)	개인 가치 창출	인생 4.0
초연결사회	초연결사회(정보이동)	가치 공동창출	인생 5.0

지금은 경험을 통한 새로운 가치 창출이 중시되는 시대이다

사회가 점차 다양한 방향으로 발전하면서 오늘날의 사회는 다양한 세대들이 공존하는 시대가 되었습니다. 이는 인류 역사 상 처음 있는 일입니다. 우리가 흔히 세대별로 인간 세상을 분류하고자 할 때는 같은 시기에 태어나고 자란 사람들은 중요한 여러 사건을 함께 경험했다는 전제가 깔려 있습니다. 우리나라에서 산업화 세대, 민주화 세대, MZ 세대 등으로 구분하는 것도 이와 같은 맥락을 전제로 하고 있습니다. 따라서, 우리는 동일 세대였으면 비교적 같은 사회문화적 경험을 공유하고, 가치관과 태도와 행동이 비슷할 가능성이 크다고 봅니다. 흔히 오늘날의 세대는 베이비붐 세대, X, Y, Z, 알파 세대 등 다섯 세대로 구분됩니다. 현재 우리 사회는 서로 다른 태도, 취향, 가치, 행동을 보여주는 5세대가 지구상에서 함께 살아가는 전 역사상 처음 있는 일을 목격하고 있습니다. 그만큼 우리 사회가 지난 6, 70년 동안 급속도로 변화했다는 것입니다. 세계도 마찬가지입니다.

우리나라에서 베이비붐 세대는 6 · 25전쟁이 끝난 후인 1955년부터 1965년 사이에 출생한 사람들로 이들은 고도 경제성장과 1997년의 외환위기, 그리고 2008년의 리먼 사태로부터 촉발된 글로벌 금융위기를 몸소 경험했던 세대이며, 이 시대의 마지막 주산 세대이자 해방 이후 처음으로 세대의 대부분이 조직 생활을 경험한 세대이며 대표적인 컴맹 1세대이기도 합니다. X세대는 1960년대 중반부터 1970년대 중반 베이비붐 세대 이후에 태어난 세대를 지칭하는 말로서, 무관심 · 무정형 · 기존 질서 부정 등을 특징으로 하는 세대입니다. 이 세대는 비교적 1980년대의 경제적 풍요 속에 청소년기를 겪으면서 1980년대의 민주화 운동, 그리고 그와 함께 등장한 전교조 활동에 영향을 받은 세대로 우리나라에서는 진보적인 색채가 가장 강한 세대입니다. 그리고 Y세대는 1980~94년 사이에 태어난 세대를, Z세대는 1995년 이후 2000년 중후반까지 태어난 세대를, 알파 세대는 2010~2020년대 초반에 태어난 이들을 지칭합니다. 이들 세대는 각각 자라온 환경과 여건에 따라서 그 추구하는 가치 또한 기존 세대와 분명히 구분되는 가치 특성을 보입니다. 필립 코틀러가 《마켓 5.0》에서 제시한 세대 구분을 나타내면 [그림 i-1]과 같습니다.[2)]

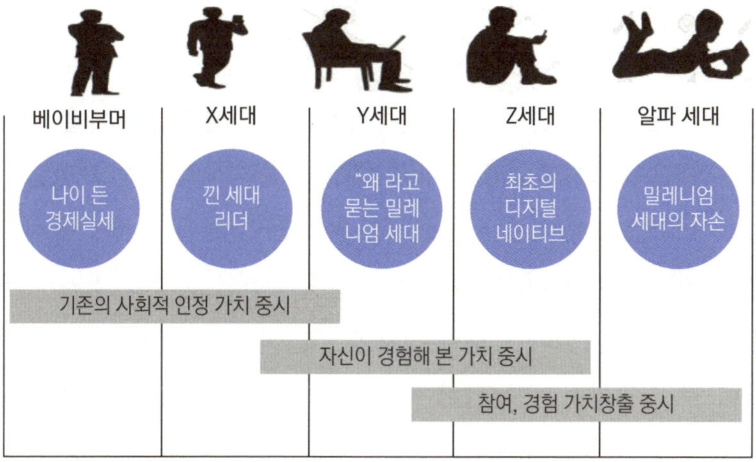

[그림 i-1] 5가지 세대별 구분과 특성

그런데, 한 시대에는 그 시대마다 요구하는 시대정신이 있습니다. 물론, 시대정신이라고 하는 것은 고대로부터 현재에 이르기까지 정치형태가 전제정치, 군주정치, 민주정치로 발전되어 오면서 각 정치 시대마다 요구하는 주된 가치에 따라 발현되는 것이기도 합니다. 마치 철학적으로 헤겔(Hegel)이 시대정신을 동방적인 것, 그리스 · 로마적인 것, 게르만적 · 그리스도교적인 것으로 구분하였듯이 말입니다.

우리나라에서는 해방 이후 지난 7, 80년 동안 1950년대에는 민주사회건설, 6, 70년대에는 경제재건 및 산업화, 8, 90년대에는 민주화, 그리고 2000년대는 웰빙과 복지, 그리고 2020년대에는 공정과 상식이 주된 시대정신으로 자리를 잡아 왔습니다. 그런데, 지금 우리는 4차 산업혁명 시대의 도래와 더불어 실물세계와 디지털 세계가 융합하는 '초연결 시대'를 경험하고 있습니다. 4차 산업혁명이 모든 것을 바꾸고 있고, 그 변화가 나아가는 '신작로'가 이제 막 깔리고 있습니다. 새롭게 깔릴 신작로는 우리가 경험하지 못한 거대하고 확실한 게임체인저로 다가올 것이고, 이 길에 누가 동참하느냐가 매우 중요하게 주목받고 있습니다.[3] 이러한 초연결사회에서 개인은 더는 고립된 존재가 아니라 서로 연결된 개인이고, 더는 정보를 모르면서 결정을 내리는 피동적 대상이 아니라 다양한 정보에 근거하여 의사결정을 내리는 주도적 주체이며, 수동적이 아니라 능동적이고도 적극적으로 사회에 기꺼이 유용한 피드백을 제공하는 행위자입니다. 특히, 초연결 사회에서 개인은 데이터를 소유하는 데 집착하지 않고 '공유'함으로써 더 강력한 가치를 만들어 낼 수 있는 존재로 변화해 나가고 있습니다.[4]

이 점에서 현재의 초연결사회에서 대두되는 세대 차이, 부의 양극화, 디지털 격차(정보 격차)라고 하는 세 가지 주요 문제가 이제는 개인 차원의 해결과제가 아니라 사회 공동의 관심사로 주목받고 있습니다.[5] 이는 곧 우리 사회의 주된 가치가 이들 간의 격차를 감소시키는 데 있다고 한다면, 이는 개인의 욕구나 가치충족만으로는 한계가 있다는 것이고, 이는 한 사회나 나아가서 한 국가적으로 이를 해결해야 한다는 것을 말합니다. 이 점에서 인생 5.0에서는 가치 공동창출이 주요한 과제로 부각됩니다. 서로서로 연결된 사회 내에서 한 개인이나 조직은 진공상태에서는 살 수 없는 존재이기 때문에 한 사회 내에 존재하는 특정 문제나 주요 과제를 공동으로 해결하고 가치를 추구하기 위한 공동의 노력이 필요하다는 것입니다.

여기서 가치란 물리적인 환경만으로 창출되는 것은 아니며, 시스템을 지원하는 커뮤니케이션만으로 달성될 수 없는 그 무엇입니다. 더구나 가치는 개인, 가족, 그리고 다양한 커뮤니티로 이루어진 사회적 네트워크만으로도 창출되지 않습니다. 그것은 특정 사건이 일어난 특정 시점과 장소에서 특정 개인이나 조직이 겪는 공동창출 경험에서 만들어지는 것입니다.[6] 개인은 그가 속한 네트워크와 상호작용을 하면서 가치 공동창출을 경험하게 됩니다. 개인은 물론 조직도 고유한 가치 창출 경험을 할 수 있는 여러 조직이나 공동체가 네트워크로 연결되어 있지 않다면, 그것은 불가능한 일입니다.

각 개인은 가치 창출 과정에서 참여를 통하여 의미접속을 하게 됩니다. 여기서 최근 들어 각 개인은 물론 TV 프로그램이나 사회 각 영역에서 참여라든가 경험 자체가 강조되고 있습니다. 마케팅의 대가인 필립 코틀러는 그의 저서 《Market 3.0》에서 "참여의 시대, 어떻게 협력을 끌어낼 것인가"라는 주제를 제기합니다. 그리고 Market 3.0 시대의 핵심 동인은 소셜 미디어를 통한 뉴 웨이브 기술, 즉 개인들이 자신을 표현하고 서로 협력하도록 돕는 기술의 출현이라고 강조합니다. 뉴 웨이브 기술은 한마디로 개인이나 집단 간의 연결과 상호작용을 쉽게 해주는 기술을 말합니다. 이것을 촉진한 것이 바로 스마트폰과 저비용 인터넷망입니다. 코틀러에 따르면, 소셜 미디어는 두 가지 유형으로 구분됩니다.[7] 페이스북, 인스타그램, 트위터, 유튜브와 같은 사이트는 '표현형 소셜 미디어'로, 위키피디아나 로튼 토마토(Rotten Tomatoes, 영화평론 전문) 등과 같은 사이트는 '협력형 소셜 미디어'로 분류됩니다. 표현형 미디어는 개인 간 연결의 극대화를 통해 개인들이 하나의 인격체로나 소비자로서 또는 사회구성원으로 그 영향력을 지속해서 키워가고 있으며, 협력형 미디어는 집단의 다양성을 활용하여 새로운 형태의 지식개발이라든지 정보형성 등과 같은 방식으로 각 개인의 참여와 협력을 경험하게 하거나 이들 활동을 촉진하게 만들고 있습니다. 전 세계적으로 개인이나 조직의 참여와 협력이 증대되는 경향은 프라할라드(Prahalad)의 저서인 《경쟁의 미래》에서도 그대로 잘 나타나고 있습니다.[8] 이 책에서 저자는 사회 내에서 개인의 참여와 협력이 사회적 트렌드로 자리매김하여 가고 있다고 강조합니다. 여기서 중시되는 것이 바로 가치 공동창출이라는 것입니다. 각 개인은 사회 내의 여러 커뮤니티와 연결되어 다양한 형태의 참여와 협력을 통하여 가치를 공동으로 창출하게 되고 여기에서 참여의 의미와 보람을 느끼게 된다는 것입니다. 각 개인이 가치를 공동으로 창출하는 경험 자체가 그들이 느끼는 '가치'의 근간이 되고 있습니다.

이에 따라, 개개인은 참여와 협력으로 대변되는 시대정신에 따라 그를 통하여 사회에 의미접속의 시간을 가지게 되고, 이는 다시 개인이나 사회를 막론하고 그들이 필요로 하거나 의미 있다고 판단되는 가치 공동창출의 과정에 개입하게 된다는 것입니다. 가치 공동창출이 지배적인 트렌드로 자리를 잡은 사회에서는 사회와 상호작용하는 모든 개인은 하나의 의미 있는 사회 주체로 인식되어야 합니다. 그 개인은 학원 강사일 수도 있고, 컴퓨터 프로그래머일 수도 있으며, 운동선수일 수도 있습니다. 누구나 이 사회의 구성원으로서 한 사회 혹은 나아가서 이 지구상에 일어나는 모든 것들과의 의미접속 내지는 참여를 통해 자신이 중시하는 가치 창출에 이바지할 수 있습니다. 우크라이나 전쟁의 참상을 인스타그램이나 페이스북으로 퍼 나르고 전쟁의 위험을 알리면서 전쟁 반대 시위에 동참할 수 있는가 하면, 다른 한편으로는 지구 온난화 방지를 위한 환경문제에 관심을 기울이기도, 혹은 영화나 음악에 관한 블로그를 운영하면서 인간의 다양한 삶의 부조리를 고발하는 운동에 동참하기도 합니다. 이 모든 것들은 컴퓨터와 네트워크의 발전에 힘입어 그 참여가 과거 어느 때보다도 용이하게 되었다는 데 그 특징이 있습니다.

그런데, 과거 사회에 있어서 가치 창출은 특정 조직이나 기업 혹은 정부조직의 전유물이었습니다. 예를 들면 기업이 가치를 창출한다는 가정하에서는 가치 창출 프로세스는 당연히 시장과는 별개의 것이고, 시장이란 여러 주체가 이미 창출된 가치를 교환하는 장소에 지나지 않습니다.[9] 여기서 다만 중요한 것은 수요와 공급을 매칭시키는 것이 가치 창출 프로세스의 기본이었다는 것입니다. 그러나, 새로운 네트워크 기술과 장비로 무장한 개인들이나 조직은 가치 창출 과정에서 다양한 형태로 영향력을 발휘하는 가치 공동창출 과정에 참여하고 있습니다. 개인은 그 과정에서 단순한 공동작업이 아닌 다양하게 구성된 전체 커뮤니티와의 상호작용을 원하고 있으며, 가치 공동창출 경험은 대부분 개개인에게 달려있다고 해도 과언이 아닙니다. 이는 가치 공동창출 프로세스에도 영향을 미치게 됩니다. 어느 조직이나 사회, 심지어 정부조직조차도 개인의 참여 없이는 전혀 가치를 창출할 수가 없습니다. 이는 곧 가치 공동창출이 종전까지 지배적인 관점이었던 교환 프로세스를 대신하게 되었다는 것을 의미합니다. 이 말은 프라할라드가 《경쟁의 미래》에서 강조한 개념이며, 이는 간단히 [그림 i-2]와 같이 나타낼 수 있습니다.[10)]

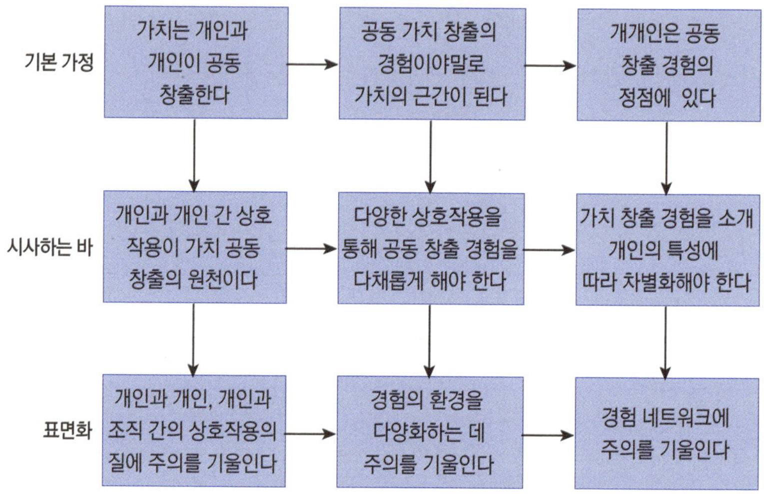

[그림 i-2] 가치 공동창출의 과정으로서의 경험

가치 창출의 관점이 경험 중심으로 변하고 있다

사회가 점차 발전하게 되면서 가치 창출 시스템이 변화하고 있습니다. 개인은 과거와는 전혀 다른 형태로 타인들과 상호연결되어 있으며, 이를 통하여 개개인은 다양한 형태의 가치 창출 경험을 공유하게 됩니다. 개인과 개인, 개인과 조직, 여러 집단과 커뮤니티 간에 이루어지는 상호작용의 다양한 패턴은 그 복잡성에 따라 개인과 개인 사이의 가치 창출 경험, 개인과 조직

(집단) 간의 다양한 가치 창출 경험, 그리고 가치 창출 경험의 맞춤화 등으로 개념화할 수 있습니다.

말하자면, 가치 창출의 경험은 개인과 개인 사이의 상호작용을 통해서만 이루어지는 것이 아니라, 개인과 조직 혹은 개인과 커뮤니티 등 다양한 형태로 이루어지게 된다는 것입니다. 이는 분명히 과거와는 다른 형태의 모습입니다. 이제는 서로 연결된 개개인에 의하여 다양한 형태의 커뮤니티가 생겨나고 개인은 이들 커뮤니티의 일원으로서 또는 조직의 일원으로서 다양한 형태의 경험을 하고 그를 통해 가치 공동창출 경험을 맛보게 됩니다. 이는 또다시 다양한 형태로 개개인의 취향과 역량에 따른 맞춤형 경험으로 또다시 가치 창출 경험이 증가하게 됩니다.

요즈음에는 네이버 지식인에서 누군가가 필요한 지식이나 정보를 문의하면 얼마 지나지 않아서 그와 관련한 지식이나 정보를 제공해 주는가 하면, 특정한 주제에 관한 폭넓은 지식정보를 제공해 주고 업데이트하는 주체가 수없이 많이 생겨나고 있습니다. 이 모든 것들은 개개인들이 상호연결되어 지식이나 정보를 공유하게 됨으로써 가능하게 된 결과입니다. 이와 관련하여 러시아의 우크라이나 침략전쟁에 관하여 개개인들이 민주주의와 평화의 가치를 지키기 위하여 나타내는 여러 형태의 노력을 새로운 가치 공동창출 경험의 대표적인 예로 제시할 수 있습니다. 러시아의 침공을 받은 우크라이나 국민을 돕기 위하여 어느 유명 연예인은 거금을 쾌히 기부하는가 하면, 또 어떤 가수는 기부금 모금 운동을 벌이고, 또 어떤 전직 군인들은 우크라이나로 생명의 위험을 무릅쓰고 전장으로 달려가는 모습을 보였습니다.

어떤 사람들은 우크라이나 대사관에 직접 찾아가서 필요한 식품을 전달하기도 하였습니다. 이 모든 것들은 침략전쟁에 대한 반대 의지를 드러냄과 동시에 이를 통해서 세계평화와 민주주의 가치를 구현하고자 벌이는 전 지구적인 노력으로 일종의 가치 창출 과정에의 참여라고 볼 수 있습니다. 예를 들면, 우크라이나 전쟁 관련하여 외국의 여러 나라에서 의용군으로 참전하고자 하는 경향이 나타나고 있는 것과 관련하여 뉴욕타임스(NYT)는 '과거 이라크와 아프가니스탄에 참전했지만, 현지에 민주주의를 이식한다는 최종임무에 실패했던 아픔을 이번 의용군 합류로 만회하려고 한다.'라고 언급하고 있습니다.[11] 이처럼 개개인은 자신이 의미가 있고, 가치가 있다고 여기는 그 무엇에 대해서는 기꺼이 동참하고자 하는 경향이 강합니다.

인생은 개별적인 존재라기보다는 공동체적 존재이다

인생 5.0의 시대에 있어서 각 개인은 저마다의 맞춤형 경험으로 각자 다양한 형태로 사회에 참여하게 됩니다. 그에 따라 사회에 참여하는 방식과 그 중시하는 가치에 따라서 창출하게 되는 가치 또한 다양하기 마련입니다. 우리 사회는 우리만 사는 사회가 아닙니다. 이 땅은 과거 수천 년간 우리 선조들이 살아왔고 앞으로도 우리 후손들이 살아가야 할 땅이고, 우리 세대는 이 땅에, 이 사회에 잠시 들렀다 가는 존재입니다. 그러므로, 다음 세대가 만들어 가고 살아가야 할 이 사회를 좀 더 나은 상태로 물려줄 의무 또한 있습니다. 이러한 점에서 이 땅에서 다양한 경험과 환경에 의하여 태어나고 자라온 각 세대는 서로가 서로에게 빚진 마음으로, 서로의 가치와 존재를 인정하고 상호작용을 통하여 미래를 함께 만들어 가야 할 필요가 있습니다. 여기에서 우리는 다양한 가치의 공존은 물론 새로운 가치를 공동창출해나갈 필요가 있습니다.

우리가 사는 현재 사회는 세대 차이, 부의 양극화, 디지털 격차라고 하는 세 가지 주요 해결과제를 떠안고 있습니다. 날로 극심해지는 세대 차이는 매번 선거 때마다 각 정당의 유불리에 따라 이용되기도 하고 활용되기도 합니다만, 부의 불평등에 뒤이은 세대 갈등의 심화는 이 사회의 앞날을 더욱더 암울하게 만들 것입니다. 필립 코틀러의 언급과도 같이 다양한 가치를 지닌 5세대(베이비붐 세대, X, Y, Z, 알파 세대)가 지구상에서 함께 살아가는 건 역사상 처음 있는 일입니다. 이 점에서 이 시대는 분명 공존을 강조하게 되고, 이러한 공존의 가치는 공감을 바탕으로 출발해야 합니다. 공감하기 위해서는 먼저 만나야 하고, 함께 일해야 하고, 더불어 경험해야 합니다. 각자의 영역에만 한정되고, 서로만 마주 보고 있을 때 공존의 가치는 찾기 어렵습니다. 인간 개개인이 함께 어우러지다 보면 서로를 이해할 기회가 많아지고, 점차 다양한 가치를 수용할 수 있는 체제가 마련될 것이라고 믿습니다. 우리는 각 개개인의 '성장하는 힘'을 믿듯이, 서로 '소통하고 협력하는 힘' 또한 존재한다고 믿어 의심치 않습니다. 더불어 경험하는 세계를 통하여 다양한 가치를 공동으로 창출할 수 있는 사회, 그리고 그 속에서 삶의 존재 의미를 찾을 수 있고, 더불어 사는 재미를 추구할 수 있는 참여의 장이 필요하다고 봅니다. 그리고, 세대별로 서로 추구하는 바의 가치가 다르고 경험하는 종류와 질이 다르다고는 하더라도 각 세대가 대면(contact)이나, 비대면(untact)을 통하여 만나게 되는 횟수가 늘어나게 되면 그만큼 이해의 폭도 넓어지리라고 봅니다.

인간은 목적 지향적 동물이고, 참여 지향적 존재입니다.[12] 인간은 사회적 참여를 통하여, 그리고 경험하는 과정이나 그 결과를 통해 더욱 가치 있는 무언가를 창출할 수 있는 존재입니다. 여기에 공감하는 인간, 생각하는 인간, 공부하는 인간, 놀이하는 인간, 생산하는 인간 모두가 지닌 가치의 의미를 되새겨 볼 필요가 있습니다. 이와 함께 인생 5.0의 사회도 생존, 안전, 성공, 개인가치창출, 공동가치창출이라고 하는 가치들이 별도로 존재하는 것이 아니라 이들 모두 인생 5.0시대에 서로 혼재되어 나타난다는 점에서 우리 사회는 매우 다양화되고 개성화되어 가고 있다고 봅니다. 그럼에도 인간발달의 행태들을 보게 되면, 점차 더불어 살아가고 협력하는 인간으로서의 가치가 존중되어 간다는 점에서 다가오는 미래는 '불안'으로 점쳐지는 것이 아니라 좀 더 '희망'의 형태로 나타나게 되리라고 확신합니다.

제 1 부

학(學) 테크

인생은 영원한 베타일 때
가장 행복하다

제1부

인생은 영원한 베타일 때 가장 행복하다

제1부 학(學)테크		
목표 없는 삶은 선장 없이 표류하는 배와 같다	인생은 B와 D 사이의 C이다	단언컨대, 학습은 완벽한 성장촉진제이다

제1장

목표 없는 삶은 선장 없이 표류하는 배와 같다

생각거리

"우리의 정체성은 열려 있는 체계이며
우리가 살아가는 삶도 마찬가지이다.
자신이 가고 싶은 곳에 대한,
혹은 자신이 되고 싶은 사람에 대한
온갖 낡은 이미지에 붙잡혀 있을 필요가 없다.
우리에게 주어진 여러 선택권을 놓고
다시 생각하기를 시작하는 가장 간단한 방법은
자신이 날마다 하는 일이 무엇인지 스스로에게 질문하는 것이다."

[출처] 애덤 그랜트. 《싱크 어게인》. 이경식 역.
(서울: 한국경제신문. 2023). p. 390.

목표 없는 삶은 선장 없이 표류하는 배와 같다

episode 1

작은 딸아이가 고등학교 1학년이고, 큰 딸아이가 대학입학 후 두 번째 맞이하는 여름 방학의 일이었다고 기억합니다. 큰 딸아이에 비하여 공부를 그다지 열심히 하지 않는 작은 딸아이의 모습을 보면서 적잖이 고민하고 있었던 터라, 여름 방학을 이용하여 여행을 가서 이야기를 진지하게 해보기로 마음먹었습니다. 먼저, 아무런 계획 없이 가족 전체가—가족 전체라고 해봐야 전부 4명입니다만—제주도 여행을 갔습니다. 급하게 서둘러 제주 서귀포 바닷가 해안의 호텔을 예약만 하고 출발하였습니다. 2박 3일 동안 좋은 곳만 모시고 다니면서 맛난 것 많이 먹고 다녔던 기억이 전부입니다. 그러고는, 여름 방학이 다 끝나 갈 무렵 큰 딸아이에게 부탁하여 일본 홋카이도 여행계획을 세우라고 하였습니다. 큰 딸아이가 일본어를 잘할 줄 아는 관계로 일부러 일본을 여행지로 잡았습니다. 일본 홋카이도 여행은 큰아이의 성격이 그대로 드러나듯 한 치의 오차도 없이 계획에 따라 움직였습니다. 덕택에 맛난 음식을 맛보고, 안락한 호텔에서 휴가를 즐겼습니다. 그러고는, 돌아오는 항공편에는 두 좌석은 비즈니스석으로 두 좌석은 이코노미석으로 예약을 하였습니다. 비행기 안에서 비즈니스석의 편안함을 만끽하면서 작은 딸아이 손을 잡고 벼르고 벼르던 이야기를 하게 되었습니다. '지난번 제주도 여행보다 이번 일본 여행이 돈은 더 적게 들었는데, 여행 재미는 어떠했냐?'라고 딸아이에게 물었습니다. 작은 딸아이가 이르되, '언니가 여행계획을 잘 세우고 예약을 미리 해서 싼 가격에 더 좋은 곳을 편하고 재미나게 여행할 수 있었다'라고 이야기했습니다. 그래서 다시, '미리 여행계획을 세우고 목표를 정하면 그 여행이 편하고 재미난 것처럼 인생 여행도 마찬가지이다. 앞으로, 너도 곧 어른이 될 테고, 인생이라는 여행길을 가야 할 텐데 아무런 준비 없이 목표도 없이 여행하게 되면 이렇게 좋고 편한 좌석의 비행기를 타기도 어려울 뿐만 아니라, 고단한 삶이 될 것'이라고 나지막하게 이야기를 전했습니다. 그 후로 작은 딸아이는 '우리 아이가 달라졌어요' TV 프로그램처럼 예전과는 달리 공부에 전념하는 모습을 보였고, 그 결과 서울의 지하철 2호선 대학 2개교에 동시에 합격하게 되었습니다.

episode 2

나는 1989년에 대학교수로 임명되었습니다. 대학 입학한 지 11년째 되던 해에 교수가 되었으니, 당시로서도 참으로 운이 좋았던 셈입니다. 게다가, 대학에서 교수로 재직하는 동안 평생교육원장직을 거쳐서 교무처장, 부총장직을 합하여 모두 10년간 보직을 2012년 초까지 맡아 일하였습니다. 그 후 대학에서 근무한 지 31년째인 2020년 7월에 대학 총장이 되었습니다.

그런데, 총장 부임 당시 우리 대학은 몇 년간 대학 총장이 부재한 상태에서 교육부가 실시하는 2주기 대학기본역량평가에서 낮은 등급을 받아 교육부로부터 재정지원을 받지 못한 상태였고, 10여 년간 지속한 대학 등록금 동결로 인하여 매년 적자가 누적되던 상태였습니다. 거기다가 잦은 보직 이동과 리더십 부재로 인하여 대학구성원들의 사기는 땅에 떨어진 지 오래였습니다. 그런 까닭에 이러한 위기를 타개할 수 있는 유일한 방법은 대학 기본역량 진단평가에서 우수한 성적을 받아 중앙정부의 재정지원 대학으로 선정되는 것이었습니다. 이를 위하여 우선 3가지 목표를 설정하였습니다.

첫째, 3주기 대학기본역량진단평가에서 95점 이상의 점수를 받아 전국 최고 수준의 평가를 받는다. 둘째, 기본역량진단평가 준비작업을 체계적으로 추진하기 위하여 대학 혁신단을 새롭게 조직하고, 평가 준비에 필요한 인력풀을 구축하여 적재적소에 배치하고 이를 체계적으로 활용한다. 셋째, 평가 준비와 관련하여 외부컨설팅이나 도움 없이 평가 준비를 하되, 평가 준비에 투입된 핵심인력들이 평가 준비에만 몰두할 수 있도록 관련 지원을 아끼지 않고 추진한다.

이를 위하여 우선, 교직원 전체를 대상으로 2주기 대학 기본역량평가 점수를 있는 그대로 공개하고, 이 점수가 지닌 문제점과 그 가능성에 대하여 설명하였습니다. 그러면서, 2주기 대학 기본역량 진단평가 때 전국 최고점수였던 95점 이상으로 받기 위해서 어떻게 해야 하는지 설명하고, 우리 모두 다 같이 노력하자고 당부하였습니다. 설명을 다 마치고, 교직원들 뒤를 따라 대강의실을 빠져나가는데 앞서가던 직원 2명이 서로 말을 주고받으며, '자기가 뭔데 그 높은 점수를 받는다고 큰소리를 치느냐, 과해도 넘 과했다'라고 비아냥거리는 소리도 '운 좋게' 함께 들을 수 있었습니다. 여기서 '운 좋게'라는 표현을 사용한 것은 3주기 대학평가 준비 내내 우리 대학구성원들이 그러한 마음가짐을 가지고 있다는 것을 되새길 수 있는 중요한 단서였기 때문입니다.

둘째, 대학 혁신단을 중심으로 대학체제를 개편하고 평가 준비를 위하여 필요한 인력을 젊은 층, 말하자면 실무자 중심으로 편성하였습니다. 단순히, 팀장이라거나, 경험이 많다거나 하는 것을 고려하기보다는 직접 문서를 작성하고 정리하고 보고할 수 있는 젊은 친구들을 중심으로 평가영역별로 조직하였습니다. 그 과정에서, 지난 2년간 준비했던 성과분석 보고서를 체계적으로 정리하고 공유하는 시간도 함께 가진 것은 물론입니다. 그리고 대학평가에서 중요한 영역을 담당하는 팀장이라든가 담당 직원과는 수시로 대화를 하면서 대학평가 준비 과정을 점검하였고 성과분석 보고서 하나하나를 점검 또 확인하였습니다. 그러다 보니 채 몇 달도 지나지 않아 담당 직원들의 역량이 쑥쑥 증가하는 것을 목격하게 되었고 그런 과정에서 성장하는 교직원들을 바라보는 즐거움 또한 매우 큰 의미 있고 가치 있는 일이라 힘든 줄 모르게 주말도 없이 지낼 수 있었습니다. 이와 같은 추진과정에서 일부 보직자들은 총장이 왜 직접 보고서를 작성하느냐, 왜 부서장이나 팀장을 건너뛰고 담당자를 만나느냐 등의 핀잔 아닌 소리를 들은 것도 사실입니다. 또한, 일부 팀장들이나 교수들은 왜 일부 직원들만 편애하면서 일을 하는 것 같다든가 외부 전문기관에 컨설팅을 줘서 일하면 되는데 왜 그리 어렵게 일을 하는지 모르겠다는 등의 푸념 섞인 소문이 나돈 것도 사실입니다. 그러면서, 외부컨설팅 안 받아서 만약에 3주기 평가에서 재정지원대학에서 탈락하게 되면 총장이 책임져야 한다는 작은 소리까지도 귀에 들려왔습니다. 그러나, 담당 부서나 교직원들의 역량이 향상되지 않고서는 그 어떤 컨설팅도 소용없을뿐더러, 외부컨설팅받는 것보다는 구성원의 역량을 더 믿었던 까닭에 순전히 자체 역량을 중심으로 대학평가를 받을 수 있었던 것에 대하여 지금도 감사하는 마음이 매우 큽니다.

셋째, 평가 준비작업에 투입된 주요 인력들이 외부의 도움 없이, 무엇보다도 대학 내 교직원들을 '**전적으로 믿고**' 평가 준비를 하기로 하였습니다. 지금까지 사람들과 같이 일하면서 그 구성원들을 '믿는다는 것'보다 더 좋은 방책은 없다고 배웠기 때문입니다. 평가점수에서 많은 부분을 차지하는 영역의 담당자에게는 더 책임감 있게 일할 수 있도록 자주 불러서 일보다는 다른 인간관계 등에 대해 이야기를 할 기회를 얻으면서 '담당자의 능력을 믿는다'라는 인정의 메시지를 보내곤 했습니다. 특히, 3주기 평가 준비 보고서 작업 종료 후 비대면 평가를 받기 위해 준비하는 동안, 교육부의 타 부서 사업 보고서는 총장이 담당 직원 한 명만을 데리고 직접 작성하고 다른 교직원들은 오로지 평가 준비작업에만 집중할 수 있도록 하였습니다.

이러한 결과, 2주기 대학평가에서 전국 최하위 수준이었던 대학평가 점수가 당시 평가에서의 전국 최고점보다 더 높은 점수를 받게 되었는가 하면, 지난 몇 년간의 정원감축분을 회복할 수 있는 교육부 선도대학 사업에도 선정되었습니다.

인생에 있어서 중요한 것은 속도가 아니라 방향이다

앞에서 언급한 사례는 목표가 얼마나 중요한 것인가를 체험하는 계기가 되었던 하나의 서사입니다. 흔히들, **인생은 한없는 바다에서 끝없이 항해하는 것**과 같다고들 이야기합니다. 그런데, 목표 없이 항해하는 것은 항해라고 하지 않고 '**표류**'라고 말합니다. 말하자면, 우리가 인생을 항해라고 이야기할 때, 인간을 어떤 특정한 방향으로 항해하는 존재라고 파악한다는 것입니다. 일찍이 로마의 황제이자 철학자인 마르쿠스 아우렐리우스는 《명상록》에서 '아무런 목적 없이 사는 것은 우주의 목적에 어긋난다'라고 하면서 그 어떤 목적도 없이 사는 것은 사는 것이 아니라는 점을 강조하였습니다.[1] 하버드대학교 심리학과 교수였던 조던 피터슨은 《12가지 인생의 법칙》에서 '과거는 고정된 존재이고, 미래는 얼마든지 변할 수 있는 존재이므로 중요한 것은 나아가려는 방향이다'라고 강조한 바 있습니다. 특히 그는 '인생을 어떻게 살 것인가에 대해서 찾은 답은 파라다이스를 목표로 삼고, 오늘에 집중하는 것이었다.'라고 밝히고 있습니다.[2] 이 점에서 우리가 인간이라는 존재로서 이 땅에 사는 동안 끝없이 항해하는 존재라고 한다면, 먼저 도착하고자 하는 목적지를 정하고 그 방향에 맞추어 우리의 노력을 집중해야 한다는 점에서는 이견이 없을 것입니다. 그런데, 인생이라는 게 살다 보면 목표를 정하기가 그리 쉽지 않다는 데 문제가 있습니다. 이와 관련하여 루이스 캐

럴은《이상한 나라의 앨리스》에서 다음과 같이 말합니다.[3)]

> "앨리스는 계속 말을 이어갔다.
>
> 여기서 나가는 길 좀 가르쳐 줄래?
>
> 그건 네가 어디로 가고 싶은가에 달렸지.
>
> 고양이가 대답했다.
>
> 어디든 상관은 없는데.
>
> 앨리스가 말했다.
>
> 그럼 아무 데나 가면 되지.
>
> 고양이가 대꾸했다.
>
> 어딘가 도착하기만 한다면야.
>
> 앨리스가 설명을 덧붙였다.
>
> 그럼, 넌 분명히 도착하게 돼 있어. 오래 걷다 보면 말이야."

앨리스와 고양이의 대화에서와 같이 우리가 어디로 가야하는지를 모르게 되면, 그것은 헤매거나 방황하게 되어 결국은 표류하게 되는 것이고, 이것은 어디로든 아무 데나 갈 수 있다는 의미입니다. 그리고, 어딘가에 도착하고자 한다면 그것은 방향이 있는 것이고 그 방향으로 오랫동안 가다 보면 목적지에 도달한다는 것을 강조한 것이라고 볼 수 있습니다. 목표 달성과 관련하여《성경》의 마태복음에서는 다음과 같이 언급하고 있습니다.

"내가 또 너희에게 이르노니 구하라, 그러면 너희에게 주실 것이요
찾으라 그리하면 찾아낼 것이요
문을 두드리면 너희에게 열릴 것이니
구하는 이마다 받을 것이요 찾는 이는 찾아낼 것이요.
두드리는 이에게는 열릴 것이니라"

–〈마태복음〉 7장 7~8절

이 성경 구절이 뜻하는 바는 우리가 진실로 추구하고자 하는 목표를 달성하기 위해서는 '구하고, 찾고, 그래도 안 되면 두드리라'라는 것입니다. 그러기 위해서는 무엇보다도 '구하고자 하는 바의 대상을 정하고' 그 이외의 것은 과감히 포기하고 오로지 그 목표에만 집중하여 찾고 또 찾아내고, 구해야 한다는 것입니다. 그렇지 아니하면, 간절히 '구하는 것'이 아니기 때문입니다. 이것은 진인사 대천명(盡人事 待天命)과 같은 맥락입니다. '인간으로서 해야 할 일을 다 하고 나서 하늘의 명을 기다린다'라는 뜻입니다.

이와 관련하여 브라이언 트레이시는 그의 저서 《목표: 그 성취의 기술》에서 미국 하버드 대학교 MBA 과정 재학생들을 대상으로 목표 설정에 관한 연구를 진행한 결과를 밝히고 있습니다. "재학 시절 뚜렷한 목표를 세우고 그것을 달성하기 위한 구체적인 계획을 세운 학생은 전체의 3%였고, 13%는 목표는 뚜렷했지만, 구체적인 실천계획은 없었다. 재미있는 것은 그들의 졸업 후 수입이다. 목표와 계획이 뚜렷했던 3%는 나머지 97%의 평균수입의 10배에 달하는 수입을 올리고 있었고 목표만 있던 13%는

나머지보다 평균 2배의 수입을 올리고 있었다. 목표와 계획이, 같은 강의실에 앉아있던 사람들의 운명을 바꾸어 버린 것이다." 이것은 목표설정이 얼마나 중요한 것인가를 밝혀주는 연구 결과입니다.[4)]

그런데, 목표 설정도 어렵지만 그 목표를 달성하는 과정 또한 매우 어렵기 그지없는 것도 사실입니다. 이러한 모습의 일단은 단군신화에도 그대로 나타나고 있습니다.

> "곰과 호랑이가 함께 사람 되기를 원하였다가 이때 곰과 호랑이가 사람이 되고자 하였고, 환웅은 쑥과 마늘만으로 100일간 햇빛을 보지 않으면 사람이 될 수 있다고 하였다. 참을성 많은 곰만이 삼칠일(三七日)을 견뎌내 사람이 되었고(熊女), 환웅과 결혼하여 아들을 낳으니 그가 곧 단군이다"라는 것입니다.

이 이야기는 무릇 같은 목표를 지녔다고 하더라도 누구는 성공하고 누구는 실패하느냐의 여부는 그 고된 실천과정을 제대로 견뎌 냈느냐에 달려있다는 것을 강조한 것이라고 볼 수 있습니다. 이 점에서 얼마 전 데뷔 35주년 기념공연을 가진 소프라노 조수미 씨의 조선일보 인터뷰에서의 자기관리 비결이 눈길을 끕니다.[5)] 그녀는 우선 "재미있는 것, 맛있는 것 등 남들이 다 하는 것은 모두 자르고 살았다"라고 했습니다. 또 매너리즘에 빠지지 않으려고 노력하였으며, 자기다움을 잃지 않기 위해 자기 목소리에 맞지 않는 역은 과감하게 거절하였다는 것입니다. 한 개인이 자신이 추구하는 목표를 이루기 위해 데뷔 이후 35년간 자신에게 엄격했다고 하는 자기 고백을 보면서 성공적인 삶의 이면에는 지속적인 자기 고통의 과정이 뒤따를 수밖에 없다는 것을 새삼 느끼게 되었습니다. 무릇, 어떤 결실을 얻기 위해서는 외부의 변화에 맞서고, 내부의 분열을 극복해야 합니다. 드라마 〈용의 눈물〉의 주인공이었던 유동근 배우가 언급했듯이 '지금 보이는 모든 반짝이는 것들은 견뎌낸 뒤의 결정체'라는 것이 세상사 진리입니다. 비록 동화이기는 하지만 《곰돌이 푸》에서도 '노력한다고 항상 성공할 수는 없지만 성공한 사람은 모두 노력했다는 것을 알아야 해'라고 언급하고 있습니다.[6)]

조던 피터슨이 강조한 바와 같이 땅속 깊숙한 곳에 있는 석탄도 강한 열과 압력을 받으면, 석탄을 구성하는 탄소 원자들이 더 치밀한 결정구조로 재배열하게 되어 다이아몬드가 됩니다. 이때 다이아몬드 형태의 탄소 결정체는 내구력이 강한 성질을 지닌 물질로 변화하고 이때 비로소 강하고 찬란한 빛을 발산하게 됩니다. 그 단단함과 빛남 덕분에 다이아몬드는 지구상에서 가치 있는 것의 상징이 되었습니다. 사람도 마찬가지입니다. 쑥과 마늘만으로 삼칠일을 견디어 낸 '곰'이 사람이 되었듯이 말입니다. 그런데, 단군신화에서의 호랑이와 같이 참을성 없고, 내적 통일성이 부족한 사람은 일의 추진과정에서 고통이 증가하고 성공 여부에 대한 불안이 커집니다. 그러다 보니 자연스럽게 처음 마음가짐이 시들해지고, 일의 즐거움이 사라지게 되며, 결국에는 성공 여부를 확신하지 못하게 되어 포기하는 것이 일반적인 행태입니다. 말하자면, 잘 정리되고 통일된 확실한 목표가 없으면 그것을 추동하게 하는 동기나 몰입감이 떨어져 결국은 포기하게 된다는 것입니다.

그런데, 이처럼 특정한 목표를 추구하기 위해서는 '마치 곰이 쑥과 마늘만 먹고 100일을 견뎌내려고 마음먹었던 것처럼' 추구하고자 하는 목표 달성과 관련된 이외의 것들에 대해서는 과감히 포기해야 합니다. 이와 관련된 심리학적 용어가 **만족 지연**(delay of gratification)입니다. 이는 그 유명한 '마시멜로 실험'에서 탄생한 용어입니다. 미국 스탠퍼드 대학교 심리학과의 월터 미셸(Walter Mischel) 교수가 대학 부설 유치원에 다니는 네 살배기 아이들 653명을 대상으로 실험을 했습니다.[7] 실험 진행자는 아이들에게 마시멜로를 하나씩 주며 "선생님이 돌아올 때까지 이 마시멜로를 먹지 않으면 상으로 한 개를 더 줄게."라고 말하고, 방 밖으로 나갔습니다. 이제 겨우 네 살밖에 안 된 아이들에게 말랑말랑하고 달콤한 마시멜로를 안 먹는 것, 다시 말해 만족을 지연시키는 것은 매우 어려운 일입니다. 몇몇은 참지 못하고 먹어 치웠고, 몇몇은 끝까지 기다려 상을 받았다고 합니다. 15분을 기다려 마시멜로 두 개를 먹은 아이들은 전체의 30%이었습니다. 14년 후, 연구자들은 실험에 참여했던 아이들을 추적해 그들의 삶을 비교했습니다. 그러고는 놀라운 결과를 얻었다고 합니다. 만족을 지연했던 아이들과 그러지 못했던 아이들 사이의 대학 수학능력평가시험(SAT)의 점수 차이는 무려 210점이었습니다. 또 지연 시간이 가장 짧았던 아이들은 순간적인 충동을 제대로 조절하는 법을 익히지 못했을 뿐만 아니라 정학 처분을 받는 빈도도 높았고, 약한 아이를 괴롭힐 확률 역시 가장 큰 것으로 나타났습니다. 결과적으로 마시멜로 하나를 먹은 것이 훗날의 큰 차이를 예견한 셈입니다. 이를 주제로 작성된 책이 《마시멜로 이야기(Don't Eat The Marshmallow Yet!)》라는 책이며, 이 책은 후에 시리즈로 3권까지 출판되었고, 우리나라에서도 마시멜로 신드롬을 불러일으키기도 하였습니다.[8)] 아직 자의식이 채 발달하기도 전인 네 살배기의 어린아이가 맛나고 말랑말랑한 과자를 그것도 15분 동안이나 먹지 않고 기다린다는 것은 제아무리 15분 뒤에 추가 보상이 주어진다고 하더라도 충동과 욕망에 지배되는 경향이 강한 어린아이에게는 크나큰 고통임은 분명합니다.

어른도 마찬가지입니다. 제아무리 큰 목표를 세웠다고 하더라도 그것을 실천하는 데에는 크나큰 고통이 뒤따르게 마련이고, 그 성과가 당장 눈앞에 나타나지 아니할 때는 금방 포기하고 마는 것이 바로 인간이기 때문입니다. 우리 집에는 러닝머신과 실내 자전거가 각기 1대씩 있습니다. 러닝머신은 몇 년 전 년 초에 홈쇼핑을 통해 사들인 것이고 실내 자전거는 얼마전 이사하면서 새롭게 산 것입니다. 그런데, 러닝머신은 거실 한편에 두고 옷걸이로 사용한 지 한참 오래고, 실내 자전거 또한 코로나 19로 인해 마스크 걸이로 쓰인 지 꽤 되었습니다. 그런데도 아직 러닝머신을 버리지 못하고 있는 까닭은 '언젠가는' 운동을 해야지 하는 강박관념이 자리를 잡고 있기 때문입니다.

이 점에서 목표를 바로 세우고, 목표를 향해 끈기 있게 실천하는 자세가 중요합니다. 이 목표 성취 과정에서 비록 끝이 보이지 아니한다고 하더라도 철학자 니체는 "세상에는 다른 누구도 아닌, 오로지 너만이 걸어갈 수 있는 길이 하나 있다. 그 길이 어디로 이어지는가? 묻지 말고 그냥 걸어가라"라고 강조합니다. 일단 앞에 놓인 길을 열심히 걸어가는 것이 중요합니다. **묵묵히 걷다 보면, 어느 순간 길이 그대를 이끌어 줄 것이기 때문입니다.** 이는 탈무드에서도 강조한 바와 같으며, 사뮈엘 베케트의 희곡 〈고도를 기다리며〉에 등장하는 두 남자의 이야기와는 정반대되는 것입니다. 무작정 아무것도 하지 않고 '고도'가 무엇인지를 모르면서 기다리는 것이 우리 인간의 특성인지도 모르겠습니다. 어느 일요일 교회 예배 시간에 목사님께 들은 이야기입니다. "어느 신자분이 수요예배, 주일예배를 하루도 거르지 아니하고 참석하는 독실한 신자분이셨는데 이분이 매일매일의 기도 제목이 '제발 로또 복권' 당첨되게 해 달라는 기도였다고 합니다. 그러자, 워낙 그 기도가 간절하여 드디어 하나님께서 그의 응답을 들어주셨다고 합니다. 기도 중에 하나님께서 가까이 다가와 귓속말로 나지막하게 '제발 좀 로또 복권 좀 구입하고 기도하라'라고 말입니다." 인간은 상상력이 있는 존재입니다. 상상력이 있기에 현재에 안주하지 아니하고 미래를 위해 열심히 준비하는 존재입니다. 2500년 전 공자는 《논어》의 자로편 제17장에서 "빨리하려고만 하지 말고, 작은 이익을 보려고 하지 마라. 빨리하려고 하면 달성하지 못하고, 작은 이익을 보다 보면 큰일을 이루지 못한다"라고 강조한 바 있습니다. 이 험난한 세상을 살다 보면, 사람의 힘으로 어찌해 볼 수 없는 세상의 흐름을 마주하고도, 좌절하지 않고 할 수 있는 일을 지속해서 하는 것이 중요하다는 것입니다. 이 점에서 인생은 속도가 아니라 방향이 중요하다는 걸 깨닫습니다. 버스나 지하철을 타다 보면 목적지가 중요하다는 것을 느끼게 됩니다. 목적지가 분명하지 않은 버스를 타거나 지하철을 타게 되면 잘못한 것으로 생각하고 다시 갈아타는 작업을 거치게 됩니다. 인생도 마찬가지입니다. 삶에 있어서 중요한 것은 나아가려는 방향이고, 그 과정에서 때로는 방향 전환을 하기도 합니다. 가고자 하는 방향으로 나아가고 있을 때 느끼는 희망이 우리를 행복의 길로 안내하기도 합니다. 말하자면, 지금 걷는 길이 아무리 멀고 험해도 희망이 있다면 불행하지 않다는 것입니다.

2017년 서울 예술의 전당에 자코메티 작품전이 열렸습니다. 거기에 전시된 작품 중에 '걷는 인간'이라는 조각상이 있습니다. 이 조각상과 관련하여 작가인 자코메티는 이런 말을 남겼습니다. "어디로 가야 하는지, 그리고 그 끝이 어딘지 알 수는 없지만 나는 걷는다. 그렇다. 나는 걸어야만 한다."라고 말입니다. 이 점에서 나 또한 이중적인 의미의 '걷는 것'을 좋아하는 사람입니다. 한강 주변 걷기를 시작한 것이 2000년대 초반부터이니 벌써 20여 년의 연륜이 있는 한강 걷기입니다. 친구는 나한테 한강 걷기가 일상화된 '걷기 리추얼 맨'이라고 이야기한 바 있습니다.

큰 목표를 달성하기 위해서는 우선 작은 목표부터 세우고 차곡차곡 그 방향으로 나아가는 것이 필요합니다. 마치, 로또 복권 당첨이 목표라고 한다면, 매주 1매든, 매월 1매든 꾸준히 로또 복권을 사는 것이 중요합니다. 매일의 일상에서 목표한 바를 정하고 그를 추구하기 위하여 꾸준히 나아가는 것, 그것이 우리가 행해야 할 오늘의 과제라고 봅니다. 이 점에서 저는 도종환 시인의 '멀리 가는 물'을 좋아해서 자주 되뇌곤 합니다.

"어떤 강물이든 **처음엔 맑은 마음**
가벼운 걸음으로 산골짝을 나선다.
사람 사는 세상을 향해 가는 물줄기는
그러나 세상 속을 지나면서
흐린 손으로 옆에 서는 물과도 만나야 한다.
-중략-
때 묻은 많은 것들과 함께 섞여 흐르지만
본래의 제 심성을 다 이지러뜨리지 않으며
제 얼굴 제 마음을 잃지 않으며
멀리 가는 물이 있지 않은가"

–〈도종환, 멀리 가는 물〉

인생에 있어서 중요한 것은 속도가 아니라 방향이고, 그 방향으로 한 발짝이라도 앞으로 더 나아가는 것입니다. 그 방향으로 나아가다 온갖 시련이나 고통에 멈추어 버리고 마는 존재가 아니라, 묵묵히 **목표하는 방향으로 나아가면 언젠가는 도달하고야 만다는 믿음이 중요하다**는 것이 이제까지 살면서 얻은 최대의 배움입니다. 그런데, '똘똘한 집 한 채를 마련하는 것'이라든가, 얼마 정도의 '자금을 마련한다.' 등의 목표는 그 목표가 달성되는 순간 없어지기 마련입니다. 가치가 아닌 물질을 대상으로 삼았기 때문에 그 목표가 달성되는 순간 사람은 또한 표류하기 마련입니다. 이 점에서 세상살이에서 나의 인생 좌우명이 되는 중요한 가치를 발견하고, 그 방향으로 나아가는 것이 진정한 행복이 아닌가, 그 길로 걸어가고 있을 때 느끼는 감정이 행복이 아닌가 하는 생각이 드는 것도 나이 든 사람만이 느끼는 감정이 아닐까 합니다.

이와 관련하여 《마시멜로 이야기(Don't Eat The Marshmallow Yet!)》의 저자는 3번째 이야기에서 인생의 진정한 행복은 '사랑과 나눔'에 있다고 하였습니다. 그리고 미국의 지미 카터 전 대통령은 그의 저서 《나이 드는 것의 미덕》에서 '인생의 행복은 건강을 기본 바탕으로 인생에 추구하고자 하는 목표가 있고, 타인들과 좋은 관계를 유지하는 데 있다'라고 강조하였습니다.[9] 그리고 하버드 대학교의 조지 베일런트 교수가 하버드 졸업생을 대상으로 하는 60여 년의 종단연구를 통하여 펴낸 책 《행복의 조건》에서 '인생에 있어서 가장 중요한 것은 지적인 뛰어남이나 계급이 아니라 다른 사람들과의 사회적 관계다'라는 연구결과들을 다시금 되새기게 됩니다.[10]

인생에 있어서 중요한 것이 방향이고, 그 과정에서 얻는 기쁨이 진정한 행복이라고 한다면 외적인 물질만 추구하는 삶보다는 '나와 우리'를 둘러싸고 있는 바로 내 옆의 사람들에게 관심을 기울이고 그들을 조금이라도 편안하게 해줌과 동시에 좋은 인연을 맺어가는 것이 진정한 행복이고, 성공이 아닐까 하고 생각해 봅니다. 너무 늦은 깨달음이 아니길 희망하고 또 희망합니다.

인간은 의미 지향적인 존재이다

일정한 시대의 사람들은 나이나 성별 등에 상관없이 거의 비슷한 존재 방식으로 삶을 살아가게 마련입니다. 이는 줄곧 통계학자들이 언급해온 것이기도 합니다만, 대체로 인간의 삶이 결국 나이나 성별 등 인구통계학적 요인에 의해 결정된다는 것입니다. 이를 인구통계학적 원칙이라고 합니다.[11] 2020년 한국의 인구구조는 두 가지 분기점을 맞았습니다.[12] 2020년 한 해 동안 27만 명이 태어나고 30만 명이 사망하여 인구감소 국가로 전락하였는가 하면, 같은 해 1차 베이비붐 세대(1955~1963년생)의 맏형인 1955년생 68만 명이 고령자로 편입하였습니다. 이후 2차 베이비붐 세대(1968~1974년생)도 향후 20년간 1,600여만 명이 순차적으로 고령자 대열에 들어가게 됩니다. 말하자면, 대한민국은 고령화되어가는 사회가 아니라, 이미 고령사회가 되었다는 것이고, 그것도 향후 20년간 매년 80만 명 정도의 노인인구가 증대되어 간다는 것입니다.

그런데, 미래학자 다니엘 핑크(Daniel Pink)에 따르면, **통계학자의 원칙**(인간의 삶이 결국 나이나 성별 등 인구통계학적 요인에 의해 결정된다는 원칙)과 **롤링스톤스의 원칙**(원하는 것을 항상 얻을 수 있는 것은 아니라는 원칙) 사이에 갈등의 소지가 다분히 있다는 것입니다.[13] 이와 관련된 문제를 몇 가지로 나누어 살펴보면 다음과 같습니다.

먼저, 향후 20년에 걸쳐서 매일 2,000여 명이 65세 이상 인구로 편입되면서, 우리 사회에서 가장 부유하고 이전 세대보다 가장 교육을 잘 받은 세대가, 그리고 산업화의 시대에 조직 생활을 경험했던 세대가 삶의 의미와 중요성, 그리고 자신이 진정으로 무엇을 중요하게 여기는가에 대해 깊이 있는 질문을 던지게 된다는 것입니다. 이는 다니엘 핑크가 지적한 바와 같이, '인구통계라는 한랭전선과 실현되지 않은 꿈이라는 온난전선이 만날 때

예전에는 전혀 찾아볼 수 없었던 목적의 폭풍우가 우리 사회에 몰아친다는 것'을 암시합니다.[14)]

둘째, 베이비붐 세대가 사회적으로 중요한 의사결정 집단으로 등장하게 됨에 따라, 이들의 사회적 참여 또한 확대될 수밖에 없고 이들의 요구 또한 무시하지 못할 정도로 증대된다는 것입니다. 이것은 이미 2020년대 초반 광화문의 태극기 집회에서도 여실히 나타난 바 있으며, 사회 곳곳에서 노년층의 사회적 참여가 증대되고 있습니다. 요즈음 지역사회의 도서관이 그러한 것들 중의 하나이고, 평생학습관 등도 마찬가지입니다. 문제는 이들 세대가 향후 평균수명을 볼 때 20년 정도 더 살게 되고, 이 20년을 아직 자신의 최고의 행복한 시기가 아직 오지 않았다고 이야기하면서 자신이 원하는 최고의 삶을 살고 싶어 하게 되고, 삶에 변화를 가져오고 싶어 한다는 것입니다. 이들의 사회적 참여 요구는 과거 그 어느 때보다도 높아질 것이고 그 수준 또한 다양해질 것입니다. 또한, 고령사회의 진척에 따라 우리 사회 또한 과거의 잣대로 노인층을 대하는 태도 또한 변할 것은 분명합니다. 아직 혈기 왕성하게 보이고, 활동력이 넘치는 꽃 중년 같은 베이비붐 세대의 사회적 활동 중단은 그 자체로도, 사회적으로 큰 손실이기 때문입니다.

셋째로는, 사람마다 요구가 다양한 것과 같이 사람들을 평가하는 잣대 또한 다양해진다는 것입니다. 과거에는 사람들을 평가하고자 할 때, 오로지 성공 지향적 가치관이 지배적 패러다임으로 굳어진 관계로 돈과 권력을 가진 자가 사회적 지배층으로 자리를 잡아 왔습니다. 그러다 보니, 자연적으로 대다수의 사람이 돈에 집착하고 권력을 탐하게 되었습니다. 가진 자와 덜 가진 자로 사람들을 구분하고, 덜 가진 자나 못 가진 자는 마치 무엇인가 결함이 있는 것처럼 여기는 시대는 이제 막을 내리고 있습니다.[15] 특히, 이제 나이가 어느 정도 든 베이비 부머 세대에게는 더욱더 이러한 생각이 중요하게 자리를 잡게 됩니다.

이와 같은 입장에 서게 되면, 앞으로의 사회는 금전 중심적이고 성공 지향적인 가치에 매몰되기보다는 목적 지향적 가치를 중시하게 될 것이고, 나아가서 무엇보다도 참여 지향적 경험 중심의 가치가 강조됨에 따라 사람을 평가하고 판단하는 기준 또한 변화되어 갈 수밖에 없습니다. 이와 관련하여 다니엘 핑크는 《드라이브》라는 그의 저서에서 '동기 2.0의 핵심이 수익 극대화인 이익 동기라고 한다면, 동기 3.0은 이익을 거부하지 않으면서도 목적 극대화를 똑같이 강조한다'라고 언급하고 있습니다.[16] 이러한 관점을 받아들이게 되면 금전적인 부나 특정한 지위를 중심으로 사람을 판단하거나 내 인생의 잣대로 타인을 평가하는 일은 하지 말아야 할 그 무엇으로 자리를 잡게 될 것입니다. 103세 철학자 김형석 교수는 그의 저서인 《인생문답》이라는 책에서 "사람은 자기 인생의 길에서 자신의 가치관을 가지고 행복을 누리면서 살면 됩니다. 내 인생의 잣대를 갖고 남을 평가하거나 같아지기를 바라는 것은 잘못이에요. 그런데도 우리는 잠재적으로 '너는 왜 나나 우리와 다르냐?'라는 생각을 하고 남들을 대해요. 응당 다른 면을 인정하고 좋은 점을 받아들이는 열린 마음이 있어야 합니다."라고 강조하고 있습니다.[17] 이는 앞으로의 우리 세대와 우리 사회가 지녀야 할 중요한 덕목, 나아가서 하나의 중요한 가치로 자리를 잡게 될 것은 자명하다고 봅니다.

지금까지의 우리 사회는 오로지 부, 권력, 명예 등과 같은 소유가치를 중심으로 모든 삶이 평가되고 관리됐던 것도 사실입니다. 그러나, 이러한 소유 중심의 사회는 우리 사회를 무한 경쟁이라는 일방통행의 길로만 내몰고 결과적으로 우리 사회를 극단적 이기주의 사회, 피로 사회로 물들이게 하기에 충분하였습니다. 이러한 자세는 빈곤의 시대에 살았던 산업화 세대, 그리고 베이비붐 세대들이 몸소 경험했던 그 무엇이기도 합니다. 기존의 세대들은 돈을 벌고, 자신의 이익에만 집중하느라 사랑과 관심, 배려, 공감, 환경, 공동체 등 진정으로 가치있는 것들을 수용할 여유가 거의 없었던 것도 사실입니다.[18] 이제는 이러한 악순환의 고리를 끊어야 할 때입니다. 그리고, 바로 그러한 시대가 베이비붐 세대의 은퇴와 더불어 우리 곁에 한층 더 가까이 다가와 있습니다.

빅터 프랭클은 《죽음의 수용소에서》를 통하여 '인간은 타고난 자질과 환경이라는 제한된 조건 안에서 어떤 사람이 될 것인가 하는 것이 전적으로 그의 판단에 달린 존재이다'라고 강조합니다.[19] 이 점에서 또한 사람은 저마다의 가치를 지니고 태어난 존재입니다. 그리고 목적을 추구하는 것은 인간의 본성 그 자체이기도 합니다. 그러한 까닭에 각각의 삶이 추구하는 가치나 목적 또한 다양할 수밖에 없습니다. 그러한 가치가 서로 존중받고, 배려받는 사회가 바로 우리가 추구하는 자유 민주사회입니다. 각자 개인이 지닌 특정한 목적이나 가치에 근거하여 목적 지향적이고 가치 지향적인 삶을 유지하게 될 때 개개인은 바로 그 지

점에서 더 윤택한 삶을 유지할 수 있습니다. 그런데, 우리 인간은 희망을 품고 특정 목표를 향하여 나아가고 실천하면서 혼자서 그것을 감당하기도 어렵거니와 지속하기도 어렵습니다. 이 점에서 칸트는 목표 추구를 위한 헌신은 홀로 지속하기가 몹시 힘들며 비슷한 뜻을 가진 사람들과 함께해야 한다고 강조한 바 있습니다.[20)]

말하자면, 아무리 추구하고자 하는 목표가 분명하고 강렬하게 인식된다고 하더라도 그 목표 추구를 처음에 시작하고자 할 때는 허약하기 그지없는 흔들리는 갈대에 지나지 않는다는 것입니다. 이러한 까닭에 우리는 특정 목표를 추구하거나 가치를 창출하기 위해서는 어딘가의 집단에 소속하거나 아니면 특정한 활동을 통하여 타인과 더불어서 그 무엇을 추구해야 할 필요가 있습니다. 여기에서 '**일치의 커뮤니티**'가 중요하게 부각됩니다.[21)] 이 커뮤니티는 처음에는 상호 위안을 얻기도 하지만, 같은 길을 가는 사람과 함께 있으면 다소 흔들리는 순간이 올지라도 그를 이겨내고 나아갈 수 있게 됩니다. 우리 인간이 혼자서도 잘할 수 있는 것은 오직 잠자는 것뿐입니다. 그런 점에서 '빨리 가려면 혼자 가고, 멀리 가려면 함께 가라'라는 옛 어른들의 말씀이 그냥 한 말이 아니라 그 속에 많은 뜻을 내포하고 있다는 것을 배우게 됩니다.

삶의 의미 찾기는 한평생 지속하여야 할 가장 중요한 일이다

나이가 들어감에 따라 최근 들어 부쩍 지나간 날들을 회상하는 일들이 자주 있곤 합니다. 이것은 예전에는 전혀 생각조차 하지 아니하였던 일이기도 합니다. 흔히 회상(retrospection)이라고 이야기할 때에는 두 가지의 뜻이 있다고 봅니다. 하나는 좋았던 감정이고, 다른 하나는 후회와 미련과 같은 슬픈 감정입니다.

과거와 관련하여 좋았던 감정과 관련된 말로 널리 회자하는 말이 **'벨 에포크**(Belle Époque)'입니다. 벨 에포크는 프랑스어로 '아름다운 시절'이라는 말입니다. 사전적으로는 아름다운 시절을 뜻하지만, 대체로 19세기 말부터 제1차 세계대전이 일어나기 직전까지 프랑스가 세계적으로 번성했던 시기를 회고적으로 부를 때 사용되는 말이라고 합니다. 특히, 이 말은 1815년 나폴레옹 전쟁이 끝나고 제1차 세계대전이 발발하기 전까지의 '팍스 브리태니커(Pax Britannica)', 즉 19세기 대영제국의 황금기와 합쳐져서 유럽 전역이 평화를 누리던 '백 년 평화' 시절을 일컫는 말이기도 해서 이제는 '좋았던 옛 시절'을 표현할 때 광범위하게 사용되고 있습니다.[22] 어느 사회를 막론하고 '좋았던 시절'이 있게 마련입니다. 물론, 그 좋았던 시절에 관한 판단은 현재와 관련한 과거의 기억에 전적으로 의존하고 있습니다. 그러기에 그 좋았던 시절이라는 것도 어느 시점에서 회고하느냐에 따라 달라질 수 있습니다만, 되돌이켜 보면 나에게는 과거의 서사 속에서 고등학교 시절이 가장 좋았던 기억으로 남아 있습니다. 가장 좋았던 시절로 고등학교 시절이 떠오르는 까닭은 그 당시를 회고할 때 가장 행복한 감정이 다가오기 때문입니다.

하버드 대학교의 철학 교수인 마사 누스바움(Martha Nussbaum)은 회고적인 행복한 감정을 '흐뭇한 만족감, 회고적 기쁨, 회고적 자부심, 회고적 사랑' 등으로 표현하고 있습니다. 그녀에 따르면 '흐뭇한 만족감이란 과거에 일어났던 일 또는 과거에 우리가 했던 일에 대해 느끼는 행복한 감정을 말하고, 이 감정이 매우 강렬하면 회고적 기쁨(retrospective joy)이라고 표현할 수 있으며, 회고적 기쁨과 가까운 친척으로 회고적 자부심이 있는데 이는 우리가 과거에 좋았던 사람이거나 좋은 일을 했기 때문에 기쁨 또는 만족을 느끼며 자신을 바라보는 감정을 의미한다'라고 합니다.[23] 아마도, 나 자신이 고교 시절을 가장 좋았던 시절로 기억하는 까닭은 이 회고적 자부심과 관련이 있지 않나 생각됩니다. 시골 면 단위 학교에서 읍내로, 말하자면 유학을 와서 공부하면서 그래도 나름으로 열심히 공부하였기에 서울에 있는 대학으로 진학을 할 수 있었고, 그 대학에 진학했기 때문에 오늘의 나 자신이 있다고 생각되기 때문입니다. 그리고 회고적 사랑에는 회고적 기쁨 또는 회고적 슬픔이 섞여 있으며 둘 다 섞여 있을 가능성도 있습니다. 고교 시절에 가슴에 품었던 어느 여고생이 아직도 못내 잔상에서 사라지지 않는 것도 가끔 옛날을 회상하는 주요한 계기이기도 합니다.

그리고 과거의 기억과 관련하여 회상하는 슬픈 감정으로는 후회라든가 미련과 같은 것들이 있습니다. 후회는 과거에 일어났던 사건이나 행동이 잘못이었다는 생각과 그 일을 하지 말았어야 한다는 생각을 품고 있습니다. 반면에 미련은 과거에 이미 일어난 어떤 일이나 사건에 대하여 초점을 맞추되, 그 사건이나 사실을 잘못된 것으로 규정하거나 비난하는 것이 아니라 그런 나쁜 일이 일어나지 않았거나 좋은 일이 있었으면 더 좋았겠다는 생각과 깊은 관련이 있습니다.[24] 몇 해 전에 어느 유명한 탤런트이자 배우분하고 골프를 같이 친 적이 있습니다. 운동이 끝난 후 식사 자리에서 우연히 옛날 젊은 시절로 되돌아가고 싶은 생각이 없느냐고 여쭈어보았습니다. 그때 그 배우분의 표정이 지금도 눈에 선합니다. 아주 단호하게 한마디로 '절대로 되돌아가고 싶지 않다'라는 것이었습니다. 또 다시 드라마나 영화 한 편을 찍고 싶지 않다는 말에 한편으로는 '현재에 매우 만족한 삶을 살고 있구나!'라는 긍정적인 생각과 동시에 다른 한편으로는 그 당시가 '매우 힘들게 기억되는구나'라는 생각이 들었습니다. 지금 생각해보면 과거에 대한 후회는 부질없다는 것을 그 배우분은 이미 알고 있었다는 생각이 듭니다. 또 다른 하나의 예로서는 어머니와 관련된 일입니다. 어머니는 1925년생이시고, 2023년 4월 현재 요양병원에 계십니다. 그런데 어머니를 생각할 때마다 늘 고마운 마음이 특히 더 드는 까닭은 그 예전 시절에 시어머니께 혹독한 시집살이를 하셨음에도 돌아가신 할머니에 대하여 한 번도 험담하시지 아니하였다는 것입니다. 할머니께서는 어렸을 때나 대학을 다닐 때, 언제나 내 편에 서서 나를 돌봐 주신 분입니다. 군대에서 제대하고 복학한 지 얼마 안 되던 1983년 5월에 돌아가셨는데, 나 자신이 할머니를 무척이나 따르고 의지했던 부분을 잘 알고 계셔서 그런 것일 수도 있다는 나름의 해석을 하곤 했었습니다만, 남을 험담하거나 미워하는 이야기를 한번도 들어본 적이 없었습니다. 말하자면, 마사 누스바움(Martha Nussbaum)의 표현을 빌려와 말하자면, 어머니는 **과거 지상주의자**가 아니라 **현재 지상주의자**이셨고, 비관론자가 아닌 긍정론자라고 생각됩니다.[25]

어머니의 성격을 닮은 것인지는 몰라도 나 자신은 지나온 삶을 돌이켜 보면, 지나간 시절은 지나간 시절대로 각기 아름다웠다고 생각이 됩니다. 그 힘들었던 어느 순간순간도 지나고 보면, 오늘의 나를 키우는 데 자양분으로 작동하였다는 것을 깨닫게 됩니다. 세상의 모든 경험은 그 경험 자체로서도 의미 있고 가치 있는 것이기도 하지만, 미래의 우리 삶의 모습을 결정짓는 중요한 요소라는 것을 알기 때문입니다. 이 점에서 조금 더 젊었을 때 이러한 것들을 알고 있었으면 좋았겠다고 생각하기도 합니다.

되돌이켜 보면, 지나온 삶의 순간순간마다 작동되었던 의사결정의 핵심은 '소유하기(to have)'와 '무엇 무엇이 되기(to become)' 위한 것들이 중심이었다고 생각됩니다. 한편, 따지고 보면 많은 재산을 모아 부자가 되고, 더 높은 자리에 앉아 보다 많은 권력과 명예를 누리고 싶어 하는 것들은 모든 사람이 보편적으로 지향하는 목표이자 가치라고 봅니다. 그런데, 이러한 것들이 매우 부족했던 어린 시절을 보냈던 사람들은 흔히 말하는 결핍 동기를 갖게 되곤 합니다. 결핍 동기는 그것이 채워지는 순간 사라지고 만다는 데 그 특징이 있습니다. 예를 들면 자동차가 없어서 불편했던 사람이 막상 자동차를 새로 구입하고 나면 자동차에 관한 생각이 6개월 이상을 가지 않듯이 말입니다. 결핍은 언제나 또 다른 결핍을 낳기 마련이고 이를 메우고 채우는 데 집중하다 보면 그 생활이 언제나 공허하기 그지없다는 게 지금까지 살아오면서 배운 큰 교훈입니다. **결핍 동기**는 결핍으로 인한 긴장과 갈등을 유발하기 때문에 부정적인 감정임이 틀림없습니다. 반면에 **성장 동기**는 인간이 자기 자신을 실현하려는 경향, 그가 '되고자 하는 욕구'로서 충족이 완성이자 끝이 아니라 계속해서 충족하고자 하는 끊임없는 동기입니다. 인간이 바람직한 모습으로 성장하고 발달하도록 이끄는 성장 동기는 이 점에서 결핍 동기와 같은 부정적인 감정이 아니라 적극적이며 성장하고 발전하는 감정과 결부되어 있습니다.

이러한 점에서 사람은 살아가면서 끊임없이 '**자기 자신 이해하기**'라든가 '**자기 변화시키기**' 혹은 '현재의 삶을 더 풍부하게 만들기'와 같은 목표를 버킷리스트로 작성해 놓고 살아가는 것이 더욱더 중요하다고 봅니다. 나 자신의 열 가지 버킷리스트 가운데 그 첫 번째 버킷리스트는 '**나답게 살기**(to be)'이고, 마지막 열 번째 버킷리스트는 '체코 프라하에서 **한 달 살기**(to do)'입니다. 여기서 '나답게 사는 것'은 바로 나 자신이 나의 인생 항로의 선장이 되어야 한다는 것이고, 나 자신과 타인을 비교하는 삶이 아니라 언제나 의사결정의 주인은 바로 자신이 되어야 하며 타인에 의해서 조종당하거나 상처받지 않아야 한다는 것을 말합니다. 살아가면서 지녀야 할 가장 중요한 목표는 **가지는 것**(to have)이나 **되는 것**(to become)이 아니라, 바로 끊임없이 행하는 것(to do)이고 존재하는 것(to be)이라고 믿기 때문입니다.

제2장

인생은 B와 D 사이의 C이다

생각거리

"삶의 대부분이 선택에 달려있다.
선택하기 위해서는 훌륭한 감식력과 올바른 판단이 필요하다.
학식이나 지성만으로는 충분하지 않다.
선택 없이는 완전성도 없다.
선택은 최선의 것을 선택할 수 있는 능력을 포함한다.
많은 사람이 노련한 정신과 예리한 지성,
학식과 조심성을 지녔으면서도 선택의 과정에서 실패한다.
이들은 마치 오류를 범하기로 작정이라도 한 듯
매번 최악의 것을 움켜쥔다.
그렇기에 선택할 줄 아는 것은
하늘이 내린 최고의 재능 가운데 하나다."

[출처] 발타자르 그라시안. 《발타자르 그라시안의 인생수업》. 정영훈 외 편역. (서울: 메이트북스. 2020). p. 49.

episode 1

대학 졸업을 얼마 앞둔 1984년 5월 어느 날이었습니다. 1980년 2월에 입대하고 1982년 7월에 제대하여 학기 공백 없이 복학하였던 까닭에 다른 친구들에 비하여 1학기를 먼저 졸업을 앞두고 있을 때입니다. 친구들과 함께 강의실 앞 잔디밭에 앉아서 이야기하던 중 (나중에 대학원 지도교수님이 되셨던), 교수님께서 외부 출강하러 가시는 길에 우리를 발견하시고 시간이 되면 같이 가자고 말씀을 하셔서 나 혼자만 교수님 차를 타고 같이 가게 되었습니다. 마침 졸업 후 평생교육 분야로 공부를 더 하고 싶었던 터라 평생 교육기관을 구경도 할 겸 해서 따라간 곳이 바로 구로공단 근처의 청소년회관입니다. 당시만 해도 구로공단은 수도권 최대의 공단지역으로 대우어패럴, 한진인쇄 등 노동집약적 산업체들이 많이 모여있었고, 이에 따라 지방에서 상경하여 공단에 다니는 나이 어린, 말하자면 근로 청소년들이 많이 고용되어 일하고 있었던 대표적인 저임금, 고노동 집약지역이었습니다. 이와 같은 이유로 근로 청소년을 대상으로 대규모 생활관을 설치 운영하고, 교양 취미 교육을 시행하는 기관이 바로 근로청소년회관이었습니다. 교수님 강의하시는 동안 강당, 강의실 등을 둘러보고 직원들과 잠시 대화하면서 느낀 것은 열악한 노동환경에서도 주말이나 쉬는 날을 이용하여 이런 배움의 기회를 찾아오는 청소년 노동자들이 많다는 것이었습니다. 당시 같은 학과 선배들이나 군대에 안 가거나 못간 친구들 대부분이 대기업에 취업했던 터라, 대학을 졸업하고 대기업이 아닌 곳에 취업하는 것이 조금은 낯선 그런 시절이기도 하였지만, 때마침 그곳에서 직원을 채용한다고 하여 교수님 추천을 통하여 곧바로 취업하게 되었습니다. 친구 따라 강남 간다더니, 교수님 따라 청소년회관에 갔다가 거기에 바로 취업을 하게 되었던 것입니다. 당시의 취업과 관련하여 주위 친구들의 여러 진심 어린 만류도 있었지만, 80년대 초 군 복무 당시 5.18 민주화 운동을 군에서 직접 겪었던 터라 조금의 부채 의식이 남아 있었던 것 또한 첫 직장 선택에 영향을 주었습니다. 그리고 거기서 1년 남짓 근무하면서 구로공단 노동자들의 고단한 삶을 직접 체험하기도 하였는가 하면, 그들의 배움에 대한 열정을 목격하면서 학교 밖에서 이루어지고 있는 평생교육의 중요성을 깨닫고 계속 공부를 더 해야 한다는 생각을 더욱더 굳히게 되었습니다. 대학원 진학과 함께 학업과 일을 1학기 동안 병행하다가 직장을 그만둠에 따라 저의 첫 직장생활은 18개월 만에 끝나게 되었습니다. 그런데, 그 짧은 기간의 직장생활이 그 후의 대학교수로의 조기 채용과도 연계되고 후일 평생교육 영역이나 청소년교육 부문의 인적 네트워크를 확보하는 데 절대적인 영향력을 미쳤습니다.

episode 2

1989년도에 전임강사로 시작하여 조교수, 부교수, 정교수를 거치면서 대학에서 평생교육원장, 교무처장, 부총장 보직을 맡아서 일할 기회를 얻었습니다. 그리고, 대학법인의 운영난으로 인하여 타 법인에서 대학을 인수하고자 하였고, 이 과정에서 외부에서 새로운 총장이 부임했습니다. 새 총장이 부임하던 바로 그 첫날에 부총장직 사표를 제출하였습니다. '새 술은 새 부대에 담아야 한다'라는 고정 관념도 있었지만, 10년 가까이 장기간에 걸쳐 보직 생활을 하였던 까닭에 좀 쉬고 싶었던 생각이 강했던 것도 사실이었습니다. 그러나, 세상사 이치가 다 그러하듯 신임 총장 부임 첫날에 보직 사표를 제출한 것이 훗날 큰 화근이 되어서 돌아올 줄은 꿈에도 몰랐습니다. 보직 사표는 열흘쯤 뒤에 처리되었지만, 새로운 법인의 인수과정이 순탄하지 않게 흘러가고 신임 총장의 입지가 조금 흔들리게 되면서 전직 보직자 가운데 가장 밉상으로 지목받았던 나 자신과 함께 교수협의회 회장이 각각 다른 명목으로 파면 및 해임 통보를 받게 되었습니다. 물론 징계 절차 과정에서 일부 회유 관련 제의가 들어온 것은 사실이지만, 다 무시하고 법의 심판을 받겠다고 버티었습니다. 그에 따라 교육부의 교원소청심사위원회에 파면의 부당성을 적어 심의를 신청하였습니다. 교육부의 교원소청심사위원회에서는 학교 당국이 나에게 내린 파면을 정직 3개월로 감경하여 처분조치를 내렸습니다. 교육부의 교원소청심사위원회에서는 파면 이유 중에서 나머지 모든 이유는 기각하고, 교무처장 재직할 때 영국의 대학과의 공동학위 과정을 운영한 것이 당시 법령을 위반하였다는 점을 그 근거로 제시하였습니다.[1] 그러나, 나는 교육부의 교원소청심사위원회에서 정직 3개월로 처분한 처분이유가 온당치 못하다고 보고 서울행정법원에 제소하였고, 1심과 함께 진행한 가처분신청에서 승소하여 법원판결에 따라 복직 명령을 거부할 시에는 '1일 지체 시마다 100만 원을 지급하라'라는 판결을 받았습니다. 그런데도 학교 당국은 법원의 복직 명령을 거부하였는가 하면, 다른 한편으로는 횡령 혐의 등으로 서울 서부지검에 고소하여 서부지검 형사부 중에서도 가장 무시무시하다던 형사5부(특수사건 담당)에 사건이 배당되어 조사를 받게 되었습니다. 검찰에서는 근 5개월에 걸친 주위 직원들과 교수들에 대한 참고인 조사를 실시하고, 나에게는 피고소인에 대한 심문조사를 1차례 실시하였고 다시는 검찰에서 소환 통보를 하지 않아 무작정 처분통지를 기다려야만 했습니다. 결국, 우여곡절 끝에 학교 당국에서 검찰에 제소한 지 1년 2개월 만인 2014년 12월 말에 가서야 무혐의 처분을 받았습니다. 물론, 이러한 가운데에서도 서울행정법원의 1심에서와 2심에서도 승소하여 법원판결에 따라 복직 명령을 받았습니다만, 복직은 다시 교육부 교원소청심사위원회의 정식 복귀 명령을 받은 뒤인 2015년 6월에 가서야 정식 복직 절차가 마무리되었습니다.

위의 2가지 사례는 제가 지금까지 살아오면서 선택한 가장 큰 사건의 서사입니다. 앞에서의 첫 직장 선택은 설렘에서 시작된 선택이었지만, 두 번째의 징계처분 관련 소송 신청은 두려움에 기반하여 자기방어를 위한 불가피한 선택이었습니다. 남아프리

카 공화국의 대통령이었던 넬슨 만델라(Nelson Mandela)는 '당신의 선택이 희망에 의한 것이어야지, 두려움에 의한 것이어서는 안 된다.'라고 강조한 바 있습니다. 희망에 의한 선택은 순전히 자기 주도적이고 자기 발전적인 선택이지만, 두려움에 의한 선택은 타자 주도적이고 자기 퇴행적일 수도 있는 선택이기 때문입니다. 그런데, 이러한 선택이 자발적이든 어찌할 수 없이 받아들이는 선택이든 간에 우리들의 삶이라는 것도 따지고 보면 아주 작은 선택이 우리의 삶을 송두리째 바꾸어 버리기도 합니다. 앞에서 언급한 바의 직장 선택과 같이 '우연히 강의실 앞 잔디밭에 앉아있다가 교수님을 따라간 곳'에 취업이 된 것이나, 신임 총장의 '취임 당일에 보직 사표를 당돌하게 제출한 선 넘은 선택 행동'이 훗날 14회에 걸친 소송에 휘말리게 되어 결과적으로 본인은 물론 가족 모두를 힘들게 만든 것과 같은 선택 말입니다.

이러한 점에서 프랑스의 실존주의 철학자 장 폴 사르트르의 명언, '인생은 B(출생 Birth)와 D(죽음 Death) 사이의 C(선택 Choice)이다.'가 떠오릅니다. 삶의 마디마디에서 자신이 선택한 그 결과가 훗날 자신의 이야기가 되고, 그런 개개인이 모인 그들의 이야기(his+story)가 그 사회의 역사(history)가 되는 것과 같은 이치입니다.

그런데, 살아가는 동안에 우리가 선택이라고 하는 것은 현재와 관계하는 현재의 수준에서 이루어진 것만이 아닙니다. 마르쿠스 아우렐리우스는 《명상록》에서 '인간이 가진 시간은 현재뿐'이라고 강조합니다.[2)] 시간이 현재뿐이라고 한다면, 그 현재와 관계하는 양태에 따라 과거, 현재, 미래로 구분됩니다. 우리 인간은 과거와 관계하는 현재는 기억의 형태로, 현재와 관계하는 현재는 직관의 형태로, 그리고 미래와 관계하는 현재는 희망의 형태로 인식하게 됩니다. 이와 같은 입장에 서게 되면, 우리가 선택의 자유를 마음껏 누릴 수 있는 유일한 곳은 바로 현재뿐입니다. 이러한 시간관을 바탕으로 선택을 하게 된다면, 인간은 과거와 관련하여서는 기억을 선택하고, 현재와 관련하여서는 직관을 선택하고, 미래와 관련하여서는 희망을 선택하게 됩니다.

이러한 의미에서 인간은 과거와 현재, 그리고 미래에 관한 선택으로 인하여 한 번 태어난 것(출생)으로 인해 인생이 완결되는 존재가 아니라, 끊임없이 선택하고 결정하고 이를 통해 '다시 태어나는' 존재입니다. 도스토옙스키의 연구자인 석영중 교수는 《카라마조프 씨네 형제들》이라는 저서에서 '인간의 다시 태어남 또한 한 번으로 끝나는 게 아니라 인생의 고비마다 새로운 열린 문이 존재하게 마련이다'라고 하였습니다. 이러한 의미에서 인간은 'B(출생)와 D(죽음) 사이에 주어지거나 맞게 되는 C(선택)의 양과 질에 따라 결정되는 존재'입니다. 이것은 신영복 교수의 "처음처럼 언제나 새날을 시작하고 있습니다. 산다는 것은 수많은 처음을 만들어가는 끊임없는 시작입니다"라는 시에서도 나타나고 있습니다.[3] 이런 까닭에 나는 삶의 질곡에서 마주치는 차마 힘든 삶의 고비마다 혼자 혹은 여럿이 어울려서 소주 '처음처럼'을 자주 맞이했습니다.

기억은 과거를 현재화하는 과정으로 두려움 혹은 희망의 형태로 나타난다

한때 심리학계나 경제학계 등에서 과거가 현재와 미래를 결정한다는 고정 관념이 자리를 잡고 있었습니다. 미국심리학회 전 회장이자, 스탠퍼드 대학교의 교수인 마틴 셀리그만은《긍정심리학》에서 이러한 믿음의 뒤에 도사리고 있는 이데올로기의 창시자가 바로 19세기의 찰스 다윈과 카를 마르크스, 지그문트 프로이트라고 강조하였습니다. 그에 따르면, 찰스 다윈은 '인간이란 기나긴 과거의 승리를 통해 얻은 산물'이며, 카를 마르크스는 계급 투쟁을 '궁극적으로 자본주의를 몰락시키고 공산주의를 실현하는 역사적 필연'으로 보고, '거대한 경제 세력이 결정한 미래는 과거의 산물로서 제아무리 위대한 사람조차도 개인의 힘으로는 이런 거대한 행진에서 벗어나지 못하기 때문에 과거의 산물을 미래에 반영한 것뿐'이라고 하였습니다. 또한, 프로이트는 '농담이나 꿈처럼 하찮은 일일지라도 인간의 삶에서 일어나는 모든 심리적 사건은 전적으로 과거에 의해 결정된다'라고 보았습니다.[4)]

그런데, 어떤 사람들은 인간 세상에서 피할 수 없는 것이 운명, 죽음, 세금이라고들 이야기하기도 합니다만, 특히 과거가 현재와 미래를 결정한다는 결정론적 주장은 인간의 자유의지를 간과하였다는 점에서 비판을 받고 있습니다. 아무튼, 이런 복잡한 이론들을 굳이 인용하지 않더라도, 인간은 과거의 기억을 현재화하는 과정에서 두려움을 들추어내기도 하고 희망을 소환하기도 하는 존재임에는 틀림이 없습니다. 그 과정에서 어떤 행동을 취하든 그것은 각자의 선택에 달려있습니다. 사람은 누구든지 자신이 겪었던 과거의 고통스러운 경험들로 인하여 현재를 좀먹고 미래를 파괴하게 내버려 두기도 합니다. 이것 또한 사람들이 의식하든, 의식하지 않든 간에 인간으로서 행하게 되는 일종의 선택입니다.

나의 아버지는 일평생 6.25 전쟁 중 전장에서 입은 몸과 마음의 상처를 끝내 극복하지 못한 채 52세라는 짧은 생을 마감하였습니다. 그러나, 나의 어머님은 식민지 시대에 태어나 6.25를 겪고 5, 60년대의 절대적 빈곤 시대를 지나면서도 젊은 날들의 힘들었던 기억마저 소중하고 아름답게 간직하고 계신 덕분에 지금 98세의 연세로도 여전히 비록 신체는 노화되었을지언정, 정신만은 온전하게 잘 지내고 계십니다. 그런데, 그러한 과거의 기억이 두려움과 고통에 기반한 것이든, 좋고 애틋하고 아름다운 것들에 기반한 기억이든 간에 그것이 현재를 인식하고 현재를 살아가는 삶에 있어서 중대한 영향을 미치는 것은 분명합니다.

어렸을 적, 동네 친한 친구의 형이 베트남 전쟁에 다녀온 후 종일 대검을 던지며 섬뜩한 괴성을 지르던 모습, 베트남 참전 후 번 돈으로 만화가게를 운영하던 주인아저씨는 베트남에 두고 온 연인을 위해 거의 매주 만화책 중간을 오려내고 거기에 '돈이나 동동구루무' 따위를 넣고 보낸 일들을 회상하면 베트남 전쟁이라는 처참한 환경을 어떻게 해석하고 받아들이느냐에 따라 현재의 모습이 다르다는 것을 목격하곤 했습니다. 이렇듯, 우리 인간 모두는 유아기-아동기-청년기-성인기-장년기-노년기를 거치면서 크든 작든 간에 여러 형태의 마음 상처를 받고 스스로 치유해 나가는 이도 있는 반면에, 그 상처를 극복하지 못하고 힘든 고난의 길을 걷는 이 또한 존재한다는 것을 목격하곤 합니다. 여기에서는 과거를 현재화하는 지난날들의 기억을 어떤 형태로 받아들이느냐가 중요하다는 것을 배우게 됩니다. 이와 같은 현상들의 대표적인 예가 도스토옙스키의《카라마조프의 형제들》에서도 그대로 나타납니다.[5] '인간의 본성 자체는 선과 악의 양면성을 가지고 있습니다. 인간은 선과 악, 그리고 불완전하다는 보편적인 사실을 바탕에 두고, 가정이나 사회에서 자라나면서 환경에 의해 선택적으로 기질이 발현되는 존재입니다.[6] 어떤 경험을 하느냐, 혹은 어떤 사상과 생각을 가지고 선택을 하게 되느냐에 따라 우리의 기질은 선택적으로 발현되면서 하나의 인간으로 성장해 나가게 됩니다. 도스토옙스키의 소설《카라마조프의 형제들》에서의 주요 인물들이 드러내는 기억과 망각의 이중 서사가 바로 이와 같습니다. 즉, 탐욕스럽고 방탕한 지주인 아버지 표도르 카라마조프, 방탕하고 다혈질 청년인 장남 드미트리, 지적이고 냉정한 청년인 차남 이반, 수도사의 길을 걷는 청년 삼남 알료사, 그리고 아버지 표도르의 서자이자 집안의 하인이며 요리사인 스메르자코프, 장남 드미트리와 아버지 표도르의 사랑을 받는 악녀 그루센카 등이 자라나면서 받았던 부정적 혹은 긍정적 경험들이 훗날의 그들의 선택적 행동에 영향을 미친다는 것입니다. 서자인 스메르자코프는 어렸을 적에 그 집의 하인인 그리고리 부부에게 양육되면서 그리고리로부터 실컷 두들겨 맞으면서 '짐승 같은 놈'이라는 소리를 들었는가 하면, '너는 사람도 아니야' 등의 수모를 겪게 되고 심지어는 이름마저도 '냄새나는 놈'이라는 소리를 듣게 됩니다. 이러한 배경에서 자란 스메르자코프는 훗날 짐승 같은 인간으로 자라나게 되어 결국은 아버지 표도르 카라마조프를 살해하게 됩니다. 또한, 아버지 표도르와 장남 드미트리 모두에게서 사랑을 받는 그루센카는 불우한 어린 시절부터 마음속에 분노가 자랐고, 오로지 재산을 모으겠다는 타산적인 성격이 형성되게 되고, 이는 곧 사회에 대한 냉소와 복수심을 키우게 됩니다. 이와는 달리 아버지 표도르의 삼남 알료사 역시 행복한 유년기를 보낸 것은 아니지만, 어렸을 적에 돌아가신 어머니의 행복한 얼굴만 평생 기억하면서 순수한 청년으로서 자라나게 됩니다.

여기서 우리는 비록 소설의 형태로 나타나는 등장인물이기는 하지만, 사람은 자라나면서 어떤 환경에 처하게 되느냐에 따라 현재의 행동이 결정되는 것이 아니라, 그가 과거에 어떠한 경험을 하였건 간에 과거를 부정적으로 보고 기억하느냐 아니면, 긍정적인 기억으로 소환하느냐에 따라서 각기 다른 모습의 사람으로 성장하거나 생활하게 된다는 것을 알 수 있습니다. 인간은 자신의 선택에 따라 설령 과거에 힘들고 지친 기억이 있더라도 그 기억을 현재에 어떻게 되살리느냐에 따라 주저앉을 수도 있고 앞으로 나아갈 수도 있게 됩니다. 영화 〈겨울왕국〉의 '엘사'가 그러하고 〈굿 윌 헌팅〉의 '윌'(맷 데이먼 역)이 그러합니다.

영화 〈굿 윌 헌팅〉에서 '윌'(맷 데이먼)은 수학, 법학 등 모든 분야에 재능이 있는 천재적인 두뇌를 가지고 있지만, 어린 시절 받은 상처로 인해 세상에 마음을 열지 못하는 불우한 반항아입니다. 그랬던 그가 '윌'의 재능을 알아본 MIT 수학과 '램보' 교수와의 만남에 의해 변화하게 됩니다. 램보 교수는 그의 대학 동기인 심리학 교수 '숀'(로빈 윌리엄스)에게 그를 부탁하고 거칠고 반항기 가득하던 '윌'은 '숀 교수'와 함께 시간을 보내게 되면서 점차 과거의 상처를 위로받으며 조금씩 변화하기 시작합니다. 그 변화에 결정적인 계기가 된 한마디가 바로 '너의 잘못이 아니다(It's not your fault)'라는 말입니다. 실제적인 삶에서도 이와 같은 일은 비일비재하게 일어나고 있습니다. 이를테면, 한번 사랑에 실패해본 경험이 있는 사람들은 다음에 다가오는 사람과의 만남을 쉽게 받아들이기 어려운 것이 다반사입니다. 과거의 경험이 현재의 사랑을 가로막는가 하면, 과거의 잘못되거나 부정적인 경험이 현재의 만남에 악영향을 끼치게 된다는 것입니다. 이에 따라 류시화 시인은 '한번도 상처받지 않은 것처럼 사랑하라'라고 강조하기도 합니다.

이와 관련하여 마틴 셀리그만은 《긍정심리학》에서 과거의 부정적 정서를 긍정적 정서로 바꾸는 방법에는 **감사와 망각, 용서**의 3가지가 있다고 합니다.[7] 과거에 대한 감정, 이를테면 만족감이나 자부심을 느끼느냐, 아니면 비참함과 수치심을 느끼느냐는 오로지 우리들의 선택에 달려있습니다. 셀리그만 교수에 따르면, '감사는 과거에 대한 좋은 기억을 강화해 주며, 용서는 기억을 억제할 수는 없지만 기억 속에 박혀있는 가시를 뽑아내고 자신의 생존전략을 새롭게 해주는 기제'입니다. 이에 따라, '과거가 미래를 결정한다는 관념에서 벗어날 지적 능력을 갖추고, 자신의 기억을 의도적으로 바꾸는 일에 관여하게 되면, 과거의 좋은 일들에 감사하는 마음을 키우면 긍정적인 기억을 강화하게 되고, 과거의 나쁜 일들에 대해서는 용서를 하거나 이해하는 법을 익히면 과거의 고통에서 헤어날 수 있다는 것'이 그의 주된 주장입니다.

그리고, 셀리그만 교수가 언급한 바와 같은 망각은 어떤 정보들을 위해서 다른 정보들을 비우는 것을 의미합니다. 인간사에서 적당량의 망각은 인류의 생존을 위한 필수품으로 인식되고 있습니다. 인간의 뇌 결함에 의한 망각, 이를테면 치매는 인간의 최대의 비극이기도 하지만, 인간의 의도적인 수준에서 이루어지는 적절한 망각은 일종의 비움이자 내려놓기입니다. 그런데, 망각과 용서를 의미하는 영어 단어가 각각 'FORGET'과 'FORGIVENESS'입니다. 영어의 단어 그 자체의 의미로서는 망각(FOR+GET)은 '얻기 위한 것'이고, 용서(FOR+GIVENESS)는 '주기 위한 것'이라는 것을 알 수 있습니다. 말하자면, 나를 위해서는 잊어야 하고, 타인을 위해서는 주어야 한다는 것이 영어의 망각과 용서에 담긴 뜻이 아닌가 하는 생각을 해보기도 합니다. 아무튼, '망각하고 비워내는 능력과 용서하는 능력'은 과거 사실에 대해서 인간실존을 받쳐주는 일종의 버팀목의 양면이라고 볼 수 있습니다.

그런데, 나는 세상을 살면서 '용서'라는 말이 가장 어려운 단어이고, 인간으로서 실천하고 행동으로 옮기기에는 대단히 어려운 그 무엇이라고 생각합니다. 대학에서 부총장직을 스스로 사표를 내고 교수 생활을 이어오던 중, 나를 둘러싸고 주위의 온갖 음해와 비난이 있었습니다. 총장 후임 자리에 제가 거론되면서부터는 그것이 극에 달했고, 급기야는 신임 총장 주도로 징계위원회까지 열리던 중이었습니다. 도무지 이해할 수 없는 정도의 터무니없는 말들을 지어내는 교수 한 분을 도저히 용서할 수가 없어서 연구실 한구석에 처박아 두었던 연습용 골프채를 들고 그 분 연구실 문 앞까지 갔습니다. 화가 얼마나 났던지, 만나자마자 골프채로 내리칠 준비를 하고 떨리는 마음으로 연구실 문을 두드렸습니다. 문을 두드리고 잠시 기다리고 있는 순간, '화가 나더라도 죄를 짓지 말고 해가 지기 전에 곧 화를 풀라(에베소서 4:26)'는 성경 말씀은 물론 두 딸아이의 얼굴이 떠올라 황급히 연구실로 되돌아왔던 적이 있습니다. 일순간의 화를 진정하지 못하고 울분을 토해내는 행동이 운명을 완전히 바꿀 수도 있었다는 생각에 지금도 그 생각을 하면 아찔합니다. 그럴 때마다 찾아보곤 했던 구절이 바로 장영희 교수의 영미 산책 도서 《축복》의 한 구절입니다. 이 책에서 장영희 교수는 '이해 혹은 용서'와 관련하여 다음과 같이 언급하고 있습니다.[8)]

"누군가 재미있는 수식을 말해주었습니다. 5-3=2. 오해에서 세 발자국 떨어져서 보면 이해가 되고, 2+2=4, 이해에 이해를 더하면 사랑이 된다고 했습니다. 그러나 누군가를 알고 이해한다는 것이 그렇게 쉽지만은 않습니다. 내 가슴에 그렇게 큰 상처를 주고 아무렇지도 않게 행동하는 그 사람을 절대 이해할 수 없습니다. 아니, 너무 억울해서 자다가도 벌떡 일어나게 됩니다. 침 한 번 탁 뱉고 돌아서서 잊자, 까짓거 잊어버리자 되뇌어 보지만, 마음속 상처는 더욱 피를 줄줄 흘립니다. 하지만 용서하지 못하는 마음처럼 비참하고 슬픈 마음은 없습니다. 내가 먼저 마음의 눈으로 그를 이해하고 용서하는 편이 차라리 낫습니다."

그렇습니다. 장영희 교수의 표현처럼 '나에게 크나큰 상처를 주고도 아무렇지도 않게 행동하는 그 사람을 절대 이해할 수 없으며, 자다가도 벌떡 일어나게 되고 그 상처가 피를 줄줄 흘리게 되는 것'을 지금까지 32년째 교수 생활을 하면서 2번이나 겪었습니다. 그 한 번은 2008년 11월의 투서 사건이고, 다른 하나는 2013년의 파면 사건입니다. 투서 사건과 관련하여서는 '존재하지도 않는 모함 사건'으로 결론이 났지만, 후일에 그 투서를 보낸 자가 누구인가를 알게 되면서부터는 심한 마음의 상처를 받았습니다. 2013년의 파면 사건도 마찬가지로 일시적으로는 심리적 공황 상태까지 내몰리기는 했지만 '인간만사 새옹지마'라고 하듯이 새로운 것들을 더 많이 얻게 되는 결과를 가져온 것도 사실입니다. 결국, 이들 두 가지 사건은 사건 발생 당시에는 '선(善)은 미숙하고, 악(惡)은 성숙'하니 일시적으로 무척이나 나 자신을 괴롭힌 사건이었지만, 결국에는 '선이 이긴다'라는 믿음을 강화하면서 정신세계를 한층 높은 차원으로 끌어올리는 데 이바지한 하나의 시련이자 선물로 기억되고 있습니다.

현재 인식 수준의 선택 결과에 따라 인간의 모습이 달라진다

인간은 끊임없이 때로는 과거와 상호작용하면서, 때로는 현재와 상호작용하면서 현재를 살아가는 존재입니다. 여기에서 우리는 어떤 선택을 하느냐에 따라 인간의 존엄성을 지키기도 하고 비루한 삶을 살게 되는가 하면, 다른 한편으로는 쾌락이나 만족에 이르는 길을 선택하기도 합니다.

먼저, 인간존재의 존엄성 선택과 관련하여 언급하면 다음과 같습니다.

제2차 세계대전의 대학살 현장이었던 아우슈비츠에서 살아남은 정신분석학자인 빅터 프랭클은 《죽음의 수용소에서》라는 책을 통하여 인생은 '**끝을 알 수 없는 일시적인 삶**'이라고 강조한 바 있습니다.[9] 끝을 알 수는 없으나 일시적인 삶이라는 점 때문에 현재의 삶을 보다 의미 있게 사는 것이 중요하다는 것입니다. 빅터 프랭클은 '삶을 의미 있고 목적 있는 것으로 만드는 것', 이것이 바로 인간에게 주어진 '위대한 선택의 자유'라고 보았습니다. 그에 따르면, "죽음의 수용소에서 수용자가 어떤 종류의 사람이 되는가 하는 것은 개인의 내적인 선택의 결과이지 수용소라는 환경의 영향이 아니라는 사실이 명백하게 드러난다. 근본적으로는 어떤 사람이라도 심지어는 그렇게 척박한 환경에 있는 사람도 자기 자신이 정신적으로나 영적으로 어떤 사람이 될 것인가를 선택할 수 있다."라는 것입니다. 이것은 제임스 카메론 감독, 레오나르도 디카프리오 주연의 영화 〈타이타닉〉에서의 선장과 '세월호'의 선장의 모습에서도 그대로 나타납니다. 살다 보면 가끔 승객과 선원들의 안전을 지키지 못한 죄책감으로 끝까지 키를 잡고 배와 함께 죽음을 맞이하는 에드워드 선장 같은 사람이 있는가 하면, 세월호가 침몰하자 제일 먼저 팬티 차림으로 도망쳐 나오는 세월호 선장 같은 인간 군상들도 목격하게 됩니다. 이를 통해 어떻게 사는 것이 비루하지 않고 가치 있는 삶인지를 되돌아 보곤 합니다.

빅터 프랭클이 《죽음의 수용소에서》에서도 언급한 바와 같이 우리가 강제수용소에서든 어디에서든 인간의 존엄성을 지킬 수 있는 선택을 할 수도 있고 그러지 않을 수도 있다는 것을 삶의 여러 자락에서 목격하게 됩니다. 그 대표적인 예가 1980년대에 군대에서 겪은 삼청교육대의 경계병 근무 경험입니다. 우리 부대원들은 상사의 지시 명령에 따라 폭력 전과범들을 위한 순화 교육 명분으로 실시되는 집체훈련에 철저히 감정과 이성이 마비된 채, 군인으로서의 정신훈련과 경계 근무만 담당하였습니다.[10)]

이러한 삼청교육대 경비근무 기억은 제대한 지 40년이 지난 지금까지도 '인간이 인간에게 가한 가장 폭력적인 현장'으로 강하게 각인된 악몽과도 같은 기억으로 남아 있습니다. 그런데 그때 느낀 감정은 한나 아렌트가 지적하였듯이 '모든 사람이 명령이나 권위에 무조건 복종하는 존재'라든가 '악의 평범함이 모든 곳에서 현재화'되는 것이 아니라, 그 당시 다수의 병사가 나타낸 행동과도 같이 과거 경험과 의지 선택으로 명령에만 무조건 복종하는 존재가 아니란 것도 깨닫게 되는 계기가 되었습니다.

다음으로, 현재 수준에서 이루어지는 선택은 일시적인 쾌락을 좇을 것인가 아니면 지속적인 만족감을 찾을 것인가와 관련된 문제입니다.

《긍정심리학》의 저자인 셀리그만에 따르면, 쾌락은 감각과 정서에 관한 것이고, 만족은 개인의 강점과 미덕의 실행에 관한 것입니다.[11] 이런 점에서 쾌락과 만족의 차이는 곧 쾌락적인 삶과 행복한 삶의 차이와 같다고들 합니다. 쾌락은 짜릿하고 흥분되는 감각적인 요소와 격렬한 정서적 요소를 지닌 기쁨으로 육체적 쾌락과 정서적 쾌락으로 구성됩니다. 이에 쾌락은 원초적 감정이라고들 하며 황홀감, 전율, 환희, 안락함 등이 여기에 속합니다. 육체적 쾌락은 신체의 감각 기관을 통해 즉각적으로 느끼고 이내 사라지고 마는 특징이 있습니다. 정서적 쾌락은 신체적 쾌락과는 달리 일체감, 포만감, 안락함 등과 같은 낮은 정서적 쾌락으로부터 무아지경, 열광, 흥분 등과 같은 강렬한 정서적 쾌락 등으로 쉽게 습관화될 수 있는 것들이 여기에 해당합니다. 물론 이러한 감정들은 순간적이어서 외부 자극이 없으면 곧바로 덧없이 사라지는 특징이 있습니다. 더군다나 인간은 쉽사리 타성에 젖기 때문에 최초에 받은 자극과 똑같은 효과를 얻기 위해서는 훨씬 더 강하고 큰 자극제가 필요합니다. 여기에 인간 시련의 문제가 잉태됩니다.

이와는 달리 만족감은 등산하기, 책 읽기, 달리기, 농구하기, 암벽타기, 피아노 연주하기 등과 같은 신체적 활동으로부터 얻는 것도 있고 명상, 글쓰기, 음악 듣기 등 심리적 활동으로부터 얻는 것도 있습니다. 이런 활동들은 대체로 완전히 몰입된 상태를 맞이하게 됩니다. 미하이 칙센트미하이(Mihaly Csikszentmihalyi)가 '몰입(flow)'이라고 부른 이 상태는 '행위에 깊이 빠져들어 시간의 흐름이나 공간, 더 나아가서는 자신에 관한 생각까지도 잊어버릴 때'를 의미합니다. 우리는 이들 현상을 험준한 암벽 위에서 산을 타는 사람들, 밤잠을 가리지 아니하고 어려운 문제 풀이에 몰두하는 과학자, 예술가들이 창조적 순간에 느끼는 경험, 오직 빙판과 일체가 된 동작을 이루어 내는 피겨스케이팅 선수 등의 모습, 영화나 책에 집중할 때 등으로부터 느끼기도 합니다. 대니얼 카너먼이 《생각에 관한 생각》에서도 지적한 바와 같이 '몰입한 사람들은 방해받기를 원하지 않는 특성'이 있습니다.[12] 나 역시 어렸을 적에 '만화독서 삼매경'에 빠져 아버지의 밥을 먹으러 오라는 소리를 수십 번 듣고도 응하지 않아 보던 만화책은 물론 초등학교 때의 교과서며 노트까지 온전히 아궁이 불에 던져졌던 가슴 아린 어린 시절의 추억이 있습니다.

일찍이 창조성과 행복의 관계에 대해 꾸준히 연구해온 칙센트미하이는 《몰입의 즐거움》을 통하여 **창조적인 사람의 3가지 요건으로 전문지식과 창의적 사고, 몰입**을 제시하고 있습니다.[13] 성공하기 위해서는, 무엇보다도 행복하기 위해서는 순간적인 찰나에 탐닉하는 쾌락을 좇기보다는 오랜 시간 동안 고통의 과정을 거쳐서 얻게 되는 몰입의 감정에 투자하는 것이 더 중요하다는 것입니다. 실제 성공하거나 행복한 삶을 영위하는 사람들 대부분은 몰입의 즐거움을 아는 자들임에 틀림이 없다 할 것입니다.

우리는 살아오면서 순간적이고 찰나적인 쾌락에 빠져 평생 쌓아왔던 것들을 한순간에 망쳐버리는 사람들을 보기도 하고, 평생에 걸쳐 끊임없는 자기 투쟁과 정진을 통한 만족한 생활을 통하여 지속적인 성공은 물론 행복의 길을 걷고 있는 자들을 목격하기도 합니다. 이런 모습들을 보면, 인간의 삶 자체가 끊임없는 시련의 연속이지만, 그 시련을 어떻게 견디어 내고 나아가느냐에 따라 인간의 현재와 미래가 결정된다고 볼 수 있습니다.

마지막으로, 우리 인간은 살아가면서 현재 수준에서의 행동을 결정하는 선택을 수도 없이 하게 마련이고, 그 결과가 우리 삶에 크나큰 영향을 주고 있다는 것입니다. 이를 가장 간략하게 잘 표현한 대표적인 시(詩)가 바로 로버트 프로스트의 〈가지 않은 길〉입니다.

"노란 숲속에 두 갈래의 길이 있었습니다.
안타깝게도 나는 두 길을 갈 수 없는
한 사람의 나그네라
오랫동안 서서
한 길이 덤불 속으로 꺾여 내려간 데까지
바라다볼 수 있는 데까지 멀리 보았습니다.

-중략-

훗날에 나는 어디에선가
한숨을 쉬며 이 이야기를 할 것입니다.
숲속에 두 갈래 길이 갈라져 있었다고,
나는 사람이 적게 간 길을 택하였다고,
그것으로 해서 모든 것이 달라졌더라고"

-로버트 프로스트의 〈가지 않은 길〉-

인류 역사를 통틀어서 '계획대로 흘러가는 삶은 없다'라는 말은 하나의 정설로 굳어져 있습니다. 얼마 전 아카데미 시상식을 화려하게 장식했던 영화 〈기생충〉에서도 '완벽한 계획이 뭔지 알아? 무계획이야, 계획하면 모든 계획이 다 계획대로 되지 않는 게 인생이거든'이라는 대사가 있습니다. 그런데도, 프로스트의 시에서와 같이 우리가 어떤 계획을 하고 어떤 길을 선택했느냐에 따라 우리 삶의 현재와 미래는 전혀 다른 모습으로 때로는 미련으로 나타나게 됩니다. 그렇기 때문에 이어령 교수가 《젊음의 탄생》에서도 지적한 바와 같이 '**인생에 있어서 선택은 결핍이고, 후회이며 아쉬움**'으로 늘 존재하기 마련입니다.[14)]

그런데, 프로스트가 언급한 바와 같이 '나는 사람이 적게 간 길을 선택'한다는 것은 개개인이 가지고 있는 과거의 기억, 나아가서 지속적인 자극으로 축적된 장기기억(long term memory)에 의해 의식적으로 선택한 결과라고 볼 수 있습니다. 세계적인 행동 연구 전문가이자 미국 남가주대학교 심리학과 웬디 우드 교수는 세계적인 베스트셀러인 《해빗 Habit》에서 '똑같은 행동을 반복하도록 부추기는 과정을 학습이라고 부르고, 학습이 반복되면 습관이 되고, 습관이 굳건히 뿌리를 내리면 비로소 지속성이 창조된다'고 보았습니다.[15)] 웬디 우드 교수에 따르면 '인간이 무엇인가를 시작할 때(학습)의 뇌와 무언가를 반복할 때(습관)의 뇌가 전혀 다르게 작동한다고 보고, 이들 각각의 영역은 자극을 많이 받으면 받을수록 더 발달하며, 따라서 우리의 행동이 뇌를 재설계할 수 있다'는 것입니다.[16)] 바로 이러한 뇌의 재설계 덕분에 과거에 우리가 학습했던 것을 반복하면 그다음에는 선택을 수행하기가 좀 더 쉬워진다는 것입니다. 마치 스파게티를 오랫동안 요리해온 요리사가 스파게티 면을 삶을 때, 소금은 얼마나 넣어야 하는지, 면은 언제 꺼내야 하는지에 대해 고민할 필요가 없이 미리 형성된 습관에 따라 행동한다는 것입니다. 이렇게 습관이 폭발적으로 형성되면 우리 인간은 특별한 '의식'이나 '의도 내지 의지' 없이도 행동을 무의식적으로 하게 됩니다. 이것은 칸트가 언급한 바와 같은 '타율적 자유'를 넘어서는, 말하자면 '절대적 선택의 무조건적인 결단'이 가능한 '자율적 자유'를 초래하는 것과 같은 맥락입니다. 로버트 스턴버그 등은《지혜의 탄생 Wisdom》에서 '의지의 자율적인 선택 메커니즘의 발달은 가정교육을 통해 이미 육성되지 않은 경우에는 17~25세의 청소년기 이후와 25~35세의 청년기에 직업의 선택, 개인의 신념과 인생설계, 배우자의 선택, 삶의 헌신 같은 여러 인생과제와 삶의 이성의 문제들을 해결하는 과정 속에서 이루어진다'고 보았습니다.[17)]

인디언 속담에는 '인간의 내면에는 두 마리의 늑대가 살고 있다. 하루도 빠짐없이 다투는 두 마리의 늑대 중 주인이 더 자주 먹이를 준 늑대가 나머지 늑대를 잡아먹고 내면의 주인이 된다'라는 말이 전해져 오고 있습니다. 이 말을 조용히 음미해 보면, 지속적인 학습의 과정을 통하여 장기 기억을 확장해감과 동시에 자율 의지를 확장하여 나가는 것이 중요합니다. 우리가 행하는 선택이 일순간의 감정에 휩싸여서 이루어지는 것이 아니라, 순전히 '자율 의지에 의해서 혹은 목적이 이끄는 삶'에 따라 나아가도록 하는 것이 중요하다는 것입니다.

미래와 관계하는 현재는 희망의 형태로 존재한다

인간은 어떤 문화권 혹은 어떤 계층에서 자랐느냐에 따라 과거지향적, 현재지향적, 미래지향적 존재로 분류되기도 합니다. 그러나, 현재 심리학의 발달과정 차원에서 보면 과거의 프로이트 학파의 주장과는 달리 인간은 과거지향적인 존재라기보다는 미래지향적인 존재로 분류되는 것이 하나의 패러다임으로 자리 잡고 있습니다.

르네상스 시대의 거장 단테는 《신곡》에서 사후세계를 천국, 연옥, 지옥의 3부분으로 구분하고 일체의 '희망이 없는 곳'을 '지옥'이라고 명했습니다.[18] 굳이, 단테의 신곡을 소환하지 않는다고 하더라도 희망이 없는 현재는 현실 그 자체로서도 인간으로서 견디기 어려운 그 무엇임에 틀림이 없습니다. 희망이 존재하지 않을 때, 그리고 개개인이 끝없는 절망 혹은 한계에 부딪혔을 때, 인간은 좌절하기 십상입니다. 전 세계 150개국의 500만 명이 넘는 사람들을 만나 자신이 가진 능력과 역량을 발휘하여 성장하는 사람들을 지켜봐 온 존 맥스웰은 《다시 일어서는 힘》에서 '위대한 성공을 성취한 리더들에게 질문하고 그들의 의견을 듣고 방법을 찾아낸 결과, **자각, 능력, 선택**이라는 3가지 키워드를 찾아냈다.'라고 밝혔습니다.[19] 존 맥스웰 자신도 작은 성공에 만족하고 현재에 안주하려고 할 때마다 끊임없이 이들 3가지를 다시 생각했다고 합니다. 그는 이 책을 통하여 '당신이 원하는 삶을 살고 싶다면 한계라는 거짓말에 속지 말아야 한다!'고 강조합니다. 얼마 전 EBS에서 방송한 바 있는 실화를 소재로 한 영화 〈행복을 찾아서〉에서 주인공 크리스(윌 스미스 분)가 아들 크리스토퍼와 농구를 하다가 아들이 농구를 못하는 아빠를 닮았기 때문에 너도 농구를 못할 거라는 이야기를 합니다. 농구를 못하니까 농구를 많이 하지 말라고 하자, 아들 크리스토퍼는 삐쳐서 공을 챙깁니다. 크리스는 그렇게 말한 게 마음이 쓰였는지, 아들 옆으로 가서 이렇게 이야기합니다.

> "아들, 누가 넌 할 수 없다고 하면, 마음에 두지 마, 아빠가 그래도 말이야, 꿈이 있다면 지켜야 해, 사람들은 자기가 못 하면 남들도 못 한다고 말하거든, 하고 싶은 일이 있으면 끝까지 밀어붙여."

이 영화가 하고 싶은 말이 바로 이것이었습니다. 인생을 살면서 힘들어 포기하고 싶을 때 보면 좋을 것 같은 영화가 바로 이 영화입니다. 주인공 크리스가 온갖 어려움을 극복하고—아들과 함께 돈이 없어 모텔에서 쫓겨나는가 하면, 지하철 공중화장실에서 잠을 자기도 하고 증권사 무보수 인턴십을 하는 와중에도 노숙자들을 위한 보호소에 일찍 줄을 서야 하는 등,—인생을 살아가면서 만날 수 있는 갈림길, 고충, 고난을 겪으면서도 끝내 행복을 찾아서 꿈을 이루고야 마는 줄거리로 구성된 실화 바탕의 영화입니다. 마지막 장면에서 주인공이 증권회사 정식직원으로 채용되는 순간, 주인공이 흘리는 눈물을 보며 나 자신 또한 눈물을 글썽인 그런 감동 영화입니다. 이 영화를 보면서 만화 〈슬램덩크〉의 한 장면이 생각났습니다.

"단념하면 바로 그때, 시합은 끝나는 거야.
마지막까지 희망을 버려선 안 돼."

그렇습니다. 인간은 꿈을 가지고 있는 한 좌절하지 않는 존재입니다. 아니, 포기하지 않는 한 꿈은 현재진행형이지 결코 현재완료형이 아니게 됩니다. 빅토르 위고 원작의 영화 〈레미제라블〉에서도 언급한 바와 같이 사람은 변할 수 있고, 미래를 창조하기에 꿈만큼 좋은 것은 없습니다. 일찍이 인도의 성자인 마하트마 간디는 '미래는 현재 우리가 무엇을 하느냐에 달려있다'라고 하였습니다. 《영혼을 위한 닭고기 수프》 시리즈에 도움을 준 앨런 코헨(Allen Cohen)은 '성장하려면 과거와 완전히 다른 현재와 미래를 만들어 가야 한다. 과거는 과거일 뿐이다'라고 하였습니다.[20] 어제의 선택이 모여서 오늘이 되고, 오늘의 선택이 쌓여서 한 인간의 미래가 되면, 그 개개인이 모인 사회의 미래가 됩니다. 세계적인 투자의 귀재 워런 버핏(Warren Buffett)은 '오늘 누군가가 그늘에 앉아 쉴 수 있는 이유는 오래전에 누군가가 나무를 심었기 때문이다'라고 강조합니다. 우리가 좀 더 행복해지고, 지금보다는 좀 더 나은 세상을 만들어나가기 위해서는 '지금, 여기서' 무엇인가를 선택하고 그에 따른 책임 있는 행동에 투자해야만 합니다.

우리나라 헌법 제10조에는 '모든 국민은 인간으로서의 존엄과 가치를 가지며 행복을 추구할 권리를 가진다'라고 규정되어 있으며, 헌법 제15조에서는 '모든 국민은 직업선택의 자유를 가진다'라고 하여 직업선택의 자유를 보장하고 있습니다. 그런데, 여기서 우리는 행복이 무엇인지를 알지 못하거나, 무엇으로부터 행복이 얻어지는지를 알지 못하게 되면, 행복추구권이 제한될 수밖에 없습니다. 또한, 헌법에 '직업선택의 자유'가 보장되어 있다고 하더라도 그 직업을 선택할 수 있는 능력이나 자격이 없으면, 그것은 그 직업을 선택하지 아니할 자유밖에 없는 것이 현실입니다.

그러므로, 인간은 끊임없이 삶의 순간마다 자신의 능력을 개발하고 미래를 개척하는 데 필요한 다양한 기제들을 '선택할 자유'를 누릴 수 있어야 합니다. 인간은 자신이 선택한 것들에 대해서는 보다 큰 책임을 지기 때문입니다. 이러한 점에서 우리 사회는 무엇보다도 개개인의 삶의 방향 내지는 가치에 관해 끊임없이 탐구할 기회를 제공해야 함은 물론 더 정확한 판단과 더 나은 결정을 할 수 있는 지원방안이 마련되어야 할 필요가 있습니다. 인생의 방향과 관련하여 셀리그만 교수는 〈TED〉 강의에서 '인간이 현재의 불행에서 벗어나서 행복으로 향하고자 한다면 **즐거움**(pleasure), **관여**(engagement), 그리고 **의미**(meaning)라고 하는 이 세 가지 방법을 채택해야 한다'라고 강조합니다.[21] 여기에서 그는 즐거움보다는 관여가, 관여보다는 의미가 효과성의 정도가 더 크고 지속적이라고 설명합니다. 지속적으로 행복해지기 위해서는 즐거운 삶(긍정적인 감정을 많이 경험하고, 이를 증폭하는 솜씨가 있으면 갖게 되는 삶), 관여하는 삶(일하고, 애 키우고, 사랑하고, 여가를 즐기는 삶), 의미 있는 삶(자신의 최대 강점을 아는 것과, 그 강점을 사용해 사회에 봉사하는 것으로 이루어지는 삶)이 중요하다는 것입니다. 이와 함께 게리 켈러와 제이 파파산은 베스트셀러 《원씽 The One Thing》에서 행복의 6가지 요소로서 긍정적인 감정(positive emotion), 기쁨(pleasure), 성취(achievement), 인간관계(relation), 참여(engagement), 의미(meaning)의 6가지를 들고 있습니다.[22] 이 모든 것들은 현재와 관련한 인간이 지니고 있는 현재 수준의 가치와 미래에의 희망을 위하여 인간의 선택을 기다리는 요소들입니다.

이상에서 언급한 것들을 종합하여 보면 우리 인간이 보다 행복하거나 의미 있는 삶을 영위하기 위해서는 그 추구하는 미래가 어떤 모습이며, 그 지향하는 꿈이 무엇인가를 명확히 규정함과 동시에 그러한 꿈을 구체적으로 달성해 나가는 끈기와 노력, 나아가서 그것을 달성할 수 있는 자질 혹은 능력을 갖추는 일이 무엇보다도 중요하다고 봅니다. '세상은 고통으로 가득 차 있지만, 그것을 이겨내는 일로도 가득 차 있다'라는 헬렌 켈러의 말을 굳이 인용하지 않더라도, 우리 인간은 희망을 놓지 않는 한 현재 삶에서 겪고 있는 고통을 고통으로 여기지 않게 됩니다. 철학자 강신주는 《감정 수업》에서 '인간은 과거를 통해 미래를 꿈꾸는 동물이다. 그러니 과거가 행복한 사람은 미래를 장밋빛으로, 과거가 불행한 사람은 미래를 잿빛으로 꿈꾸게 된다'고 합니다.[23] 그럼에도 불구하고, 신영복 교수의 '처음처럼' 시에서와 같이 '하루를 산다는 것은 수많은 처음을 만들어가는 끝없는 시작'이라는 것을 명심해야 합니다. 비록 한 인간의 과거가 어떠했다 하더라도 끊임없는 비움과 내려놓기, 혹은 망각 등과 같은 긍정적인 사고작용에 의하여 우리 인간의 미래 또한 변화될 수 있다고 믿는 것이 불확실성의 시대를 사는 우리들의 자세라고 봅니다. 이 점에서 끊임없는 배움을 통해 현재 수준의 기억창고를 보다 풍부하고 긍정적인 수준으로 변화시키고, 무엇보다도 개별기억의 지속적인 축적을 통해 새로운 습관을 개발하는 것이 중요하다는 것을 알 수 있습니다.

그런데, 우리 인간이 매일매일의 일상 속에서 반복하는 선택들은 신중하게 생각하고 내린 결정(선택)의 결과물로 여길 수 있지만, 《습관의 힘》 저자인 찰스 두히그는 '실제로 매일 행동하는 행동의 40%가 의사결정의 결과가 아니라 습관에 의한 것'이라고 주장합니다. 찰스 두히그는 '우리 모두는 어떤 시점에서는 의식적으로 결정(선택)하지만, 얼마 후에는 생각조차 하지 않으면서도 거의 매일 반복하는 선택'을 습관이라고 정의합니다.[24] 이 점에서 습관은 의식적인 선택행동이 무의식적으로 체화된 것임을 알 수 있습니다.

그런데, 프랑스의 사회사상가인 장 보드리야르에 따르면, '선택은 우연히 이루어지는 것이 아니라 사회적으로 통제되며, 또 그 내부에서 선택이 행해지는 문화모델을 반영한다'는 것입니다.[25] 마치, 하나의 소비행동이라든가, 음식문화라는 것도 사회마다 다르면서도 한 사회 내부에서는 유사한 모습을 지니는 것과 같은 이치 말입니다. 장 보드리야르의 지적과 같이 한 사회의 무의식적이고 자동적인 기본적 선택이라고 하는 것이 특정 사회의 생활양식을 받아들이는 것이라고 한다면, 따라서 '그것은 더 이상 선택이 아니다!'라고 한다면, 우리가 살고 있는 이 사회는 우리들의 습관화된 선택적 행동에 의하여 충분히 변화시켜 나갈 수 있다고 봅니다. 여기에서 우리는 매일매일의 선택적인 의사

결정에 있어서 다음과 같은 선택적 행동을 열어가는 것이 필요하고도 중요하다고 생각합니다.

고등학교 1학년 미술수업의 첫 시간 때의 일입니다. 미술 선생님께서는 미술공부를 하기 전에 미술에 대한 자신의 철학을 미술의 '미(美)' 자를 가지고 풀이하여 주셨습니다. 그 선생님에 따르면, 한자어의 미(美) 자는 '양(羊)+대(大)'의 결합어이고, 양은 살아서는 털과 젖을 인간에게 공급하고 죽어서는 가죽과 고기를 인간에게 남긴다는 의미에서 널리 이로운 존재라는 것입니다. 이와 같은 의미의 '양(羊)이 커나가는 것(클 大)이 바로 아름다울 미(美)' 자라는 것입니다. 그리고 이와 곁들여서 '착할 선(善) 자는 양(羊) 아래에 머리(首) 자가 있는 모양이며, 옳을 의(義) 자는 양(羊) 아래에 나 아(我) 자가 있는 모양'이라는 것입니다. 이를 정리해 보면 다음과 같은 공식이 성립될 수 있다고 봅니다. 아름다움(美)은 착한 의지(善)에 바탕을 두고, 올바른 행동(義)을 통해서 얻을 수 있는 결과물이라는 공식 말입니다. 이를 통해서 살펴보면, 우리들의 선택 여하에 따라 우리 인간은 아름다운 사람, 가정, 마을, 나아가서 지역, 아름다운 세상을 만들 수도 있고, 그러한 방향으로 나아갈 수도 있습니다. 시인 천상병은 〈귀천〉이라는 시에서 '아름다운 이 세상 소풍 끝나는 날, 가서 아름다웠더라고 말하리라.'고 노래합니다. 물론, 여기서 '아름답다'라는 것은 외적인 의미에서의 '미(美)'만을 의미하는 것이 아니라, 착한 의도와 올바른 행동을 거쳐서 나타나는 행위의 결과를 의미한다는 것을 유념할 필요가 있습니다.

착할 선(善) (의도/동기)	+	옳을 의(義) (행동/행위)	=	아름다울 미(美) (아름다운 세상)

독일의 시인이자 극작가인 실러(Friedrich von Schiller)는 일찍이 '시간의 걸음에는 세 가지가 있다. 미래는 주저하면서 다가오고, 현재는 화살처럼 날아가고, 과거는 영원히 정지하고 있다.'고 하였습니다. 인간에게 있어서 기억 속에 정지된 과거는 우리의 선택에 의해 부정적이고 두려운 기억이 얼마든지 긍정의 것으로 치환될 수 있으며, 현재 겪고 있는 현실 세계 또한 우리의 선택적인 의미 부여에 의하여 살맛 나는 곳으로, 그리고 주저하면서 다가오는 미래는 선한 의지에 따라 **희망으로 가득한 미래**로 만들 수 있습니다.

여기에서 우리는 착한 의도와 동기를 지닌 마음, 즉 선한 영향력을 행사하면 우리가 만들어가는 세상이 아름다운 세상이 될 수 있다는 것을 명심해야 할 필요가 있습니다. 오늘 나와 우리가 선택하고, 경험하고, 배우고, 듣고, 행하는 것이 내일의 나와 우리를 만들어 갑니다.[26] 어느 날 문득, 한자어 내일(來日)의 의미를 살피다가 '올 래(來)' 자는 나무 목(木), 즉 저쪽 숲속에서 두 명의 사람이 다가오는 형상(人+人)으로 이루어져 있을 것이라는 생각이 들었습니다. 이런 생각이 드니 저 멀리 숲속에서 다가오는 두 사람이 '나를 해치러 오는 사람'인지, '나를 도와주고 구하러 오는 사람'인지는 내가 기억하고 있는 과거의 경험에 바탕을 두고, 내가 오늘 어떤 선택을 하고 만들어 가느냐에 따라 달라진다고 생각됩니다. 세계적인 리더십 전문가 존 맥스웰은 《다시 리더를 생각한다》라는 책에서 '내일을 더 좋은 날로 만드는 최상의 방법은 오늘 올바른 선택을 하는 것'이라고 하였습니다.[27] 이 점에서 '미래란 과거와 현재의 우리가 선택한 결과에 불과하다'라는 말에 깊은 공감이 가기도 하고,[28] 발티자르 그라시안이 《인생수업》에서도 이야기한 '하늘이 인간에게 내린 최고의 재능 가운데 하나가 선택할 줄 아는 것'이라는 말에서 인간의 존재 이유를 찾기도 합니다.[29] 당장 우리가 내일 원하는 변화를 이루는 최선의 방법은 오늘 필요한 변화를 만드는 것이지, 오늘을 건너뛰고 내일에 가서야 필요한 변화를 이룰 수는 없습니다. 왜냐하면 내일은 항상 내일에 머물러 있기 때문입니다. 비록 오늘 나와 우리가 선택하고, 경험하고, 배우는 것들의 영향이 그다지 크지 않고 미미하다 하더라도, **당장 오늘부터 선택하고 실천하는 것**이 무엇보다 중요합니다. 그리하여 자신이 변하고, 세상이 변하는 데 시간이 다소 걸릴지는 몰라도 장기적으로는 그러한 작은 변화의 발걸음이 모여 큰 변화를 이룰 수 있다고 확신합니다.

제3장

단언컨대, 학습은 완벽한 성장촉진제이다

생각거리

"넌 누구지?" 애벌레가 물었다.
대화를 시작하기에 좋은 말은 아니었다.
앨리스는 조금 수줍어하며 대답했다.
"지-지금은 잘 모르겠어요.
적어도 오늘 아침에 일어났을 땐 제가 누군지 알았는데,
그 이후로 몇 번인가 바뀐 것 같아요."
"무슨 소리지?"
애벌레가 엄격하게 말했다.
"네가 누군지 설명해!"
"죄송하지만, 제가 누군지 설명할 수 없어요."
앨리스가 말했다.
"왜냐면 저는 제가 아니거든요."

[출처] 루이스 캐럴. 〈이상한 나라의 앨리스〉
박지선 역, 서울: 더스토리. 서문 중에서

단언컨대, 학습은 완벽한 성장촉진제이다

episode 1

1998년 가을 어느 날의 일입니다. 태생이 시골 출신이라 아이들이 어렸을 때, 시골의 정서를 느끼고 사는 것도 중요하다는 생각에 김포의 한 아파트를 분양받아 살게 된 때입니다. 큰 딸아이가 초등학교 6학년이고 작은 딸아이가 초등학교 1학년 때인 가을의 황금벌판은 아이들의 배움터이자 놀이터로 충분했습니다. 벼 베기가 끝난 벌판에서 메뚜기를 잡으러 온 가족이 다 출동하였습니다. 논두렁 입구에서 작은아이가 메뚜기 한 마리를 발견하고는 지난 여름에 본 녹색 메뚜기가 왜 갈색으로 변했느냐고 물었습니다. 대답을 어찌할까 고민하고 있던 차에 큰아이가 곧바로 대답했습니다. 마침 하늘에는 새들이 날아다니고 있던 터라, 큰아이가 공중의 새를 가리키며, 메뚜기가 지난 여름에서와 같이 녹색으로 남아 있으면 온 주위가 갈색인 들판에서 금방 눈에 띄게 되어 저 새들한테 잡아먹히게 되기 때문에 메뚜기가 살기 위해서 색깔이 변했다고 답을 했습니다. 큰아이는 마치, 초등학교 선생님이 빙의한 듯이 아주 조곤조곤, 그리고 단호하게 답을 해서 곁에서 그 모습을 흐뭇하게 지켜보았습니다. 그날 토요일 저녁 우리는 메뚜기 수십 마리를 잡아 플라스틱 통에 담아 가지고 왔고 식탁 위에 올려놓았습니다. 그런데 아뿔싸! 아침에 일어나니 그 수많은 메뚜기는 사라지고, 아침 식탁 위에 웬 메뚜기 튀김이 가지런히 놓여있었습니다. IMF 외환위기 이후부터 함께 사는 아이들 외할머니께서 일찍 일어나셔서 아침 반찬으로 정성스럽게 만들어 둔 것이었습니다. 딸아이들과의 토요일 오후 동심 가득한 나들이는 일요일 아침에 무참히 동심파괴 사건으로 마무리되었고, 그때 아이들의 슬픈 표정은 지금도 눈에 선합니다.

episode 2

시골에서 국민학교(현재의 초등학교) 6학년을 다닐 때의 일입니다. 6학년 전체가 3개 반으로 160여 명이 졸업을 앞두고 있었습니다. 그 당시 중학교로 진학하기 위해서는 읍내로 유학을 가야 했습니다만, 때마침 기존의 면소재지에 있던 고등공민학교가 정식 공립중학교로 전환하게 되었습니다. 그리하여, 운이 좋게도 국가 차원에서 학교를 가까운 곳에 설립해 준 까닭에 집에서 가까운 곳에서 중학교를 다닐 수 있게 되었습니다. 물론, 1회 신입생이었던 까닭에 기존의 고등공민학교 교실의 확충, 운동장 정비 등에 차출되어 학교에 가서도 운동장에 박힌 큰 돌을 옮긴다거나, 운동장 평탄 작업에 동원되는 것이 다반사였습니다. 그런데도, 집 가까이서 중학교를 계속해서 다닌다는 것이 너무나 좋았던 까닭에 나의 중학교 시절은 참으로 신나는 시기였습니다. 물론 예나 지금이나 학교에서 친구들보다 공부를 조금 더 잘한다는 것은 적어도 교실 내에서 하나의 권력으로 작용하기 때문이기도 하였습니다. 당시 학교에서는 체벌이 일상화된 시절이었기 때문에 공부를 못해서, 숙제를 안 해와서, 수업준비물을 안 챙겨와서 선생님에게 매를 맞는 것은 다반사였습니다. 훗날, 〈말죽거리 잔혹사〉 영화를 보며 주인공 권상우가 선생님에게 매를 맞는 장면에서 눈물깨나 흘렸던 기억이 납니다. 중학교 졸업 후 읍내에 있는 고등학교로 진학하고 대학을 가게 되면서 초등학교나 중학교 친구들을 다시 만나지 못한 것은 늘 아쉬움으로 남아 있습니다. 1970년대에 고등학교를 진학하고 대학 공부까지 할 수 있었던 것은 지금처럼 흔한 기회가 아니었기 때문입니다.

살아오면서, 가끔 만약 내가 초등학교를 졸업하던 시기에 중학교가 집 근처에 설립되지 않았다면, 또한 고등학교나 대학에 가지 아니하였다면 하는 생각을 해보곤 합니다. 우리 시대에 학교 교육을 많이 받았다는 것은, 소위 가방끈이 많이 길었다는 것은 사회적 특권을 가지기에 충분하였습니다. 진학하지 못했던 똑똑한 친구들이 지금도 지게차 운전기사, 트럭 기사, 농사일 등을 하면서 지내는 것을 보면서 나는 학교 다닐 때 공부를 조금 더 잘했다는 이유 하나만으로 이 사회에서 혜택을 가장 많이 본, 그리하여 운이 좋아도 아주 좋았던 사람임이 틀림없다고 생각하곤 합니다. 내가 속한 베이비붐 세대에게 있어서 학교 교육은 기회의 사다리이자, 적어도 사회진출을 위한 고속도로였습니다. 이 점에서 우리 세대는 우리들 각자에게 주어진 행운과 특혜에 감사하는 세대이기도 하면서, 그런 기회에 편승할 수 없었던 친구들이나 사람들에게는 가슴 한쪽에 미안함과 감사함이 동시에 있습니다. 베이비붐 세대들은 단지 경제적인 이유만으로 '기회의 평등 장치'라는 출세행 우등 고속버스에 탑승할 기회를 놓친 사람들이 많았기 때문입니다.

그런 점에서 나는 '어쩌다' 중고등학교를 들어가게 되었고, 어쩌다 대학을 나와, 어쩌다 어른이 되고 대학 교수가 되어 이제 은퇴를 앞둔 은퇴 세대가 되었습니다. 이런 마음이 들 때면 내가 지금 누리고 있는 특권이 다른 사람들을 희생해서 얻게 된 것이고, 그런 점에서 특히 과거에 학교 교육 기회를 얻지 못한 사람들에게 여전히 빚을 지고 있다고 생각합니다.

학습은 변화에의 적응을 위한 하나의 몸짓이다

한동안 젊은이들 사이에서 소위 말하는 밸런스 게임이 유행했습니다. 게임의 내용인즉슨, 대립하는 두 가지 문제를 내고 두 가지 가운데 반드시 하나를 택해야 하는 것입니다. 얼마 전 SNL에서 인턴기자 주 기자가 유력 대선 후보에게 질문한 내용이 대표적입니다. '유재석 빰치는 국민 개그맨 평생 되기 vs 꼴랑 5년 대통령 되기' 가운데 어떤 것을 선택하느냐의 질문이었습니다. 그런데, 인생에서는 변화하기와 변화하지 않기와 같은 밸런스 게임은 게임 자체가 성립되기가 어렵습니다. 왜냐하면, 변화하지 않으면 도태되거나 잘못하면 생존 그 자체가 위협받기 때문입니다. 마치, 앞에서 언급한 바와 같은 가을 벌판에서 홀로 녹색 색깔을 띤 메뚜기를 상상해 보시면 금방 이해가 갈 것입니다. 이 점에서 현대사회에서 개인이나 조직의 생존을 위해 변화는 필수요건으로 인식되고 있으며, 이러한 변화의 불가피성은 개인이나 조직의 자유의지로 선택할 수 있는 것이 아니라, 일방적으로 주어지는 것이 대부분입니다.[1)]

그런데, 대부분의 사람은 변화해야 하는 상황에 직면하면 개인에게는 2가지의 서로 대립하는 힘, 즉 변화에 저항하고자 하는 힘과 변화를 촉진하도록 하는 힘이 작용하게 됩니다.[2)] 전자는 '**학습에 대한 두려움**'이고, 후자는 '**생존에 대한 두려움**'의 차원에서 생겨난 것입니다. 학습에 대한 두려움은 특히 성인기의 특성 중의 하나로도 알려진 것으로서 '나 자신이 새로운 것을 제대로 잘 배울 수 있을까?' 등과 같은 의문과 함께 다가오는 것이고, 생존에 대한 두려움은 '변화하지 않으면 혹시 뒤처지지 않을까?' 하는 것과 관련된 두려움입니다.[3)] 여기에서 학습에 대한 두려움보다는 생존에 대한 두려움이 보다 강력해야만 변화가 촉진될 수 있습니다. 이 점에서 학습을 통해서 얻게 되는 가치를 체계적으로 인식하도록 하는 한편, 다른 한편으로는 학습에 대한 두려움을 제거하거나 감소시키는 차원에서의 노력이 강화되어야 합니다.

여기에서 교육의 중요성이 드러납니다. 일반적으로 '교육'이라는 용어는 학습을 자극하고, 강화하며, 변화를 유도하는 활동을 설계하는 교육자에게 초점을 맞춥니다. 반면에, 학습이라는 용어는 변화가 일어나거나 일어날 것이라고 기대되는 학습자를 강조하는 차원에서 사용됩니다.[4)] 일반적으로 '배운다'라는 것은 '학습'이라는 용어로 사용되고 있으며, 이때의 학습은 '본질적으로 경험으로 인한 변화'를 의미합니다.[5)] 학습을 이와 같은 의미로 받아들이게 되면 아동기에서부터 노년기에 이르기까지 말하자면, 인생의 생애 전 과정에 걸쳐서 학습이 필연적으로 이루어져야 합니다. 왜냐하면, 인간 그 자체가 끊임없이 변화하거나 변화해야 하는 존재이기 때문입니다. 이것은《종(種)의 기원》의 저자 찰스 다윈이 강조한 '**살아남는 자는 가장 강한 자도 아니고 가장 똑똑한 종도 아니라, 변화에 가장 잘 반응하는 자**'라는 말에서도 잘 나타나고 있습니다. 우리는 역사를 통하여 변화에 제대로 '적응'하지 못하는 종이 도태되고 존재 자체마저 위협받은 사례를 수없이 목격했습니다. 동물의 세계에서는 도도새가 대표적이고,[6] 기업의 세계에서는 한때 세계 제1의 자리에서 군림하였던 코닥, 노키아, 소니 등의 부침이 그 대표적 사례입니다.

그런데, 여기서 '적응한다'라는 말은 자신의 목적을 달성하기 위해 환경을 개조하고 변화시키고자 하는 의지가 포함되어 있습니다. 말하자면, 적응은 요트 경기와도 같이 변화하는 바람을 활용하여 자신의 진로를 조정하면서 앞으로 나아가는 것을 말합니다. 이에 비해 '순응'은 환경 변화에 따라 욕구좌절이나 결핍 요인이 생기게 되면 이를 해소함으로써 평형상태를 이루고자 하는 특성이 있습니다. 따라서 순응적인 자는 좌절이나 두려움에 근거하여 이를 피하고자 주위 환경변화에 섞임으로써 안정을 취하고자 합니다. 매틀록과 마틴(Matlock & Martin)에 따르면 성공한 사람 대부분은 환경변화에 따른 적응력이 뛰어난 자들이라고 합니다.[7] 이처럼 사회환경변화에 따라 적극적인 변화, 즉 적응을 제대로 하기 위해서는 무엇보다도 인간은 배워야 합니다. 레베카 코스타가《지금, 경계선에서》라는 책에서 언급한 것처럼 '우리 인간은 생물학적 적응을 통해 한시도 쉬지 않고 생존 가능성을 높이는 존재'입니다.[8] 환경에의 적응을 위해서는 무엇보다도 인식능력이 변화해야 합니다. 이를 위해서는 환경변화에 대하여 지속해서, 계속해서, 방심하지 말고 **'기누 그레고론(wake up과 같은 의미의 고대 헬라어)'**, 즉 깨어 있어야 합니다. 깨어 있다는 것은 통찰력과 민첩성이 있다는 것을 의미합니다. 통찰은 보이지 않던 것을 볼 수 있고, 느낄 수 있고, 지각할 수 있다는 것을 말합니다. 이에 비해 민첩성은 치타처럼 순식간에 방향을 전환하고, 모로 뛰어오르며, 고속 질주하다가 갑자기 속도를 늦추는 등과 같은 것을 의미합니다.[9] 세계적인 리더십 전문가 존 맥스웰은 "우린 변화하고, 현재 상황을 파악하고, 다시 변화해야 한다. 그리고 변화를 계속해야 한다."라고 강조합니다. 그러기 위해서는 무엇보다도 '계속 배우고, 또 배우고, 다시 배워야' 합니다.[10]

이에 따라 현대사회에서는 학교 교육과 같은 형식적 학습(formal learning)뿐만 아니라, 평생교육기관 같은 곳에서의 비형식적 학습(non formal learning), 일상생활을 통한 무형식적 학습(informal learning)도 필요로 하고 있습니다. 그리고 이들 간의 관계성과 통합성을 강조하는 평생학습(lifelong learning)의 중요성이 강조되고 있습니다.[11] 일반적으로 배운다는 것은 자신이 몰랐던 지식이나 기술을 접하는 일(學)을 말하며, 배움은 자신의 것으로 만들기 위해 익혀야(習) 마무리됩니다. 이런 의미에서 학령기에는 학(學)-습(習)의 과정이 선형적으로 이루어지고, 성인기에는 배우고(學)-익히고(習)-또다시 배우고(學), 또다시 익히는(習) 일이 순환적으로 반복되게 됩니다.[12] 말하자면, 평생학습은 모르는 것을 익히는 일로 부터 시작하여 습득한 것을 다시 배우는 일에 관심을 두는 과정입니다.

이와 같은 지속적이고 순환적인 과정을 통하여 한 인간이 가지고 있는 미미한 지식은 진정으로 자신의 지식이 되며, 그는 '지식에 있어서가 아니라 지식을 얻는 능력으로 인해 더욱더 위대한 정신'을 가지게 됩니다. 이는 루소(Rousseau)가 그의 명저《에밀》에서 언급한 말입니다.[13)]

아는 것을 익히고, 다시 배우는 과정에서 소위 말하는 '통찰'이라든가 '지혜'가 생겨나고, 이는 단순히 변화에의 적응뿐만 아니라, 변화를 선도해 나가는 존재로 나아가게 만드는 동력으로 작동되게 됩니다. 이는 어셔 등(Usher et al.)이 제시한 성인기 학습자들의 학습활동 영역 구분을 통해서도 명백히 드러나게 됩니다.[14)] 이들에 따르면, 개인이 '사회맥락 속에서의 자신의 행위를 얼마나 독립적으로 드러내는가'(적응-자율)와 '학습을 어떤 방식으로 진행하는가'(적용-표현)라는 두 축을 중심으로 성인들의 실천 국면이 [그림 3-1]과 같이 4가지로 구분됩니다. 중요한 점은 이러한 실천 영역의 분할이 고정된 것이 아니라 학습자가 어떤 방식으로 그 영역을 전유하는가에 따라 달라지는 변동성을 가진다는 점입니다.

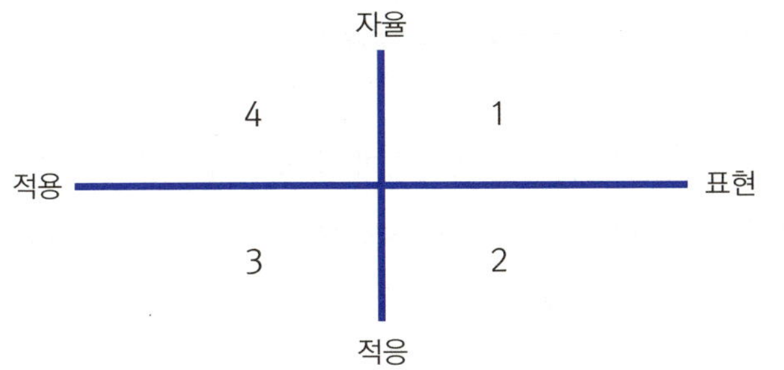

[그림 3-1] 성인들의 일상적 학습 영역 구분

위의 [그림 3-1]에서 1사분면은 생활양식을 실천하는 장면에서 이루어지는 학습으로 개성과 자아표현을 통하여 학습이 획득되는 과정을 말하며, 2사분면의 고백적 실천은 우리 자신의 자기 관리 능력이 공공화되는 장면입니다. 3사분면은 직업적 성장이나 실천의 국면으로 핵심적 관심은 효율성이며 그 관리는 시장이 이루어 냅니다. 마지막으로 4사분면에 해당하는 비판적 실천은 자율적인 개인들의 실천으로 학습은 표현보다는 변화의 선도가 핵심 관심 대상입니다.[15] 이를 통해서 살펴보면, 우리가 일상생활을 통하여 학습하는 것들은 사회변화에의 적응을 위해서도 필요하지만, 사회변화를 선도해 나가기 위해서도 필요하다는 것을 알 수 있습니다. 전자가 '적응을 위한 학습'이라고 한다면, 후자는 '변화를 위한 학습'이라고 말할 수 있습니다. 인간 세계에서 이들 두 가지 형태의 학습은 끊임없이 진행되어야 하는 인간 존재의 필수적인 기제로 작동하고 있습니다.

안코라 임파로!(Ancora imparo!)

안코라 임파로! 이 말은 '나는 아직도 배우고 있다'의 이탈리아어입니다. 미켈란젤로(1475~1564)가 87세 때 시스티나 성당의 천장 그림을 완성하고 나서 스케치북 한쪽에 적은 글이라고 합니다. 우리 인간은 끊임없이 변화를 추구하는 존재이고, 보다 나은 미래를 위해 중단 없이 노력하는 존재입니다. 이 점에서 미켈란젤로는 '안코라 임파로'라는 말을 통해서 평생학습의 중요성을 강조한 선구자라고 볼 수 있습니다. 미켈란젤로의 이와 같은 배움의 필요성과 지속성에 대한 강조는 그리스 로마시대의 마르쿠스 아우렐리우스 황제(121~180)의 《명상록》이라든가, 자연주의 철학자 루소(Rousseau)의 《에밀》에서도 언급되고 있습니다. 마르쿠스 아우렐리우스는 《명상록》에서 그의 조부, 아버지, 어머니, 스승, 친구 등 그가 당대에 만난 사람이나, 그 이전의 사람들로부터, 심지어 신(神)으로부터도 배웠다고 강조하고 있습니다.[16] 그리고 루소(1712~1778)는 그의 유명한 저서 《에밀》에서 '에밀에게 아직 부족한 것은 지식인데 그의 정신은 언제라도 지식을 받아들일 준비가 되어 있다'고 언급함으로써 배움의 계속성, 지속성을 강조하고 있는데, 이는 미켈란젤로의 말과도 일맥상통한다고 봅니다.[17]

일찍이 철학자 데카르트는 '나는 생각한다. 고로 존재한다(코기토 에르고 숨Cōgitō ergo sum).'라고 말하였습니다. 그에 따르면 '모든 것을 의심할 수 있고 일체가 허위라고 생각할 수 있어도 그와 같이 의심하고 생각하는 우리의 존재를 의심할 수는 없다'는 것입니다. 개나 말이나 소, 돼지는 학습하지 아니하여도 개나 말이나 소, 돼지로 살아갈 수 있습니다. 그에 비하여 인간은 학습을 통해서만 유일하게 인간다운 삶을 누릴 수 있는 존재입니다. 이러한 점에서 인간은 학습을 필요로 하는 존재이자 학습에 의해 인간으로서의 존재가치를 인정받는 동물입니다. 그런데, 여기서 '모든 인간이 학습하는 존재'라는 말은 하나의 신념이 될만한 공리이기는 하지만, 모든 인간이 반드시 학습하는 존재라고 말하는 것은 아닙니다. 인간은 경우에 따라서는 의도적으로 학습하지 않는 존재일 수도 있으며, 또한 자율적인 것이 아닌 강제적으로 학습하는 존재일 수도 있기 때문입니다.[18] 다만, 강요에 의해서든 혹은 자율적인 의지에 의한 것이든 간에 현대사회의 인간은 학습하는 존재이어야만 한다는 것은 분명합니다.

그런데, 여기에서 의도적으로 학습하지 않는 존재라든가, 스스로 학습하지 않는 사람들에 대하여 어떻게 하면 이들에게 학습활동을 촉진시킬 수 있느냐가 중요한 과제로 떠오르게 됩니다. 일반적으로 학습활동을 촉진하기 위한 사회적 간섭작용을 흔히 '**교육**'이라고 이야기합니다. 말하자면 학습에 대한 통제권이 학습자 스스로가 아닌 타자일 때, 우리는 교육이 필요하다고 이야기합니다. 우리는 학습에 대한 통제권이 어디에 있느냐에 따라 학습을 4가지 유형으로 구분할 수 있습니다.[19]

〈표 3-1〉 통제성향에 따른 학습의 유형

학습의 유형	통제성향
비의도적 학습	통제 없음(우연, 만남 등)
자기주도적 학습	학습자가 통제
중재적 학습	학습자와 외부권위자와의 공유
타자주도적(권위주도적) 학습	(조직이나 개인)권위에 의한 통제

이 학습유형에 따르면 학습을 지원하고, 촉진하고, 강화하기 위해서는 비의도적 학습이든 타자주도적 학습이든 간에 학습활동을 강화하는 그 어떤 존재가 필요하게 됩니다. 비의도적 학습에서는 부모, 형제, 친구, 그리고 직장동료나 상사 등이, 자기주도적 학습에서는 학습활동을 체계적으로 지원할 수 있는 조력자(멘토 등)가, 중재적 학습과 타자주도적 학습에서는 흔히 말하는 교육자가 필요하게 됩니다. 그런데, 우리가 학습에 대해서 언급하면 곧바로 학교 교실이라는 이미지가 먼저 떠오르게 마련입니다. 물론 앞에서의 그림과 같이 모든 학습이 학교에서만 일어나는 것은 아닙니다. 6, 70년대에 학교를 다닌 어른들은 흔히 학습을 정규 학교교육과 연관시키기 때문에 학습을 의식적이고 힘들고, 귀찮고, 고통스러운 과정이라고 생각하는 경향이 있습니다. 이것은 과거의 학교 교육 중심의 사고방식을 전통적 의미의 교육, 즉 페다고지(pedagogy)라고 간주한 것으로부터 기인된 것이라고 봅니다.[20] 흔히 교육계에서는 과거의 아동 대상 주입식 중심의 학교교육을 페다고지라고 하고, 이를 우스갯소리로 '**패다** 보면, **곧이**듣게 된다'는 믿음을 전제로 하고 있다는 것입니다. 파

울로 프레이리(Paulo Freire)에 따르면, 페다고지의 기본적인 원리는 다음과 같습니다.

> 교사는 가르치고 학생은 그 가르침을 받는다.
>
> 교사는 모든 것을 알고, 학생들은 아무것도 모른다.
>
> 교사는 생각하고, 학생들은 그 생각만을 수용한다.
>
> 교사는 말하고, 학생들은 얌전히 듣기만 한다.
>
> 교사는 훈련을 시키고, 학생들은 훈련을 받는다.
>
> 교사는 선택하고 선택한 것을 학생들에게 강요하고, 학생들은 이에 응한다.
>
> 교사는 행동하고, 학생들은 교사의 행동을 통해서 마치 자기 자신도 행동을 하고 있다는 환상을 갖는다.
>
> 교사는 지식의 권위를 자신의 직업상의 권위와 혼동하고 그 권위로써 학생의 자유를 억압한다.
>
> 교사는 학습과정의 주체인 반면, 학생들은 객체에 불과하다.

위와 같은 기본전제를 중심으로 전개되는 주입식 교육을 프레이리는 '은행저금식 교육'이라고 하였습니다. 은행저금식 교육과 같은 과거의 주입식 교육은 사회변천에 따라서 이미 죽은 지 오래입니다. 이는 일찍이 '페다고지' '학교는 죽었다' 등과 같은 교육비판서를 중심으로 1970년대와 1980년대를 거치면서 우리나라의 교육계에서도 널리 회자되었던 개념입니다.

과거사회에서는 학습자는 '모르는 자'이고, 교육자는 '아는 자'로 양분되었지만, 현대사회에서는 이와 같은 이분법적인 사고는 더 이상 통용되지 않습니다. 이를테면, 인문학을 공부하는 대학 교수도 골프나 수영을 배울 때는 영락없는 초심자일 수밖에 없으며, 골프선수나 수영코치 또한 다른 그 무엇인가를 배울 때에는 초보자일 수밖에 없다는 것입니다. 이 점에서 이제는 교육자(교사)와 학습자(학생)는 서로 가르치는 자임과 동시에 배우는 자이고, 교육기관 또한 '가르치는 기관'임과 동시에 '배우는 기관'으로 전환하지 않으면 안 되게 되었습니다.[21)]

우리 인간은 살아가면서 끊임없이 배움을 추구하는 존재이면서도, 그 배움의 과정이 매우 어렵기 그지없는 과정이라는 것 또한 배우게 됩니다. 여기서 '배운다'라는 것은 단지 '모르는 것에서 아는 것'으로의 단계로 진입하는 것만을 의미하는 것이 아닙니다. 인간이 살아오면서 우연히 만나는 수많은 과정을 통하여 인간은 다양한 것들을 배우게 됩니다. 말하자면, 인터넷을 뒤지고(서핑하고), 책을 읽고, 강사의 강의를 듣고, 그리고 경험을 통해서 느끼고, 깨달아 가면서 배우게 됩니다. 이와 같은 과정들을 가장 정확하게 표현한 것이 바로 〈나는 배웠다〉라는 시라고 봅니다.

나는 배웠다(I've learned)

"나는 배웠다.

다른 사람이 나를 사랑하게 할 수는 없다는 것을

내가 할 수 있는 일은 사랑받을 만한 사람이 되는 것뿐인 것을.

나는 배웠다.

사랑을 받는 일은 다른 사람에게 달렸고
아무리 마음을 써도
어떤 사람은 꼼짝도 안 한다는 것을

-중략-

그리고 정말 나는 배웠다.
타인의 마음을 상하게 하지 않는다는 것과
내가 믿는 바를 위해 내 입장을 분명히 한다는 것,
이 두 가지 일을 엄격하게 구분하는 것이 얼마나 어렵다는 것을.

나는 배웠다.
사랑하는 것과 사랑을 받는 것을."

– 오마르 워싱턴(Omar Washington)
또는 샤를 드 푸코(Charles de Foucauld)–

위에서 언급한 〈나는 배웠다〉라는 시는 1996년 여름학기에 미국 미네소타대학교의 '성인학습' 수업시간에 담당 교수님한테서 들은 시(詩)의 일부입니다. 그 당시 교수님도 출처는 정확하게 알지 못한다고 하였습니다만, 나중에 류시화 시인이 2005년에 펴낸 시집 《사랑하라, 한번도 상처받지 않은 것처럼》에서도 다시 만나게 되었는데, 이 시의 작가는 어느 자료에서는 오마르 워싱턴이라고 언급되어 있기도 하고 또 다른 자료에서는 샤를 드 푸코라고 알려져 있습니다.[22]

능력주의의 신화와 학습의 의미변화

오늘날의 사회는 지식이 '사회적 부'를 결정짓는 중요한 요소로 작동하고 있습니다. 《제3의 물결》의 저자인 앨빈 토플러는 혁명적 부의 창출 요인으로 시간, 공간, 지식을 제시하였습니다. 또한 그는 《부의 미래》에서 부의 주도권이 산업혁명이라는 변혁이 유럽으로 넘어갔으며, 2차 세계대전으로 인해 미국으로 옮겨갔고, 다시 지식 혁명이라는 제3의 물결과 함께 그 흐름이 아시아로 움직이고 있다고 말하였습니다. 토플러는 기본적으로 지식이 자본주의의 존립 기반인 공급의 유한성을 뛰어넘는다는 것에 주목하고, 지식이 상호작용하면서 더 거대하고, 힘 있는 지식으로 재편되고 있다고 강조합니다.[23] 토플러의 이와 같은 말은 지식사회의 대두와 함께 더욱더 주목받게 되었습니다. 현대 경영이론의 창시자인 피터 드러커는 자본주의 이후 지식이 유일한 생산수단이 되며, 과거 자본주의 사회의 원동력이었던 전통적인 생산 요소(토지, 노동, 자본)는 경제발전에 오히려 제약이 되는 사회를 '지식사회(knowledge society)'라고 칭하였습니다. 이러한 지식사회에서는 부를 창조하는 중심적 활동도 자본의 배분이나 노동의 투입이 아닌, 지식을 배분하고 적용하는 활동으로 바뀌며, 주도적인 사회 집단도 지식을 배분하고 적용하는 지식 노동자로 바뀌게 됩니다. 이와 관련하여 피터 드러커(Peter Drucker)는 '다음 사회(next society)'는 지식사회가 될 것이라 강조하며 그 3가지 특성을 제시하였습니다.[24]

- 국경 없는 지식이 가능해졌다. 지식은 돈보다 쉽게 이동하기 때문이다.
- 누구나 정규교육을 받을 수 있게 됨으로써 사회이동(social mobility)이 이전보다 쉬워졌다.
- 성공 가능성 못지않게 실패 가능성도 커졌다. 누구든 생산수단, 즉 그 일에 필요한 지식을 얻을 수 있지만, 모두가 성공하는 것은 아니다.

이와 같은 의미를 지니는 지식사회는 능력주의(meritocracy)와 함께 현대 자본주의를 지탱하는 주요 요소로 작동하고 있습니다. 능력주의는 마이클 영(Michael Young)이 사용한 개념으로 개인의 능력과 노력에 따른 합당한 보상체계가 작동하는 것을 말합니다.[25] 능력주의는 자본주의 작동 장치의 하나로 해방 이후 자유민주주의와 함께 한국인을 지배해온 이데올로기입니다. 우리는 모두 소위 말하는 가방끈의 길이에 따라 사회적 지위가 결정되는 시대를 관통하여 살아왔기 때문입니다.[26] 이와 같은 능력주의 가치에 따라 오늘날 대부분의 우리는 '성공한 사람이란 계층과 성별을 막론하고, 경쟁 세계의 무수한 분야(스포츠, 예술, 과학 연구를 포함하여)의 어느 한 곳에서 자신의 활동(물려받은 유산이 아니라)을 통해서 돈, 권력, 명성을 축적한 사람을 가리키는 것'으로 믿어왔습니다.[27]

이 능력주의에서 핵심이 바로 기회의 평등입니다. 기회의 평등이란 말 그대로 출발선상에 있어서 동일한 기회가 주어져야 한다는 것입니다. 출발선상에서의 평등은 교육 기회의 평등으로 다시 치환될 수 있습니다. 왜냐하면, 능력주의가 곧 지식의 소유 여부와 관련된 역량, 즉 인적 자본의 형성과 축적으로 결정되기 때문입니다. 이와 같은 능력주의는 학교 교육(schooling)의 신화를 만들어 내기에 충분하였고, 결과적으로 이 땅의 수많은 사람이 더욱더 높은 교육을 추구하기 위한 노력을 기울이어 왔습니다. 이는 한국인의 그 대단한 '교육열'과 깊은 연관을 맺고 있습니다.

우리나라 헌법 제31조 제1항에서는 '모든 국민은 **능력에 따라 균등하게** 교육을 받을 권리를 가진다'라고 규정되어 있습니다. 여기서 중요한 것은 모든 국민이 '**균등하게**' 교육받을 권리를 보장받는 것이 아니라, '**능력에 따라**' 균등하게 교육을 받을 권리를 가진다는 것입니다. 이는 개인이 지닌 수학능력 이외의 일체 차별을 금지한다는 의미입니다. 말하자면, 교육 기회의 평등을 보장함에서는 부모의 사회경제적 배경이라든가 성별 등과 같은 차별적 요소를 배제하고 오로지 개인의 학습능력에 따라 교육 기회를 균등하게 보장한다는 것입니다. 그런데, 개인의 학습능력이라는 것도 따지고 보면 부모의 사회경제적 배경에 따라 어떤 학생은 학교에 다닐 기회조차 보장받지 못하는 경우가 있는 것에 반하여, 또 어떤 학생은 다양한 채널을 통하여 자신의 학습역량을 배가시킬 기회를 더 많이 가질 수 있다는 점에서 교육 불평등 문제가 거론되기도 합니다. 이를 보완하기 위하여 정부는 대학 입시에 있어서 농어촌 전형, 교육 기회 전형을 통하여 교육 기회의 평등을 보장하고자 하였고, 다른 한편으로는 저소득층 자녀에 대한 국가장학금 지급 등을 통하여 재정적인 한계로 교육에 접근 기회조차 얻지 못하는 계층에게 교육 기회를 보장하기 위한 노력을 마련해 왔습니다.

이것은 능력주의 사회에서 기회의 평등을 보장하기 위한 제도적 장치의 하나로서 교육 기회의 평등을 강화하기 위한 노력의 일환이었습니다. 말하자면, 한국 사회에서 교육 기회의 평등은 '교육 사다리'라는 표현으로 불릴 만큼 계층이동을 위한 중요한 제도적 장치이자, 위대한 평형자로서의 역할을 기대했고 실제로도 일정 부분은 그러한 역할을 수행하여 왔던 것도 사실입니다.

해방 이후 한국 사회는 한동안 교육 출세론(교육은 출세의 도구)과 개천용출설(개천에서 용 난다)을 등에 업고 학교 교육의 신화를 만들어 내기에 충분하였습니다.[28] 그러나, 달도 차면 기울듯이 그동안 한국 사회에서 계층이동 사다리로서 중요한 역할을 담당했던 학교 교육은 교육 불평등의 근원지, 그리고 사회 불평등을 재생산해 내는 도구라는 비판을 받고 있습니다. 6, 70년대를 지나면서 교육 입국의 기치 아래 사회발전과 더불어 교육은 계층이동의 주요한 축으로서 기능하였지만, 2000년대 이후부터는 계층 간 장벽과 절벽이 뚜렷해지면서 교육 상속론이 시대적 추세로 굳어지고 있습니다.[29] 소위 '스카이캐슬'로 대표되는 '부'와 '교육의 대물림 현상'이 특정 계층으로 집중되는 쏠림현상이 나타나게 되었습니다. 이에 따라 일찍이 니체가 말한 '신은 죽었다'라는 표현은 '학교는 죽었다'라는 말로 치환되기에 이르렀습니다. 이제 학교는 교육의 전유물이 아닌 시대입니다. 학교 교육은 '기회의 평등 장치'로서 그 기능을 잃은 지 오래지만, 여전히 우리 사회에서 능력주의를 지탱하는 주요 요인으로 작동하고 있습니다. 그리고 이와 같은 능력주의 사상의 발현은 지식사회에서 지식노동자의 증가와 함께 학교 교육 이외에서도 학습활동을 강화하고 촉진하고자 하는 움직임 또한 강화되고 있습니다. 말하자면, 평생학습 혹은 학습조직과 같은 용어가 바로 그것입니다.

평생학습하는 사람들에게는 그 특징이 있다

평생학습은 이제 학교 교육의 개혁과 함께 평생학습사회에서의 주요한 핵심 용어로 자리를 잡게 되었습니다. 이와 함께 학교 교육 중심의 낡은 패러다임은 이미 유네스코, OECD, 세계은행 등에서도 폐기한 지 오래입니다. 4차 산업혁명 시대의 도래와 함께 기존의 학교 교육 중심의 패러다임은 평생학습 패러다임으로 전환되어야 하는 시대에 우리는 살고 있습니다. 평생학습 패러다임은 특정 시기에만 편중되었던 학습 기회를 전 생애로 확장하고 학습의 가치를 교육받은 양에 따라 판단하는 것이 아니라 역량 중심으로 개편하자는데 근본적인 의의가 있습니다.

이는 사회가 급변하면서 과거 20세기를 살아왔던 과거 세대와는 다른 모습의 교육과 학습을 상상하게 합니다. 가정-학교-사회로 이어지는 20세기의 교육구조는 이제는 더 이상 존립하기가 어렵게 되었습니다. 21세기의 사회는 일-학습-일-학습이 끊임없이 순환되는 역동적인 학습구조를 지향하고 있고, 교육은 이를 지원하기 위한 사회적 간섭작용에 불과하게 되었습니다. 말하자면, 교육은 이제 학교의 전유물이 아니라는 것입니다. 이에 따라 21세기의 사람들은 기업들과 마찬가지로 변해야 하고, 변하기 위해서는 배워야 하고, 그리고 끊임없이 자기혁신을 가해야 합니다. 평생학습을 통하여 자신의 역량을 함양하는 것은 지금까지는 전체 인구 중 극히 일부분에게만 한정되는 이야기였습니다만, 앞으로는 점점 더 많은 사람이 평생학습을 통해 자신의 역량을 끊임없이 개발하는 방향으로 나아가리라는 것은 자명한 일이 되고 있습니다.

여기에서, 무엇을 끊임없이 배운다는 것은 계속해서 무엇인가를 향해 나아간다는 것입니다. 무엇인가를 향해 나아가는 것은 무사안일에서 벗어나 앞으로 다가올 위험마저도 기꺼이 감수한다는 것입니다. 이는 부단히 자기 자신을 채찍질한다는 의미이기도 합니다. 익숙한 것을 선호하는 사람은 안주하고자 하는 사람이고, 이는 결코 무엇인가를 배울 준비나 의지가 없다는 것입니다. 여기에서 하버드 대학교의 존 코터(John Koter) 교수가 강조하는 의미가 두드러지게 나타납니다. 그는 《기업이 원하는 변화의 리더》에서 '평생학습을 하는 사람은 성공한다. 그런데, 그 평생학습을 돕는 정신적인 습관에는 4가지가 있다.'라고 강조하고 있습니다.[30)]

〈평생학습을 돕는 정신적인 습관〉

- 위험에 도전함: 기꺼이 안락함을 포기하려는 의지
- 겸손한 자기반성: 성공과 실패, 특히 실패에 대한 솔직한 평가
- 경청함: 남의 말을 열심히 듣는 성품
- 열린 마음: 개방된 마음으로 인생을 조망하고자 하는 의지

학습하는 방법을 학습하는 것이 배움의 지름길이다

흔히 학습하는 방법을 아는 것이 중요하다고 할 때, 비유하는 말로서 '열 마리의 고기를 잡아주는 것'보다는 '한 마리의 고기를 잡는 방법을 알려주는 것'이 더 중요하다는 말을 언급하곤 합니다. 두뇌 전문가인 짐 퀵(Jim Kwik)은 《마지막 몰입》이라는 저서에서 '만약 램프의 요정 지니가 어떤 지식이나 기술, 배움과 관련된 평생소원 한 가지를 들어주겠다고 한다면 무엇을 말하겠는가?라는 질문에 바로 학습 방법의 학습이라고 대답하겠다'라고 언급하고 있습니다. 더 영리하게, 더 빨리, 더 많이 배우는 방법을 알면 모든 것에 이 방법을 쓸 수 있기 때문입니다. 학습하는 방법의 학습과 관련하여 대표적인 모델이 콜브(Kolb)의 학습 사이클입니다. 콜브에 따르면, 학습은 구체적 경험 → 성찰 → 추상적 개념화 → 행동이라는 4가지 사이클로 구성됩니다.[31] 이를테면 사람들은 여러 다양한 감각을 통하여 구체적인 경험을 하고, 그것을 바탕으로 깊은 성찰을 통해 현재의 경험을 과거의 경험과 비교해 보고 미래에는 어떻게 대처해 나갈 수 있는지에 대한 교훈을 얻고, 그 후 그 교훈을 동일한 상황에서 충분히 활용할 수 있는 과정을 거치게 된다는 것입니다. 여기서 인간은 과거의 경험과 현재의 경험을 다시 의미 있는 개념으로 전환할 수 있게 되고 이는 새로운 행동의 표준이 된다는 것이 학습 사이클의 주요 골자입니다. 콜브의 학습 사이클을 보다 구체적으로 개념화하면 [그림 3-2]와 같습니다.[32]

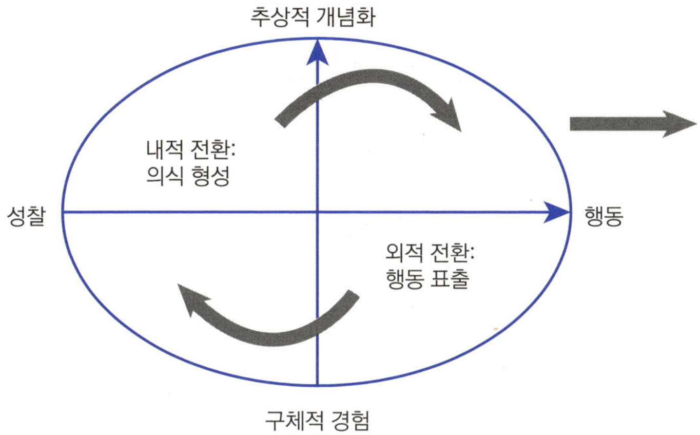

[그림 3-2] 학습의 바퀴

그런데, 학습 사이클이 제대로 작동되기 위해서 즉, 학습 바퀴가 제대로 굴러가기 위해서는 상향적 전환과 전향적 전환이 동시에 일어나야 합니다. 상향적 전환이란 구체적 경험을 통해 새로운 의식, 즉 추상적 개념화를 이루는 내적 변화이며, 전향적 전환은 내적 성찰이 외적 행동으로 이어지는 행동적 변화를 의미합니다.[33] 일상 경험과 이것을 추상적 개념으로 전환하는 것을 조합하는 과정에서 지식이 생성되게 됩니다. 그런데 사람마다 선호하는 각자의 스타일이 있듯이 학습자 또한 독특한 학습 스타일이 있습니다. 어떤 학습자는 지식을 생성하는 데 강점이 있고(사색가), 어떤 이들은 신속한 행동을 하는 데 강점을 보이기도 합니다(행동가). 또한, 어떤 학습자는 참여하고 경험하고 배우는 것을 즐기는 데 반하여(감지자), 일부 사람들은 경험을 되돌아보는 것을 선호하기도 합니다(평가자). 이와 같은 4가지 학습 방법은 개인의 학습 스타일을 규정하는데, 마치 MBTI 심리검사처럼 사람마다 각각의 특징이나 강점이 어디에 있는지를 유추해 보는 데 중요한 단서가 된다고 생각됩니다.[34)]

〈표 3-2〉 학습 스타일

구분	내적 전환	외적 전환
내적 인지	사색가	평가자
외적 인지	감지자	행동가

그런데, 여기에서 우리는 학습 스타일에는 각각의 특성이 있고 각각의 장단점이 있듯이 학습에도 그 수준별로 단계가 있다는 것을 상정해 볼 수 있습니다. 그리고 진정한 학습이란 어떤 단계이고 특징이 무엇인가를 생각하게 됩니다. 두뇌 전문가인 짐 퀵(Jim Kwik)은 그의 저서 《마지막 몰입》에서 학습의 단계를 4가지로 제시하고 있습니다.[35)]

먼저, 제1단계는 무의식적 무능(unconscious incompetence)으로 자신이 무엇을 모르는지 모른다는 것입니다. 예를 들어 속독 같은 것이 존재한다는 사실조차 모를 수 있고, 이에 따라 현재 자신에게 속독 능력이 없다는 사실도 인식하지 못하는 상태입니다.

둘째는 의식적 무능(conscious incompetence)으로 알려진 2단계입니다. 이 단계에서는 자신이 무엇을 모르는지 의식하게 됩니다. 예를 들면, 어떤 이들은 속독법을 쓰지만, 자신은 속독훈련을 받지 않았을 뿐만 아니라 속독 기법에 대해서도 모른다는 사실을 자각하는 단계입니다.

3단계는 의식적 능력(conscious competence)의 단계입니다. 어떤 기술에 대해 알고 있고, 이를 구사할 역량도 있지만, 거기에 적극적으로 마음을 쏟을 때만 가능한 단계입니다. 할 수는 있지만, 노력이 필요하다는 것입니다. 이를테면 타이핑이나 운전 같은 활동을 '할 수는' 있지만, 의식적 주의가 필요한 단계를 말합니다.

4단계는 무의식적 능력(unconscious competence)의 단계로 학습자가 지향하는 바로 그 단계입니다. 이 단계에서는 어떤 기술을 구사하는 방법을 알고 있을 뿐만 아니라 그 기술이 마치 제2의 천성과도 같은 상태입니다. 예를 들면 속독이 독서방식일 때 무의식적 능력단계라 할 수 있습니다. 마음을 먹어야 속독을 하는 것이 아니라 그냥 속독하게 된다는 것입니다. 일부러 주의를 기울이지 않고도 타이핑이나 운전을 잘하게 되는 것과 같은 이치를 말합니다.

마지막 5단계는 진정한 숙달 단계입니다. 이는 무의식적 능력 단계를 넘어 최상의 수준에서 기술을 구사하고 그것이 제2의 천성처럼 되는 단계입니다. 한마디로 한계가 없는 단계이며 어떤 일의 고수나 명장이 되는 길이 바로 여기에 해당합니다.

그런데, 여기서 우리는 학습 과정에서 제일 중요한 것이 바로 '성찰'이라는 것을 알 수 있습니다. 성찰 없이 사람은 경험으로부터 배울 수 없습니다. 제아무리 특정 분야에 수십 년 종사하였다고 하더라도 일에 대한 깊은 성찰이 없으면 그 일은 '반복적인 일'에 불과하게 되고 그에 따라 그 분야의 전문가라고 볼 수 없이 늘 제자리걸음 신세를 면하기 어렵게 됩니다. TV의 '생활의 달인' 프로그램을 보게 되면, 왜 그들이 달인인지를 쉽게 알 수 있습니다. 늘 자신이 하는 일에 대해서 끊임없이 궁리하고 그 궁리를 통하여 새로운 그 무엇을 찾아내는 것, 그것이 생활의 달인에서 우리가 배워야 할 주요한 가치입니다. 찰스 다윈은 '변화에 가장 잘 반응하는 자만이 살아남는다.'라고 강조하였습니다. 아마도, 찰스 다윈이 생물학자가 아니라 철학자나 교육자로 현재에 소환된다면 그는 틀림없이 다음과 같이 언급했을 것이라고 확신합니다. '살아남는 자는 가장 강한 자도 아니고 가장 똑똑한 사람도 아니다. 변화하는 사람만이 살아남을 수 있고, 학습하는 사람만이 원하는 삶을 살아갈 수 있다.'라고 말입니다.

철학자인 헤겔(Hegel)은 그의 유명한 저서 《법철학》 서문에서 '미네르바의 부엉이는 황혼 무렵 날개를 편다.'라고 언급하고 있습니다. 미네르바의 부엉이(즉, 지혜 또는 철학)는 '낮이 지나고 밤에 그 날개를 펴는 것처럼, 철학은 앞날을 예측하는 것이 아니라 이미 이루어진 역사적 조건이 지나간 이후에야 그 뜻이 분명해진다'라는 의미라고 합니다.[36] 이와 같은 맥락에서 학습하는 자, 학습인, 학습하는 사람의 가치는 젊은 시절보다는 인생의 황혼기에 가서야 그 진가를 드러낼 수 있다고 생각됩니다. 모든 것이 사라지고 오직 자신만이 남은 공간과 유한한 시간 속에서 무엇을 할 수 있고, 무엇을 할 수 없는가는 학습을 많이 경험해 본 자만이 더욱더 잘 알 수 있기 때문입니다. 마치 고기도 먹어본 자가 잘 먹듯이 말입니다. 흔히 인생은 과정도 중요하지만, 끝이 좋아야 모든 것이 좋다고들 합니다. 해 지는 노을이 아름답듯이 황혼 녘에 찾아드는 삶의 지혜와 여유, 풍요 등은 학습하는 자들만이 누릴 수 있는 특권입니다.

하버드 대학교 경영대학원의 문영미 교수는 《디퍼런트 Different》에서, '치열한 경쟁에서 남는 것은 오직 자기파괴뿐이다.'라고 강조합니다.[37] '너무 익숙하면 지는 거다.'라는 표현이라든가 '편안함이 우리 몸과 마음을 배신한다.'라는 말처럼 너무 친숙함과 편안함이 완전히 우리의 삶을 지배하게 될 때 우리의 관심은 지극히 무뎌지게 마련입니다. 친숙함과 편안함은 주변의 사물들이 눈앞에서 사라지게 만드는 이상한 마법의 힘을 지니고 있습니다. 친숙함, 편안함과는 다른 개념이 무심함이라는 개념입니다. 하버드 대학교 심리학과 교수 엘렌 랭어(Ellen Langer)는 '무심함(mindlessness)'의 개념에 대해 '아무런 의식적인 노력 없이 자동으로 흘러가는 심리적인 상태'라고 말합니다. 그녀가 말하는 무심함은 오랜 학습의 산물입니다. 특정한 자극-반응의 메커니즘이 장기간 지속하다 보면, 더는 아무런 집중을 하지 않고서도 행동할 수 있다는 무심함의 경지에 오르게 됩니다. 랭어 교수가 말하는 무심함을 문영미 교수의 표현으로 바꾸어 본다면, '넘치는 음과 부족한 양의 조합이 빚어내는 무감각한 상태'라고 할 수 있습니다.[38] 지나친 친숙함은 무감각을 초래합니다. 그러므로 친숙함이 본연의 가치를 발휘하려면 적절한 수준을 유지해야 합니다.

심리학자 카를 융(Karl Jung)은 인간행동의 근원에는 '열등감'을 극복하고 '우월감'으로 향하고자 하는 의지가 늘 존재한다고 합니다. 마찬가지로, 우리 인간도 끊임없이 학습하는 존재로 살아남기 위해서는 적절한 자극과 부족함, 적당한 욕망이 함께해야 합니다. 21세기 재즈 아이콘으로 유명한 색소폰 연주자 카마시 워싱턴(Kamasi Washington)은 2018년에 내한 공연을 한 바 있는데, 그가 2017년 발매한 EP 앨범의 제목은 '서로 다른 것들 간의 화합(Harmony of Difference)'입니다. 여기에는 욕망, 겸손, 지식, 관점, 통합, 진리라고 하는 6곡이 수록되어 있습니다.[39] 이 재즈 음악을 처음 접했을 때 학습하는 인간의 모습이 바로 이러한 모습이어야 한다고 생각하였습니다. 인간은 진리에 다가가기 위한 여정이 있으며, 그 종착점인 진리에 도달하기 위해서는 겪어야 할 단계들이 있고, 이를 제대로 해내기 위해서는 이 앨범의 타이틀처럼 '서로 다른 것 간의 화합'이 필요하다는 것입니다. 이와 같은 학습의 과정을 인지신경과학자인 스타니슬라스 드앤은 《우리의 뇌는 어떻게 배우는가》라는 저서에서 '배움의 4 기둥'으로 설명하고 있습니다.[40]

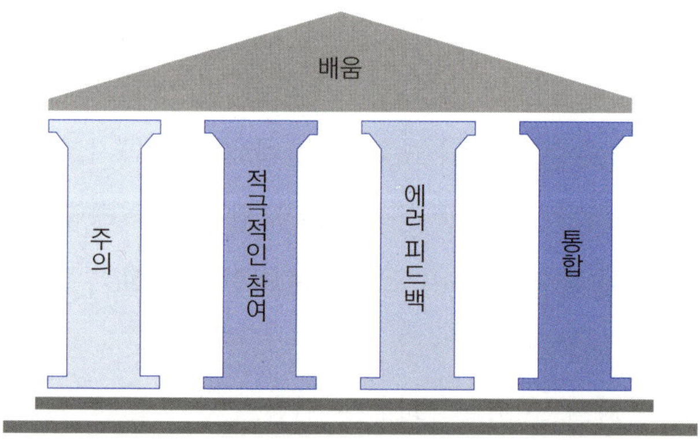

[그림 3-3] 스타니슬라스 드앤의 배움의 4 기둥

그에 따르면, 인간은 진화 과정에서 주변 환경으로부터 정보를 얻는 속도를 최대한 단축하는 네 가지 중요한 기능들을 갖게 되었고, 그 기능들은 배움의 4가지 기둥으로 이루어진다는 것입니다. **주의와 적극적 참여, 에러 피드백, 그리고 통합은 성공적인 배움, 즉 성공적인 학습으로 나아가는 핵심 요소**이며, 이들 기능을 제대로 활용하게 되면 학습의 효율성을 극대화할 수 있습니다.[41)]

- 주의: 우리가 중시하는 정보를 확대시킨다.
- 적극적 참여: 호기심이라고도 불리는 알고리즘으로 우리의 뇌로 하여금 끊임없이 새로운 가설을 테스트하게 한다.
- 에러 피드백: 예측과 현실을 비교해 세계에 대한 우리의 마음속 모델을 바로잡는다.
- 통합: 배운 것을 완전히 자동화하며 수면(잠)이 핵심 요소로 포함된다.

학습은 위대한 성장촉진제이다

우리가 무엇인가를 '배운다'라든가 '학습한다'라고 이야기할 때도 앞에서 언급한 바와 같은 마찬가지의 길을 걷게 됩니다. 학습하는 존재로서의 인간은 끊임없는 욕망을 바탕으로 비우고, 다시 채우는 과정을 통하여 나를 변화시키고 그를 통해 나를 보다 통합된 존재 혹은 완전체로 나아가게 합니다. 말하자면, 학습은 어제보다 더 나은 오늘을 담보하고, 오늘보다 나은 내일을 만드는 성장촉진제입니다.

4차 산업혁명 시대로 대변되는 오늘날에는 모든 것이 급변하고 있습니다. 과거에 인간의 노동력이 주된 영역이었던 것이 로봇이나 AI로 대체되어가고 있는가 하면, 몇 년 전만 해도 상상할 수 없었던 일자리가 갑자기 주목을 받기도 하고, 앞으로 몇 년 사이에 우리들의 일상생활이나 일터에 영향을 미칠 변화의 흐름이 곳곳에서 수없이 나타나고 있습니다. 이 모든 변화는 한 방향을 가리키고 있고, 그것은 바로 우리 각자가 자신의 학습을 책임져야 한다는 것입니다.[42] 여기서 학습이란 반드시 학교에 다닌다거나 강의를 듣는다거나, 책을 읽는 것을 통해서만 이루어지는 것이 아니라는 것을 명심할 필요가 있습니다. 학습이란 우리가 어디에 있건, 무엇을 하건 간에 구체적 개별 경험을 통하여, 그 경험에 의미를 더하고 가치를 더할 때 이루어지는 것이기 때문입니다. 이 점에서 우리 사회의 '모든 이가 스승'이고, '모든 곳이 학교'입니다.[43]

학습의 가치와 관련하여 가장 의미 있는 말이 다음의 2가지라고 봅니다. 그 첫째는 《성경》 요한복음의 말씀이고, 다른 하나는 공자의 《논어》 학이편(學而篇)에 나오는 말씀입니다. 〈요한복음〉의 8장 32절에서는 '진리를 알지니 진리가 너희를 자유케 하리라'라고 말씀하고 계십니다. 부단한 학습을 통하여 인간은 진리를 추구하고 그를 통해 부단한 성장을 기할 수 있습니다. 그 성장의 결과, 인간은 더욱 풍부한 자유를 누릴 수 있습니다. 물론, 이때의 자유는 무지로부터의 자유, 구속으로부터의 자유도 있습니다만, 궁극적으로 인간은 '무엇을 할 수 있는, 말하자면 능력 있는 인간' 그 자체를 원하기도 합니다. 모든 인간은 '능력이 있는 인간'일 때 가장 자유롭습니다. 그러한 과정에서 인간은 자유 그 자체를 신성시하는 존재이기도 합니다. 인간의 역사는 언제나 더 큰 자유를 얻기 위한 과정으로 진화했고, 그러한 본성 앞에서는 그 어떤 죽음도 두렵지 아니하다는 것을 인류 역사를 통하여 증명했으며, 탱크를 가로막고 선 우크라이나 시민들로부터도 목격하게 됩니다.

한편으로, 공자는 《논어》에서 '배우고 익히니 그 아니 즐거운가(學而時習之 不亦說乎)'라고 반문하고 있습니다. 배우고 익히는 과정은 우리 삶의 그 어떤 것보다도 우리의 삶에 의미와 재미를 더하는 그 무엇입니다. 특히 학습은 사람들에게 학습 과정에 참여하게 하고, 그 과정에서 몰입에 이르게 함과 동시에 숙련의 길로 이끈다는 점에서 의미 있는 삶을 영위하게 하는 데 없어서는 안 될 사회적인 필요물로 인식되고 있습니다.[44)]

특히, 우리 인간은 살아가면서 '왜?'라는 질문에 끊임없이 답할 수 있는 존재일 때 더욱더 성장할 수 있습니다. 이 점에서 우리는 '왜 학습해야 하는가?'에 대한 지속적인 성찰과 그에 따른 개선이 필요하다고 봅니다. 이 점에서 인생 100세 시대에 인생 100년을 살아낸 분들이 몸소 경험을 통하여 체득한 학습의 가치에 대하여 언급한 부분을 살펴보면 왜 우리가 학습해야 하는지에 대한 답을 찾을 수 있을 것 같아 여기에 인용하고자 합니다.

식민지 시대에 청년의 시절을 보내고, 빈곤의 시대, 산업화 시대, 민주화 시대, 참여의 시대에 이르기까지 여러 시대를 살아온 103세의 철학자 김형석 교수의 다음과 같은 말을 되새겨 볼 필요가 있습니다.[45)]

"항상 공부해야 합니다. 일과 공부를 안 하면 몸도 마음도 빨리 늙어요. 주변에 100세까지 산 사람 7명이 있는데 공통점이 있더군요. 첫째, 욕심이 없어요. 둘째, 남 욕을 하지 않아요. 사람은 정서적으로도 늙습니다. 내 친구인 안병욱(1920~2013) 교수는 '젊게 사는 방법은 공부 · 여행 · 연애'라고 하더라고요."

인류 역사상 전쟁범죄를 최초로 사법부 판단에 따라 기소한 기념비적 사건인 뉘른베르크 나치 전범 재판에서 활동한 검사로 유명한 벤자민 페렌츠(Benjamin Ferencz)는 그의 저서 《101살 할아버지의 마지막 인사》에서 다음과 같이 학교 교육을 포함한 공부의 중요성을 언급하고 있습니다.[46)]

"당연히 공부가 아니었다면 내 인생은 달라졌을 것이다. (중략) 우리는 어디에서든 배울 수 있고, 또 그래야 하지만, 우리 앞에 열려 있는 제도권 교육의 문을 과소평가해서는 안 된다. 열심히 공부하기도 했고 또 머리가 좋은 편이기도 했지만, 타운젠드 해리스나 뉴욕 시립대학 같은 곳이 있었다는 점에서 나는 운도 아주 좋았다. 우리는 각자에게 주어진 행운과 특혜에 감사할 줄 알아야 하며, 그것들을 갖지 못한 사람들을 늘 떠올려야 한다."

제2부

직(職) 테크

능력이 있는 곳에 자유가 있다

제2부

능력이 있는 곳에 자유가 있다

제2부 직(職)테크		
경험과 자본은 축적의 결과이다	비르투가 있어야 포르투나도 뒤따른다	사람을 움직이는 것은 관계의 힘이다

제4장

경험과 자본은 축적의 결과이다

생각거리

"남들보다 두드러질 때 성공을 거두는 법이다.
하지만 대부분의 사람들은
무리와 섞이는 법을 배우며 평생을 보낸다.
남들보다 두드러지지 못하면 기회를 얻지 못하며,
주목을 받지 못하고 무시되기도 한다.
남보다 두드러진다는 것은 간단히 말해
항상 기대 이상의 성과를 내는 것이다.
성공하는 사람들은 항상 진취적이고
배우려고 하며, 새로운 것을 시도한다.
위대한 것은 언제나 두드러져 보이기 마련이다.
위대한 리더들은 평범해야 한다는 인식에 저항하고
끝까지 노력하여 특출한 상태에 도달한다.
자신의 고유성은 자신만의 재능을 아름답게 표현한 말이다."

[출처] 스킵 프리치드. 《실수의 책》. 김은정 역
(서울: 쌤앤파커스. 2018). pp. 256–257.

episode 1

1978년 12월 2일의 일입니다. 대학 신입생으로서 1, 2학기를 마치고 겨울방학으로 접어들게 되는 날이었습니다. 며칠 전부터 지도교수님으로부터 교수님 지도 학생들 모두 12시에 교수님 방으로 모이라는 전갈을 받은 터라 신입생 동기들은 교수님 연구실로 향했습니다. 다음 날부터 방학이 되는 날이니 겨울방학을 더 알차게 보내라, 데모하지 말라 등등의 말씀이 있는 줄 알고 교수님 지도 학생 15명 가운데 10명 남짓만 참석하였던 것으로 기억됩니다. 막상 교수님 연구실에 도착해 보니, 서너 개의 불판과 삼겹살과 소주가 교수님과 함께 우리를 기다리고 있었습니다. 지금에야 삼겹살이 비교적 흔한 시절이지만, 그 시절의 가난한 대학생들에게는 소주와 삼겹살은 언감생심의 그 무엇이었습니다. 대신에 막걸리와 김치만 있으면 시간 가는 줄 모르고 '니체와 마르크스를 논하고, 시대정신을 논할 수 있었던 그런 시기'였습니다. 그날 우리는 교수님 연구실에서 삼겹살과 소주 파티를 거창하게 할 수 있었고, 끝내 교수님으로부터는 그 어떠한 잔소리도 듣지 아니하고 교수님 일상사 이야기만 들을 수 있었던 지금 생각해도 참으로 귀하디 귀한 시간이었습니다. 이날의 화려한 파티는 제 인생에서 하나의 품앗이로 연결되어 훗날 대학 교수가 되어서도 매년 2학기 겨울방학 직전 마지막 종강 시간에 학생들과 한동안 치렀던 연례행사가 되었습니다.

episode 2

2020년 12월 30일은 제게는 특별한 날이었습니다. 결혼 생활 35년 만에 처음으로 서울시민이 된 날이자 아파트 주인이 된 날이기 때문입니다. 결혼 35년 동안 경기 광명, 김포를 거쳐서 고양시 화정에서 장인, 장모님과 함께 25년을 살다가 서울 한강 밤섬이 영구조망인 집으로 이사를 오게 되었으니 그게 더 특별한 감정으로 다가왔습니다. 그 사이 남들이 많이도 하는 부동산 투기 한 번 안 해보고, 이사도 여러 번 하지 않았습니다. 월급은 몽땅 아내한테 매달 강제추징당하고, 대학 이외의 여러 기관에 강의 다니면서 받은 강사료 등을 알뜰살뜰 모아서 삼성전자 주식 사놓고 20년 넘게 버틴 것이 '복'으로 돌아오고, 일부 주식 조금 사놓은 것이 운이 좋게 급등하게 되면서 구매하게 된 것입니다. 아파트 잔금 치르고, 주민등록지 주소 변경하고 나니 실감 영상이 주마등처럼 지나가는 그 순간이었습니다. 이날은 간단한 리모델링 등으로 인해 이사는 아직 하지 않은 상태에서 집 식구들 6명(결혼한 딸아이가 5년 만에 2명의 사내놈을 데리고 온 것까지 포함)이 모두 함께 모여 자장면을 시켜 먹으면서 지난날들을 회상했습니다. 큰딸과 작은딸아이들로부터는 멀리서 대학 다니느라 고생고생하였는데, 왜 이제야 집을 구입했느냐고 목멘 소리를 들었는가 하면, 아내한테서는 그 돈 있으면 큰아이와 작은아이

유학이라도 보내지 왜 안 보내고 그러했느냐고 핀잔 아닌 핀잔을 들었습니다. 제 대답은 주식 사놓은 것, 잊고 있었다는 것뿐이었습니다. 정말로 잊고 있었던 면도 있었고, 애써 주가 외면하면서 얼마나 되는지를 확인하지 않은 것이 오랫동안 버틸 수 있었던 것이 아닌가 생각되었습니다. 비록 코로나 19로 인하여 이사 후 바로 한 집들이는 아니지만, 그간 한 번도 집으로 초청한 적이 없는 대학 친구들을 집으로 불러 집들이를 할 수 있었습니다. 2020년은 저에게는 참으로 많은 일이 있었던 해였기도 하지만, 섣달그믐날에 맞이한 이날의 기억은 참으로 감사하기에 충분했습니다. 지난날 겪어 냈던 모든 것들이, 그리고 그를 통한 모든 경험의 축적과정이 참으로 감사한 날이었습니다.

위의 두 가지 사례는 지금까지 나 자신이 겪은 경험과 자본의 축적과 관련한 이야기를 적은 것입니다. 지금까지 살아오면서 경험과 자본은 축적하기 나름이라는 것을 다시금 깨닫게 되는 그런 사례 중의 하나입니다.

인간은 경험을 통해 성장하고 발달해 가는 존재

인간은 경험하는 존재입니다. '나는 생각한다, 고로 존재한다'를 패러디하여 '나는 경험한다. 고로 존재한다'라고 말할 수 있을 만큼 인간에게 있어서 경험은 삶 그 자체로 인식됩니다. 어느 책 제목처럼 '해보지 않으면 알 수 없는 것'이 인간이기 때문입니다.[1] 그런데, 여기서 경험이란 직접경험, 간접경험, 그리고 상상 경험의 3가지로 구분될 수 있습니다. 직접경험은 실제로 사물에 부딪혀서 직접 체험하여 얻는 것을 의미하고, 간접경험은 언어나 문자 따위를 매개로 하여 얻는 경험을 의미합니다. 이와는 달리 상상 경험이란 외부 자극에 의하지 않고 기억된 생각이나 새로운 심상을 떠올리면서 겪게 되는 경험을 의미합니다.

이와 같은 경험이 어떠한 경험이건 간에 상관없이 인간은 경험을 통하여 생각의 폭이 넓어지게 되고, 생각이 변하게 되면 행동이 변하고, 습관이 변하면 인격이 변하고 인격이 변하면 운명도 변하기 마련입니다. 이는 찰스 두히그가 《습관의 힘》에서 강조한 말입니다.[2] 벤 스틸러 감독의 영화 〈월터의 상상은 현실이 된다〉에서는 '세상을 보고 장애물을 넘어 벽을 허물고 더 가까이 다가가 서로를 알아가고 느끼는 것, 그것이 바로 인생의 목적이다.'라고 말합니다. 말하자면, 경험을 통해서 세상을 느끼고 나아가는 것이 바로 인생이라는 것입니다. 시인 박노해는 그의 〈발바닥 사랑〉이라는 시에서 다음과 같이 말합니다.[3]

"머리는 너무 빨리 돌아가고
생각은 너무 쉽게 뒤바뀌고
마음은 날씨보다 변덕스럽다
사람은 자신의 발이 그리로 가면
머리도 가슴도 함께 따라가지 않을 수 없으니
발바닥이 가는 대로 생각하게 되고
발바닥이 이어주는 대로 만나게 되고

그 인연에 따라 삶 또한 달라지리니."

박노해, 발바닥 사랑, 《그러니 그대 사라지지 말아라》에 수록

박노해 시인의 말처럼 인간은 경험하는 바에 따라 삶 또한 달라지는 존재입니다. 세상을 오래 살수록 그만큼 경험도 쌓이게 되면서 변화하게 마련이라는 것입니다. 마치 《오즈의 마법사》에서 주인공 도로시가 만났던 3인, 즉 똑똑한 두뇌를 가지고 싶었던 허수아비가 지혜로 채워지고, 심장이 필요한 철로 만들어진 양철 나무꾼이 따뜻한 심장을 가지게 되고, 겁쟁이 사자가 용기를 가지게 되듯이 말입니다.[4] 또한, 드라마 〈이상한 변호사 우영우〉에서 자폐 스펙트럼을 지닌 변호사 우영우가 로펌의 시니어 변호사는 물론 동료변호사, 그리고 변호의뢰인과 참고인들을 만나면서 경험하는 것들을 통해 매번 창의적인 변호사로 거듭 성장해 나가는 것도 이와 같은 맥락입니다.

이런 점에서 인간에게 있어서 다양하고도 다층적인 경험이 필요합니다. 조던 피터슨은 《12가지 인생의 법칙》에서 인생의 경험을 구성하는 3가지 요소로서 '혼돈과 질서, 그리고 그를 중재하는 과정'을 제시하였습니다.[5] 말하자면, 인생의 경험은 때로는 혼돈 속에서 때론 질서 안에서 그리고 때로는 이들 2가지 요소가 상호작용하는 과정에서 이루어진다는 것입니다. 여기서 혼돈은 미지의 영역이자 '탐험이 되지 않은 땅'이고, 질서는 '이미 탐험을 한 땅'을 의미합니다. 이 점에서 조던 피터슨은 '혼돈과 질서'는 삶의 경험을 이루는 핵심적인 요소이며 '존재'를 구성하는 가장 기본적인 부분이라고 강조합니다.

우리 인간은 이미 경험한 것들을 바탕으로 미지의 땅이든 겪어보지 않은 가지 않은 길이든 간에 상관없이 현재 선택하는 경험의 질과 양이 결정되게 마련입니다. 나는 지금까지 살아오면서 현재 차원에서 선택하는 경험을 포기하게 하거나 주저하게 하는 것은 크게 두려움, 무기력, 그리고 오만과 편견의 3가지로 구분된다고 생각합니다. 반면에 어떤 행동을 촉진하고 특정 경험을 설렘과 기대로 촉진하는 요소는 믿음, 희망, 그리고 사랑의 3가지로 집약할 수 있다고 봅니다.

New 경험을 억제하는 요인 3가지: 두려움, 무기력, 그리고 오만과 편견

인간이 지닌 감정 가운데 시간순으로나 인과적으로도 가장 기본적인 감정이 '두려움'입니다. 인간이 태생적으로 지니거나 후천적으로 형성된 것 가운데 가장 대표적인 감정이 바로 '두려움'이라는 것입니다. 미국 시카고대학교의 교수인 마사 누스바움(Martha Nussbaum)이 《타인에 대한 연민》에서도 지적한 바와 같이 '두려움은 인간이 살면서 가장 먼저 느끼는 감정일 뿐만 아니라 모든 동물이 가장 광범위하게 공유하는 감정'입니다.[6] 어떤 일을 하거나 새로운 길을 가고자 할 때, 미지의 땅을 개척해 나가고자 할 때 가장 먼저 다가오는 감정 말입니다. 그것은 아직 가지 않은 길이 가지고 있는 속성이기도 하지만, 특히 과거의 경험이 부정적이었던 사람에게 두려움은 새로운 일을 맞이하는 데 크나큰 장애물로 작동하기 마련입니다.

그런데, 어떤 이는 그 두려움에 맞서고, 어떤 사람은 두려움을 회피하고 그만두기도 합니다. 흔히 두려움은 내면의 강한 느낌을 동반하는데 이는 흔히 신체의 '떨림'으로 드러나게 됩니다. 흔히 이는 '오금이 저린다'라는 말로 표현되기도 합니다. 누스바움 교수는 두려움이 생기는 이유로 다음의 3가지를 제시하고 있습니다.[7)]

첫째, 두려움을 느끼는 방식은 개인의 성격과 역사에 따라 사람마다 다르다는 것입니다. 잘 훈련받은 용감한 군인조차도 죽음을 두려워하며 결코 두려움이 없을 수 없다는 것입니다. 다만, 훈련받은 정도에 따라 위험에 대한 지각이 항상 떨림을 동반하는 것은 아니라는 것일 뿐입니다.

둘째, 사람들은 두렵다는 인식 없이도 두려움을 느낄 수 있다는 것입니다. 우리는 두려움이 마음속에 도사리고 있다는 사실을 알고 있습니다. 살아가면서 대부분의 사람들은 그 두려움을 무의식적으로 억압하면서 일상생활을 영위합니다. 때로는 '가슴에 커다란 산이 얹혀 있는 것' 같은 중압감을 느끼면서 말입니다.

셋째, 인간을 포함한 모든 동물은 특정 대상에게 두려움을 느끼게 된다는 것입니다. 사람에 따라서 다르기는 하지만, 대체적으로 사람들은 자신이 경험한 바에 따라 여러 가지의 두려움을 가지고 있습니다. 현대인에게 있어서 대표적인 두려움으로서는 '생존위협, 실패, 비행기 타기, 많은 사람들 앞에서 말하는 것, 특정 동물(뱀, 악어 등)이나 벌레, 높은 곳에 서 있는 것, 금전적인 문제(파산, 가난), 외로움, 죽음….' 등과 같은 것들이 있습니다.[8)]

이와 같은 두려움에 대하여 고도원은 〈아침편지〉에서 다음과 같이 언급하고 있습니다.[9)]

> "살다보면 두려움에 직면하는 순간이 있습니다.
> 두려울 때 두려워하지 않는 것이 용기가 아닙니다.
> 진정한 용기는 두려울 때 두려워할 줄 아는 것이며,
> 그 경험을 통해 자신이 감당해 낼 수 있는
> 두려움의 폭을 넓혀 나가는 것입니다.
> 기회는 두려움과 함께 다가옵니다."

〈아침편지〉에서 고도원은 인생에 있어서 두려움은 누구나 겪게 되는 바이지만, 새로운 경험을 통해 두려움을 감소시키느냐의 여부에 따라 위기 혹은 기회가 생겨난다고 강조합니다. 마치 스펜서 존슨의 《누가 내 치즈를 옮겼을까?》 중에서 '허와 햄'이 보였던 태도처럼 말입니다.[10)] 이 책에서 '허'는 변화에 대한 두려움을 극복하고 자신의 길을 개척해 나가지만, '햄'은 그 두려움을 극복하지 못하고 과거의 행복에만 집착하는 모습을 보여줍니다.

그리고, 인간에게 내재된 두려움 그 자체가 새로운 경험을 저해하기도 촉진하기도 합니다. 인간은 그 자체로서 불완전한 존재입니다. 심리학자 피아제의 '인지발달이론'에 의하면 인간은 출생과 함께 끊임없이 맞부딪게 되는 낯선 세상을 헤쳐나가는 과정에서 점진적으로 '발달'하는 존재입니다. 인간은 미지의 대상이나 환경을 접할 때 일종의 두려움을 느끼지만 이것을 극복하고자 노력하는 것 또한 본능입니다.

무기력은 두려움의 또 다른 이름이다

대학 총장이 된 지 1년이 지날 무렵의 일입니다. 그간 우리 대학은 3년마다 실시되는 교육부 대학 기본 역량평가에서 준비 소홀로 인하여 1, 2주기 평가에서 좋지 않은 평가를 받았으나, 3주기 평가에서는 우수한 점수를 받아 재정지원을 받게 되었습니다. 그리고, 새로운 재정지원 사업에도 선정되어 보다 많은 재정지원은 물론 입학정원까지도 정원 외로 더 증가시킬 수 있게 되었습니다. 그런데, 화이자 코로나 백신을 1, 2차에 맞고 난 후 문제가 생겼습니다. 어느 날 갑자기 가슴이 먹먹하면서 '아무것도 할 수 없는 듯한 상태'에 빠지게 되었습니다. 애써, 주위 사람들에게는 백신 후유증이라고는 이야기하였지만, 정도가 심해도 너무 심한 것이 문제였습니다. 가끔은 숨을 쉴 수도 없을뿐더러, 어떤 때는 아기처럼 하루에 16시간 이상 잠을 자기도 하였습니다. 심한 무기력증에 빠진 것이었습니다. 가끔은 손도 하나 까닥할 수 없을 정도였지만, 주위 사람들에게는 애써 웃음을 짓고, 지나온 결과에 대해 만족해하면서 주변 사람들을 칭찬하기도 하였습니다. 그런데 어느 한순간, '지금 내가 누리고 있는 것이 너무나 과분하다는 것, 내가 이룬 지난날의 모든 것이 내 능력보다는 너무 과대평가되었다는 것, 마치 내가 현란한 말과 글로 주위 사람들에게 사기를 쳐서 여기까지 오게 된 것 같은, 그래서 이 자리에는 어울리지 않고 무엇인가 하늘이 도와서 여기까지 오게 된 것 같은, 언젠가는 내 능력 없음이 적나라하게 드러나게 되면 어떡하나?'라는 무수히 많은 상념들과 두려움이 꼬리에 꼬리를 물고 나타났다가 사라지곤 했습니다.

이러한 감정 탓에 무기력은 극도로 더해가고, 한동안 퇴근하자마자 잠에 취해 아무것도 할 수 없는 존재가 되는 듯했습니다. 그러다가, 친한 정신과 의사 선배하고 통화하게 되었고, 그것이 이른바 '가면 증후군 증세'의 일종이라는 것을 알게 되었습니다.

가면 증후군이란 자신이 많은 성과를 거두었음에도 자신이 실제로는 무능하며, 언젠가는 사람들이 이런 사실을 알게 될 것이라고 걱정하는 현상을 말합니다. 즉, 자신의 성공이 노력이 아닌 순전히 운으로 얻어졌다고 생각하고 불안해하는 심리입니다. 또한, 자신을 자격 없는 사람으로 생각하기도 한다는 것입니다. 이는 1978년 미국 조지아 주립대학 심리학과에 근무하던 폴린 클랜스(Pauline Clance)와 수잔 임스(Suzanne Imes)가 대학 신입생은 물론 저명한 위치에 있는 사람들을 집중적으로 인터뷰한 결과 밝혀낸 증후군으로 일종의 '자기방어기제'이자 '두려움 그 자체'입니다.[11] 이후, 제사미 히버드의 《성공한 사람들의 가면 증후군》을 읽으면서, 이것이 나만 겪는 문제가 아니라는 것을 알게 되었습니다.[12] 그리고 이 과정에서 한편으로는 로버트 프로스트의 〈자작나무〉 시에도 언급된 바와 같이 '운명의 신이 나를 잘못 이해하여 내 소원을 반만 들어주어 나를 아주 잘못 데려가지는 않을 것'을 기도하면서, 다른 한편으로는 걷기 운동과 외부 사람들과의 활발한 만남을 통하여 이 문제는 어느 정도 치유될 수 있었습니다.

지금까지, 살아오면서 나 자신은 매우 정신력이 강한 사람이고, 매우 끈기가 있는 사람이고, 잡초처럼 어디에 갖다 놓아도 살아갈 힘이 있다고 자부하면서 살아왔습니다. 그러나, 이 일을 겪고 나서부터는 '인간은 손톱 하나만으로도 터지는 풍선과도 같은 존재'일 수 있다고 깨닫게 되었습니다. 인생에서 삶의 모든 두려움과 마주할 용기를 끌어모으는 일은 결코 쉽지 않지만, 그러지 못했을 때의 결과는 너무 끔찍하기 그지 없습니다. 이는 제가 겪은 마음의 경험이자 조던 피터슨이 그의 저서 《질서 너머》에서도 한 말입니다.[13] 이는 또한 일찍이 소포클레스가 '인간의 이성과 선견지명은 운명, 그 미지의 모호한 힘들과 맞부딪혔을 때 허약하기 짝이 없다'라고 일찍이 설파한 것과 같은 맥락입니다.

이와는 달리 **학습된 무기력**이 있습니다. 이와 관련 일화로 '서커스의 코끼리'가 있습니다. 어린 코끼리를 잡아 오면 다리에 쇠사슬을 채워 튼튼한 말뚝에 묶어둡니다. 쇠사슬에 묶인 코끼리는 처음에는 격렬하게 저항하지만 어떻게 해봐도 풀 수 없다는 것을 알게 되면 순응하게 됩니다. 자라서 덩치가 커진 이후에도 아주 작은 막대기나 힘없는 끈에 묶어 놓아도 저항하거나 도망치지 않게 됩니다. 어린 시절 사육으로 '무슨 짓을 해도 도망가지 못하고 구속을 끊지 못한다'라는 것이 각인되었기 때문입니다. 또한, 벼룩을 통 속에 가두어 뚜껑을 닫아 두면, 탈출을 시도하다가 뚜껑에 계속 부딪힌 경험으로 인해서, 나중에 뚜껑을 열어 두어도 원래는 충분히 뛰어넘을 수 있는 높이임에도 불구하고 통 높이밖에 뛰지 못하게 되는 것도 위와 같은 이치입니다. 이와 관련한 개념을 심리학에서는 '학습된 무기력'이라고 합니다. 긍정심리학의 창시자 마틴 셀리그만과 동료연구자들이 《긍정의 심리학》에서도 밝힌 바와 같이 동물을 대상으로 회피학습을 통하여 공포의 조건형성을 연구하다가 발견한 현상입니다.[14)]

마지막으로 새로운 경험, 특히 새로운 관계를 저해하는 요소로서 '**오만과 편견**'을 들 수 있습니다.

"너에 대해 나는 모르는 것이 없어. 오만한 사람의 내면을 이만큼 분명히 보여주는 표어는 없을 것이다. 오만이라는 감정은 자신이 어떤 것에 대하여 항상 전지전능하다는 자신감에서 싹트는 법이다." 철학자 강신주가 《감정 수업》에서 한 말입니다.[15)] 오만에 빠지는 순간 더 이상 알려고도 하지 않게 되는 것이 인간입니다. 감정의 철학자 스피노자는 《에티카》에서 '오만이란 자신에 대한 사랑이 지나친 나머지 자신을 정당한 것 이상으로 느끼는 것'이라고 하였습니다. 오만은 자기 중심적이되, 타인으로부터는 경멸받는 대상으로 치부되기도 합니다. 오만은 타인이 자신에게 다가오는 것을 막는 자기중심적이고 퇴행적인 사고이자 감정입니다. 이 점에서 누군가와 사랑에 빠지려면 우리가 마지막으로 버려야만 하는 것이 바로 '오만'입니다.[16)] 이는 조 라이트 감독의 영화 〈오만과 편견〉에서 여자 주인공이 남자 주인공의 청혼을 거절하면서 "당신의 오만함과 이기심에 신물이 나요." 라고 한 말에서도 잘 드러나고 있습니다.

편견도 마찬가지입니다. 흔히 코끼리 코만 만져보고 코끼리 코가 코끼리 전부라고 확신하고 우길 때 편견이 생긴다고 말합니다. 코끼리의 코를 만져보고는 코끼리가 뱀처럼 길게 생겼다고 말하는 것이 바로 편견이라는 것입니다. 영화 〈오만과 편견〉

의 여자 주인공 엘리자베스는 남자 주인공 다아시에 대한 편견을 가지고 미워하는 내용으로 이야기가 진행됩니다. 오만과 달리 편견은 자신이 가지고 있는 잘못된 정보로 인하여 타인이나 타 집단에 갖는 편협한 감정을 일컫습니다. 우리는 누군가 또는 어느 집단에게 편견을 가지게 되면 그 사람 또는 집단의 안 좋은 점만 보게 됩니다. 이 점에서 편견은 특정 대상에게 갖는 부정적인 정서와도 맞닿아 있다고 봅니다. 이를테면, '못 배운 자들은 자유가 무엇인지를 모르며, 억압받는 자들은 모두 착한 사람이고, 악은 모두 지배계급에서만 일어난다'라고 보는 것과 같이 영화에서나 볼법한 이야기들을 지나치게 확대해석하여 '확증적 오류'를 범하는 것들이 그 대표적인 편견의 예입니다. 그리고, 이와 같은 편견은 얼마전 JTBC에서 방영되고 선풍적인 인기를 끌었던 드라마 〈재벌집 막내아들〉에서도 그대로 나타난 바 있습니다. 드라마에서는 소위 '재벌'들은 돈이면 온갖 악행을 일삼는 존재이면서 그에 속한 직원들을 과거 농경사회의 '머슴'처럼 밥벌어 먹고살기 위해서는 시키는 것은 무엇이든지 해야 하는 존재로 인식한다든지, 거기에서 일하는 가난한 직원들은 언제든지 자신의 이익을 위해서는 '배신'할 준비가 되어 있는 존재로 묘사하였는가 하면, '국밥집 첫째 아들'은 가난의 대물림 속에서 죽을 고생을 하며 살아가도 끝이 없는 가난뱅이로 살아가야 하는 존재로 묘사하는 것과 같은 맥락입니다. 이들은 현실을 지나치게 극단화하는 '간극 본능'과 같은 편견의 일부입니다. 한스 로플링은 《팩트풀니스 Factfulness》에서 우리 인간은 '세상은 둘로 나뉜다'는 거대한 오해에 빠질 수 있다고 경고한 바 있습니다.[17)]

일찍이 영국의 시인 새뮤얼 존슨이 언급한 바와 같이 '모든 시대에는 시정해야 할 새로운 오류와 저항해야 할 새로운 편견이 존재'하기 마련입니다. 이와 관련하여 일찍이 경험론의 선구자인 프랜시스 베이컨(Francis Bacon)은 올바른 목적을 달성하기 위해서는 먼저 모든 편견에서 벗어나야 한다고 하였습니다. 그는 사람들이 흔히 빠지게 되는 편견을 종족의 우상, 동굴의 우상, 시장의 우상, 극장의 우상 등과 같은 4가지 우상으로 설명한 바 있습니다.[18] 이와 같은 우상이나, 한 사회에서 통용되는 슈퍼밈(super meme)[19]이나 이데올로기는 나아가서 개개인이나 한 사회 혹은 특정 집단에 대해서 편견이나 선입견으로 작용할 수밖에 없고, 이는 한 개인이나 집단이 선택할 수 있는 아이디어, 기술, 믿음을 한 방향으로만 진행하도록 함으로써 결국은 다양성을 저해하고 다양한 사회환경 변화에 효과적으로 대응할 가능성을 저해한다는 점에서도 경계해야 할 그 무엇이라고 봅니다.

경험을 촉진하는 요인 3가지: 믿음, 희망, 그리고 사랑

우리는 앞에서 경험을 저해하는 요소 3가지로 두려움, 무기력, 그리고 오만과 편견의 3가지를 살펴보았습니다. 그런데, 앞에서 언급한 '두려움'의 반대말은 '두려움이 없는 상태'가 아니라 '믿음'입니다. 마치, 사랑의 반대말이 미움이 아니라, 무관심이듯이 말입니다. 믿음은 '바라는 바의 실상이며 보지 못하는 것들의 증거'입니다.[20] 말하자면, 우리가 '믿는다'라고 하였을 때의 그 믿음은 사전적으로는 '어떤 사실이나 사람을 믿는 마음'을 의미하며 그 반대어는 의심과 불신입니다. 기독교는 바로 이러한 믿음의 종교입니다. 기독교의 주요 기도문 중의 하나인 사도신경에서는 4번이나 믿음을 강조합니다. 천지의 창조주를 믿고, 주 예수 그리스도를 믿고, 성령을 믿으며, 죄 사함과 영생을 믿는 마음이 바로 그것입니다. 말하자면, 기독교는 이들 4가지 믿음에 기초하여 성립된 종교라는 뜻입니다.

우리가 새롭게 추진하고자 하는 일이나 경험이 의도하는 바에 따라 잘 이루어질 것이라는 확실한 믿음 없이는 그 길을 끝까지 끌고 나가기는 쉽지 않습니다. 사람의 관계도 마찬가지입니다. 사람은 상호작용을 바탕으로 하는 의존적인 존재입니다. 이들 사람 간에 믿음이 존재하지 않으면 그 관계는 겉돌게 되거나 지속하기가 어렵습니다.

그런데, 우리 인간은 보통의 상태에서는 다들 '믿음'이 강하다고 이야기는 할 수 있습니다. 그러나, 막상 두렵고도 힘든 일을 맞닥뜨리게 되면 그 믿음은 시나브로 헌신짝처럼 저버리게 되기도 합니다. 따라서 죽음을 앞둔 두려움 앞에서도 흔들리지 않는 믿음이 있어야 그것이 바로 진정한 믿음이라고 할 수 있습니다. 《성경》의 시편 23장에서는 이를 극명하게 잘 보여주고 있습니다.

> "여호와는 나의 목자시니 내게 부족함이 없으리로다.
> 그가 나를 푸른 풀밭에 누이시며 쉴만한 물가로 인도하시는도다.
> 내가 사망의 음침한 골짜기로 다닐지라도 해를 두려워하지 않을 것은 주께서 나와 함께 하심이라. 주의 지팡이와 막대기가 나를 안위

하시나이다.

주께서 원수의 목전에서 내게 상을 차려 주시고 기름을 내 머리에 부으셨으니 내 잔이 넘치나이다.

내 평생에 선하심과 인자하심이 반드시 나를 따르리니 내가 여호와의 집에 영원히 살리로다."

(시편 23장 1~6절)

시편 23장 4절에서는 사망의 음침한 골짜기에서 우리 인간은 온갖 위해와 죽음을 두려워할 수밖에 없는 존재라는 것을 인정합니다. 그러고는 그 두려움 앞에서도 움츠러들지 아니하고 인간으로서의 위엄을 지키기 위해서는 먼저, 하나님께서 환난에서 구하여 편안히 쉴만한 곳으로 인도하심을 믿어야 하고(23장 2절), 그 믿음 위에 하나님과 동행할 용기를 지니고 나아가게 되면(23장 4절), 결국은 나에게 상을 차려 주시고 영광을 줄 것이라는 기대를 하고(23장 5절), 영원히 살게 되리라는 것을 희망해야 합니다(23장 6절).

이것은 인간이 인간으로서 처할 수 있는 가장 큰 위기에 처해 있고 목숨이 위태로운 경지에 처해 있을지라도 언제나 그 문제는 곧 해결될 것이라고 믿는 동시에 언제나 내 편이 되어주는 사람이 있고, 그를 통해 용기를 내고 나아가게 되면 결국은 크나큰 성공을 거둘 것이며, 그것이 일시적인 것이 아니라 영구적이라는 것을 믿게 되면 굳건한 반석 위에 서서 맡은 바 직분을 수행할 수 있으리라는 것을 의미합니다.

우리는 어떤 일들을 수행하면서 끝내 '이루고야 말겠다'라는 강한 믿음과 신념이 없으면, 그 일을 끝까지 추진할 수가 없게 될 뿐만 아니라 일의 성공을 기대하기가 어렵게 됩니다. 이것은 마치, 내가 이 일을 끝낼 수 있을까? 하고 망설이는 순간, 인간 내부의 갈등이 증폭되어 결국은 몰입된 상태로 일에 전념할 수가 없게 되고 결국에는 도중에 포기하게 되거나 일을 마무리를 지을 수가 없게 되는 경우와 같습니다. 이것은 니체의 말처럼 '인간적이고, 너무나 인간적인' 우리의 슬픈 자화상이기도 합니다. 빅터 프랭클은 《죽음의 수용소에서》라는 저서에서 '미래에 대한 희망이 삶의 의지를 불러일으키고, 미래에 대한 믿음의 상실은 죽음을 부른다.'라고 하였습니다.[21] 그는 죽음의 수용소에서 크리스마스 무렵에 왜 수많은 수용자들이 죽음에 이르게 되는지를 이를 통해서 설명하고 있습니다. 이와 같이 인간에게 있어서 기대와 희망이 없는 내일은 버텨내기가 어렵습니다.

문제를 해결할 수 있는 강한 의지, 불의에도 타협하지 않는 올곧은 성품, 나아가서 지치지 않는 프로테우스적 강인함이야말로 '믿음' 없이 가질 수 없는 우리 인간의 태도이자 행동입니다. 이 점에서 **우리는 삶의 여정에서 만나는 모든 길목에서 '믿음'이라는 파수꾼을, 믿음이라는 형제를, 믿음이라는 멘토를 끊임없이 내 편으로 만들 수 있는 경험**이 필요하다고 봅니다.

다음으로, 희망은 말 그 자체로서도 우리들을 '설레게' 만들고 '기쁜 마음으로' 살아 숨 쉬게 만듭니다. 무엇인가 '희망한다'라는 것은 '바람'이 있다는 것이고, 그 바람이 현실화되기를 '기대'하는 것이 바로 희망이기 때문입니다. 이는 희망이라는 단어 자체에도 그대로 나타나고 있습니다. 희망이란 말을 구성하고 있는 두 글자 중 '희(希)'에 다음과 같은 속뜻이 숨어 있다고 합니다. 희(希)라는 글자는 점괘를 가리키는 육효(六爻)의 '효(爻)'와 수건을 뜻하는 '건(巾)'이 합쳐진 글자입니다. 앞으로의 운수를 알려줄 점괘를 수건이 가리고 있는 형국이므로 점괘가 드러나기 전까지는 앞날에 대해 기대하게 된다는 뜻입니다.[22] 말하자면, '희망은 우리가 그 결과에 대하여 어느 정도 의심하는 미래나 과거의 관념에서 생기는 것입니다. 여기에서 희망은 '결과가 어느 정도 의심되는 기쁨', 그러니까 '불확실한 기쁨'을 의미하는 단어에 다름 아닙니다.[23] 이와 같이 희망을 불확실한 기쁜 감정으로 파악하게 되면, 희망은 우리가 상상하는 기쁨에 대한 확실성의 비율에 의해 결정된다고 볼 수 있습니다.

$$\text{희망 (가능성 차원)} = \frac{\text{상상하는 기쁨}}{\text{이룰 수 있는 가능성}}$$

이 공식에 따르면, 더 높은 수준의 희망에 도달할 수 있는 두 가지 방법도 암시하고 있다고 봅니다. 하나는 기대(상상)하는 기쁨을 보다 높이도록 하는 것이고, 또 하나는 이룰 가능성을 더욱 낮게 잡는 것입니다. 이룰 가능성을 보다 높이는 것은 기대하는 기쁨을 더 낮게 잡는 것만큼이나 마음 편한 일입니다.

말하자면, 우리가 희망하는 바가 작으면 그를 통해서 얻게 될 기쁨 또한 적을 것이요, 그 성취가능성 또한 높게 되어 힘들 것이 없게 될 것입니다. 말하자면, No Gain, No Pain과 같은 의미입니다. 그런데 성취가능성이 높으면 높을수록 그것은 희망에서 점점 멀어지게 되고, 확신에 보다 가까워지게 됩니다. 마치, 로또 복권 당첨을 희망한다고 할 때, 로또 복권 5등 당첨은 6개 숫자 가운데 3개만을 맞히면 되어 5,000원의 기쁨을 얻게 되지만 그 가능성은 매우 크고, 로또 1등은 훨씬 많은 돈을 받게 되지만, 6개 숫자 중 6개를 다 맞히어야 해서 당첨 가능성은 매우 낮은 것과 같은 이치입니다. 그런데, 여기서 우리는 로또 복권 당첨을 '희망'하기는 하지만, 5천 원짜리 6등 당첨을 희망하지는 않습니다. 5천 원에 목숨을 걸고 희망을 하기에는 그 액수가 너무나 적고 사소한 것이기 때문입니다. 따라서, 희망은 결과에 대한 욕망뿐만 아니라 결과의 중요성과 가치에 대한 평가 역시 포함하고 있다는 점에서 희망은 모호하기 그지없는 감정이라고 볼 수 있습니다. 이는 시카고대학교의 누스바움이《타인에 대한 연민》에서도 강조한 바 있습니다.[24)]

그런데, 희망은 앞에서의 희망공식에서도 표현된 바와 같은 가능성의 문제가 아니라는 데 그 특징이 있습니다. 희망은 결과의 중요성과 그 결과가 가지고 오는 가치평가를 포함합니다. 이 점에서 희망은 모호하기 그지없는 감정이자 과정이며, 태도이며 행동입니다. 여기 책상 위에 물이 반 잔이 있는 컵이 있습니다. 어떤 이는 컵에 물이 반 잔밖에 없다고 할 것이고, 어떤 이는 컵에 물이 반 잔이나 남아 있다고 할 것입니다. 앞에서도 언급한 바 있는 두려움은 일어날지도 모르는 나쁜 결과에 주목하고 희망은 좋은 결과에 집중합니다. 이 점에서 희망은 앞에서 희망공식에서 정의된 바와 같은 가능성의 문제가 아니라 누스바움이

지적한 바와 같이 '선택의 문제'라는 데 특징이 있습니다. 희망을 이처럼 선택의 문제로 파악하게 되면, 희망은 '가치 선택과 믿음의 방정식'에 의해서 그 크기가 결정된다고 볼 수 있습니다. 말하자면, 희망은 우리 인간이 선택하는 가치의 하나이고 이는 우리가 믿고 의지하는 바에 따라 다르게 나타난다는 것입니다.

희망 (선택의 차원)	=	가치(선택) × 믿음

우리가 희망해야 하는 이유는 바로 삶 그 자체가 희망 자체를 희망해야 하는 존재이기 때문입니다. 마치 영화 〈쇼생크 탈출〉에서 40년 만에 감옥에서 가석방된 레드가, 앤디가 알려준 장소에 도착해서 레드에게 쓴 편지에 쓰인 구절과 같이 말입니다.

"희망은 좋은 것이에요. 아마 가장 좋은 것인지도 몰라요. 그리고 좋은 것은 절대로 사라지지 않아요."

그런데, 앞에서 언급한 '믿음'은 언제나 '희망'과 결합하였을 때에서야 비로소 더 가치를 인정받게 됩니다. 우리가 무엇을 믿는 까닭은 희망이 함께 있다는 것을 믿기 때문입니다. 그리고 우리가 희망해야 하는 중요한 이유는 바로 희망이 가치 있는 사랑과 신뢰를 가능하게 해주기 때문입니다. 누스바움 교수가 《타인에 대한 연민》에서 한 말입니다.[25)]

그런데, 우리 인간이 매일매일의 일상 속에서 반복하는 선택들은 신중하게 생각하고 내린 결정(선택)의 결과물로 여길 수 있지만, 《습관의 힘》 저자인 찰스 두히그에 따르면 '실제로 매일 행동하는 행동의 40%가 의사결정의 결과가 아니라 습관에 의한 것'이라고 주장되기도 합니다. 찰스 두히그에 따르면 습관은 '우리 모두 어떤 시점에서는 의식적으로 결정(선택)하지만, 얼마 후에는 생각조차 하지 않으면서도 거의 매일 반복하는 선택'을 의미합니다.[26] 이 점에서 습관은 의식적인 선택 행동이 무의식적으로 체화된 선택 행동이라는 것을 알 수 있습니다.

그런데, 프랑스의 사회사상가인 장 보드리야르에 따르면, '선택은 우연히 이루어지는 것이 아니라 사회적으로 통제되며, 또 그 내부에서 선택이 행해지는 문화 모델을 반영한다'라는 것입니다.[27] 마치, 하나의 소비 행동이라든가, 음식문화라는 것도 사회마다 다르면서도 한 사회 내부에서는 유사한 모습을 지니는 것과 같은 이치 말입니다. 장 보드리야르의 지적과 같이 한 사회의 무의식적이고 자동적인 기본적 선택이라고 하는 것이 특정 사회의 생활양식을 받아들이는 것이라고 한다면, 따라서 '그것은 더 이상 선택이 아니다!'라고 한다면, 우리가 사는 이 사회는 우리들의 습관화된 선택적 경험에 따라 충분히 변화시켜 나갈 수 있다고 봅니다.

우리는 더욱 새롭고 활기찬 경험을 통하여 우리의 삶을 개척해 나가고, 우리 사회를 보다 밝은 사회로 만들어 가는 것이 중요합니다. **성공한 사람은 서로 닮았지만, 실패한 사람은 모두 저마다의 이유로 실패한다고 합니다.**[28] 인간은 고단한 삶의 여정 속에서 저마다의 이유로 여러 두려움, 무기력, 오만과 편견을 지닐 수도 있지만, 그래도 인간인 까닭에 믿음, 희망, 사랑을 지니고 실패하지 않는 삶을 영위해야 할 가치가 있습니다. 일찍이 인도의 시인이자 철학자인 타고르는 '결혼을 앞둔 여성에게 기회의 바다로 두려움 없이 간다'라고 언급한 바 있습니다. 이것이 바로 믿음, 희망, 사랑의 모습이며 하나의 선택적 행동이기도 합니다. 이러한 선택이 하나의 습관으로 체화되어서 모두 '선한 영향력을 미치는 존재'로 나아가기를 희망합니다.

자본의 형성 및 축적 결과에 따라 삶의 높낮이가 결정된다

오늘날 현대자본주의 사회체제 아래에서 사람들은 일반적으로 3P를 추구합니다. 부(property), 권력(power), 명예(prestige)의 3가지가 그것입니다. 사람마다 그 중시하는 가치에 따라 이들을 서로 달리 추구하는 경향이 있지만, 이 가운데에도 '부'는 언제나 대부분 사람이 쫓아다니는 그 무엇입니다. 부는 인간의 깊은 잠재의식 속에서 본능을 만족시키고, 상징으로서 이용하기를 재촉하는 그 무언가를 갖고 있기 때문입니다. 이는 정신분석학자 지그문트 프로이트가 한 말입니다. 이 점에서 오늘날에는 '재화만사성(財貨萬事成)'이라는 말이 널리 회자하고 있습니다.[29)] 이는 가화만사성(家和萬事成)의 비틀린 표현으로 '돈이 있으면 모든 일이 이루어진다'라는 뜻입니다. 흔히들 학교에서의 성적순이 '행복순'이 아니듯 '돈'이 인생의 행복을 결정하는 만능열쇠는 아니라고 이야기합니다. 돈은 인생의 행복을 결정짓는 중요한 요소이기는 하지만, 절대적인 요소는 아니라는 것입니다. 《아비투스》의 저자 도르티 메르틴은 '**인간에게 있어서 행복 레시피는 소유하기, 사랑하기, 존재하기**'의 3가지이고 '이 세 가지 행복재

료는 사람에 따라 양이 다를 수는 있지만 한 가지 재료가 다른 하나를 완전히 대체하지는 못한다.'라고 합니다.[30] 그는 특히 '행복하지 않은 상황 하나를 꼽으라면, 바로 돈이 없는 상황'이라고 강조합니다.[31] 또한, 그에게 있어서 '돈'은 성과, 명성, 성공의 척도이고, '독립성, 아이디어 실현 가능성, 안전'을 담보하는 중요한 요소로서 이해되고 있습니다. 특히, 부를 축적한 사람은 창의성, 용기, 지능, 체력과 같은 4가지의 미덕을 가지고 있다는 점에서 칭송을 받고 있습니다.[32] 알랭 드 보통은 그의 저서 《불안》에서 '특히 부는 현대사회에서 단지 높은 지위를 제공할 뿐만 아니라, 늘 변하는 광범위한 소비재에 자유롭게 접근할 수 있는 능력을 제공한다는 점에서 장려된다.'라고도 하였습니다.[33] 이 점에서 '부(富)의 축적'은 세상의 모든 사람이 추구해 마지않는 그 무엇임이 틀림없습니다. 중국계 미국인 추친닝은 《승자의 심리학》에서 '돈을 뜻하는 한자 전(錢)은 3개의 상징으로 이루어져 있다'라고 강조하고 있습니다.[34] 그 하나는 금(金)을 의미하고, 다른 두 개는 창(戈)을 의미합니다. 첫 번째 창은 생존을 위한 외적 갈등을 상징합니다. 예전이나 현대나 인간의 생존경쟁은 돈을 위한 경쟁의 형태를 띠게 됩니다. 이 점에서 자신의 목표를 이루고자 하는 사람은 먼저 돈의 전쟁에 뛰어들어 싸울 준비를 해야 하고, 돈을 획득하고 불려 나가는 과정에서 갈등이 일어난다는 것입니다. 두 번째 창은 내적 갈등을 상징합니다. 돈을 버는 것도 중요하지만 돈을 모으는 과정, 즉 돈의 축적과정은 내적 갈등 그 자체를 견뎌내야 한다는 것입니다. 이러한 점에서 돈을 의미하는 전(錢) 자는 金(쇠 금) 자와 외적, 내적 갈등을 통해 축적한 것

(戔 쌓일 전)이 결합한 것을 상징합니다. 말하자면, 돈(錢) 그 자체의 말속에는 축적의 의미가 포함되어 있다는 것입니다.

그런데, '돈(錢 돈 전)'을 의미하는 전(錢)에는 '금(金)'이라는 단어가 포함되어 있습니다. 일본의 메이지 대학교 교수인 사이토 다카시는 그의 저서 《세계사를 움직이는 다섯 가지 힘》에서 '인간의 욕망을 나타내는 가장 상징적인 것은 금'이라고 말합니다.[35] 금은 인간의 욕망을 상징하며, 금이 불러일으키는 욕망은 끝이 없다는 것입니다. 하지만 그런 욕망과는 반대로 금은 유한합니다. 돈의 이와 같은 속성은 결국, 인간으로 하여금 '유한한 돈'을 둘러싸고 인간의 무한한 욕망을 충족시키기 위한 경쟁이 벌어지게 됩니다. 이런 점에서 '돈'을 축적하는 데에는 특별한 재능이 필요합니다. 이는 한자어 '재(財)'에 포함된 상징으로도 나타나고 있습니다. 한자어 '재(財)' 자에는 고대사회에서 통화로 사용되었던 조개껍질(貝)과 인간이 가지고 있는 독특한 재주(才) 또는 재능을 의미하는 단어가 포함되어 있다는 것으로부터 알 수 있기도 합니다.

따라서, 부의 축적과정에는 반드시 그를 축적하는 데 필요한 재능이나 재주가 필요합니다. 그런데, 부를 결정짓는 중요한 요소가 바로 자본입니다. 프랑스의 저명한 사회학자 피에르 부르디외(Bourdieu)는 한 사회 내에서 '탁월함의 전제조건을 자본'이라고 보고, 1980년대 초반에 처음으로 자본에는 경제자본, 문화자본, 사회자본의 3가지가 포함된다고 설명하였습니다.[36]

"취향은 구분되며,
취향은 구분하는 사람을 구분한다."
-피에르 부르디외-

그는 이를 한 마디로 '아비투스(habitus)'라고 명명하였고, 우리말로는 취향이나 성향을 의미합니다만 부르디외가 말하는 아비투스는 '타고난 성격이나 기질을 뜻하지 않고 사회적 위치, 교육 환경, 계급위상에 따라 후천적으로 체득된 취향'을 가리킵니다. 현대와 같은 경쟁 사회에서 아비투스는 한 개인의 부나 사회적 지위를 결정하는 데 중요하게 이바지합니다. 이후에 제4의 개인 자산으로서 캐서린 하킴(Catherine Hakim)에 의해 '매력자본'의 개념이 2011년에 추가되었습니다.[37)]

그리고, 2020년대 들어서 도리스 메르틴의 《아비투스》에 의해서 자본은 심리자본, 문화자본, 지식자본, 경제자본, 신체자본, 언어자본, 사회자본 등의 7가지 요소로 확장되었습니다.[38)] 말하자면, 우리 인간이 한 사회 내에서 높은 부를 창출하고 유지하기 위해서는 이들 7가지의 자본, 즉 재능이 필요하다는 것입니다.

- 심리자본: 낙관주의, 열정, 상상력, 끈기, 잠재력을 온전히 실현하느냐 아니면 중간수준에 머물게 하느냐는 심리적 안정감에 달려있다.
- 문화자본: 선망과 존중을 받는 코드와 취향, 몸에 밴 고급문화와 탁월한 사교술이 고전적 문화자본이라면 주의 깊고 한결같은 생활양식 혹은 용기 있는 기행(奇行)과 개별성이 새

로운 문화자본이다.

- 지식자본: 졸업장, 학위, 전문지식, 경력, 학술 및 기능자격증, 자신의 지식과 역량으로 어떤 일을 해내는 능력
- 신체자본: 스스로 얼마나 매력적이고 건강하게 활기차다고 느껴지는지에 대한 판단. 사람들은 외형에서 사회적 지위, 내적 가치를 유추한다.
- 언어자본: 유창한 언변으로 사람들에게 다가가고 다양한 관점에서 구체적, 객관적으로 주제를 설명할 수 있는 능력. 어디에서 무슨 주제를 어떤 방식으로 말해야 할지 아는 것이 특히 중요하다.
- 사회자본: 누구를 아는가, 개인이나 집단과 얼마나 잘 지내는가, 든든한 가족, 훌륭한 롤 모델, 도움을 줄 수 있는 인맥, 진정성있는 멘토, 결정권자와의 친분, 서로를 격려하는 동료, 영향력, 권력, 가시성

앞에서 언급한 자본유형은 흔히 우리가 주식시상에서 이야기하는 투자의 포트폴리오와 같습니다. 각 개인은 각자의 사회적 배경과 경험에 따라 이들 자본 유형의 구성과 비율이 다를 수밖에 없고 이들 자본의 축적 여부에 따라 사회적 성공 여부가 결정되게 됩니다. 그런데, 나는 40대까지는 개인적인 차원의 인적 자본이나 경제자본이 제일로 중요한 요소인 줄 알았습니다만, 사회적인 인맥이나 네트워크를 의미하는 사회자본 또한 이들 못지않게 중요하다는 것을 실감하게 되었습니다. 왜 부모들이 자녀들을 사립초등학교, 국제중학교, 특목고, 그리고 SKY대학이나

미국 IVY리그 대학에 보내려고 하는지, 이 모든 것들이 사회자본의 형성과 연결되고 이것이 개인의 인적 자본과 결합될 때 그 시너지 효과가 배가 된다는 것을 사회생활을 오래 하고 난 인생 중반부가 지나면서 깨닫게 되었습니다.

그런데, 돈과 부는 교환을 통해서 얻는 것이 자본주의 사회의 핵심법칙입니다. 인간 개개인은 한 사회 내에서 노동을 주고 돈을 받게 됩니다. 자신이 가치 있는 사람이라고 한다면 스스로 보기에 가치 있는 일(노동)을 해야 합니다. 남들에게 자신이 가치 있음을 알리는 일에 힘을 집중시켜야만 '부를 축적'할 수 있습니다. 여기에서의 부는 경제자본인 '돈'만을 의미하지 않음은 물론입니다.

이를 위해서는 경제자본 이외에 문화자본, 인적 자본, 사회자본, 지식자본 등 도리스 메르틴이 언급하는 7가지의 자본 형성과 축적을 체계적으로 도모하고, 다른 한편으로는 맡은 바 일들을 보다 가치 있고 의미 있게 수행할 필요가 있습니다. 흔히 우리들은 어느 날 갑자기 돈만 많이 번 사람을 일컬어 '졸부(猝富)'라고 합니다. 이 말은 '졸지에 부자가 된 자'를 일컫는 말이기도 하지만, 다른 한편으로는 경제적인 자본만 풍부하고, 나머지 자본은 빈약하기 그지없는 사람이라는 것으로도 통용되는 말입니다. 이 점에서 '진정한 '부'는 하루 아침에 이루어지는 것이 아니라, 오랜 시간 동안에 걸쳐서 형성되고 축적된 결과'라는 것입니다. 이러한 맥락에서 '경험과 자본은 축적의 결과'이자 인간이 살아가면서 얻게 되는 하나의 축복이라고 생각됩니다.[39] 따라서, 우리는 살아가면서 늘 새로운 경험을 게을리하지 말것이며, 경제자본이든 사회자본이든 상관없이 자본의 축적을 위해 부단한 노력을 경주해야 할 필요가 있습니다.

제5장

비르투가 있어야 포르투나도 뒤따른다

생각거리

"그럼에도 불구하고, 인간의 자유의지를 박탈하지 않기 위해
포르투나(운명의 여신)는 우리 행동의 절반에 대해서만 결정권자의
역할을 하며 나머지 절반 혹은 거의 그 정도는 우리가 통제하도록
사실상 허용하고 있다는 것이 진실이라고 나는 생각한다.
나는 포르투나를 이러저러한 사나운 강들 가운데 하나에 비유한다.
강들이 격분하면 평야를 홍수로 집어삼키고 나무와 건물을 파괴하고
땅을 들어 이쪽저쪽으로 옮겨 놓는다.
모든 사람이 그들이 닥치기 전에 도망가고
그들을 저지하지 못해 어쩔 줄 몰라 하면서 그들의 힘에 굴복한다.
그렇다고 해서 평온한 시기에 인간들이 미리 도랑을 파고 제방을
세움으로써, 홍수가 일어났을 때 불어난 개울을 수로를 통해 흐르게
하거나 제멋대로 휘젓고 다니지 못하게 피해를 줄일 수 있도록
예방조치를 취할 수 없는 것은 아니다.
포르투나(fortuna: 운명)의 문제도 이와 유사하다.
포르투나의 힘은 자신에게 대항할 비르투(virtu: 역량)가 조직되어
있지 않은 곳에서 위력을 과시한다.
자신을 제지하기 위한 제방과 수로가 준비되어 있지 않은 곳을
알아채고는 자신의 물길을 그리로 돌리는 것이다."

[출처] 마키아벨리. 《군주론》.
박상훈 역. (서울: 후마니타스, 2019). pp. 333-334.

비르투가 있어야 포르투나도 뒤따른다

episode 1

서울 세검정에서 북악터널 쪽으로 가다 보면 오른편에 서울예고가 있고, 그 맞은편 평창동 주민센터 근처의 작은 언덕길에 베이지색 톤의 비르투&포르투나(Virtu & Fortuna)라는 아주 작은 베이커리 카페가 있습니다. 얼마 전 단독주택으로 이사를 하고 싶은 생각에 처음으로 찾은 곳이 평창동이었고, 그 골목길에서 마주한 카페였습니다. 외관부터 베이지색으로 치장을 하여 감성에 이끌리고, 'Virtu & Fortuna'라는 카페 이름에 사로잡혀 카페 안으로 발을 내딛게 되었습니다. 좋아하는 앨리게이터 파이를 주문하고 계산대에서 기다리면서 잠시 생각에 잠겼습니다. 이 평창동 골목에서 젊은 청년 시절 마키아벨리의 《군주론》에서 보았던 운명의 여신을 뜻하는 'Fortuna'와 역량, 탁월함을 뜻하는 'Virtu'를 만나다니 참 놀라운 일이라는 생각이 들었습니다. 그 당시 나는 어디로 이사를 해야겠다는 결정은 아직 하지 못했던 시기이기도 하였지만, 무엇보다도 하던 일과 관련하여 주요한 결정을 앞두고 있었던 시기였습니다. 인생에서 나타나는 모든 상념은 맥락적이고 상황적이기 때문에 이 특이한 이름을 가진 베이커리 카페와의 만남은 나를 더욱더 설레게 하기에 충분하였습니다. 살다 보면, 우리는 운명의 여신이 눈앞에 다가온다고 하더라도 그것이 우리 앞에 있는지조차 모르는 때가 있는가 하면, 설령 그 운명의 여신이 나에게 손짓을 한다고 하더라도 내가 그것을 감당할만한 그릇이 되지 못하면 그 운명의 여신은 일렁이는 파도처럼 순식간에 다가왔다가 사라져 버리기 때문입니다. 그날 나는 카페에서 내게 다가온 행운의 여신이 나에게 손짓을 한다면, 예전과 같이 머뭇거리거나 두려워하지 않고 용기를 내 다가갈 것이라고 마음먹었습니다. 일찍이 키케로가 말한 '운명은 강한 자를 돕는다'라는 말을 떠올리며, 이 베이커리 카페명이 'Fortuna & Virtu'가 아니고 'Virtu & Fortuna'라는 것의 의미를 되새겨 보았습니다. 즉 비르투가 앞에 놓이고 포르투나가 뒤에 위치한다는 점에서 '역량(Virtu)이 있으면 운명(Fortuna)도 나를 함부로 하지 못한다'라는 것을 강조하기 위한 카페 주인의 성찰적인 작명이 돋보인다고 생각하였습니다. 인간은 역량이 있으면 어디에서도 자유로운 존재가 되기 마련입니다. 비르투가 있으면 포르투나도 날 이기지 못할 것이라고 확신합니다. 나에게는 운명의 여신을 뜻하는 포르투나가 '행운을 가져오다'라는 말에서 유래되었듯이, 운명을 숙명(Sorte)으로 받아들이지 말아야 한다는 마키아벨리의 말에 격렬하게 공감하였던 청년의 시절이 있었기 때문입니다. 그날 나는 20살 시절의 앳된 청년이 마주하였던 마키아벨리의 《군주론》이 40년이 더 지나 나에게 속삭이며 다가오는 것을 느꼈습니다. '인간은 숙명적인 존재가 아니라 운명적인 존재이지만, 그 운명마저도 나의 역량과 용기 앞에 부서지는 한낱 하나의 파도에 불과하였다'라고 말입니다.

episode 2

얼마 전 20대 대통령 선거를 앞두고 대통령 후보로 거론되는 분들을 이야기하면서 '별의 순간'이라는 말이 널리 회자된 적이 있었습니다. 별의 순간(Sternstunde 슈테른슈툰데)은 미래에 운명적으로 영향을 미치는 결정, 행동 또는 사건에 대한 은유로 널리 사용되고 있지만,[1)] 나에게는 그 말이 삶의 대전환과 같은 큰 기회가 오는 것을 의미하는 것으로 들렸습니다. 그 말을 들으면서 나의 별의 순간은 언제였던 건가? 아니 있기라도 하였던가? 등을 반문하면서 여러 상념에 잠긴 적이 있습니다. 돌이켜 보면, 나에게는 역사의 영웅들과 비교할 바는 아니지만, 그래도 3번의 별의 순간이 다가올 뻔한 일이 있었다고 생각됩니다.

그 첫 번째는 박사학위를 받은 지 얼마 지나지 않아 모교에서 나의 '박사학위 논문 주제'와도 딱 일치하는 전공으로 교수채용 공고를 내게 된 것과 관련된 일입니다. 당시 지도교수님께서 학과의 여러 원로 교수님들과의 상의 끝에 채용공고를 냈고, 채용 과정에서 학과의 내외부진의 평가에 의해서는 상위 평점을 받았다고 들었지만, 대학본부에서는 나의 역량 미비를 이유로 다른 선택을 한 관계로 결국 나에게 다가온 첫 번째 '별의 순간'은 제대로 맞이하지 못했습니다. 말하자면, 지도교수님이 '밥상을 다 차려 줘도 제대로 먹지 못한 일'이 벌어졌던 것입니다. 이 일은 나에게 큰 자극이 되었고 그해부터 거의 10년 동안에 걸쳐 수많은 논문을 작성하고 발표하는 동기로 작동하여 결과적으로는 나의 성장에 크나큰 기회를 제공하기에 충분한 사건이었습니다. 나에게 주어진 두 번째의 '별의 순간'은 2007년 평생교육법 개정에 따라 국가 차원의 기관을 설치하게 되었고, 그에 따라 취임한 제1대 원장이 다른 곳으로 영전을 하게 된 것과 관련된 사건입니다. 그 당시 평생 교육계의 여러 원로분의 추천이 있었고, 주무 부처의 지인도 지원을 적극적으로 권유하기도 하였습니다. 개인적으로는 대학에서 오랫동안 보직을 하였던 관계로 충분히 도전해 볼 만하다고 생각하였습니다만, 휴직을 전제로 하는 외부기관 근무를 불허하겠다는 대학 총장님의 의견에 따라 결국은 채용면접장에 가서 '지원 포기선언'을 하고 말았습니다. 이로 인하여 당시 평생 교육계의 여러분들로부터 원성을 받았지만, 결국에는 자신도 잘한 선택이라고 자부하면서 학교 일에 매진하였습니다. 세 번째 별의 순간은 대학에 다시 복직하고 교수로서의 직무를 수행하던 중 기획실장직을 잠시 맡았다가 자의적인 판단에 따라 그만두고, 다시 기획실장을 맡게 된 때라고 생각됩니다. 당시 내가 근무하던 대학이 장기간의 총장 부재와 잦은 기획실장의 교체로 교육부의 대학평가 결과 좋지 않은 점수를 받았기 때문에 경험 있는 자를 필요로 하였고, 그에 따라 다시 기획실장직을 맡으면서 대학의 재도약을 위한 작업을 신나게 할 수 있었습니다. 여기서 '신나게' 일을 할 수 있었다는 표현은 말 그대로 당시 새로 부임하신 총장님께서 전적으로 믿어주시고, 대학 교직원들 또한 대학 재건을 위한 강한 의지들이 함께 있었기에 가능한 일이었습니다. 결국, 내가 잘할 수 있는 일들을 우리 구성원들과 함께 협심하여 재미나게 추진한 결과 우리 대학은 교육부의 3주기 평가에서 전국 최상위의 평가를 받을 수 있었습니다.

비르투(Virtu 역량)가 있어야 비로소 자유로울 수 있다

《성경》의 요한복음 8장 32절에서는 '진리를 알지니, 진리가 너희를 자유롭게 하리라'라고 말씀하십니다. 나는 이 구절을 가지고 대학 1학년 신입생들에게 첫 강의를 할 때 '진리'를 다르게 규정하여 설명하곤 하였습니다. 우리 인간은 언제 자유로운가에 대한 답에 있어서 성경에서 말하는 해석을 떠나 우리가 자유롭게 되는 경우를 몇 가지로 나누어 설명하였습니다. 사회생활, 직장생활하면서 우리를 자유롭게 하는 것은 첫째, 능력이 있을 때, 즉 유능할 때 자유롭고, 둘째는 사심이 없을 때 자유롭고, 셋째로는 그 자체를 좋아할 때 자유롭다는 것입니다. 그에 따라 우리 인간들이, 특히 대학 신입생들은 대학에서 자기 자신을 보다 해당 전공 분야에서 유능한 존재로 만들어나가는 것이 가장 중요하다고 힘주어 말하곤 하였습니다. 직장생활에서 우리를 자유롭게 하는 것은 오직 '매우 유능'할 때고, 우리가 전문가로 인정받을 때 우리는 일로부터 보다 자유로울 수 있다고 믿기 때문입니다. 이것은 윌리엄 하웰(William Howell)의 역량의 4단계로도 설명할 수 있습니다. 그에 따르면 역량은 1) 무의식적 무능의 단계, 2) 의식적 무능의 단계, 3) 의식적 유능의 단계, 4) 무의식적 유능의 단계로 구분됩니다.[2)]

〈표 5-1〉 역량의 4단계

단계	역량 구분	세부적 설명
1단계	무의식적 무능	• 무능력하다는 것을 알지 못하는 상태
2단계	의식적 무능	• 알아도 잘하지 못하는 초보적인 상태
3단계	의식적 유능	• 잘 알고 잘하는 숙련가의 상태
4단계	무의식적 유능	• 생각 없이 해도 잘하는 전문가 상태

여기서 무의식적 유능은 '어떤 일에 능숙하게 되어 이제는 특별한 의식적인 행동을 하지 않더라도 일을 잘 처리할 수 있는 능력의 단계'를 의미합니다. 이를테면, 우리가 초보운전일 경우에는 온갖 신경을 집중하고도 두려운 마음이 지배적이라 운전을 하고 나면 온몸이 다 아프지만, 운전을 오래 하다 보면 의식적인 주의 없이 운전하면서 주위 환경을 둘러보면서 옆 좌석의 사람과도 도란도란 이야기하면서도 운전을 잘할 수 있는 것과 마찬가지입니다. 말하자면, 이 능력의 최상위에 자리를 잡은 '무의식적 유능'의 단계는 그가 하는 일에 대하여 이미 습관화되어 있고 그 일을 체계적으로 잘 설명할 수 있을 뿐만 아니라 무엇이 문제인지도 잘 분석해 낼 수 있는 능력의 단계를 말하고, 흔히 우리는 이 단계를 전문가의 단계라고들 합니다.

웬디 우드도 《해빗》에서 성공한 사람들의 대부분은 매사에 자신을 엄격하게 몰아붙이고 강렬한 끈기로 똘똘 뭉친 사람들이 아니라 습관을 활용했다고 강조합니다. 그에 따르면, 습관이라는 시스템이 삶의 기본 옵션으로 작동하여 매사에 우리가 굳이 선택하려고 애쓰지 않아도, 즉 의식하지 않아도 습관이 보내는 신호와 보상반응이 결합하여 열심히 일하지만 늘 묵묵하기만 한 두 번째 자아를 만들어 낸다고 보았습니다.[3)]

〈표 5-2〉 습관이 지배하는 삶과 습관이 없는 삶

습관이 지배하는 삶	구분	습관이 없는 삶
비의식적 자아	주관	의식적 자아
상황	지향	목표
자동화(자동조종모드)	방식	비자동화(실행제어 기능)
습관	도구	인내, 끈기, 의지, 노력 등

이러한 습관이 지배하는 삶을 살게 될 때, 그리고 어느 정도의 시간과 노력이 투자되었을 때 우리는 '무의식적 유능의 단계'에 도달할 수 있고, 이를 우리는 소위 숙련단계의 반열에 들었다고 합니다. 이때 어떤 분야의 전문가가 되기 위해서는 최소한 1만 시간의 훈련이 필요하게 됩니다. 이를 **'1만 시간의 법칙'**이라고 합니다. 1만 시간은 매일 3시간씩 훈련하면 약 10년이 걸린다는 점에서 우리나라의 공병호 박사는 이를 **'10년의 법칙'**이라고도 하였습니다.[4)] 이 1만 시간의 법칙은 안데르슨 에릭손 미국 플로리다 주립대 교수가 1993년 논문에서 처음 발표한 개념입니다. 에릭손 교수는 실력이 상위권인 바이올린 연주자들의 경우 20세까지 평균 1만 시간을 훈련한 것으로 나타났다며 능력은 타고난 재능보다 연습량에 달려있다고 주장했습니다. 이를 말콤 글래드웰이 저서 《아웃라이어》에서 인용하여 '1만 시간의 법칙'이라는 용어를 쓰면서 일반 독자들에게 널리 알려지게 되었습니다. 물론 여

기서 1만 시간의 법칙은 한 가지 분야에 무조건 1만 시간을 투자하면 전문가가 된다는 것이 아니라 '1만 시간에 해당하는 10년의 기간에 집중적인 경험과 훈련, 그리고 성공에 대한 집요한 노력'이 있어야만 한다는 것입니다. 이 점을 강조하여 존 맥스웰은 《사람은 무엇으로 성장하는가》에서 '성공하는 모든 사람의 공통점은 1만 시간의 성실함이다.'라고 강조합니다.[5] 그리고 대니얼 코일은 《탤런트 코드》에서 '우리 모두에게는 재능이 있지만, 이 재능을 최대한 발달시키는 방법을 잘 모른다'라는 사실로부터 출발하여 세계 각지에서 성공한 사람들의 사례분석을 통하여 '개인의 소질이나 적성이 중요하긴 하지만, 능력을 발휘하는 데 결정적인 영향을 끼치는 것은 어떤 방식으로 연습하고, 어떻게 뇌를 단련하느냐에 달려 있다'라고 강조합니다.[6]

이상을 통해서 살펴보았을 때, 삶에 있어서 중요한 것은 '속도가 아니라 방향'이며, **'좋아하는 것보다는 잘하는 것에 집중하는 것'이 성공에 한 걸음 한 걸음 더 다가가는 길**입니다. 여기에서 한 가지 일에 대한 '몰입'의 중요성이 등장하게 됩니다. 몰입(flow)은 일반적으로 '행위에 깊게 빠져들어 시간의 흐름이나 공간, 더 나아가서 자신에 관한 생각까지도 잊어버린 상태'를 의미하는 것으로 사용됩니다. 몰입 전문가인 미하이 칙센트미하이의 《몰입의 즐거움》에 따르면 '몰입은 쉽지는 않지만 그렇다고 아주 버겁지도 않은 과제를 극복하는 데 한 사람이 자신의 실력을 온통 쏟아부을 때 나타나는 현상'입니다.[7] 우리는 이러한 몰입에 빠져서 일할 때 거기에는 아무런 의식도 없이 그저 집중과 헌신이 있을 뿐이며, 그 결과 때문에 우리는 보다 행복해질 수 있고, 더욱 전문가다운 유능한 인재로 거듭날 수 있게 됩니다.

강점, 그것은 이 험난한 강을 건너는 최고의 무기이다

우리가 사는 사회는 역사적으로 보면 시대마다 중시하는 '시대정신(Zeitgeist)'이라는 것이 있습니다. 이 말은 원래 헤겔이 《역사철학 강의》에서 언급한 바와 같이 '특정 시대에 사는 사람들에게는 늘 보편적으로 갈망하는 어떤 정신적인 지향을 의미'하는 것으로 사용됩니다. 인류의 역사는 '시대정신'으로 보았을 때 중세에는 종교가 근세에는 이데올로기가 시대의 아이콘으로 자리 잡아 왔습니다. 그러다가 현대에 이르러서는 개인의 심리를 강조하는 차원으로 발전했습니다.[8] 오늘날 우리가 사는 자본주의 사회의 시대정신은 크게 보면 능력주의이고 다른 한편으로는 이들 능력주의의 폐단을 바로잡기 위한 차원에서의 '공정과 상식'이 자리를 잡고 있습니다. 능력주의(meritocracy)란 일반적으로 '부(富)나 권력과 같은 희소한 자원의 분배에 있어서 사람의 재능, 노력 및 성취도를 평가하는 기준을 마련하고, 그러한 외부적인 평가 기준에 따라 차등적으로 대우하는 것을 긍정하는 의식을 총칭'하는 말입니다. 이런 의미에서 능력주의 사회는 '개인의 능력에 따라 사회적 지위나 권력이 주어지는 사회'를 의미하게 됩니다.

그런데, 능력주의를 뜻하는 'meritocracy'라는 말의 뜻에 포함된 것과 같이 능력주의는 인간이 지닌 'merit', 즉 강점에 의해 사회적 지위나 보상이 결정된다는 것을 강조합니다. 그런데, 여기에서 개인이 지닌 강점이라는 것은 타고난 재능(talent)과 개인의 부단한 노력으로 개발된 (지식과 기술의 총합을 의미하는) 역량의 합으로 구성되는 그 무엇이라고 볼 수 있습니다. 말하자면 **'강점=(타고난) 재능+(개발된) 역량'**이라는 등식이 성립한다는 것입니다.

그런데, 세계적인 경영대가인 피터 드러커는 《프로페셔널의 조건》에서 '사람은 오직 강점을 통해서만 성과를 거둘 수 있다'라고 보면서, '새로운 세계에서 성공하려면 먼저 자신이 무엇을 잘하는지, 자신이 강점을 잘 발휘하려면 어떤 분야를 개발하는 것이 좋겠는가에 대한 명확한 답을 갖고 있어야 한다'라고 보았습니다.[9] 우리는 자신의 강점을 극대화할 때 보다 한 차원 높은 성장을 도모할 수 있고, 그를 통해 성공의 길로 한 걸음 더 다가갈 수 있습니다.

이와 같은 것은 스포츠 선수들의 예를 통해서 극명하게 잘 알 수 있습니다. 2022년 카타르 월드컵에서 아르헨티나를 우승국으로 이끌었던 축구선수 메시는 '찬란한 드리블의 명수'이며, 2022년 영국 프리미어 리그 득점왕을 받았던 손흥민 선수는 소위 말하는 '손흥민존에서의 감아 차기'로 명품 골을 기록하기도 하였습니다. 그리고 류현진 투수는 체인지업으로, 사이영상 3회 수상으로 빛나는 클레이튼 커쇼 선수는 명품 슬라이더로 프로야구에서 이름을 떨쳤는가 하면, 소위 '만찢남(만화를 찢고 나온 남자)'이라고도 불리는 일본인 오타니 쇼헤이 선수는 메이저리그의 투타 겸업 선수로 2022년에는 베이브 루스 이후 104년 만의 10승-10홈런, 메이저리그 역사상 최초의 15승-30홈런 및 규정이닝+규정 타석 동시 달성 등의 진기록들을 달성했습니다. 한편, 김연아 선수는 2010년 밴쿠버 올림픽에서 피겨스케이팅 여자 싱글 금메달리스트로 '기술적인 측면에서, 피겨 역사상 가장 위대한 선수'로 이름을 날렸고, 테니스의 로저 페더러는 라파엘 나달, 노박 조코비치와 함께 21세기 남자 테니스계의 황금기를 이끈 선수로 포핸드가 일품인 선수입니다.

이들 선수 모두는 자신의 강점을 최고의 무기로 삼은 자들이며, 이들이 세계 최고의 반열에 오르기까지는 '로마는 하루아침에 이루어지지 않았다'라는 말처럼 수많은 고통과 눈물이 있었고, 그저 몇 날 며칠간의 노력으로만 얻어낸 것이 아닙니다. 하버드대학교의 심리학과 교수였던 조던 피터슨은《질서 너머 법칙》에서 '열과 압력은 석탄이라는 평범한 물질을 완벽한 결정구조와 희소한 가치를 지닌 다이아몬드로 변화시키는데, 사람도 마찬가지다'라고 강조하면서 내적 통일된 자만이 인생에서 마주하는 고통을 끝까지 이겨낼 수 있다고 강조합니다.[10] 이를 가장 극명하게 잘 축약한 말이 왕(王) 전문 배우인 유동근의 인터뷰 내용입니다. 그는 "예술가는 딱 두 종류인 것 같다. 처절한 사람, 먹고살 만한 사람. 결국, 처절한 사람이 이긴다"라고 하면서 '처절하게 견디어 내면 반드시 초월의 단계'가 온다고 강조합니다.[11] 마치 항공기가 이륙 후 대류권을 벗어나 해발 10km 이상의 성층권에 도달할 때까지는 굉음을 내며 전속력으로 날아오르는 데 연료의 대부분을 소비하게 되지만, 일단 성층권에 도달하면 안정된 기류로 인하여 공기저항도 별로 받지 않고 적은 연료로 멀리까지 날아갈 수 있는 것과 같은 이치입니다.

여기에서 우리는 사람들이 자신의 강점이 무엇인지를 찾아내고 그것을 지속해서 개발하는 것이 매우 중요하다는 것을 알 수 있습니다. 강점을 지닌다는 것은 경쟁력을 지닌다는 것입니다. 그러므로 자신이 가진 강점 파악과 그의 지속적인 개발은 자신의 경쟁력을 강화한다는 것과 같은 의미를 지닙니다. 그러므로 강점 파악과 지속적인 개발은 회사나 조직 차원에서도 지켜야 할 핵심가치입니다. 그런데, 개인 차원이나 조직 차원의 강점은 최근에는 세계경제포럼(WEF)에서도 강조하는 바와 같이 '핵심역량'이라는 말로 대체되기도 합니다. 게리 하멜과 프라할라드는 《미래 경쟁전략》에서 '핵심역량을 무시하는 회사는 위험에 처할 수밖에 없다'라고 보면서 핵심역량 관리의 중요성을 강조하고 있습니다.[12] 피터 드러커도 《21세기 지식경영》에서 지식근로자(knowledge worker)에게 가장 중요한 것은 '자신의 강점에 집중하는 것'이라고 보았습니다. 그에 따르면, '자신의 강점이 성과와 결과를 산출할 수 있는 분야에 자리 잡고, 자신의 강점을 충분히 발휘하는 데 필요한 지식과 기술을 얻도록 자신의 강점을 개선해 나아가는 것이 중요하다'라는 것입니다. 여기에 주목한 것이 바로 갤럽 프레스의 강점진단 도구인데, 이 도구의 창시자 도널드 클리프턴 박사의 이름을 따서 '클리프턴 스트렝스'라고 명명하였습니다.[13] 클리프턴은 사람들이 가진 개인적 성향을 34가지 테마로 분류할 수 있다는 사실을 발견하고 이를 '타고난 재능'이라고 불렀습니다. 그에 따르면 사람마다 타고난 재능은 다르지만 어쨌든 이는 전부 성취, 승부, 전략 등으로 이루어진 34가지 테마 중 어느 하나에 해당합니다. 만약 자신이 가진 가장 강력한 강점을 파악해서 활용할 수 있다면, 우리는 자신의 강점을 충분히 발휘해서 직장생활은 물론 인생 전체에서도 큰 변화를 가져올 수 있다고 보았습니다.[14] 말하자면, 세상에는 완벽한 사람은 없고 누구나 약점은 있지만, 자신이 가진 탁월한 재능을 찾아내고 결국은 강점에 집중하는 것이 중요하다는 것입니다.[15] '클리프턴 스트렝스'에 나오는 34가지 재능을 제시하면 다음과 같습니다.

〈표 5-3〉 클리프턴 스트렝스(Strength)의 구체적 내용

• 개발	• 공감	• 발상
• 개별화	• 미래지향	• 분석
• 긍정	• 복구	• 수집
• 배움	• 성취	• 분석
• 사교성	• 신념	• 심사숙고
• 승부	• 자기확신	• 적응
• 연결성	• 절친	• 정리
• 전략	• 주도적	• 집중
• 존재감	• 체계	• 최상화
• 책임	• 포용	• 행동
• 커뮤니케이션	• 회고	
• 화합	• 공정성	

이상에서 살펴본 바와 같이 현대와 같은 능력주의 사회에서는 개인의 강점이 사회적 지위나 부를 결정짓는 데 중요한 요인이라고 강조합니다. 말하자면, 과거의 전통사회가 '내가 누구냐(신분)'를 중심으로 사람을 평가하였다고 한다면, 능력주의 사회에서는 '내가 무엇을 할 줄 아느냐(역량)'에 따라 사회적 지위가 결정됩니다. 그리고, 능력주의 사회는 개인이 무엇을 할 줄 아는가

에 따라, 말하자면 개인이 지닌 강점에 주목하고 그러한 강점이 지배하는 사회를 통해 사회정의를 달성하기 위하여 '기회의 평등'을 기본적으로 전제합니다. 기회의 평등은 모든 사람에게 출발선상의 평등을 강조한다는 개념입니다. 그런데, 제아무리 한 사회에서 기회의 평등을 강조한다고 해도 그 출발선상에서의 기회가 절대로 평등하지가 않다는 데 문제가 있습니다. 이를테면 100m 달리기 경주에서 누구는 50m 부근에서 출발하고, 누구는 10m 근처에서, 또 다른 누구는 마이너스 20m에서 출발할 수도 있기 때문입니다. 얼마 전 JTBC 드라마에서 보듯이 '재벌집 막내아들'과 '국밥집 첫째 아들'은 그 출발선상에서부터 불평등이 그대로 존재하고, 이는 어느 사회, 어느 시대에도 공통으로 나타나는 특성이기도 합니다. 이에 따라 자본주의 사회에서의 능력은 흔히 학교 교육의 결과로 얻어지는 개인의 지식과 기술의 수준에 주목하게 되고, 기회의 평등은 다시 '교육 기회의 평등'으로 치환되게 됩니다. 그러나, 교육 기회의 평등이라는 것도 공정한 기회만 보장되었다뿐이지, 그것이 결코 평등하지가 못하다는 데 문제가 있습니다. 이를 견주어서 《정의란 무엇인가》의 저자 마이클 샌델은 《공정하다는 착각》이라는 저서에서 능력주의가 모두에게 기회를 평등하게 제공한다는 것은 하나의 착각에 불과하다고 주장합니다.[16] 능력주의 사회에 서는 타고난 재능과 그가 노력의 결과로 얻은 강점이 사회적 지위를 결정짓는 주요 요인이라고 강조하지만, 실제로 타고난 재능이라는 것도 부모로부터 물려받은 개인적인 자질, 말하자면 오로지 일신전속적(一身全屬的) 자질만을 의미하는 것이 아니기 때문입니다. 실제 현실적으로는 부모가 가지고 있는 사회경제적 배경이 재능과 역량에 그대로 반영되다 보니 능력주의의 한계가 나타나게 된다는 것입니다. 이는 SKY대학 신입생 중 고소득층 자녀 비중이 점차 증가하고 있다는 자료로도 확인할 수 있습니다. 최근 한국장학재단의 국가장학금 자료를 통해 고소득층 자녀들의 명문대 입학 비중을 조사한 결과, 국가장학금을 신청한 'SKY' 신입생 중 고소득층 자녀 비율이 높아지고 있다는 것입니다. 2020년 부모의 월 소득 인정금액이 9분위(949만 원) 이상인 고소득 가정 출신이 2017년 41%에서 2018년 51%, 2020년에는 55%까지 높아졌고, 서울대는 2017년 43%에서 2020년 63%로 크게 높아졌다는 것입니다.[17] 사정이 이러하다 보니, 우리나라 사람들은 기회의 평등이 가장 제대로 보장되어야 할 대학 입시에서부터 이러한 불평등이 심화되었고, 기회의 평등이 말뿐인 허울 좋은 구호라고들 생각하게 되었다는 것입니다. 이를 보완하기 위하여 기회의 평등을 더욱더 보장할 수 있는 제도적 장치(예를 들면, 농어촌 출신 기회균등 입학제 등)를 마련하는가 하면, 다른 한편으로는 더욱더 국가장학금 제도의 확충, 블라인드 채용 등과 같은 과정의 평등을 강조하기에 이르렀습니다. 한동안 우리사회에서 '기회는 평등하고, 과정은 공정하며'를 강조한 것도 바로 이와 같은 맥락입니다. 여기에서 '공정과 상식'이 더욱더 사회적 핵심 화두로 떠오르게 되었습니다.

그런데, 이와 같은 타고난 재능만 있는 사람이 특정한 기회를 만나 성공하는 사람을 우리는 '행운아'라고 이야기하고, 자신의 부단한 노력으로 갈고닦은 역량을 갖추고 기회를 만들어나가 결국 성공에 이르는 자를 '자수성가한 자'라고 이야기합니다. 이러한 것들을 최근 우리나라에서는 은유적으로 그야말로 행운아를 '금수저'라고 부르고 오직 믿을 것은 자신의 역량밖에 없는 자를 '흙수저'라고들 비아냥거리며 말하기도 합니다. 그런데, 우리는 제아무리 타고난 재능이 있고, 노력해서 역량을 키웠다고 하더라도 그것을 제대로 발휘할 기회를 잡지 못하면 성공은커녕 좌절하기에 십상인 세상에 살고 있습니다. 여기에서 우리는 흔히 운칠기삼(運七技三)을 거론하기도 합니다. '운칠기삼'은 말 그대로 '운 7할 노력 3할'이라는 의미로 흔히들 운이 따라주지 않으면 문제를 해결하거나 성공하기가 어렵다는 뜻을 담고 있는 것으로 이해되고 있습니다. 《생각의 차이가 일류를 만든다》라는 책에는 '운칠기삼'의 유래가 적혀 있습니다.[18)]

"한 선비가 자신보다 변변치 못한 자들은 버젓이 과거에 급제하는데, 자신은 늙도록 급제하지 못하고 패가망신하자 옥황상제에게 올라가 그 이유를 따져 물었다. 옥황상제는 정의의 신과 운명의 신에게 술내기를 시키고, 만약 정의의 신이 술을 많이 마시면 선비가 옳은 것이고, 운명의 신이 많이 마시면 세상사가 그런 것이니 선비가 체념해야 한다는 다짐을 받았다. 내기 결과 정의의 신은 석 잔밖에 마시지 못했고, 운명의 신은 일곱 잔이나 마셨다. 옥황상제는 세상사의 구조는 정의에 따라 행해지는 것이 아니라 7할은 운명에 따라 행해지되, 3할의 이치도 행해지는 법이니 운수만이 모든 것을 지배하는 것은 아니라는 말로 선비를 꾸짖고 돌려보냈다."

그런데, 위와 같이 '운칠기삼'의 유래에서도 알 수 있는 바와 같이 일의 해결이라든가 성공에는 '운'이 어느 정도 따라야 하는 것은 맞는 말이지만, 운이 모든 것을 결정하는 것은 아니라는 것입니다. 이를 보다 강조한 것으로서는 《성경》의 그 유명한 달란트 비유가 있으며, 고전으로서는 마키아벨리의 《군주론》이 있고, 최근의 저서로는 말콤 글래드웰의 《아웃라이어》와 마이클 모부신의 《운과 실력의 성공방정식》이 있습니다.

《성경》의 마태복음(25장 14~30절)에는 '예수님께서는 세 명의 종에게 은화 5달란트, 2달란트, 1달란트를 주고 나중에 계산하여 그 돈을 불려 이익을 얻은 자에겐 복을 내리고, 활용하지 않고 묵힌 자는 무능한 종이라면서 내쫓아버렸다'라는 달란트의 비유가 적혀 있습니다. 이는 곧 자신의 재능을 제대로 활용하지 아니하고 자신의 재능을 썩힌 자, 즉 게으른 자에게 내린 예수님의 벌을 의미한다고 봅니다. 마키아벨리는 《군주론》에서 '포르투나(Fortuna 운명)는 자신에게 저항하기 위해서 아무런 힘이 조직되어 있지 않은 곳에서 그 위력을 떨치며, 자신을 제지하기 위한 아무런 제방이나 둑이 없는 곳을 덮친다'라고 보면서도, '인간의 자유의지를 박탈하지 않기 위해서 나는 운명이란 우리 활동의 반만 주재할 뿐이며 대략 나머지 반은 우리의 통제에 맡겨져 있다는 생각에 이끌린다'라고 강조하여 포르투나(운명)에 이끌리는 삶보다는 비르투(Virtu 역량)에 이끌리는 삶을 강조하였습니다.[19] 말하자면, 마키아벨리는 '비르투를 믿어라. 포르투나는 파도보다 더 순식간에 사라진다.'라는 태도를 견지한다고 보았습니다.[20]

한편, 말콤 글래드웰은 《아웃라이어》에서 성공한 사람들의 스토리를 열거하면서 '성공은 자신이 잘나서 거머쥐는 것이 아니라 태어난 시점, 자라난 배경과 환경, 그리고 시대에 따라 달라질 수 있다고 보면서 능력, 기회, 그리고 행운이 결합할 때 대성공이 이루어진다'라고 보았습니다.[21] 마이클 모부신 또한 성공은 운과 실력에 의해 결정된다고 보았습니다. 특히, 마이클 모부신은 《운과 실력의 성공방정식》에서 성공방정식이 운과 실력의 덧셈으로 결정되는 것이 아니라 곱셈으로 이루어지는 것(성공방정식= 운×실력)이라고 강조합니다.[22] 그런데, 여기서 '운'이라는 것도 가만히 있으면 저절로 굴러들어오는 것이 아니라 부단한 노력으로 앞당길 수 있다는 데 그 특징이 있습니다. 이와 관련하여 존 맥스웰은 《사람은 무엇으로 성장하는가》에서 '**운=준비(성장)+자세+기회+행동**'이라는 운을 만들어 내는 공식을 제시한 바 있습니다.[23]

이상에서 언급한 내용을 종합하여 보면, 오늘날의 능력주의를 표방하고 있는 우리 사회에서의 성공은 [그림 5-1]과 같이 나타낼 수 있다고 봅니다. 도토리는 참나무로 성장하고 발달하는 데 그 참목적이 있습니다. 결코, 묵사발이 되기 위하여 태어난 것이 아닙니다. 마찬가지로 인간 또한 인간으로서의 성장을 그 주된 목적으로 타고 태어난 존재라고 한다면, 인간으로서 성장하고 발달하는 데 필요한 적절한 환경과 여건이 정비되어 있어야만 합니다. 이 점에서 성공은 타고난 재능과 자신의 부단한 노력과 헌신으로 개발된 역량이 적절한 환경과 기회를 만났을 때야 비로소 가능한 그 무엇이라고 볼 수 있습니다.

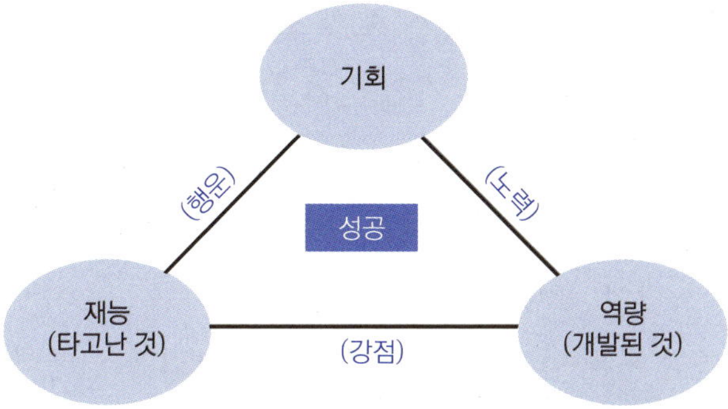

[그림 5-1] 능력주의 사회에서의 재능, 역량, 기회의 관계

그런데, 여기서 우리는 삶에 있어서 성공이 더 많은 운(기회)에 의하여 결정된다고 한다면, 성공한 사람은 그것이 순전히 자신의 노력으로 이루어 낸 것이 아니라는 점에서 더 '겸손'해야 할 필요가 있습니다. 말하자면, 부모를 잘 만났다거나 기회를 잘 만나서 '어쩌다' 성공을 했으니 그 성공을 너무 떠벌리거나 그렇지 못한 사람들에게 교만하게 굴어서는 안 된다는 것입니다. 요즈음 TV에서 '어쩌다 어른'이라는 프로그램이 방영되고 있는 것을 가끔 보게 됩니다. 이것을 볼 때마다 나는 나 또한 살다 보니 '어쩌다' 어른이 되었고, 그러니 아직 어른의 세계를 경험하지 못한 청년들에게는 더 겸손해야겠다고 생각한 적이 있습니다. '겸손은 이해의 절친'이기 때문에 무엇보다 겸손하기 위해서는 먼저 그 사람이 청년이건 그렇지 않건 간에 타인들을 이해하는 노력을 게을리하지 말아야 합니다. 여기서 겸손이 이해의 절친이라는 것은 겸손이란 자신을 낮추는 것이고, 이해(understanding)는 '아래에(under) 서 있는 것(standing)'을 의미한다고 믿기 때문입니다.

그리고, 무엇보다도 우리의 삶이 포르투나(운)에 의해서만 결정되는 것이 아니라, 우리 자신이 거두어들인 비르투(역량)에 의해서도 성공 여부가 결정된다고 한다면, 우리는 왜 비르투를 개발하는 데 모든 힘을 기울이어야 하는지를 깨달을 필요가 있습니다. 나 자신이 쌓아온 비르투는 일차적으로는 나 자신에게 무한한 만족감과 몰입감을, 이차적으로는 사회적 인정이나 보상이 뒤따르게 합니다. 여기에서 우리는 내가 잘하고 잘할 수 있는 것, 말하자면 비르투(역량)가 지니는 의미를 되새겨 볼 필요가 있습니다.

일의 성공이나 만족감은 얼마나 몰입하느냐에 달려있다

우리는 살아가면서 다양한 사회적 관계를 유지하면서 살아가게 마련입니다. 이러한 관계 속에서 우리 인간은 사회적 역할이 변화하게 마련이고, 이러한 역할 수행에 필요한 적절한 역량을 갖추었을 때 비로소 '유능한' 인간으로서 대접을 받을 수 있을 뿐만 아니라 보다 충만한 삶을 영위할 수가 있게 됩니다. 그런데, 우리는 인간으로서 살아가면서 '공적인 나, 사적인 나, 그리고 비밀의 나'라고 하는 3가지 삶을 살아가게 마련입니다.[24)]《성공하는 사람들의 12가지 강점》의 저자 스티븐 코비 박사에 따르면, 공적인 삶은 조직 생활, 사적인 삶은 가족이나 친구 관계, 그리고 비밀의 삶은 자신의 진심, 진짜 동기, 삶의 궁극적인 소망이 존재하는 곳을 의미합니다.[25)] 그런데 우리 인간은 어린이로부터 어른으로 성장하면서 자신이 수행하는 일과 관련하여 공적인 삶, 사적인 삶을 막론하고 나 자신이 **'해야 하는 일'**이 있으며, 또한 **'좋아하는 일'**이라든가 **'잘하는 일'**이 있을 수 있습니다. 여기서 '해야 하는 일'은 사회적 역할 수행과 관련하여 다분히 변화될 수 있는 성질의 것이며, '잘할 수 있는 일'은 흔히 직장생활 내지는 사회생활 수행과 관련하여 성공을 위해서는 꼭 필요한 것이며, '좋아하는 일'은 여가 취미 생활과 깊이 관련되어 있습니다. 그런데, 우리 사회에서 흔히들 '좋아하는 일을 하라'고들 합니다마는, 자신이 좋아하는 일만 하면서 살 수 있는 여건이 되는 사람은 극히 제한적일 수밖에 없습니다.

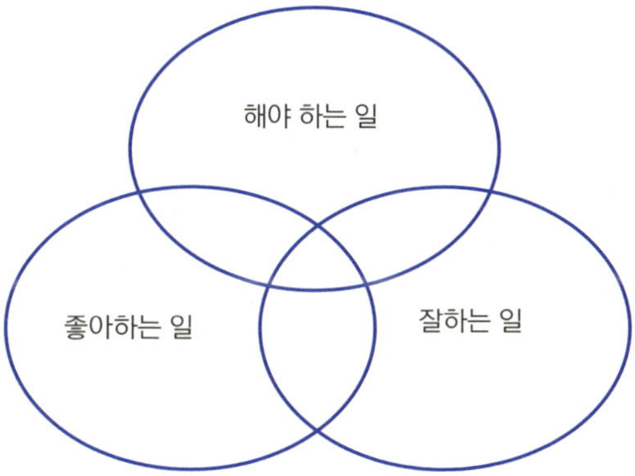

[그림 5-2] 현실계에서의 삶의 위치

이 점에서 **우리는 내가 '해야 하는 일'을 가장 잘할 수 있고 또, 그 일을 좋아할 수 있는 삶이야말로 가장 행복한 것**이라고 봅니다. 우리나라의 몰입 전문가인 황농문 교수도 《몰입: 두 번째 이야기》라는 저서에서 '해야 할 일을 좋아하고, 그 일을 하면서 행복을 찾는다면 누릴 수 있는 행복은 무제한이 된다'라고 강조하면서 '이는 자

신의 역량을 키워주고 더욱 성공적인 삶으로 이끌게 된다'라고 보았습니다.[26)]

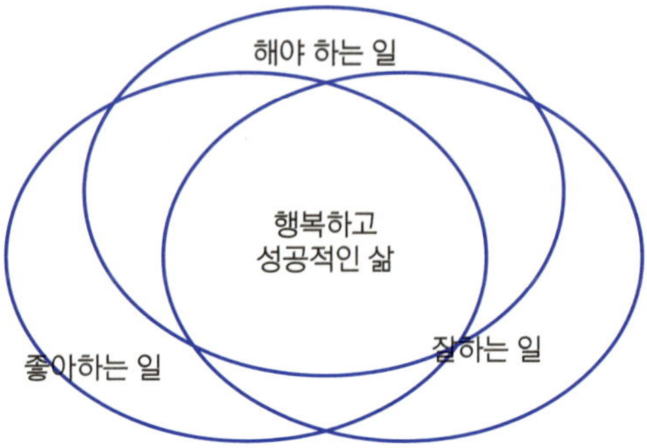

[그림 5-3] **성공적인 삶의 관계**

수전 케인도 《콰이어트 Quiet》에서 '삶의 비결은 적절한 조명이 비치는 곳으로 가는 것이며, 누군가에는 브로드웨이의 스포트라이트가, 누군가에게는 조명 아래의 책상이, 또 누군가에게는 운동장이 바로 그런 장소일 것'이라고 강조합니다.[27)] 따라서 자신의 강점을 활용하여 자신이 중요하게 여기는 일을 잘하는 것이 성공의 지름길입니다. 이와 관련하여 미국의 시각장애 음악가이자 프로듀서로 20세기 대중음악계에 지대한 영향을 미친 스티비 원더(Stevie Wonder)는 자신의 강점을 키워 세상에 이바지하는 일을 '자신이 가장 잘할 수 있는 일은 언제나 즐겁게 할 수 있고, 이는 강한 자부심을 느끼게 한다'라고 표현하였습니다.[28)] 이런 점에서 우리는 자신만의 에지(edge), 즉 강점을 미리 구축하고 '에지 있는 인간'이 되어야 할 필요가 있습니다. 그를 통해서만 우리는 자신이 더 강하다는 느낌을 받을 수 있기 때문입니다. 우리의 삶에 있어서 강점을 만드는 3가지 감정은 **사전기대, 도중몰입, 사후충만감**입니다.[29] 몇 해 전 음악 오디션 프로그램에서 심사위원이었던 박진영 JYP 대표는 참가자가 '떨린다'라고 이야기하자, 잘못된 표현이라고 언급한 적이 있습니다. 참가자가 진정한 뮤지션이라면 '떨린다'라고 말하는 것이 아니라 '설렌다'라고 말해야 한다는 것입니다. 그만큼 우리 자신은 어떤 일들을 잘할 수 있는 일을 하게 될 때는 사전기대로서 '설렘'을 맛볼 수 있습니다. 그리고 일의 한가운데에 있어서는 강한 '몰입'을 맛보게 됩니다.

긍정심리학의 대가인 미하이 칙센트미하이는 '무엇이 삶을 의미 있게 하는가?'에 관해 묻고는, 돈만이 우리를 행복하게 하는 것이 아니라고 하며, '몰입(flow)' 상태를 일으키는 활동들을 통해 즐거움을 찾고 지속해서 만족감을 느끼는 사람들에 주목하였습니다. 그에 따르면, 몰입이란 사람들이 특정한 행동에 깊이 빠진 나머지, 그 이외에는 다른 어떤 것도 중요하게 여기지 않는 무아지경의 상태를 의미합니다. 이는 그 어떤 것보다도 더 큰 행복감과 안정감을 부여하기 때문에 그것을 위해서라면 큰 비용을 치르더라도 계속하려 든다고 합니다.[30]

이는 수많은 돈을 이미 수중에 넣은 축구선수나 야구선수, 골프선수들이 계속해서 그 운동경기에 참여하려고 하는 이유를 설명하기에 충분합니다. 여기에서 칙센트미하이가 제시하는 개념이 바로 '몰입지대(flow zone)'입니다. [그림 5-4]와 같이 몰입지대란 도전과 능력이 적절한 조화를 이루어 자연스럽게 몰입이

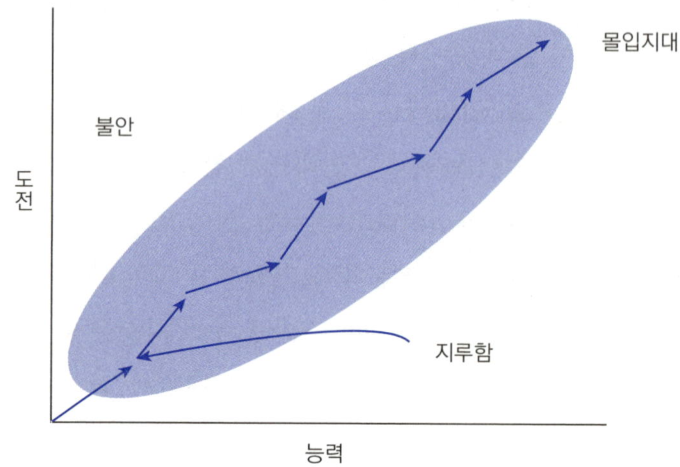

[그림 5-4] **몰입지대**

형성되는 지점을 말합니다.[31] 말하자면, [그림 5-5]와 같이 개인의 능력과 풀어야 할 과제의 수준(도전과제)이 모두 비슷하게 대응할 때 몰입에 쉽게 빠질 수가 있다는 것입니다. 지나치게 높은

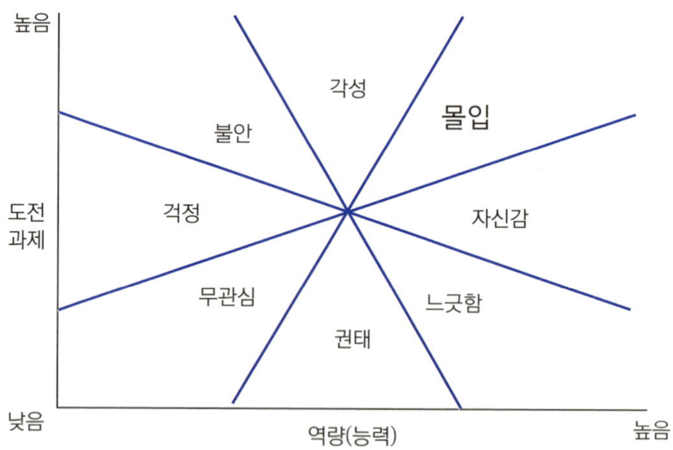

[그림 5-5] **과제와 능력의 관계**

과제는 개인에게 불안을 안겨주고, 지나치게 쉬운 과제는 지루함을 안겨주기 마련이기 때문입니다.

칙센트미하이에 따르면, 몰입은 다음과 같은 8가지의 특성을 보입니다.[32)]

- 과업에 완전히 빠져든다.
- 목표나 보상이 선명하고 피드백이 즉각적이다.
- 과업 수준에 따라 시간이 빨라지거나 느려지는 것처럼 느껴진다.
- 경험 자체가 보상이다.
- 노력이 지나치게 들지 않고 수월하다.
- 도전과 능력 사이에 균형이 잡힌다.
- 행위와 자각이 합쳐지면서 자의식이 사라진다.
- 과업에 대한 통제력의 느낌이 생긴다.

이처럼 일은 우리에게 몰입의 경험을 안겨주며, 몰입은 경험하는 순간에 우리의 기분을 한결 좋게 해주며, 몸과 마음이 조화를 이룰 때 나타나는 육체적, 정신적 잠재력을 느끼게 해줍니다. 드라마 〈이상한 변호사 우영우〉에서 우영우 변호사의 독백처럼 우리에게 '뿌듯함'을 지속적이고 반복적으로 선사하는 게 바로 일입니다. 칙센트미하이는 이와 관련하여《몰입의 경영》에서 '직장 내에서 몰입이 오랜 시간에 걸쳐 지속해서 반복적으로 나타나게 되면, 이 경험을 한 사람은 독특한 개성과 능력을 갖춤과 동시에 조직에서 필요한 인물이 된다'라고 강조합니다.[33)] 이것이 바로 일이 우리에게 가져다주는 '사후충만감'입니다. 이 강점은 게임이나 놀이로부터 얻는 순간의 쾌락과는 전혀 다른 감정입니다. 그러므로, 이러한 일의 경험은 지속해서 일하게 만드는 동인으로 작동하게 됩니다.

오늘 나의 성공은 어제 내가 보낸 시간의 결과이다

일찍이 나폴레옹은 모든 전투에서 패배한 뒤, 세인트헬레나섬에서 유배 생활을 하면서 '오늘 나의 불행은 어제 내가 보낸 시간의 보복이다.'라고 말했다고 합니다. 우리 인생은 마키아벨리가 《군주론》에서도 언급한 바와 같이 역량이 모자라면 운명에 마구 휘둘리는 존재가 됩니다. 그러므로, 운명이 우리 자신을 함부로 대하지 않도록 우리 자신의 역량을 꾸준히 개선해 나아가야 합니다. 그런데, 여기서 나 자신이 '잘하는 일'을 꾸준히 잘 해 내는 것이 그리 쉬운 일이 아니라는 데 문제가 있습니다. 인기 TV 프로그램인 〈유퀴즈온더블록〉에서 나 PD는 특정 연예인을 지칭하면서 '**그가 대단한 것은 그가 대단해서가 아니라 꾸준히 대단하기 때문에 대단하게 생각한다**'라고 강조한 바 있습니다. 이처럼 무슨 일을 해내든지 간에 흔들림 없이 일해내기 위해서는 무엇보다도 스스로 그 과정을 통제하고, 다른 이들이 거기에 영향을 미치지 못하도록 하여야 합니다. 이를 위해서는 무엇보다도 1) 자기 자신을 그 일에 맞는 사람으로 재창조해 나아가고, 2) 자신에게 주어진 인생의 소명을 발견하고 일의 가치를 재정립해 나갈 수 있어야 합니다.

먼저, 자기 자신의 재창조를 부단하게 이루어 나가기 위해서는 자기 자신의 위치를 결정하는 힘과 자기 자신의 이미지를 창조하는 힘, 그리고 자신의 소명을 찾고 개발하는 힘을 지녀야만 합니다. 자기 자신의 재창조와 관련하여 로버트 그린은《권력의 법칙》에서 다음의 세 단계로 설명합니다.[34)]

자기 창조의 첫 번째 단계는 **자기의식의 단계**로 자신의 외양과 감정을 통제할 수 있어야 한다는 것입니다. 우리는 흔히 자기감정을 다 드러내고 감추지 않는 사람은 귀찮고 거북한 존재라고 여기기 쉽습니다. 그런 사람과 진정한 신뢰 관계의 구축은 물론 관계 유지마저도 어렵습니다. 이와 관련하여 어렸을 적에 시냇가에 고기를 잡으러 간 적이 있습니다. 고기 잡는 뜰채와 지렛대, 그리고 큰 망치를 들고 친구들과 고기를 잡으러 갔을 때, 전혀 거들떠보지도 않는 바위가 있었습니다. 이 바위는 좌우로 들떠있고, 물속 깊이 뿌리내리지도 못하여 누가 보더라도 덜렁거리는 바위입니다. 왜냐하면, 이러한 바위 아래에는 물고기가 한 마리도 살지 않기 때문입니다. 마찬가지로 사람 또한 자신의 감정을 날로 드러내는 사람은 그들의 진실성을 의심하게 되고 가까이 다가가기에는 너무나 힘든 존재로 낙인되기 때문에 좋은 관계를 맺기가 참으로 어렵게 됩니다. 그러므로 자신을 통제할 줄 알며, 상황에 따른 자신의 감정선을 유지하도록 하는 것이 중요합니다. 이와 관련하여 발자크 그리시안은《인생 수업》에서 다음과 같이 언급하고 있습니다.

"사람은 미완성인 채로 세상에 태어나 인격과 직업을 통해 날마다 조금씩 완성의 지점을 향해 간다. 그 지점에 이르면 모든 능력이 안전해지고, 모든 우수한 특성들이 한껏 개발된다. 취향이 고상해지고 생각이 맑아졌으며, 판단이 성숙하고 의지가 순수해졌다고 느끼는 순간, 우리는 완성을 깨닫는다. 지혜롭게 말하고 현명하게 행동하는 '완성된 인간'은 두려움에 사로잡힌 개인에게 믿음을 주는 꼭 필요한 존재가 된다."

자기 창조의 두 번째 단계는 **자신의 이미지를 창출하는 일**입니다. 사람들은 메라비언의 법칙과 같이 겉모습으로 드러나는 이미지를 보다 선호하고 믿기 마련입니다. 메라비언은 실험을 통해 한 사람이 상대방으로부터 받는 이미지는 시각이미지(자세 · 용모 · 복장 · 제스처) 55%, 청각이미지(목소리의 톤, 음색) 38%, 언어(말의 내용) 7% 정도로 영향을 받는다고 주장하였습니다. 이 이론에 따르면 커뮤니케이션 과정(대화)을 통해 상대방에 대한 호감이나 비호감을 느끼는

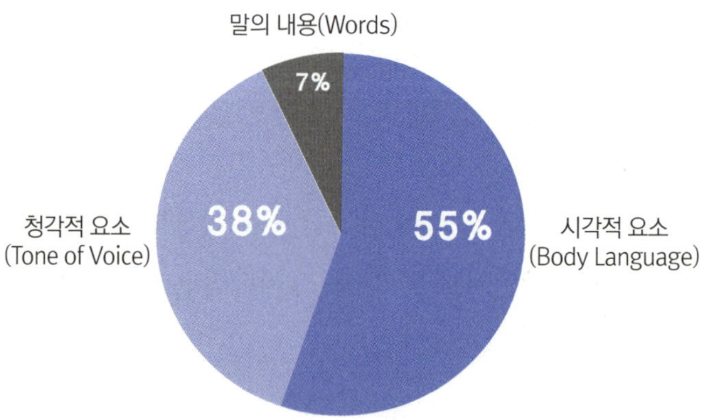

[그림 5-6] 메라비언의 법칙

것은 상대방이 하는 말의 내용(콘텐츠)이 미치는 영향은 7% 정도로 미미하였지만, 상대방의 태도나 목소리 같은 콘텐츠와 직접적인 관계가 없는 요소가 93%나 차지해서 상대로부터 받는 이미지를 좌우한다는 내용입니다.

그러므로 우리는 조직 생활, 사회생활에서는 특히 배우가 무대에 올라가고 내려오는 순간을 철저하고도 신중하게 계획하듯이 사람들과의 차별적인 이미지를 구축하는 것이 중요합니다. 로버트 그린은 《권력의 법칙》에서 인류역사상 이를 가장 잘 활용한 자로 미국의 에이브러햄 링컨 대통령을 지목합니다.[35] 그에 따르면, 미국 역사상 그렇게 촌스럽고 소박한 이미지의 대통령은 없었다는 것입니다. 링컨은 그러한 특징을 원래부터 갖고 있기도 하였지만, 그런 이미지를 강조하기 위해 모자를 쓰고 턱수염을 길렀다는 것입니다.

자기창조의 세 번째 단계는 삶의 성장 과정에서 마주하는 '**다양한 역할을 해내는 방법**'을 배워야 한다는 것입니다. 유명 배우는 자신의 역할에 따라 수도 없이 자신의 역할을 바꾸게 됩니다. 마찬가지로 우리는 성장하면서 수많은 개인적, 사회적 역할을 수행하게 됩니다. 이러한 역할의 변화에도 불구하고 우리 자신이 한결같이 하나의 역할에만 치중하다 보면, 우리 자신도 적응하기 어려울 뿐만 아니라 사회생활에서의 성공을 보장하기란 참으로 어려워지게 됩니다. 그러므로 우리는 마치 그리스 신화에서의 바다의 신(神) 프로테우스와 같은 자세를 지니는 것이 필요하다고 봅니다. 프로테우스는 아가멤논의 동생인 메넬라오스가 자신을 붙잡으려 하자 사자, 뱀, 표범, 멧돼지, 물, 나무 등으로 변신하고 이를 막아냅니다. 마치 프로테우스의 힘이 필요할 때마다 자유자재로 자신의 모습을 바꾸는 능력으로부터 나오듯이, 우리는 모두 자신에게 주어지는 역할의 변화에 따른 역량을 제대로 개발하고 발휘할 수 있어야 합니다.

〈표 5-4〉 역할변화에 따른 필요역량의 변화 경향

이행 시점	역할변화	필요한 역량
독립	가족에서 개인으로	경제생활 유지
성인	어린이에서 성인으로	성인 역할 수행
졸업	학교에서 사회로	사회생활 유지
취업	학생에서 직장인으로	취업역량, 직무역량
결혼	독신에서 기혼으로	결혼 생활 유지역량
출산	자식에서 부모로	부모역량
실업	직장인에서 실직자로	구직역량
전직	새로운 직무로	직무 전환 역량
퇴직	직장인에서 은퇴자로	은퇴 생활 유지역량

한편, 자신에게 주어진 인생의 소명을 발견하고, 일의 가치를 재정립해 나가는 것이 중요합니다. 어찌 보면, 인생은 험난한 강을 건너는 한낱 여행자에 불과합니다. 인생의 여행에는 수많은 적과 장애물들을 만나게 됩니다. 일하다 보면, 지친 나머지 종종 소진(burnout)되기도 하고, 때로는 남들의 시선에 때로는 일의 더딘 진척 때문에 심하게 좌절하기도 하는 게 인생입니다. 인생에서 제일 중요한 것은 '무너지지 않는 것'이라고 생각합니다. 무너지는 순간 모든 것을 잃고 말기 때문입니다. 서울 마포 상수동

의 어느 식당의 입구에는 큼지막하게 '문어 지지 마'라는 글귀가 적혀 있습니다. 가끔 힘들 때 소주 한잔하러 찾아가는 곳인데, 이 글귀를 보곤 힘을 내기도 하는데 정작 문어숙회를 잘하는 집임에도 불구하고 나 자신은 문어를 먹지 않습니다. 무너지는 나 자신이 싫어서이기도 하지만, 문어(무너)가 (삶아)지는 모습을 차마 보기 민망해서이기도 합니다.

그런데, 인생의 장애물을 헤쳐나가기 위해서는 특별한 전략이 필요합니다. 로버트 그린은 《인생의 법칙》에서 인생의 소명을 발견하는 것을 제1의 전략으로 제시하고 있습니다. 그런데, 인생의 소명을 발견하는 일은 어느 날 갑자기 찾아지는 일도 있지만, 그것은 아주 드문 일이고 대부분은 지속적인 성찰과 노력의 결과로 얻어지게 됩니다. '나는 누구이고, 나는 어디에 있는가, 나는 무엇을 하고 있는가'에 대한 부단한 성찰과 이해의 결과 비로소 찾아질 수 있는 것이 인생의 소명입니다. 인생의 소명은 그것이 하나의 일로 나타나기도 하고, 가치로 나타나기도 합니다만. 따라서, 나 자신은 여기에서 인생의 소명 찾기와 관련하여 바로 '일(work)'의 가치에 대한 혁명적인 재평가부터 먼저 시작해야 한다고 봅니다.

우리는 '일'을 경제적인 가치만을 중시하고자 할 때 '노동(labour)'이라는 말로 치환하여 사용하는 경우가 많습니다. 말하자면, 노동은 경제적 자본의 획득을 위한 활동으로 이해되고, 이러한 관점에 입각하게 되면, 우리가 일하는 이유는 오로지 '돈벌이'를 위한 수단으로 노동을 하게 된다는 것을 강조합니다. 이러한 입장에 서다 보게 되면, 어떤 일은 돈벌이에 유용하고, 어떤 일은 그렇지 못하게 됨에 따라 돈의 가치에 따라 노동의 서열화가 백일하에 드러나게 됩니다. 말하자면, 우리가 사회 내에서 행하는 '일'이라는 것이 돈벌이를 위한 수단으로만 강조되게 되면 그 벌어들이는 돈의 적고 많음에 따라 그 일의 가치가 결정되게 되고 그러한 노동의 결과로 얻어지는 소득의 높고 낮음에 따라 노동의 가치가 높거나 낮게 평가된다는 것입니다. 우리가 수행하는 일이 정신노동이든, 감정노동이든, 아니면 손노동이든 간에 상관없이 '노동'은 그 자체로서의 가치를 지닌 존재입니다. 그것은 한 인간이 사회 내에서 주어진 역할을 수행하는 사회참여의 수단이자, 목적이기 때문입니다.

따라서, 노동이나 일은 인간존재로서 해야 하는 중요한 가치로 인식되고 있습니다. 그리고 이때의 가치는 그를 통해 벌어들이는 돈의 많고 적음에 따라 결정되는 것이 아니라 사회 내에서 그것이 차지하는 중요도에 따라서 결정되는 것이 마땅하다 할 것입니다. 따라서, 우리가 어떤 일을 수행하든 간에—그것이 노동이라는 말로 강조되든 간에 상관없이—일은 그 자체로서 가치 있는 일임과 동시에 그 일을 수행하는 지위의 높낮이라든가 그 일을 통한 성과와 보상 정도에 따라 평가되어서는 아니 된다는 것입니다. 이러한 입장에 서게 되면, 우리는 사회적 역할 수행에 있어서 사람 간에 나타나는 인간성 부재라든가, 사회적 무시 혹은 사회적 차별과 같은 것으로부터 더 자유로워질 수 있다고 봅니다. 《성경》에서는 '일하지 않는 자는 먹지도 마라'라고 강조하고 있는가 하면(데살로니가후서 3장 10절), 유대인의 최고의 경전인 《탈무드》에서는 '하나님의 형상대로 지음받은 인간으로서 주어진 가능성에 최선을 다하지 않는 것을 게으름과 무능력이라고 간주하고는 이를 최고의 죄'로 규정하였습니다. 이에 따라 노동을 싫어하는 나태한 인간은 우리가 가장 하찮은 존재라고 여기는 바퀴벌레보다 못한 미물이라고 비유하기도 합니다. 또한 《성경》의 〈잠언서 6장 6절〉에서는 '게으른 자여 개미에게로 가서 그 하는 것을 보고 지혜를 얻으라'라고 하는가 하면, 〈마태복음 25장 30절〉의 그 유명한 달란트의 비유에서는 '(아무 일도 하지 않은) 무익한 종을 바깥 어두운 데로 내어 쫓으라. 거기서 슬피 울며 이를 갈리라 하니라'라고 언급하고 있습니다. 그리고 어렸을 때부터 귀가 따갑도록 들어왔던 〈개미와 베짱이〉 이야기에서는 '여름에 열심히 일해야 겨울에 굶어 죽지 않는다'라고 강조하기도 합니다. 그리고 최근 TV의 '놀면 뭐 하니'라는 프로그램처럼 자라면서 동네 어르신들에게서 수없이 들은 말이 바로 '놀면 뭐 하냐'라는 말이고, '소는 누가 키우나'라는 말이었습니다. 이렇듯 일은 동서양을 막론하고 인간으로 태어난 이상 '일을 해야 하는 수고로움을 지닌 존재'로서 기능해야 함과 동시에 일하지 않는 자는 게으르고 무능력하기 그지없는 존재로 파악되고 있습니다. 이리하여, 일하지 않아 게으르고 무능력한 자는 가난으로 가는 열차에 탑승할 수밖에 없습니다. 알랭 드 보통은 그의 저서 《불안》에서 '가난은 낮은 지위에 대한 전래의 물질적 형벌이라면, 그를 통해 주위로부터 얻어지는 무시와 외면은 속물적인 세상이 중요한 상징을 갖추지 못한 사람에게 내리는 감정적 형벌'이라고 언급하고 있습니다.[36] 자본주의 사회 체제에서의 일은 경제적 보상을 얻기 위한 중요한 통로입니다. 이와 동시에 일은 사회적인 인정체제로서 혹은 자기만족과 자기표현의 중요한 도구이기도 합니다.

그런데, 아무리 일이 중요한 사회적 의미를 지니고 있고, 개인적으로도 인간으로서의 존재의의를 증명할 수 있는 가치를 지닌 '일'이라고는 하지만, 문제는 코로나 팬데믹 이후의 세상에서는 '일' 자체를 하기가 점점 더 어려워지고 있다는 데 있습니다. 우리 사회는 현재, 한편에서는 세계에서 가장 오랫동안 많은 일을 하는 노동자들이 존재하는가 하면, 다른 한편에서는 '백수 백조', '사오정(사십오 세 정년)'들이 실업의 고통을 당하고 있고, '오륙도(오십육 세까지 일하려는 자는 도둑놈)'라는 다리를 건너야 하는 모순적인 양상이 전개되고 있다는 데 문제가 있습니다. 이는 한편으로는 경제가 어렵다 보니 일할 자리가 없는 것도 문제이지만, 다른 한편으로는 좋은 일자리를 찾는 결과 스스로가 마땅치 않은 직장에서는 일하기 싫어하는 우리들의 자의식이 자리를 잡은 데에도 그 원인이 있다고 생각합니다.

따라서, 일의 가치에 대한 새로운 관점의 정립이 필요합니다. 이와 관련하여 2007년 포천이 선정한 가장 영향력 있는 100대 인물이자 〈포천〉이 선정한 세계 100대 부자인 레이 달라오는 《원칙 Principles》에서 '인간이 수행하는 일이란 1) 원하는 삶을 위해 돈을 벌기 위해 수행하는 것, 또는 2) 개인의 소명이나 일과 열정이 혼합된 어떤 것을 이룩하기 위해 개인이 수행하는 것'이라고 규정하면서 일이 1)의 가치를 인정하면서, 가능한 한 2)가 되도록 하라고 강조하고 있습니다.[37] 이와 같은 일의 원칙은 개인의 열정을 따라 사명을 다하기 위해 일을 게임처럼 즐기는 사람들을 위한 것이기도 합니다.[38] 이때의 일은 개인적인 발전을 향한 장기간의 도전이 될 수 있고, 의미 있는 일을 하고 싶은 욕구는 발전하고자 하는 인간의 내적 욕구와 연결되어 있으며, 일은 지그문트 프로이트가 말한 것처럼 '사랑과 마찬가지로 인간다움의 근본'으로 작동하고 있습니다.

그러므로, '일'이 제아무리 힘들고 고통을 수반하는 그 무엇이라고 하더라도 그것은 일을 수행하는 과정상에 경험할 수밖에 없고, 이는 인간이면 누구든지 피해갈 수 없는 것이 틀림없다 할 것입니다. 따라서, 우리가 일의 가치에 대한 혁명적인 전환이 필요하다는 것은 다른 주장이 아니라, 각 개인이 사회 내에서 사회적 존재로서 살아가기 위해서는 내가 직접 의식주를 전부 다 해결할 수 없고, 내가 수행하는 일의 결과 때문에 상호영향을 주고받는 상호작용적인 존재라는 것을 기본적으로 인정해야 합니다. 그리고 한편으로는 일의 자율성, 특이성을 인정하면서도, 다른 한편으로는 일을 수행하는 역할의 평등성, 나아가 그 일에 대한 새로운 관점부터 정립해 나가는 것이 중요하다는 것을 강조하고자 합니다.

그런데, 현대사회에서 일의 세계는 여러 사람과의 협력의 과정으로 이루어지게 마련입니다. 여기에서 우리는 자신의 실력만으로는 결코 성공할 수가 없다는 것을 기본적으로 인식할 필요가 있습니다. 말하자면, 뛰어난 역량이 성공의 보증수표는 아니라 '네트워킹 역량이 성공을 좌우한다.'라는 이야기입니다. 따라서, 우리는 내면의 힘을 바탕으로 타인과의 관계역량을 부단히 길러 한 차원 높은 협력관계를 유지할 필요가 있습니다. 협력을 이끄는 최고의 친구는 공감과 이해이며, 협력을 저해하는 어둠의 세력은 비교와 시기입니다. 비교와 시기는 불확실성에서 태어난 감정으로서[39)]**비교는 비참과 교만의 아버지이고, 시기는 분열과 파괴의 어머니**입니다. 그러므로 우리는 모든 일의 시작을 어둠 속에서 출발하지 말고, 자신의 강점개발로부터 시작하여 네트워킹 과정을 새롭게 디자인함으로써 인생을 보다 가치 있게 만들어 갈 필요가 있습니다.

제6장

사람을 움직이는 것은 관계의 힘이다

생각거리

"가능하면 사람들이 더 선해질 수 있도록 가르쳐라.
행여 가능하지 않을지라도,
그들에게 친절히 대하는 것을 잊어서는 안 된다.
왜냐하면, 친절이란 바로 그런 때 사용하라고
당신에게 주어져 있기 때문이다.
만일 누군가 잘못을 범했다면,
부드럽게 타이르고 그가 자신의 잘못이 무엇인지를 깨닫도록 하라.
그럼에도 그를 뉘우치게 하는 데 실패했다면,
당신 자신의 부족함을 탓해야지 누구도 비난해서는 안 된다.
인간은 서로를 위해 존재한다.
그러므로 서로를 개선해가든지 아니면 포용하든지 하라."

[출처] 마르쿠스 아우렐리우스. 《명상록》.
이현우 외 편역. (서울: 메이트북스, 2021). p. 105.

episode 1

10여 년 전의 일입니다. 어느 날 어느 대학법인의 국장님께서 한번 보자는 전화가 왔습니다. 가끔 회의에서 뵙기도 하고 가끔 대학 관계 일로 전화를 주고받은 적은 있지만, 사적인 만남은 없었던 분이었습니다. 시간을 내어서 광화문 근처의 한 호텔 커피숍에서 학교 돌아가는 이야기 등을 하곤 헤어졌습니다. 잠시 환담하고 학교로 되돌아오는 길에 이분이 왜 나를 보자고 했을까? 하는 생각이 들었지만, 도무지 알 수가 없었습니다. 단지 한번 만나고 싶어서 뵙자고 한 말을 그대로 받아들이기로 하면서 그 날 일은 그것으로 마무리 지었습니다. 그러다가 한 달쯤 뒤에 그 대학법인의 이사장님께서 같이 운동을 하자고 연락이 왔고, 그에 따라 같이 골프장을 다녀왔습니다. 그날은 날씨마저 좋은 날이라 비록 초보 골퍼이기는 하지만 기분 좋게 운동을 하였던 기억이 있습니다. 그러고는 또 몇 달 후 이번에는 그 대학 이사장님께서 직접 만나자는 연락이 왔고, 뵙고 보니 그 대학으로 와서 일을 좀 해달라는 것이었습니다. 대학에서 오랫동안 평생교육원장, 교무처장, 기획실장, 부총장 등 주요 보직을 10여 년 넘게 맡아 일을 했으니 아마 그 대학에 와서도 일을 잘하리라고 믿으셨나 봅니다. 당장 그 자리에서 결정하기가 어려워 잠시 시간을 달라고 부탁을 드렸고, 집에 돌아와서 가족들과 상의 후 대학을 옮기는 것은 어렵겠다는 전화를 드렸습니다. 그러고는 제자리로 돌아와 대학에서 주어진 본분을 수행하던 중 다른 대학에서 근무하는 교수님으로부터 전화 한 통을 받았습니다. 요지인즉슨, 일반 안부 전화도 있었지만 왜 그 대학의 보직을 맡지 아니하였느냐는 질문이었습니다. 어떻게 이 일을 알까 궁금하기도 하였지만, 이내 이 교수님이 그 대학 이사장님과 같은 교회를 다니는 것을 알았고 그래서 추천하였다는 이야기를 전해 들었습니다.

이 일을 통해서 사람은 자기도 모르는 사이에 누군가에 의해 평가를 받고, 인정을 받기도 하고, 추천을 받기도 하고, 때로는 배척을 당하기도 하는 존재라는 것을 다시금 깨닫게 되었습니다. 사람은 사람에 의해서 상호평가를 주고받는 존재입니다. 그러니, 그 평가가 누구에 의해서 어떻게 이루어지는지 잘 모르겠지만, 사람들은 그 평가 때문에 사람들을 자신들의 시각과 기준으로 평가하게 된다는 것입니다. 여기서 배운 것이 바로 관계 우선의 법칙과 메라비언의 법칙입니다. 관계 우선의 법칙은 빌 비숍이 《관계 우선의 법칙》에서 강조한 개념으로 성공은 '제품'보다는 '관계'에 의해 결정된다는 것입니다. 메라비언의 법칙은 앨버트 메라비언이 발표한 이론으로 '상대방에 대한 인상이나 호감을 결정하는 데 있어서 '태도(목소리, 보디랭귀지 등)가 결정적인 영향을 미친다.'라는 것입니다. 그러므로, 살아가면서 능력도 능력이지만 무엇보다도 나에게 친절하고, 서로에게 친절한 것이 왜 중요한지를 깨닫게 된 주요한 계기였습니다.

왜 지금 관계가 중시되는가?

인간은 관계 지향적인 존재이고, 상호작용적인 존재입니다. 갓난아기는 무기력하기 그지없는 존재로 태어나지만, 끊임없는 사람과의 상호작용의 결과 때문에 비로소 인간의 모습을 지니게 됩니다. 일찍이 로마의 철학자 키케로가 언급하였듯이 '인간이 인간인 까닭은 사람과 사람 사이의 결합 때문'입니다. 오선에서 벗어난 음표는 악보가 아니듯, 인간 세상과 별도로 존재하는 인간은 인간이 아닙니다.[1] 인간은 타인이라는 존재 없이는 더욱 완전한 통합체로 존재하기가 어렵기 때문입니다. 《성경》의 누가복음 6장 44절의 "나무는 각각 그 열매를 보아 알게 된다. 가시나무에서 무화과를 딸 수 없고, 가시덤불에서 포도를 딸 수 없다."라는 말과 같이 인간은 그가 관계하는 사람에 의해서 비로소 그가 누구인지를 판단할 수 있습니다. 또한, 우리 인간은 타인과의 관계를 통해서만 비로소 인간다움과 인간답지 않은 것을 구분하게 되고, 인간의 존엄성을 이야기할 수 있게 됩니다. 《리스본행 야간열차》의 저자인 페터 비에리는 《삶의 격: 존엄성을 지키며 살아가는 방법》에서 '인간이 존엄한 것은 인생을 스스로 개척한다는 의미에서 독립된 존재이기 때문만은 아니다. 존엄은 한 인간이 타인들과 맺는 관계의 종류에도, 다시 말해 그가 타인들과 어떻게 대면하는지, 타인들이 그를 어떻게 대면하는지에도 근거한다.'라고 강조함으로써 인간과 인간, 주체와 주체끼리의 만남이 인간다움을 만들어나가는 관계의 핵심이라고 강조합니다.[2]

그런데, 이러한 인간의 사회적 관계가 현시대 처음 강조된 적은 없었습니다. 일찍이 철학자 데카르트는 '나는 생각한다. 그러므로 존재한다.'라는 고전적 명언을 남긴 바 있습니다만, 이 말은 오늘날의 MZ세대로부터 BB(Baby Boomer)세대들에게는 '나는 관계한다. 그러므로 존재한다.'라는 격언이 더 어울릴 정도로 각종 SNS나 작은 공동체 혹은 각종 모임에 대하여 참여 지향적이고 관계 지향적인 경향을 보입니다. 앞에서 언급한 바와 같이 가치의 중심이 효율성에서 적응성의 문제로 전환되게 되면 여기에서는 필연적으로 관계성이 강조되게 마련입니다. 왜냐하면, 사회적 상호작용 존재로서 인간은 상호작용하는 다수의 행위자 사이에서 중단 없이 적응해야 하는 새로운 시대에 살 수밖에 없고, 이는 사람과 사람 사이의 관계성을 더욱더 강조하기 때문입니다. 이와 관련하여 제러미 리프킨은《회복력의 시대》에서 새로운 시대에 자율성의 개념은 관계성의 원칙으로 대체되어야 한다고 주장합니다.[3)]

이와 같은 주장은 2019년 말부터 시작된 코로나 19로 인한 세계적인 팬데믹과 2022년 2월부터 시작된 러시아의 우크라이나 침공 전쟁의 두 가지 사례로도 증명되고 있습니다. 이 두 사건이 초래한 사회적, 경제적, 정치적 결과는 전 세계적인 차원의 관계성을 확인시키는 데 충분했습니다. 이는 일찍이 영국 최고의 시인이나 철학자로 일컬어지고 있는 존 던의《인간은 섬이 아니다》라는 책에서도 잘 드러나고 있습니다. 그에 의하면 모든 인간은 서로 연결되어 있고 서로의 일부분이라는 것입니다.[4)]

"때를 따라 울리는 종소리에 그 누가 귀를 기울이지 않겠는가? 이 세상에서 자신의 일부가 사라짐을 알리는 종소리에 그 누가 귀를 뗄 수 있겠는가? 어떠한 인간도 그 자체로 완전한 하나의 "섬"일 수는 없다. 모든 섬은 바다에 떠 있는 "대륙"의 일부이다. 하나의 흙덩이가 바닷물에 씻겨 사라지면, 유럽은 그만큼 작아진다. 육지 끄트머리가 사라지고 당신 친구들의 소유지들이 사라지고, 당신 자신의 소유지가 사라지는 것과 같다. 그렇게 한 인간의 죽음은 나를 작게 만드는 것이니, 나는 인류 안에 속해 있기 때문이다. 그러니 그 종이 누구를 위해 울리는지 알려고 하지 마라(For whom the bell tolls). 그 종은 당신을 위해 울리는 것이다."

그런데, 마틴 부버가 강조한 바와 같이 현대인들의 만남은 진정한 주체와 주체의 만남을 의미하는 '나와 너'의 관계가 아니라, 내가 너를 수단화하고, 이용하고, 물상화하는 '나와 그것'의 관계로 전락해 버린 것에 문제가 생겨납니다. 여기에서 우리 사회는 필연적으로 단절사회, 갈등사회, 분단사회로 점점 더 치달을 수밖에 없으며, 그 어느 때보다도 세분된 사회로 나아가고 있습니다. 이를 보완하기 위한 기술적 조치, 이를테면 SNS라든가, 심지어 메타버스의 생활에서조차도 인간은 점차 그 관계성을 잃어버리고 그 어리석음의 대가를 치르게 되었습니다.[5] 그러므로, 우리는 현 단계에서 관계 혁명을 통한 새로운 '신뢰 사회 구축'이라는 대명제를 실현해야 할 시기가 바로 지금이라고 생각됩니다. 이것이 바로 과거 그 어느 때보다도 지금 시점에서 관계가 중시되는 이유입니다.

모든 인간관계의 출발은 자기 자신이다

이것은 우리나라 사람들의 삶의 만족도가 OECD 선진국보다 현저히 낮게 평가되는 것과도 관련된 이유입니다. 통계청이 발표한《국민의 삶의 질 2022 보고서》에 따르면, 우리나라 국민의 삶의 만족도는 10점 만점에 5.9점('19~'21년 평균)으로 OECD 국가 중 하위권으로 나타났습니다. 그런데, 여기서 한국인의 삶의 질을 나타내는 객관적 지표는 상위권이지만, 주관적인 질적 지표의 순위는 매우 낮은 편이라는 데 문제가 있습니다. 이를테면, 객관적 지표인 주거(7위), 교육(11위) 등은 상위권이나 주관지표만을 다루는 부분(부패 44위, 관용 54위, 사회적 지원 85위, 자율성 112위)은 중하위권으로 낮은 평가를 받고 있다는 것입니다. 이것은 특히, **WEIRD**(서구의 Western, 교육수준이 높고 Educated, 산업화된 Industrialized, 부유하고 Rich, 민주적 Democratic) 사회에서 자란 사람들이 가지고 있는 특징과는 비교되는 특성을 보이는 것과 절대 무관하지 않습니다. 조지프 헨릭은《위어드 Weird》라는 저서에서 '위어드(WEIRD)는 관계와 사회적 역할보다는 자기 자신, 다시 말해 자신의 특성, 성취, 열망에 초점을 맞추는 데 비하여 한국인과 일본인은 관계적 맥락 안에서만 일관되게 행동하는 특징과 비교된다.'라고 보았습니다.[6] 말하자면, 한국 사회나 일본 사회 같은 경우 자신의 '진정한 자아'를 나타내는 자신만의 독특한 특성을 갖추어야 얻을 수 있는 **자존감**(self esteem)이 아니라 **타인의 평가**(other esteem), 즉 체면을 중히 여기게 된다는 것입니다. 개인의 삶의 만족도는 어떤 상황에서든 지 간에 '자기 자신'이어야 하는 것이 중요해야 함에도, 지나치게 사회적 관계망 속에서 자신이 타인에게 '어떻게 보일 것인가'를 중심으로 자기 삶의 만족을 평가하게 된다는 것입니다. 서구사회의 위어드(WEIRD)는 그들이 속한 문화에서 자신이 세운 기준과 열망에 맞게 살지 못하면 죄책감에 시달리는 데 비해서 비위어드권인 우리 사회는 자연적으로 우리 자신을 규율하고 통제하는 것이 죄책감 같은 도덕률이 아니라 수치심 같은 타인의 시선을 중히 여기게 된다는 것입니다. 이러한 사회적 분위기 탓에 우리 사회는 고액 상습 체납자 등의 명단을 공개해서 사회적 망신 주기 프로그램을 가동하고 있기도 하고 사회적 활동의 참여 여부를 사람들의 외부적 시선을 기준으로 참여하는 때도 많습니다.

인간 개개인의 삶의 척도는 자기 자신이 한 사회 내에서 자신이 이룩한 성과를 중심으로 판단되어야 합니다. 그리고 더욱 중요한 것은 **타인의 시선**이 아니라 **자신의 시선**이어야 한다는 것입니다. 그럼에도 불구하고, 타인의 시선 중심으로 오늘을 살아간다는 것은 자신을 힘들게 만드는 그 무엇이라고 봅니다. 말하자면, 관계 혁명의 첫걸음은 '모두에게 사랑받을 필요는 없다'라는 기본적인 인식하에 타인에게 얽매이지 않고 온전한 나로 사는 법, 자기 자신의 주인으로 살아가는 방법으로부터 출발해야 한다는 것입니다.[7)]

자기 자신의 주인으로 살아간다는 것은 무엇보다도 남들과 자신을 비교하지 않는 것으로부터 출발합니다. 타인과의 비교는 비참하거나 교만으로 가는 지름길입니다. 그리고 나 자신의 주인이 되기 위해서는 무엇보다도 내 안의 또 다른 나와의 부단한 내적 대화를 통하여 내적 일관성을 유지할 수 있어야 합니다. 이는 나도 모르는 내가 내 안에서 나를 조종하지 않도록 하는 것을 말합니다. 내적 통일성을 기하게 되면 나 자신을 함부로 대하지 않게 될 뿐만 아니라, 자기 자신에게도 친절할 수 있게 됩니다. 나 자신이 내 안의 또 다른 나에게 친절하지 못한 사람은 절대로 타인에게 친절할 수가 없습니다. 친절은 이 험난한 세상에서 인간이 가질 수 있는 가장 강력한 무기입니다. 필즈상 수상자인 수학자 허준이 교수도 2022년에 있었던 서울대학교 졸업식사에서 '현재의 나를, 그리고 미래에 마주할 미래의 자신마저도 친절하게 맞이하라'라고 조언하였습니다. 그런데, 우리는 언제 어디서나 누구에게나 친절하기는 그리 쉽지 않은 일입니다. 그런데도 애덤 그랜트는 세계적인 베스트셀러인 《기브 앤 테이크》에서 '어쨌거나 친절은 인간의 본성'이라고 말합니다. 그러므로 우리는 자신의 본성에 충실하고 타인에게 신뢰의 메시지를 전달해야 합니다. 이와 관련하여 조던 피터슨은 《12가지 인생의 법칙》에서 '길에서 고양이와 마주치더라도 겁내지 말고 쓰다듬어 주라'고 강조하고 있습니다. 그리고, 나 자신의 주인이 된다는 것은 무엇보다도 나 자신의 한계를 남들이 결정하지 않도록 해야 할 뿐만 아니라,[8] **자신의 성공 여부를 타인의 시선이 아니라 나 자신의 방식으로 결정하는 삶을 산다는 것**을 말합니다.

이제는 관계역량으로 형성되는 사회자본이 중시되는 사회이다

오늘날 한국사회의 변화의 핵심 키워드는 저출산 · 고령화의 진전과 1인 가구의 확대, 4차 산업혁명의 도래, 사회 불평등의 심화 등과 같은 것들입니다. 이러한 변화는 롤랜드 버거가 《4차 산업혁명》에서 강조한 바와 같이 '이미' 우리 곁에 와 있는 미래이기도 합니다. 특히, 우리 곁에 다가와 있는 이들 변화의 추세는 또 다른 차원의 위기를 일으키고 있다는 데 문제의 심각성이 더 크게 두드러지곤 합니다. 고령화는 세대갈등을, 1인 가구의 확대는 사회적 고립 현상을, 4차 산업혁명은 양극화를, 사회 불평등은 사회갈등을 초래하고 있기 때문입니다. 최근 주말이면 서울 광화문 광장과 시청 앞 광장에서 전개되고 있는 시위는 한편으로는 진보와 보수의 갈등이기도 하지만, 다른 한편으로는 진한 세대갈등의 양상이 나타나고 있기도 합니다. 그리고 양극화와 사회 불평등의 심화는 우리 사회가 지향하는 민주주의적 가치를 위협하고 있습니다. 특히, 사회 불평등의 심화는 1988년 서울 올림픽 이후 급격히 심화하고 있는 현상으로 관련 통계조사 보고서에 따르면 2022년 현재 OECD 국가 중에서 최하위에 있는 것으로 나타나고 있습니다. 그뿐만 아니라 현대경제연구원의 연구자료에 따르면 사회갈등지수도 OECD 국가 중 7번째로 높았을 뿐만 아니라 OECD 회원국 평균과의 격차도 확대되고 있는 것으로 나타나고 있습니다.[9] 이와 같은 현상은 결국 우리 사회가 고속성장한 결과로 물질 만능과 결과지향, 생명경시, 승자독식 만연, 경제적 가치(GDP) 위주의 양적 성장 중시의 결과로 인한 것이라는 데 거의 모든 전문가의 의견들이 일치하고 있습니다.[10)]

이와 같은 우리 사회의 고질적인 문제는 언제부터인가 '헬조선(지옥 같은 한국)'이라는 신조어를 대두시켰는가 하면, 3포(연애, 결혼, 출산 포기) 세대를 넘어 포기해야 할 특정 숫자가 정해지지 않고 여러 가지를 포기해야 하는 세대라는 뜻에서 나온 말인 N포 세대라는 말까지 대두되었습니다. 한편, 경제협력개발기구(OECD)가 발표한 '더 나은 삶의 지수 2022 보고서'를 보면, 한국인의 사회적 지지도는 최악 수준이었습니다. '어려울 때 믿을 만한 친구나 친척이 있느냐?'라는 질문에 한국인들은 5명 중 1명 정도만 "그렇다"라고 답해 조사대상국 중 가장 낮은 수준이었습니다. 이와 같은 현상은 결국 우리 사회가 '개인과 국가만 있고, 사회는 있되 공동체는 없는 각자도생의 경쟁 사회'로 치닫고 있다는 것을 의미합니다. 경쟁 중심의 성과사회에서는 '경쟁'과 '성공'만 존재하고, 승자독식의 약육강식 세계만이 존재할 뿐 협력은 찾아보기 어렵습니다. 이는 곧 과잉활동을 초래하게 되고, 재독일 철학자 한상철 교수가 《피로 사회》에서 지적한 바와 같이 '피로 사회 · 우울 사회'로 치닫게 될 뿐입니다.

그러므로, 우리 사회는 과거의 물질만능 중심의 사고에서 벗어나야 할 뿐만 아니라, 다른 한편으로는 사회적 연대, 연계 및 공동체적 가치회복을 통한 신뢰 사회 구축이 사회적 과제로 부각됩니다. 신뢰 사회의 구축은 무엇보다도 사회자본(social capital)의 형성과 관련이 있습니다. 사회자본은 신뢰 유지, 규범

준수, 개인 간의 협력 등을 통해 사회가 유지되고 발전하는 것을 설명할 수 있는 중요한 개념으로 '지속적인 연결망 혹은 서로 알고 지내거나 인정이 제도화된 관계, 즉 특정한 집단에 속함으로써 획득할 수 있는 실제적이거나 잠재적인 자원의 총합'이라고 정의됩니다.[11] 한마디로 말하면, 사회자본은 한 사회 내에서 사람들의 유대관계나 신뢰, 협력, 그리고 규범의 준수 여부에 의해 달려있으며, 이들은 사회적 관계에 쏟는 시간, 감정의 강도, 친밀함, 그리고 상호 간의 서비스 때문에 결정된다고 보는 것이 일반적입니다. 그러므로, 사회자본은 과거 사회에서의 물적 자본, 인적 자본과 함께 사회의 주요한 자본으로 자리를 잡아가고 있으며, 이들 사회자본의 형성이 사회발전의 주요한 동인이라고도 인식되고 있습니다. 물적 자본, 인적 자본, 사회자본의 특성을 요약하여 설명하면 다음의 표와 같습니다.[12]

단계	핵심자본	수단	성과
1세대 자본	물적 자본	하드웨어	하드웨어에 기술을 체화
2세대 자본	인적 자본	휴먼웨어	사람의 머릿속에 기술이 체화 근육 속에 숙련기술이 체화
3세대 자본	사회자본	네트웨어	정직성, 신뢰, 네트워크 상호호혜성(협력의 중요성)

지금 우리 사회는 4차 산업혁명, 코로나 19 이후의 급격한 사회변동으로 인하여 더욱더 사회자본의 형성과 개발이 중요한 과제로 떠오르고 있습니다. 사회자본은 기본적으로 사람과 사람 사이의 연결과 연대를 바탕으로 형성됩니다. 특히, 사회자본은

경제 자본, 인적 자본과 함께 사회적 성공을 결정짓는 중요한 요소로 주목받고 있습니다. 특히, 사회 내에서 일류로 통하는 사람들, 영향력이 높은 상류층이 사회자본 관리의 필요성을 더 잘 알고 있으며, 이에 따라 이들은 사회적 소속을 만들고 관리하는 데 더 많은 시간을 소비하게 됩니다. 이는《아비투스 Habitus》의 저자 도리스 메르틴이 강조한 말입니다.[13] 메르틴에 따르면, '연락처의 개수보다 중요한 것은 같은 야망과 가치관을 공유하는 커뮤니티의 질'입니다. 그러므로, 우리 사회가 좀 더 '나은 사회', 좀 더 '좋은 사회'로 발전해 나가기 위해서는 무엇보다도 개인적 환경은 물론 사회환경 아래에서 상호 간의 연결과 연대의 중요성을 깨닫고 상호 간의 가치와 신뢰를 바탕으로 인적 네트워크를 촉진하여 사회자본의 확대를 도모할 필요가 있습니다. 이를 간단하게 그림으로 나타내면 [그림 6-1]과 같습니다.[14] 이 그림에서 사회자본은 신뢰, 호혜성, 네트워크를 바탕으로 구성되는데, 신뢰는 사회 전반에 대한 신뢰 정도를, 호혜성은 필요한 경우 타인에게 도움을 줄 의향이 있는가를, 그리고 네트워크는 가족 또는 주변 사람들과의 사회적 관계성을 의미합니다.

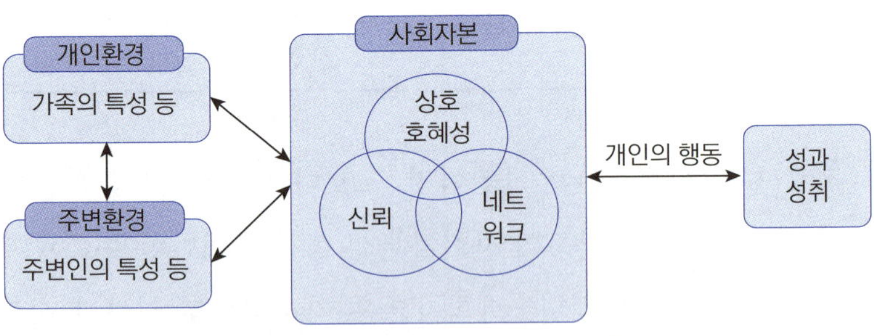

[그림 6-1] 사회자본의 요소와 성취의 관계

한 사회에서의 사회자본의 형성과 개발은 사회의 지속 가능한 발전을 위해서나 그 구성원들의 삶의 질을 축적하고 확대하는 데 없어서는 안 될 그 무엇으로 이해되고 있습니다. 그러므로, 우리는 공동체의 성장과 발전을 위해 서로 협력하는 한편, 사람과 사람 사이를 가르고 차별하는 낡은 사고방식을 버리고 세상이 올바른 방향으로 향할 수 있도록 노력해야 합니다. 물론, 이 변화의 시작과 출발점은 바로 우리 자신이어야 합니다.

관계역량을 촉진하는 데에도 의지와 기술이 필요하다

현대사회는 자본주의 사회입니다. 자본주의 사회에서는 자본을 획득한 자가 스스로 강해지기 마련입니다. 우리가 경제 자본인 '돈'을 벌기 위해서도 돈을 벌기 위한 의지와 기술이 필요한 것과 마찬가지로 관계역량으로 총칭되는 '사회자본'을 획득하는 데도 의지와 기술이 필요합니다. 여기서 의지는 사람들과의 관계를 촉진하고자 하는 추진력을 의미하고, 기술은 그러한 의지를 관철하는 데 필요한 구체적인 능력을 말합니다. 인간관계에는 그 폭과 깊이가 있습니다. 인간관계의 폭은 개인이 관계하는 사람의 숫자, 혹은 알고 있는 전화번호 개수라든가 카카오톡 친구 숫자라든가 페이스북이나 인스타그램의 맞팔 숫자와 관련이 있습니다. 그리고 인간관계의 깊이는 관계의 질을 의미하는 것으로 개인이 관계하는 사람과 어느 정도의 신뢰 관계를 구축하고 있느냐를 의미합니다. 그러므로 인간관계의 양과 질은 단순히 주어지는 것이 아니라 개인의 의지와 관련이 있습니다. 제프리 페퍼도 《권력의 기술》에서 '강조하건대 네트워킹에는 반드시 많은 공력이 필요한 것은 아니다. 약간의 주도권을 가지고, 무엇보다 안전지대에서 걸어 나와 낯선 사람에게 다가갈 의지만 있으면 된다.'라고 강조합니다.[15)]

한편, 관계역량을 촉진하기 위해서는 기본적으로 대화, 즉 소통에 의존할 수밖에 없습니다. 소통은 바로 인간관계를 형성하고 유지하는 데 필요한 기본적인 요소라는 점에서 소통능력이야말로 인간관계를 증진하는 핵심 기제라고 봅니다. 이 점에서 김주환 교수가 《회복 탄력성》에서도 이야기하는 바와 같이 소통은 하나의 기술입니다.[16)] 관계를 촉진하는 데 필요한 의지는 AIDMA의 법칙으로, 그리고 관계를 촉진하는 데 필요한 4가지 기술은 **자기 이해, 반성, 공감적 이해, 커뮤니케이션 능력**으로 구분하여 설명할 수 있습니다.

관계를 촉진하는 데 필요한 의지의 법칙

우리가 사회생활을 하면서 인간관계를 촉진하는 데 필요한 의지는 AIDMA의 법칙으로 설명할 수 있습니다. 원래 AIDMA의 법칙은 광고 및 마케팅 분야에서 널리 원용되고 있는 법칙으로서 '사람이 행동하기까지에는 '관심(attention), 흥미(interest), 욕망(desire), 기억(memory), 행동(action)'의 순위가 있다'는 법칙입니다.

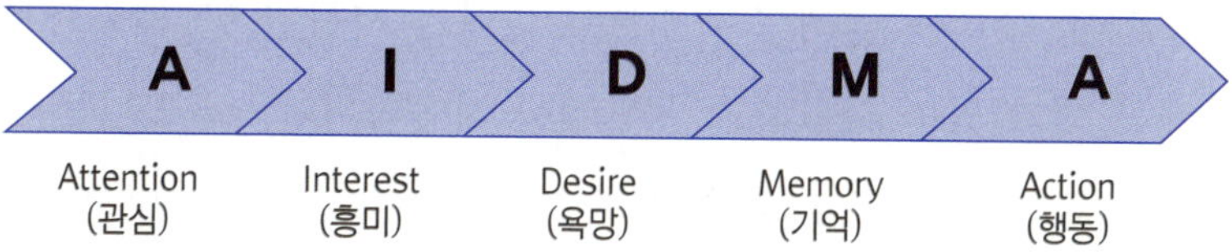

[그림 6-2] AIDMA의 법칙

그런데, AIDMA의 법칙을 관계개선 의지의 법칙으로 원용하게 된 것은 둘째 딸아이와의 대화에서 아이디어를 얻었습니다. 둘째 딸아이의 표현에 따르면, 회사에서 타 부서의 한 신입직원이 톡톡 튀는 모습이 신선해 보여서 관심을 두고 이야기를 해보니, 대학에서 피아노를 전공하였고, 사람이 워낙 해맑아 차츰 흥미를 느끼게 되었고, 점차 친해지고 싶은 생각이 들어 그 친구의 생일을 기억했다가 생일선물을 건네주면서 친구 관계를 맺게 되었다는 것입니다. 이를 통해 새로운 친구 관계를 맺는 것은 기술의 문제가 아니라 의지의 문제라고 생각하게 되었습니다. 이들 5가지의 단계를 보다 구체적으로 단계별로 살펴보면 다음과 같습니다.

먼저 AIDMA 법칙의 **첫 번째는 관심의 단계**입니다. 우리는 개인-가족-학교-직장-사회생활을 하면서 수많은 존재에 둘러싸이게 됩니다. 가수 이선희의 노래 〈그 중에 그대를 만나〉라는 노래 가사에는 '별처럼 수많은 사람 그중에 그대를 만나 꿈을 꾸듯 서로를 알아보고, 주는 것만으로 벅찼던 내가 또 사랑을 받고 그 모든 건 기적'이라는 대목이 나옵니다. 수많은 사람 중에서 특히 그대를 만난다는 것은 바로 관심의 표명이고 관심의 출발점입니다. 모든 관계는 관심으로부터 시작됩니다.

그런데, 우리는 흔히 습관적으로 만나는 사람만 만나게 되고, 관계를 맺고 있는 사람하고만 관계를 지속합니다. 늘 만나는 사람은 편안하고 또 믿을 만하기 때문입니다. 모르는 사람보다는 이미 알고 있는 사람들과 교류하는 것이 무난하고 재미있기는 하기 때문입니다. 하지만 이런 식으로는 인적 네트워크를 넓힐 수 없습니다. 우리가 인적 네트워크를 확대하기 위해서는 새로운 사람을 만나야 하고, 이를 위해서는 어느 정도의 노력과 전략적 접근이 필요합니다.[17] 우리는 만나고 싶은 사람, 만나야 할 사람, 개별적으로 접촉이 필요한 사람들의 리스트가 있게 마련입니다. 그런데, 이들을 평소에 제대로 관리하지 아니하고 필요할 때만 찾게 되면 우리는 이기적인 사람이 되거나, 그들과 친숙한 관계를 유지하기가 어렵게 됩니다. 요즘 젊은 세대들 표현대로 하면 '별로'인 관계가 된다는 것입니다. 그러므로 우리가 만나야 할 사람들의 리스트를 작성하고 그들과의 관계를 바탕으로 목록의 범위를 늘려가며 사회적 관계를 구축해 나가는 것은 바로 '관심'으로부터 출발해야 합니다.

AIDMA의 법칙의 **2번째 단계는 흥미**(interest)입니다. 사람 간의 관계는 관심으로부터 출발하여 공통적인 관심사나 흥미가 일치할 때 더 빠른 속도로 친숙하게 됩니다. 폴 에얼릭은《공감의 진화》에서 '우리 인간의 뇌는 우리가 친숙함이라는 기준에 근거하여 유전학적으로 우리와 밀접한 사람들을 그렇지 않은 사람들보다 쉽게 좋아하도록 진화했다'라고 합니다. 예를 들면, 자신과 닮은 사람을 선호하는가 하면(신체적 유사성), 우리처럼 보이는 사람(자신의 행동을 따라 하는 사람)을, 그리고 공감을 잘하는 사람(심리적 유사성)을 선호하기도 합니다. 그리고 무엇보다 함께 여행하는 일행이나 자주 보는 사람에게 더욱더 흥미를 느끼게 마련입니다.[18] 말하자면, 서로 간의 공통점 찾기를 통해 '타인'을 '우리'로 의식하게 됨으로써 보다 친밀한 관계를 형성하고 싶어 한다는 것입니다.

다음으로 **욕구의 단계**입니다. 우리는 흔히 배가 고프면 음식을 찾게 되는 것과 마찬가지로 외로움을 느낀다거나, 일상에서의 무료함을 느낀다거나, 기존의 친구 관계가 엉망이 되었다거나 할 때 보다 새로운 사람과의 관계를 형성하고자 하는 욕구가 생기게 됩니다. 또한, 한편으로는 새롭게 마주친 사람이 지닌 강력한 아우라에 혹은 그가 지닌 독특한 특성이나 품성에 의해 이끌리게 된다거나 새로운 운동을 시작하고 그 운동을 하는 친구들과 친해지고 싶은 욕구를 느끼게 됩니다. 말하자면, 새로운 친구 관계를 형성하고자 하는 욕구는 결핍(wants)과 요구(needs) 때문에 강하게 형성됩니다. 로버트 그린이 《유혹의 기술》에서 관계를 촉진하기 위해서는 '상대방의 관심과 욕망을 자극하라'라고 강조하는 바와 같이 사람들은 자신의 관심과 욕망으로부터 관계를 보다 촉진하고 확대하게 마련입니다. 다만, 여기서 성장의 욕구에 따라 움직일 때 우리는 더 많은 사람을 찾게 되고 그들과의 교류는 더욱 긴밀한 관계를 맺을 수 있다는 것을 명심할 필요가 있습니다. 존 맥스웰은 《사람은 무엇으로 성장하는가》에서 보다 훌륭하게 일을 해내고 있는 사람들로부터 더욱 많은 것을 배우기 위해서는 다음과 같은 자세가 필요하다고 강조합니다.[19]

- 지원을 아끼지 않는다: 필요하면, 기꺼이 그들이 내어준 시간에 보답한다.
- 일관성을 유지한다: 매달 자신에게 가르침을 주는 사람을 만나라.
- 창의력을 발휘한다: 직접 만날 수 없으면 책으로도 만나라.
- 목적의식을 품는다: 한 시간 교류를 위해 두 시간 동안 준비하라.
- 되돌아본다: 한 시간 교류하면 두 시간 동안 배운 것을 점검하라.
- 감사한다: 그들은 당신의 성장을 도와주는 소중한 존재임을 감사하라.

네 번째와 다섯 번째의 단계는 **기억과 행동의 단계**입니다. 좋은 관계를 유지하기 위해서는 제아무리 관심에 흥미를 더하고 그렇게 하고 싶은 욕망을 가진다고 하더라도, 기억하고 행동하지 않으면 그 관계는 다시는 지속하지 못하고 이전의 모든 단계는 무용지물이 되고 맙니다. 예를 들면, 영화 〈첫 키스만 50번째〉의 대사에서는 '첫 키스가 최고'라고 합니다. 보통의 관계에서 이전의 행동을 전혀 기억하지 못하고 '첫 키스만 50번' 이상 되풀이하게 되면, 웬만한 사람 간의 관계는 지속하기가 어렵게 되기 마련입니다. 노벨 경제학상을 수상한 심리학자인 대니얼 카너먼 교수의 《생각에 관한 생각》에 따르면, 인간에게는 '경험 자아와 기억 자아'라는 뚜렷이 구분되는 두 존재가 공존하고 있습니다. '경험 자아'는 '지금 아픈가?라는 질문에 답하는 자아', 이를테면 현재 내가 경험하는 것을 느끼는 자아입니다. 이와는 달리 '기억 자아'는 지나간 경험을 회상하고 평가하는 자아로 절정과 종결로 강력한 영향을 받는 자아입니다.[20] 카너먼 교수에 따르면, 이들 두 자아의 판단은 대체로 일치하지 않고, '미래에 대한 예측과 그에 따른 의사결정-예컨대 이 사람과의 관계를 어떻게 할 것인가 등-은 전적으로 기억 자아에 의존해서 이루어진다.'라고 강조합니다. 말하자면, 우리가 세상을 살아가면서 어떤 결정을 하는 데 보다 중요한 것은 경험 자아가 아니라 기억 자아라는 것입니다. 이 점에 미루어 생각해 보면, 사람 사이의 관계를 촉진하는 것은 이 기억 자아에 의한 것이고, 따라서 사람들과의 관계에서 어떠한 경험을 하였는가보다는 어떠한 기억을 하고 있느냐가 더 중요하게 주목받습니다. 이를 고려하여 보면, 인간관계에서 어떻게 만나고 거기에 어떠한 과정이 있었는가도 중요하지만, 이보다는 '어떻게 헤어졌는가?'라는 것이 더 중요하게 주목받는다는 것입니다. 그러므로 아무리 사람과의 관계에서 좋았던 감정이 많았다고 하더라도 헤어질 때 안 좋은 감정이 남아 있으면 사람은 그러한 안 좋은 기억만 남게 되고, 그에 따라 관계를 복원하거나 지속하는 데 어려움을 겪게 된다는 것입니다. 반면에 만나는 과정 내내 아무리 슬프고 아픈 감정 경험이 있었다고 하더라도 강력한 스토리텔링이 가능한 기억 하나만 제대로 있어도 그 관계는 더 잘 지속할 수 있다는 것을 알 수 있습니다. 그러므로, 〈이상한 변호사 우영우〉의 원작가인 조우성 변호사의 '한 개의 기쁨이 천 개의 슬픔을 이긴다.'라는 말은 인간관계의 시작과 지속에 있어서 중요한 의미를 지닌다고 봅니다.[21] 그러므로,

관계에 있어서 좋은 기억을 심어줄 수 있는 것, 그리고 사람들의 이름을 불러주는 것, 사람들에게 삶의 의미를 깨닫게 하거나 성장하도록 도와주는 것, 이 모든 것들은 인간관계를 촉진하기 위한 지름길이라고 봅니다.

관계를 촉진하는 데 필요한 기술

개인과 개인이 모이면 개인은 인간(人間: 사람 인, 틈/사이 간)이 됩니다. '틈'은 관계의 공간입니다.[22] 이에 따라 사람과 사람들의 관계로 이루어지는 인간관계는 '사람과 사람' 사이의 '틈'을 벌리거나 메우거나 혹은 인간 간의 '사이'를 어떻게 하느냐에 따라 보다 친밀해질 수도 있고, 이와는 반대로 멀어질 수도 있는 것이 바로 인간입니다. 이 점에서 우리는 관계를 촉진하는 기술들을 습득함으로써 더 친밀하고 한층 더 원숙한 인간관계를 유지할 수 있다고 봅니다. 그런데, 여기서 사회생활을 하면서 마주치게 되는 관계의 문제는 크게 1) 자기 자신과의 관계, 2) 타인과의 관계, 3) 사건과의 관계에서 발생하는 문제로 구분할 수 있습니다. 여기서 자기 자신과의 문제는 자기 이해와 반성의 기술이, 타인과의 문제는 공감적 이해와 커뮤니케이션 기술이, 그리고 사건과의 문제는 갈등조정 능력이 필요하게 됩니다. 이를 바탕으로 여기에서는 사람과 사람 사이의 틈을 메우거나 사이를 좁힐 수 있는 기술로서 **자기 이해**와 **반성**, **공감적 이해**, **커뮤니케이션 능력**, **갈등조정 능력**과 같은 4가지 기술을 중심으로 살펴보고자 합니다.

자기 이해와 반성	공감적 이해	커뮤니케이션 능력	갈등조정 능력
• 가치, 태도 • 부정적 감정 • 개인적 성향	• 타인의 감정을 이해하고 공유하는 능력	• 가치, 태도 • 부정적 감정 • 개인적 성향	• 갈등을 효과적으로 관리하는 것은 인간관계 성공의 핵심

자기 이해와 반성의 기술

모든 인간관계의 출발은 자기 자신입니다. 자기 자신이 바로 서지 못하면 타인 간의 관계는 물론이고 자기 존재마저 부정당하기 쉬운 것이 오늘날의 사회입니다. 우리 인간은 타인과의 교류에 따라 자기 자신을 파악할 수 있는 존재이기도 하지만, 자기 자신에 대한 체계적인 이해를 통해서도 타인과의 관계를 보다 원만하게 유지할 수 있습니다. 이 점에서 자기 자신을 이해하는 것으로부터, 그를 통한 자신의 긍정적인 이미지 구축을 통해 더욱 나은 인간관계를 도모할 수 있어야 합니다. 손자병법에서는 '지피지기 백전불태(知彼知己 百戰不殆)'라고 하여 '적을 알고 나를 알면 백번 싸워도 위태로움이 없다'라고 하였습니다. 이처럼 모든 인간관계의 출발점은 먼저 나를 아는 것으로부터 출발해야 합니다. 나 자신을 이해하기 위해서는 무엇보다도 먼저 자신을 지배하는 부정적인 감정을 극복하고, 나아가서 인간관계의 성장을 가로막거나 제한하는 요인들을 살펴볼 필요가 있습니다.

먼저, 나를 지배하는 부정적인 감정을 극복해야 합니다. 로버트 그린은 《인간 본성의 법칙》에서 '두려운 것은 상대가 아니라 나의 실수이며, 인간관계의 실패 원인을 외부에서 찾지 않는 것이 중요하다'라고 파악하고 뇌의 사고 부분을 강화해줄 몇 가지 전략 및 연습을 실천해서 감정과의 끝없는 싸움에서 이길 수 있는 기술을 습득해야 한다고 강조합니다.[23)]

우리 인간관계에서 **나를 지배하는 부정적인 감정으로서는 시기와 질투, 그리고 혐오와 배제**가 있습니다. 전자가 관계의 불확실성으로부터 태어난 감정인 데 비하여, 혐오와 배제는 사회적으로 학습되고 강화되는 성질의 그 무엇입니다. 기본적으로 시기심은 자신의 능력과 가치에 대한 자신감의 부족으로부터 혹은 타인에게 고통을 가함으로써 위안을 얻고자 하는 열패감으로부터 형성되는 하나의 개인적인 기질입니다. 그러므로 이러한 시기심은 마치 어린아이가 다른 형제자매가 부모로부터 사랑과 관심을 받지 못하도록 하는 행위와도 같이 내가 더 잘되기 위해 타인을 불행하게 만들고자 하는 자세를 견지하게 됩니다. 이러한 점에서 시기심이 강한 자는 정작 우리 사회가 필요로 하는 협력을 피하게 되거나 건전한 인간관계를 형성하기가 어렵게 됩니다.

그리고 건강한 인간관계를 저해하는 불확실한 감정으로서 질투가 있습니다. 질투와 시기심 모두는 '가치 있는 것을 소유한 경쟁자에 대한 일종의 적대감'이라는 데 공통점이 있습니다. 그러나, 질투는 내가 소유한 것을 잃을지도 모른다는 두려움에서 출발한 감정인 데 비하여, 시기심은 타인이 가진 것에 주목하고 자신의 상황은 그보다 못하다고 비교하면서 느끼는 고통스러운 감정이라는 점에서 서로 차이가 있습니다.[24)] 따라서 시기심이 대상의 부재에 대한 감각이지만, 질투는 가치 있지만 불안정한 대상의 존재 자체에 집중한 감정이라는 점에서 사실관계의 설명이나 그에 따른 오해 소지의 해결 여부에 따라 쉽게 해결됩니다. 반면에 시기심은 부, 명예, 지위 등은 원초적으로 한 사회 내에서 불평등하게 배분된다는 점에서 쉽게 해소되기가 어렵다는 데 문제가 있습니다.

한편, 혐오와 배제는 사회적으로 학습되고 강화되는 요소로서 특정 집단이나 사회에 대해서 느끼는 인간의 부정적인 감정입니다. 이들은 시기심이나 질투와 마찬가지로 인간관계의 확장이나 관계의 개선에 부정적인 영향을 미치는 부정적인 감정임이 틀림없습니다. 그러나 시기심이나 질투와는 달리 혐오와 배제는 집단적인 증오와 분노로 확대될 수 있다는 점에서 한 사회 내에서 더 경계해야 할 부정적 가치입니다. 특히, 최근 들어서 '밥충', '맘충', '꼴통', '노키즈 존', '남혐', '여혐', '된장녀', '골페미' 등과 같은 혐오 표현은 인터넷 등은 물론 우리 대화에 스며들어 어느새 우리 일상 속 공기처럼 떠돌고 있는 대표적인 혐오 표현입니다. 이와 같은 특정 집단 또는 개인에 대한 모욕적 표현이나 사회적 약자와 소수자에 대한 편견과 차별의 말들 표현은 뿌리 깊은 편견과 차별이 감정 차원을 넘어 현실 세계로 드러난 '문제'라는 점에서 우리 사회의 공존을 뿌리째 파괴할 수 있다는 점에서 보다 엄격하게 다뤄야 할 '과제'로 주목받고 있습니다.[25)]

나는 최근 넷플릭스에서 리메이크한 세계 제1차 전쟁의 비극성을 다룬 〈서부전선 이상 없다〉라는 영화를 보았습니다. 1980년대 초 '반전 영화'를 보는 차원에서 친구들과 비디오방에서 본 경험이 있습니다만, 이번에는 OTT를 이용하여 집에서 혼자 보았습니다. 영화가 상영되는 내내 빵 한 조각, 고기 한 덩이를 위해 목숨을 거는 말단 전투 보병들이 있는가 하면, 후방 지역에서 고급 샴페인과 푸아그라를 곁들여서 만찬을 즐기는 정치인과 고급 장교들이 교차하는 장면을 보면서 마음이 불편했습니다. 그러다가 영화 끝부분에 웅덩이에서 벌어지는 생존을 위해 적군을 죽이는 혈투, 그리고 그 이후에 피를 토하며 죽어가는 적군의 모습을 보면서, 적군이 아닌 한 인간을 보면서 흐느끼며 다짐하는 장면, 말하자면 '인간 내면에 깃든 동질성'을 확인하고 울부짖는 장면을 보았습니다. 여기에서 무엇보다도 '인간을 인간으로서 이해하고, 그를 통해 공감하는 것'이 혐오와 배제의 늪을 빠져나오는 데 중요하다는 것을 배웠습니다. 이런 점에서 교육, 매스컴, 그리고 사회 전체의 역할이 중요하다고 봅니다. **상호인정, 포용, 나아가서 존중의 분위기는 학습을 통하여 그리고 상호작용을 통하여 보다 증폭될 수 있습니다.** 이 점에서 로마의 황제 마르쿠스 아우렐리우스가 일찍이 《명상록》에서 '인간은 서로를 위해 존재하는 존재이므로 서로를 인정하거나 포용하라'라고 한 말의 의미를 이해할 듯합니다.[26)]

다음으로 인간관계의 성장을 가로막거나 제한하는 개인적인 성향요인은 인간관계의 성장을 저해하는 그릇된 생각과 인간관계의 단기적인 사고들을 중심으로 살펴보고자 합니다. 더욱 친밀한 인간관계를 형성하고 관계를 확대하는 것을 가로막는 잘못된 생각으로는 다음과 같은 것들을 지적할 수 있습니다. 이들은 관계촉진을 위한 적극적인 노력을 방해하거나 지연시킨다는 점에 문제가 있습니다.

- 사람들 간의 관계는 자연스럽게 이루어진다.
- 어떻게 관계를 촉진하고 확대하는지를 잘 모르겠다.
- 관계보다는 실력이 우선이고, 실력만이 성공을 좌우한다.
- 사람들한테 얕잡아 보이거나 허술하게 보이면 어떡하지 하고 고민한다.
- 내가 조금 더 성공한 후에 더 좋은 사람을 만날 수 있다.
- 아직은 내가 사람들을 만날 때가 아니다.
- 나보다 다른 사람들이 더 잘나가는 것 같다.
- 사람 간의 관계는 그리 어렵지 않고, 그저 쉽게 촉진될 수 있다.

한편, 빌 비숍은《관계 우선의 법칙》에서 관계 우선 중심의 사고를 가로막는 몇 가지 요인을 제시하였는데, 이들은 효과적인 인간관계를 제한하는 요인으로도 작용할 수 있다고 보아 이를 일부 수정하여 제시하면 〈표 6-1〉과 같습니다.[27)]

〈표 6-1〉 단기적인 인간관계와 장기적인 인간관계 간의 특성 비교

단기적인 관계를 의식할 때	장기적인 관계를 의식할 때
• 목적에 초점을 맞춤 • 혼자 혹은 작은 그룹으로 일함 • 때가 지나면 관계가 시들해짐 • 자기 자신을 자극함 • 목표를 달성하면 관계도 종료됨 • 경쟁자를 적으로 판단하고 경계 • 기존의 인적 네트워크에만 관심	• 관계 자체에 초점을 맞춤 • 개인 간, 집단 간 협력적인 일 처리 • 관계가 오래 지속함 • 자기 자신을 변화시킴 • 목표를 넘어 관계 지속 및 성장 • 경쟁자와의 협력적인 관계 중시 • 새로운 인적 네트워크 참여 확대

공감적 이해의 기술

사람은 서로 마음과 마음이 연결될 때 더욱더 협력할 수 있는 존재입니다. 그런데, 그 마음을 얻기가 그리 쉬운 일은 아닙니다. 왜냐하면, 한 길 물속은 알아도 한 사람의 마음을 안다는 것이 매우 어렵기 때문입니다. 이에 따라 생텍쥐페리는 《어린 왕자》에서 사람의 마음을 얻는 것이 이 세상에서 가장 어려운 일이라고 하였습니다. 초연결사회로 귀결되는 현대사회는 기본적으로 공감의 시대를 전제로 하고 있습니다. 우리 시대의 독보적인 사상가 제러미 리프킨은 《공감의 시대》에서 '삶의 질을 추구하는 사회가 21세기 세계인의 꿈이고 상식이 된다면, 우리 인간은 언젠가는 공감이 증가하여 엔트로피를 밀어 올리는 역사의 불가피한 변증법을 깨뜨릴 수가 있게 된다.'라고 보았습니다.[28] 다행하게도 최근 여러 심리학적 연구결과들은 '인간은 공감 능력을 갖추고 태어나는 **호모 엠파티쿠스**(Homo Empathicus)이다'라는 것을 증명하고 있습니다. 이는 결과적으로 '인간의 본성에 이기적인 내적 충동과 똑같이 강력한 공감적 측면이 있다'라는 것을 말합니다. 이는 곧 사람됨의 핵심에는 공감이 존재한다는 것을 의미하며 이는 곧 지금 '나는 생각한다. 고로 존재한다.'라고 말하는 데카르트 시대에서 '네가 존재한다. 고로 내가 존재한다.'라고 말하는 공감의 시대로 대이동의 길목에 서 있다는 것을 의미합니다.[29]

그러므로 우리는 의식적으로 생각하든 그렇지 않든 상관없이 삶의 순간마다 타인과의 상호작용을 통하여 타인의 삶의 위대함과 위약성을 동시에 느낄 수 있게 되고, 이를 통하여 우리는 삶의 경외감, 놀라움, 상상 초월을 경험하게 됩니다. 이를 통하여 사람은 자신의 존재의미를 끊임없이 수정하고 또 수정하게 마련입니다. 이런 점에서 우리가 삶의 여정을 지나 먼 훗날 돌이켜 보면, 우리의 삶의 의미를 부여한 경험은 공감적 포용의 순간이며, 그것이 바로 개인적 의미추구의 지표라고 말할 수 있을 정도로 강력하다고 봅니다.[30] 이에 따라, 《공감하는 능력》의 저자 로먼 크르즈나릭은 자기 이익과 자기보존을 위해 공격적으로 돌진하는 것이 인간의 일차적인 행동 동기라는 전통적이고 다원적인 사상인 호모 셀프센트리쿠스(Homo Self-centricus)는 잊으라고 이야기하면서, 새로 등장하는 '인간관은 인간이 자신의 마음을 타인들의 마음과 융해시키는 능력을 타고난 호모 엠파티쿠스이기도 하다'고 강조합니다. 이와 같은 공감 능력의 확대는 무엇보다도 인간관계에서 철학자 마틴 부버가 《나와 너》에서 강조한 것처럼 '나-그것'의 관계로부터 '나-너'로의 관계로 이동하는 것으로부터 시작됩니다. 사람들은 자신이 '그것(처리대상이라든가 이용 가치)'으로 대접받는지 아니면 '너(주체적인 존재)'로 인정되는지에 대단히 민감하게 반응하게 마련입니다. 다시 말해 초점과 관심을 받을 가치가 있는 인간으로 대접받는지를 금방 알아차리기 때문입니다.[31] 또한, 공감의 폭을 확대하기 위해서는 무엇보다도 접촉과 교류의 힘을 믿어야 합니다. 접촉은 더 많은 신뢰와 더 많은 연대, 더 많은 상호친절을 낳으며, 다른 사람의 눈으로 세상을 볼 수 있도록 도와주기 때문입니다.[32]

우리는 현재 갈등의 시대, 혼돈의 시대, 분열의 시대를 살고 있습니다. 사람들은 자신의 정치적 입장, 사회적 지위나 위치, 성별, 성적 취향에 따라 극도로 분열되어 있습니다. 이는 언뜻 보면, 이들 사이에서 중간자적 입장을 차지하는 것이 어려울 것 같지만 우리가 새로운 시각으로 새로운 관계를 모색할 때 새로운 측면이 보일 수 있습니다. 우리는 다양한 경험과 만남, 그리고 상호교류의 폭을 확대함으로써 우리가 모두 서로 다르다는 사실이 아무런 문제가 아님을 깨닫게 되고, 이는 곧 분단과 분열을 극복하고, 갈등의 골을 넘나들 수 있는 지름길이 될 수 있습니다.

그러므로 우리는 우리에게 가장 중요한 인간관계에서 긍정적인 의사소통을 하려고 노력할 수 있다면, 정서적이고 실제적인 보상을 얻을 수 있을 것입니다. 여기에서 우리는 먼저 타인에게 다가갈 용기, 서로 간의 차이와 다양성을 인정할 수 있는 용기, 그리고 무엇보다도 이해의 폭을 넓히기 위한 공감력을 키우는 것이 무엇보다도 중요하다고 봅니다.[33] 여기에서 우리는 공감의 혁명, 신뢰의 혁명, 포용성의 혁명을 위한 변화의 길을 한 걸음 한 걸음 걸어갈 필요가 있다 할 것입니다.[34]

로먼 크르즈나릭은 《공감하는 능력》에서 공감혁명을 촉진시키는 첫 번째 길은 '대화'에 있다고 보면서, 공감능력이 뛰어난 사람들의 6가지 습관을 제시하였습니다.[35]

- 두뇌의 공감회로를 작동시킨다.
- 상상 속의 도약을 통한 공감의 장애요인과 촉진요인을 떠올린다.

• 새로운 체험에 뛰어든다.
• 대화의 기교를 연마한다.
• 공감을 가장 크게 확대해 주었거나 영향을 준 것들을 생각한다.
• 주변에 공감적 연결을 확대할 수 있도록 변혁의 기운을 불어넣는다.

커뮤니케이션 능력

사람 간의 관계는 자기 자신과 타인 간에 이루어지는 여러 형태의 정보를 처리하고 보관하고 인출하는 소통능력에 달려있습니다. 그러므로 소통을 잘하기 위해서는 자기 생각이나 감정, 의도를 스스로 잘 파악하는 것은 물론, 타인의 생각, 감정, 의도도 잘 파악하고 이를 체계적으로 전달할 수 있어야 합니다.[36] 이에 따라 효과적인 커뮤니케이션 능력은 오늘날 인간관계의 핵심으로 부각되고 있으며, 특히 4차 산업혁명시대에 있어서는 성공을 위한 '핵심역량'으로 떠오르고 있습니다. 그런데, 소셜 미디어의 확대로 인하여 공식적인 의사소통이 필요한 상황에서도 의사소통이 점점 더 캐주얼해지는 경향을 보이고 있습니다. 이는 젊은 세대의 사람들이 직장에서 효과적인 의사소통 기술의 중요성을 모르거나 이해하지 못할 수도 있다는 것입니다. 의사소통 도구가 무엇이건 간에 효과적으로 의사소통하는 능력을 지니는 것은 보다 신뢰로운 관계 구축은 물론 보다 성공적인 조직생활을 위해서도 필요한 것입니다. 이 점을 감안하여 몇 년 전, 독립적인 비영리 응용 연구 기관인 캐나다 콘퍼런스 보드(Conference Board of Canada)는 직원들이 직장에서 성공하는 데 필요한 중요한 기술을 나열한 〈고용 가능성 기술 2000+〉를 개발하고, 그 가운데 효과적인 의사소통 기술 10가지를 제시하였는 바, 이를 제시하면 다음과 같습니다.[37]

첫째, 듣고, 듣고, 또 들으라는 것입니다. 사람들은 자신이 하는 말을 상대방이 제대로 듣고 있는지를 알고 싶어 하는 존재입니다. 그러므로, 상대방이 말하는 것을 제대로 경청하는 것은 모든 인간관계의 출발점입니다. 그리고, 대화 도중에 잘 이해되지 않는 내용에 대해서는 오해를 피하기 위해 설명을 요청하는 것도 중요합니다. 물론 질문하고 대답하는 순간, 말하자면 대화가 오고 가는 순간에만큼은 당신에게 말하는 사람은 당신의 인생에서 가장 중요한 사람이라고 간주할 수 있어야 합니다. 말하자면, 대화에 있어서의 '**지금, 이 순간**'을 중시하라는 것입니다. 또 다른 중요한 점은 한 번에 하나의 대화에만 참여하라는 것입니다. 즉, 전화로 누군가와 대화하는 경우 카카오톡 문자를 보낸다거나, 컴퓨터 자판을 두드리거나, 설거지를 하는 등의 행동은 하지 말라는 것입니다. 그리고, 반드시 개인에게 필요한 내용은 여러 사람에게 동시에 문자를 보내는 것 등은 대단히 실례라는 것도 감안해야 합니다. 이것은 곧 대화 도중에 상대방이 자신에게 전적인 관심을 가지고 있지 않다는 것을 말하기 때문입니다. 얼마 전에 결혼식을 올린 직원 한 명이 있었는데, 신혼여행을 다녀와서 50명이나 참석하고 있는 카카오톡 단톡방에 감사 인사말을 건네는 것을 보고 적잖이 당황한 적이 있었습니다.

둘째, 누구와 이야기하고 있는지에 따라서 대화의 내용이 달라져야 한다는 것입니다. 친구와 의사소통할 때에는 문자어와 비공식적 언어를 사용하는 것은 괜찮지만 상사에게 이메일을 보내거나 문자 메시지를 보내는 경우 'ㅇㅇ', '반사'와 같은 비공식적인 언어를 사용하지 말아야 합니다. 다른 사람이 약어의 의미를 알고 있다고 가정해서는 아니 되기 때문입니다. 오래전 작은 딸아이와의 문자로 대화를 하는 도중에 'ㅂㅅ'이라는 약어가 와서 무슨 말인지 몰라 다른 한편으로는 당황하기도 하고 오해하기도 하였던 적이 있습니다. 그리고, 카카오톡 문자의 경우 이모티콘의 남발은 다른 오해를 불러일으킬 요소가 있습니다. 그러므로, 모든 대화는 상대방에 따라서 메시지를 차별화해야 합니다. 그러므로 메시지를 전달하고자 하는 경우에는 상대방의 입장을 언제나 염두에 두는 것이 필요합니다. 이러한 지적을 소위 '꼰대질'이라고 생각하면 그것은 큰 오해이고 인간관계를 왜곡하는 길이기도 합니다.

셋째, 상대방과의 대화 시에는 비언어적인 신체 언어가 중요하다는 것입니다. 이는 대면 만남은 물론이고 화상 만남에서도 중요하다고 합니다. 찰스 다윈에 따르면, 비언어적인 여러 감정의 표현 방식은 생존에 유리한 방향으로 진화되어 왔다고 밝히면서 인간의 비언어적 소통 방법 가운데 많은 부분은 선천적이고 자동적인 것으로서 과거의 진화 단계에서 남은 유물이라고 보았습니다.[38] 그리고, 레오나르드 믈로디노프의 《새로운 무의식》에 따르면, 어느 정도로 성공한 정치인들 중에는 낯선 사람들이 운집한 장소에서 말할 때 진심으로 친근감과 공감을 느끼는 비언어적 표현을 잘하는 재능을 타고난 이가 많다고 합니다.[39] 따라서, 대화 시에는 상대방에게 친밀함을 줄 수 있도록 개방적인 신체 언어를 사용하는 것이 중요합니다. 대화할 때 상대방이 보다 주의집중할 수 있도록 하는 비언어적인 신체언어의 표현방식으로는 SOLER라는 기법이 있습니다.[40]

- 상대방을 정면으로 바라본다(Sit squarely).
- 상대방에게 개방적인 자세를 취한다(Open posture).
- 이따금 상대방 쪽으로 몸을 기울인다(Lean toward the client).
- 지속적으로 적당한 눈 맞춤을 시도한다(Eye contact).
- 편안하고 자연스러운 자세를 취한다(Relaxed).

넷째, 이메일이나 문자 메시지를 보내고자 할 때, 보내기를 누르기 전에 메시지를 먼저 확인하는 것이 필요합니다. 혹시 잘못된 수신자에게 보내는 것인지, 맞춤법에 맞는 내용인지의 여부 검사도 사소한 것이지만 메시지의 신뢰도와 자신의 허술한 태도를 드러내지 않기 위한 기본적인 자세입니다.

다섯째, 전달하고자 하는 메시지는 간결하면서도 구체적이어야 합니다. 서면 및 구두로 하는 의사소통의 경우 간단하면서도 충분히 구체적으로 연습하여 상대방에게 자신이 말하고자 하는 바를 잘 이해할 수 있도록 충분한 정보를 제공하는 것이 필요합니다. 그리고 문자나 이메일에 응답하는 경우 응답지를 작성하기 전에 먼저 받은 내용을 충분히 잘 읽어야 합니다. 그리고 나서 제대로 된 답변을 작성할 수 있어야 합니다. 너무 많은 정보를 제공하거나 두서없는 글을 삼가야 함은 물론입니다.

여섯째, 다른 사람과 이야기하거나 회의 중일 때 가급적이면 메모를 하고, 기억에만 의존하지 않도록 조심해야 합니다. 그리고 후속 답변을 하는 경우에도 대화 중에 말한 내용을 제대로 이해했는가를 파악하는 것도 필요합니다.

일곱째, 직접 만나기가 어려울 때에는 가급적이면 문자 메시지를 보내는 것보다는 전화를 이용하는 것이 좋습니다. 문자 메시지는 자칫하면 상대방이 읽지 않고 지나가서 중요한 내용의 경우 차질이 생길 수 있기 때문입니다. 이메일은 때로는 구두로 말해야 할 내용을 제대로 전달할 수 있기 때문에 효과적인 의사전달 방식이기도 합니다. 그러나, 가끔 중요한 회의참석 여부를 확인하거나 강의요청을 하는 경우 이메일에만 의존해서 하는 경우가 있는데, 이 경우도 반드시 점검하고 확인하는 작업이 뒤따라야 합니다.

여덟째, 말하기 전에 생각하는 습관을 기르는 것이 중요합니다. 가장 먼저 떠오르는 말을 하지 말고 말하기 전에 항상 잠시 멈추는 것이 필요합니다. 잠시 시간을 내어 자신이 말하는 것과 말하는 방법에 세심한 주의를 기울이는 것이 필요하다는 것입니다. 대화 도중에 잠시 멈춤을 하는 것은 상대방으로 하여금 주의 집중을 하도록 하는 중요한 기법의 하나입니다.

아홉째, 모든 사람을 동등하게 대해야 합니다. 모든 사람을 존중하면서 친절하게 대해야 합니다. 누구에게도 함부로 해서는 아니 됩니다. 대화의 기본은 존중입니다.

열 번째, 모든 대화 도중에는 긍정적인 태도와 미소를 유지하는 것이 필요합니다. 전화 통화를 할 때도 긍정적인 태도가 빛을 발합니다. 모든 삶은 하나의 거울과 같습니다. 내가 웃으면 거울 속의 나도 웃듯이 상대방도 미소로 답하게 마련입니다. 심지어 전화 통화 시 미소를 짓는 것도 상대방이 알 수 있다는 것을 명심해야 합니다. 자주 웃고 긍정적인 태도를 나타내면 사람들이 당신에게 긍정적으로 반응할 것입니다. 세상만사 '기브 앤 테이크(give and take)'라고는 하지만, 먼저 상대방을 배려하고 존중하는 것이 필요합니다. 애덤 그랜트는 《기브 앤 테이크》에서 '주는 사람이 성공한다'는 것을 여러 연구결과들을 종합하여 밝히고 있으며, 이 책의 표지에는 '독한 놈이 성공한다'는 승자 독식 시대에 종말을 선언하는 따뜻한 반란. 재능, 노력, 운보다 강력한 '이기는 양보의 힘을 체계적으로 증명한 책'이라고 씌어 있습니다.

이상과 같은 효과적인 의사소통 방법은 조금만 신경을 쓰면 쉽게 가르칠 수 있는 기술이자 배울 수 있는 능력입니다. 그러므로 위에서 설명한 10가지 팁을 따라 의사소통기술을 보다 체계적으로 연마하게 되면 틀림없이 더 나은 인간관계를 유지하고 확대할 수 있다고 봅니다.

갈등조정 기술

인간은 철저히 혼자이며, 철저히 자유로운 존재입니다.[41] 여기에서 모든 인간관계에는 갈등이 필연적으로 존재하게 된다는 것을 알 수 있습니다. 가수 조성모의 '가시나무새'라는 노랫말과도 같이 내 속엔 내가 너무도 많습니다. 우리에게는 내 안에 서로 다른 내가 너무도 많이 살고 있습니다. 내 안에 내가 너무도 많으면 서로 잘났다고 하는 순간 혹은 네가 잘못했다고 하는 순간 내 안은 시끄럽기 그지없게 되고 여기에서 내적 갈등이 뒤따를 수밖에 없고, 심하게 되면 내적 분열이 일어나게 됩니다. 사람 사이의 관계에서도, 그리고 한 사회에서도 이와 마찬가지의 일들이 벌어지게 됩니다. 조지프 스티글리츠는 《불평등의 대가》라는 책에서 '분열된 사회'가 다른 어떤 사회보다도 위험하다고 강조합니다. 이와 마찬가지로 개인과 개인, 개인과 집단 간에 분열과 갈등이 일어나게 되면 엄청난 대가를 지불해야만 하는 게 인간사이고, 세상사입니다. 우리 각자는 본래 갈등하는 존재입니다. 이는 《인간 본성에 대하여》와 《개미》로 퓰리처상을 2회 수상한 바 있는 통섭의 과학자 에드워드 윌슨이 《인간 존재의 의미》라는 책에서 한 말입니다.[42] 이어서 윌슨은 인간은 '죄를 유발하는 개인의 선택과 선을 촉진하는 집단의 선택'이라는 두 극단적인 힘 사이에서 불안정하게 끊임없이 요동치는 존재라고 설명합니다. 이 점에서 인간의 영원한 갈등은 신이 인류를 시험하는 것이 아니고, 악마의 음모는 더더욱 아니며, 그저 본래부터 그러했을 것이라고 강조합니다. 그리고, 그는 이러한 갈등이 인간 수준의 지능과 사회 조직이 진화할 수 있는 유일한 방식일 수 있다고 보았습니다.[43] 그런데, 하버드대학교의 마사 누스바움 교수는 《타인에 대한 연민》에서 '절대 군주제, 특히 봉건제도는 사람들의 가능성에 한계가 있고 운명이나 신성한 정의가 삶의 위치를 규정한다고 믿었지만, 불변의 질서와 운명을 거부하고 경쟁을 지시하는 민주주의 사회는 타인의 성취에 대한 시기심의 문을 활짝 연다.'라고 보고 현재 우리가 살고 있는 민주사회에서는 갈등이 불가피하다고 강조합니다.[44] 말하자면, 윌슨은 인간 간의 갈등이 태생적이라고 보는 반면에, 누스바움은 그 갈등이 사회제도가 만들어 놓은 부산물이라는 점에서 차이가 있습니다. 하지만, 이들 모두는 사회 도처에 갈등이 편재되어 있다는 점에서는 의견이 일치하고 있습니다.

그러므로, 우리 삶에는 언제나 갈등이 존재하며, 그 갈등은 그 자체로 나쁜 것이 아니라는 점을 인식할 필요가 있습니다. 문제는 갈등 상황을 잘못된 방법으로 우격다짐으로 해결하려고 할 때 개개인의 스트레스가 확대되고, 나아가서 조직의 효율성이 떨어지고, 사회적으로는 사회적 갈등 비용의 증가로 이어지게 된다는 것입니다. 그러므로, 현명하게 갈등을 관리하게 되면 개인 간의 관계가 보다 돈독하게 될 뿐만 아니라, 갈등과정에서 보다 나은 목표달성 방법을 찾아내기도 합니다. 여기서 우리는 갈등이 전혀 없는 것이 좋고 나쁨의 문제가 아니라 일상생활 어디에서나 존재하고 존재할 수 있는 갈등을 어떻게 관리해 가는가 하는 것이 더 중요하다는 것을 알 수 있습니다. 여기에서 사람들과 집단 간에 발생한 갈등을 체계적으로 조정하고 정리할 수 있는 기술이 필요하게 됩니다.

그런데, 우리가 인간사에서 일어나는 갈등을 체계적으로 이해하고 관리하기란 그다지 쉬운 일이 아니라는 데 문제가 있습니다. 우리는 갈등이라는 것도 사람들과의 관계의 정도에 따라서,

그리고 사람들의 성향에 따라서 달리 나타날 수 있고, 이를 해결하는 방법도 서로 다를 수 있다고 봅니다. 전자의 경우에는 애덤 그랜트의 인간관계의 유형이, 후자의 경우는 토마스-킬만의 갈등 대응 유형이 더 잘 설명할 수 있다고 봅니다.

먼저, 애덤 그랜트의 갈등 유형 구분에 대해서 살펴보면, 그는 《오리지널스》에서 인간 관계의 양상을 '긍정성과 부정성'이라는 두 축을 중심으로 구분하였습니다.[45] 애덤 그랜트는 인간관계에서 한 축은 얼마나 긍정적인 관계를 보여 주는지의 여부를, 다른 한 축은 얼마나 부정적인 관계를 나타내느냐를 토대로 인간관계를 4가지로 구분하였습니다. 이를 그림으로 나타내면 [그림 6-3]과 같습니다.[46] [그림 6-3]에서도 보는 바와 같이 인간관계는 긍정성이 높고 부정성은 낮은 친구관계(지속적인 지지), 긍정성은 높으나 부정성도 높은 관계(양면적인 애증 관계), 긍정성도 낮고 부정성도 낮은 관계(아는 사람: 무관심한 관계), 그리고 긍정성은 낮고 부정성은 높은 관계(적: 지속적으로 방해하는 관계)의 4가지로 구분됩니다. 말하자면, 사람들 간의 관계는 순전히 긍정적인 관계와 완전히 부정적인 관계가 있는가 하면, 긍정적인 동시에 부정적인 관계도 존재하는 양면적 관계도 있다는 것입니다.

		긍정성	
		낮음	높음
부정성	낮음	아는 사람: 무관심	친구: 지속적인 지지
	높음	적: 지속적인 방해	친척: 양면적 지지

[그림 6-3] 애덤 그랜트의 갈등유형 구분

그런데, 여기서 가장 어려운 관계가 바로 양면적인 관계인데 이 관계는 때로는 병도 주고 때로는 약도 주는 관계로서 이들 관계가 다루기 가장 어렵습니다. 애덤 그랜트에 따르면, 부정적인 관계는 사람을 불쾌하게 하기는 하지만 예측 가능하다는 점에서 다루기가 보다 쉽지만, 양면적 관계는 부정적 관계보다 말 그대로 정신적, 육체적 건강에 더 해롭다는 것입니다. 이 점에서 애덤 그랜트는 애증관계의 사람보다는 차라리 '적'이 낫다고 보았습니다. 그러므로 어떤 면에서는 애증관계에 있는 자와는 인연을 끊고, 적을 내 편으로 만드는 것이 낫다고 보았습니다.[47)]

여기에서 때로는 병도 주고 약도 주는 애증이 엇갈리는 양면적인 관계는 복구를 위한 노력보다는 차라리 연을 끊는 것이 보다 중요합니다. 여기에서 손절의 기술이 나오게 됩니다. 우리는 주식을 할 때에도 제때에 손절을 하지 못하여 심지어 마이너스 80퍼센트일 때에도 붙들고 있는 경우도 있습니다. 내가 지금 장기 보유하고 있는 주식 중의 하나가 바로 이런 경우입니다. 애증관계에 있는 자도 제때에 손절을 하고 그를 통해 자신의 에너지를 다른 곳에 집중하도록 하는 것이 중요합니다. 《당신은 생각보다 강하다》의 저자인 정신과 의사 전미경은 최근 세바시에서 '손절의 기술'을 강의한 바 있습니다.[48)] 그녀에 따르면, 자신을 감정 쓰레기통으로 취급하는 자는 재빠르게 손절하는 편이 낫습니다. 물론, 이 경우에도 일정한 단계를 거쳐야 함은 물론 관계의 손절에도 예의가 있어야 한다는 것입니다.

한편, 토마스-킬만에 의하면 갈등의 당사자일 때 갈등 대응 유형은 두 가지 관심사의 정도에 따라 5가지로 나누어집니다.

이는 사람들의 갈등 대처 방식이 '상대에 대한 협력 정도'와 '내 목표달성 의지'라는 2가지 축에 따라 5가지 유형(협력형, 호의 수용형, 타협형, 경쟁형, 회피형)으로 구분됩니다. 여기서 협력형은 문제해결을 위해 다 같이 힘을 합치고자 노력하고, 수용형은 '좋은 게 좋은 거지'라는 자세로 다수의 결정에 따릅니다. 이에 비해 경쟁형은 갈등 상황에 자신의 의견이나 주장을 관철하기 위하여 주변 사람들에게 강요하는 자세를 취하고, 회피형은 갈등 상황 자체를 피하고자 노력하는 것을 말합니다. 마지막으로, 타협형은 이해관계를 적절히 배분함으로써 갈등을 처리하는 방향으로 행동합니다. 이들 갈등에 대처하는 여러 유형은 그 어느 것도 틀렸다고 할 수 없습니다. 다만, 상대방이 나와 다른 의견이나 문제의 해결방식을 가졌다는 사실을 인정하고 출발해야 합니다. 이를 제대로 극복하기 위해서는 존이구동(尊異求同), 즉 다름을 인정하고 그 해법을 찾아야 합니다.[49)]

세계적인 투자자이자 베스트셀러 저자인 레이 달리오는《원칙 Principles》에서 '뇌라는 기계가 작동하는 방식이 다르기 때문에 우리 모두가 다르다는 것을 인정해야 한다'면서 우리 사회의 갈등의 문제는 소통 부족의 산물이 아니라, 사고방식의 차이 때문이라고 강조합니다. 사람들은 자신의 뇌가 작동하는 방식에 기초해 일을 실행하기 때문에 내가 사람들이 틀렸다고 생각하는 것처럼, 그들도 나를 똑같이 생각한다는 것을 인정해야 한다는 것입니다.[50)] 그러므로, 우리는 여기서 우리가 서로를 정중하게 대하는 합리적인 방법은 상호 이해심을 가지고 스스로를 겸손하게 성찰하고, 사물에 대한 객관적인 감각을 키우는 것이 중요하다는 것을 인식할 필요가 있습니다.

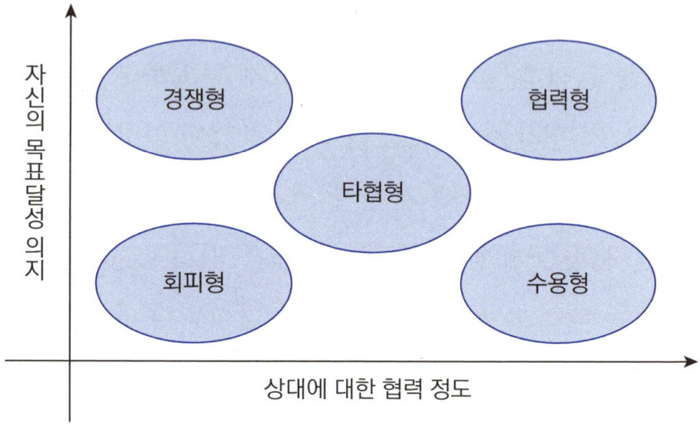

[그림 6-4] 갈등 상황 발생 시 개인 성향에 따른 대처 유형

그런데, 건강한 갈등 관리를 가로막는 장애물로서는 1) 좋은 관계를 유지하려는 마음, 2) 승리에 대한 강박, 3) 갈등을 직면하는 것에 대한 두려움 등과 같은 3가지가 있습니다.[51] 이 점에서 앞에서 언급한 타협형, 지나친 경쟁형과 회피형은 성공하는 조직이라든가 상호협력이 중시되는 분야에서는 잘 어울리지 않는 유형이라고 볼 수 있습니다. 여기에 딱 맞는 표현이 하나 있습니다. 바로 세계적인 언론 재벌이자 CNN의 설립자인 테드 터너가 조직이 성장하기 위해서는 '**이끌거나, 따르거나, 아니면 비키거나**(Lead, follow, or get out of the way)'와 같은 3가지 방식 가운데 하나를 취해야 한다고 말한 것입니다.[52] 이는 JTBC 드라마 〈대행사〉에서 고아인 상무(이보영 분)의 집무실 벽에 '이끌든지, 따르든지, 비키든지'라고 적혀 있었던 문구이기도 합니다. 여기서 '이끌든지(lead)'는 강압적이고, 명령적이고, 일방적으로 처리한다는 의미가 아닙니다. 이것은 오히려 의식적으로, 지속적으로, 그리고 체계적으로 지지를 얻어 내려고 노력하는 것을 의미합니다. 이를 통해 협력과 조화를 이룩하는 과정을 '동조화'라고 부르는데, 이 과정은 기본적으로 개방적인 생각을 가지고 적극적으로 오해와 견해 차이를 해소해 나가는 과정입니다.[53] 그리고, '따르든지'는 조직 구성원의 입장에서나 개인적인 입장에서 '리더 혹은 타인과의 긍정적인 관계'를 바탕으로 구성원 스스로 그렇게 하고자 동조하는 경우를 말합니다. 그리고, '비키든지'는 적절한 이해관계에 따라 타산적인 입장에서 그렇게 따르는 것이 자신의 입장이나 조직의 입장에서 불리한 것이 없다는 차원에서 다소 소극적인 자세를 취하는 것을 말합니다. 이 표현에 따라 앞에서 언급한 5가지 갈등유형을 대입하여 보면, '이끌든지'는 협력형, '따르든지'는 호의적 수용형, 그리고 '비키든지'는 타협형에 해당합니다.

"Do something.
Either lead,
follow or
get out of the way"
-Ted Turner(CNN 설립자)-

"이끌든지
따르든지
비키든지"
-드라마 〈대행사〉 중에서-

그런데, 동기부여 분야 최고의 전문가인 수전 파울러는 《최고의 리더는 사람에 집중한다》에서 인간의 활동은 ARC, 즉 자율성(Autonomy), 관계성(Relatedness), 유능감(Competence)이라는 3가지 욕구가 충족될 때 긍정적 에너지, 활력, 행복감으로 충만하다고 보았습니다.[54] 그러므로, 사람이 자율적으로 일하고 싶어 하도록 하며, 업무 내에서 주변 사람들과 (아무런 대가 없이 사람과의 관계를 맺고자 하는 순수한 욕구로서의) 좋은 관계를 맺도록 하고, 업무를 통해 자신이 성장하고 성취하도록 하는 것이 가장 중요합니다. 그러므로, 우리가 사적인 개인 관계에서나 조직 관계에서 일어나는 모든 갈등을 개개인 스스로 해결했다고 믿게 하는 것은 개인의 자율성을 존중하고 관계성을 유지함과 동시에 개인의 역량을 개발해 나가는 데 있어서 매우 중요합니다. 이러한 차원에서 숨은 조정자(mediator) 역할을 잘 해내는 사람이 관계역량이 뛰어난 자이며, 훌륭한 갈등 조정자입니다.

지금은 연결의 시대, 네트워크 지능의 시대이다

사람과의 관계에서 관계역량을 키워나가는 것은 업무 역량을 의미하는 실력 못지않게 매우 중요합니다. 이 점에서 관계가 지니는 힘이 막중합니다. 여기서 관계의 힘을 믿는다는 것은 학연, 지연, 혈연 등을 총동원하여 인맥을 통해 정치적으로 문제를 해결하는 것을 중시하는 것이 절대 아닙니다. 이보다는 오히려 인간관계에서 이루어지는 사회적 관계의 힘, 네트워킹 역량, 감정의 흐름을 더욱더 중시하는 것을 말합니다. 사람은 누구나 타인에게 관심을 받고 싶어 하는 존재입니다. 또한, 타인과 연결되어 있다고 느끼고 싶은 욕구를 지니고 있으며, 이들에게 무엇인가 이바지하고 느낄 때 보다 삶의 가치를 느끼는 존재입니다. 그리고, 사람들은 자신을 개방하고 여러 사람과 개인적 경험을 서로 나누는 과정에서 많은 것을 배우게 됩니다.[55] 그러한 과정을 통해서 가장 의미 있는 관계는 어려운 시기를 함께 극복할 수 있습니다. 이와 동시에 어려운 일을 공유하는 것은 사람들을 더 가깝게 만들고, 관계를 강화하게 됩니다. 이런 자기 강화적 순환고리는 우리가 성공으로 그리고 행복으로 한 걸음 더 나아가는 데 도움이 됩니다.[56]

4차 산업혁명의 시대, 과학혁명의 시대에 있어서 인간은 더 이상 고립된 섬이 아니라 상호 연결된 존재입니다. 컴퓨터와 서버가 서로 연결되어 전 세계가 촘촘하게 접속하고 있듯이 이제 개인들도 사회적 네트워크(SNS)를 통하여 서로 연결된 망에서 상호작용하고 있습니다. 한 연구에 따르면, 지구상의 모든 사람은 6명의 연결자, 즉 중간자를 통해 연결되어 있는 거대한 네트워크입니다.[57]

이 점에서 일찍이 삼성 이건희 회장이 '혼자 똑똑한 사람, 차가운 사람보다는 마음이 열려 있는 사람, 함께 어울리기를 좋아하는 사람들이 강점을 갖는다'라고 보고 야구의 캐처와 같은 자세를 강조한 이유를 알 수 있습니다.[58] 특히, 자본주의 4.0시대의 새로운 리더십을 제시한 닐스 플레깅이 《언리더십 Un-Leadership》에서 강조한 바와 같이 사람이 성공의 추진력이 될 수 있도록 사람들을 한곳으로 연결하고 묶을 수 있는 역량이 중요하게 부각됩니다.[59] 그러므로, 사람을 얻는 것, 사람과의 관계를 촉진하고 확대할 수 있도록 '아는 사람의 힘'을 활용할 필요가 있습니다.[60] 이런 점에서 리드 호프먼(Reid Hoffman)과 벤 카스노카(Ben Casnocha)는 《The Start up of you》라는 저서에서 오늘날은 '누구를 알고 있는가가 곧 무엇을 알고 있는가'가 되는 인맥 자본 시대라고 강조합니다.[61] 특히, 그들은 현대사회와 같은 경쟁 사회에서 핵심기술이라든가, 핵심역량을 지닌다고 해서 저절로 경쟁 우위를 갖게 되는 것은 아니라고 설파합니다. 그들은 과거의 평생직장 사회에서는 '글을 읽고 쓸 수 있는 능력'이라든가 정보를 검색할 수 있는 역량이 중요하였지만, 오늘날과 같은 '평생직장'이 아닌 '평생직업'의 시대에는 '네트워크 활용능력'이 경쟁 우위를 점할 수 있는 핵심역량이라고 강조합니다. 이를테면, 자신의 사회적 네트워크에서 흘러나오는 정보에 접속하여 이를 개념화하고, 그로부터 도움을 받을 수 있는 방법을 알아야 한다는 것입니다. 호프먼과 카스노카는 사람들의 인맥을 자신이 직접 알고 있는 1단계 인맥, 지인의 지인인 2단계 인맥, 그리고 지인의 지인의 지인인 3단계 인맥으로 구분하고, 1단계 인맥뿐만 아니라 2단계, 3단계 인맥을 영리하게 활용하는 능력을 키울 것을 강조합니다.[62] 지구상의 모든 사람은 6명의 주선자를 통하게 되면 서로 연결되어 있는 거대한 사회적 네트워크 조직이기 때문에, 이들 연결성을 스스로의 진로 기회를 모색하고 발전시켜 나가는 데 매우 중요하게 활용할 수 있는 자가 성공의 길로 한 발짝 더 다가설 수 있습니다. 여기에 관계의 힘이 존재합니다. 자신의 능력을 넘어 아는 사람의 힘을 활용할 수 있는 자야말로 이 시대의 진정한 능력자입니다. 여기에 '나(I)'와 '우리(We)' 둘 중 하나를 선택해야 한다는 발상은 틀렸다고 보면서 네트워크 지능의 중요성을 강조하는 호프먼과 카스노카의 다음과 같은 주장은 강한 울림이 있습니다.[63]

"지능은 인맥 네트워크에 속한 지인들과 대화함으로써 수집된다. 실제로 당신이 자신의 경쟁자산, 포부, 시장 현실을 이해하는 데 도움을 주는 이들도 지인이다. 미래의 협력자나 신뢰할 수 있는 사람을 소개해 주는 것, 특정 진로 기회에 어떤 리스크가 존재하는지를 파악하는 데 도움을 주는 것도 결국 지인들이다. 따라서 진로에서 부딪히는 여러 문제들을 해결하는 데 필요한 정보를 수집하기 위한 핵심 열쇠는 바로 I^{we}이다. 이런 식으로 다른 사람들의 두뇌를 활용하여 얻는 정보를 우리는 '네트워크 지능(network intelligence)'이라고 부른다."

제3부

육(育) 테크

사람을 움직이는 방법에도 왕도가 있다

제3부

사람을 움직이는 방법에도 왕도가 있다

제3부 육(育)테크		
싸(4)가지 없는 사랑은 폭력이다	진정한 이해는 머리로 하는 것이 아니라, 가슴으로 하는 거다	만남은 교육에 선행한다

제7장

싸(4)가지 없는 사랑은 폭력이다

생각거리

"사랑은 기술인가? 기술이라면 사랑에는 지식과 노력이 요구된다. 혹은 사랑은 우연한 기회에 경험하게 되는, 다시 말하면 행운만 있으면 누구나 '겪게 되는' 즐거운 감정인가? 이 작은 책은 '사랑은 기술이다'라는 견해를 전제로 하고 있지만, 대부분의 현대인들은 물론 사랑은 즐거운 감정이라고 믿고 있다. 그렇다고 해서 현대인이 사랑을 중요하게 여기지 않는다는 뜻은 아니다. 현대인들은 사랑을 갈망하고, 행복한 사랑의 이야기, 불행한 사랑의 이야기를 펼쳐놓는 무수한 영화를 보며, 사랑을 노래한 시시한 수백 가지 노래에 귀를 기울인다. 그러나 사랑에 대해서 배워야 할 것이 있다고 생각하는 사람은 거의 없다.

[출처] 에리히 프롬. 《사랑의 기술》. 황문수 역.
(서울: 문예출판사, 2019). p. 13.

싸(4)가지 없는 사랑은 폭력이다

episode 1

고등학교 2학년 여름방학 때의 일입니다. TV, 신문 지상에서는 (고) 육영수 여사 피격 사실과 관련한 일화를 연일 다루고, 에어컨 바람, 아니 선풍기 바람조차 없는 무더운 교실에서 오후 보충수업 시간에 교무실에서 연락이 왔습니다. 아버지께서 교무실로 찾아오셨다는 전언이었습니다. 고3이 얼마 남지 않은 시기인지라 대입 반들은 무더위에도 아랑곳없이 공부에 열을 올리고 있을 시간이었습니다. 무슨 일이 있는가 싶어 3층 교실에서 1층 교무실까지 한달음에 달려 내려가 보니 아버지께서 신형 자전거를 사서 오신 것이었습니다. 당시 나는 읍내의 산 중턱에 있는 초등학교 아래에 하숙하고 있었고, 하숙집에서 학교까지는 걸어서 15분 정도 걸리는 곳이었습니다. 아버지께서는 아주 뿌듯하신 표정으로 이 자전거 타고 학교에 다니면 시간 얼마 안 걸리니 '어서 타고 다니면 좋을 거다'라면서 자전거를 건네주셨습니다. 그런데, 당시 수업 시간 도중에 내려가면서 '혹시 할머니께서 돌아가신 게 아닌가?' 등등 온갖 생각을 하면서 교무실까지 뛰어 내려갔던 터라(당시 시골에서는 집집마다 전화기 있는 집이 거의 없었던 때입니다.), 이걸 하숙집에 갖다 놓으면 좋을 텐데 왜 학교까지 가지고 왔느냐'고 말하며 되레 아버지께 성질을 내면서 까탈을 부렸습니다. 그러자 아버지께서는 '그래도 자전거 잘 타거라'라고 한마디 남기면서 경상도 사람 아니라고 할까 봐 퉁명스럽게 이야기하시고는 뒤돌아서 가신 모습이 지금도 눈에 선합니다.

episode 2

우리 집 큰 딸아이가 대학졸업반 마지막 학기에 여의도에 있는 국책기관에 취업하게 된 때였습니다. 당시, 나는 대학에서 교무처장을 하고 있었던 때고, 과거보다 비교적 경제적 여유도 있었던 터라, 반갑고 고마운 마음에 신촌에 있는 백화점으로 곧바로 달려가서 선물 두 개를 샀습니다. 명품 가방 하나는 졸업선물용으로, 시계 하나는 취업 기념용으로 주려고 샀던 것입니다. 집까지 어떻게 갔는지 모를 정도로 신나서 갔던 기억이 있습니다. 그러나, 그러한 기쁨도 잠시 집에 도착하여 선물을 전해주자마자 딸아이한테 '왜 이걸 샀느냐?'고 핀잔만 들었습니다. 나중에 들은 이야기로는 딸아이 생각에는 명품 가방이나 시계가 지나치게 고가품이라 '그것을 가지고 회사에 다니게 되면 명품만 좋아하는 소위 된장녀'라는 소리가 듣기 싫었고, 다른 하나는 자기 스타일에 맞지 않는 가방과 시계였기 때문에 그런 반응을 보였던 것이라고 전해 들었습니다.

앞의 2가지 사례를 들어보면 나는 아버지께는 사랑을 받을 줄도, 딸아이에게는 사랑을 제대로 주는 방법도 잘 몰랐던 사람인 셈입니다. 이렇듯, 살아가면서 누군가에 대한 의사표시나 의미 전달이 본인의 의도와는 전혀 다르게 그 뜻이 왜곡되거나 오도되는 현상을 많이 겪게 됩니다. 특히, 사랑하는 사람들 간의 관계에서 그와 같은 현상이 더욱더 도드라지게 나타나게 되는 것을 경험하게 됩니다. 현재 베이비 부머 세대의 대부분은 부모로부터, 사회로부터 따뜻한 사랑을 받아보거나 사랑을 제대로 누구에게 준 경험이 그다지 많지 않았던 특별한 세대입니다.[1)]

비단, 이들 세대뿐만 아니라 대학에서 강의를 담당하며 학생들을 만나보거나 직장생활을 하면서 여러 경험을 겪게 되면서 '사랑을 받아 본 자들만이 사랑을 주는 방법을 아는구나!'라는 생각을 가지게 됩니다. 마치 '고기를 먹어본 사람이 고기를 잘 먹듯이' 말입니다.

그런 점에서 사회심리학자인 에리히 프롬(Erich Fromm)이 그의 저서《사랑의 기술 Art of Loving》에서 언급한 바와 같이 '삶의 기술이 필요하듯 사랑도 기술이 필요'합니다.[2)] 흔히, 우리는 사랑이란 어떤 계기만 주어지면 누구나 경험하는 즐겁고 유쾌한 감정이라고 여기기도 합니다. 이와 같은 의미로 사랑을 받아들이게 되면 사랑도 가끔 찾아오거나 우연히 겪게 되는 것이고 이에 따라 특별한 기술이 필요 없다고 할 것입니다. 그러나, 에리히 프롬이 지적한 바와 같이 '사랑처럼 엄청난 희망과 기대 속에서 시작되었다가 반드시 실패로 끝나고 마는 활동이나 사업은 찾아보기 어렵다'라는 것을 염두에 둔다면, 결국은 사랑의 서투름이나 실패를 극복하는 방법은 '어떻게 사랑해야 하는가를 음악이나, 공학, 의학 등과 같은 기술을 배우려고 할 때 거치는 것

과 같은 과정을 거칠 필요가 있다.'라고 할 것입니다.[3)]

흔히들, 우스갯소리로 요즈음 **돈키호테** 같은 사람을 좋아한다고 합니다. 여기서 말하는 돈키호테는 세르반테스의 소설 속 주인공을 말하는 것이 아니라, **돈** 많고, **키** 크고, **호**감형이고, **테크**닉 좋은 사람이 인기가 많다는 것입니다. 물론 여기서 테크닉이란 (말하기, 듣기, 표현하기 등과 같은) 사랑하는 기술에 관한 그 무엇을 의미합니다. 마치 유능한 외과 의사가 능수능란하게 수술을 잘하는 것과 같이 사랑도 특정한 지식과 이론을 바탕으로 체계적으로 실천하는 기술이 필요하다는 것입니다. 그런데, 세상살이하면서 겪게 되는 가장 큰 상처는 그저 길거리에서 오다가다 만나는 행인에게 받는 것도 아니고, 이웃집 주민이나 직장 동료로부터 받는 것이 아니라 '가족이나 친한 친구, 연인'에게서 받는 것입니다. 가장 믿는 자로부터 받는 상처는 그것이 개인의 감정선을 건드리게 되고 그 감정은 강신주 교수가 《감정 수업》에서 언급한 바와 같이 '평범한 삶을 뿌리에서부터 뒤흔드는 힘'을 지닌 까닭에 가장 가까운 사람들로부터 받는 상처는 크나큰 폭력으로 다가올 수밖에 없습니다.[4)] 이에 따라 어느 후배의 카톡 프사 글에 적힌 **'예의 없는 사랑이 가장 폭력적이다'**라는 말에 강한 공감을 나타낸 적도 있습니다.

여기에서 사랑의 기술에는 어떠한 것이 필요한 것인가가 궁금하기도 합니다. 에리히 프롬은 사랑이 갖추어야 할 4가지 요소로서 '보호, 책임, 존경, 지식'의 4가지를 제시하였습니다. 에리히 프롬에 따르면, 이들 4가지는 다음과 같은 의미를 지니고 있습니다.[5)]

"보호는 우리가 사랑하고 있는 것의 생명과 성장에 대한 적극적인 관심이다. 어떤 이가 꽃을 사랑한다면서 물 주기를 잊는다면 그가 꽃을 사랑한다고 믿을 수 없을 것이다. 책임은 다른 존재의 요구에 대한 나의 반응이다. 상대의 요구에 응답할 수 있고 응답할 준비가 되어 있음을 의미한다. 책임에 존경이 없다면 쉽게 지배와 소유로 타락할 것이다. 존경은 착취가 없으며 오직 자유를 바탕으로 존재한다. 사람을 있는 그대로 보고 그가 있는 그대로 성장하기를 바라는 관심이다. 또한, 지식은 핵심으로 파고들어야 한다. 그것은 나 자신에 관한 관심을 초월하여 그의 입장에서 타인을 볼 수 있을 때만 가능하다."

그런데, 나 자신은 지금까지 부모님의 아들로서, 학교의 학생으로서, 육군 말단 소총병으로서, 두 딸아이의 아빠로서, 대학의 교수로서, 대학의 총장으로 지내면서 사랑에는 에리히 프롬이 언급한 것을 포함하여 '배려, 믿음, 책임, 지식'의 4가지가 필요하다는 결론에 이르렀습니다. 이것은 바로 **'싸(4)가지가 없는 사랑은 사랑이 아니라 사랑의 이름을 가장한 폭력'**이라는 것을 전제로 말씀드리는 것이기도 합니다. 이를 더 자세히 설명하면 다음과 같습니다.

배려하는 아름다운 사람이 성공하는 세상이다

배려의 사전적 의미는 '도와주거나 보살펴 주려고 마음을 쓴다'입니다. 유사한 의미로는 한자어의 '역지사지(易地思之)'가 있습니다. 이는 상대편의 처지나 입장에서 먼저 생각해보고 행동한다는 의미를 지니고 있습니다. 사람은 기본적으로 '내가 좋은 것은 상대도 좋아할 것이고, 내가 싫은 것은 상대도 싫은 것이다'라고 생각하기 마련입니다. 그러나, 이것은 잘못된 생각일 수 있습니다. 왜냐하면, 사람들은 내가 가진 관점에 따라 움직이는 존재가 아니라, 자신의 관점이나 관심에 따라 움직이는 존재이기 때문입니다. 따라서, 자신이 아무리 상대방을 헤아리고 배려한다고 하여도 타인의 입장을 고려하지 않는 것은 참된 배려가 아니라 폭력입니다. 류승연이 그의 저서 《배려의 말들》에서 언급한 바와 같이 '상대방을 위해 주는 것만이 배려가 아니다. 단면으로 전체를 판단하지 않는 것, 그런데도 이해해보려는 마음, 진짜 배려는 여기서부터 시작될지도 모른다.'라는 것이 바로 배려의 핵심이라고 봅니다.[6] 불교 용어로 자리이타(自利利他)라는 말이 있습니다. 이 말은 '나에게 도움 되는 일이 다른 사람에게도 도움이 되는 것'을 뜻하는 말입니다. 이는 다른 한편으로는 나와 남(타자)의 경계가 흐릿해지는 것을 의미합니다. 서로 다르지 않다는 점에 주목해 보면 타인에 대한 배려는 자신에 대한 메아리로 응답한다는 것입니다.

배려와 관련하여 김덕권 시인은 브레이크 뉴스의 칼럼에서 한국인의 본성은 '**배려이고, 정(情)**'이라고 강조하면서 장편소설 《대지》로 1933년 노벨 문학상을 받은 펄 벅(1892~1973) 여사가 1960년에 우리나라를 처음 방문했을 때의 예화를 하나 제시했습니다.[7]

"그녀는 일행과 함께 해가 뉘엿뉘엿 질 무렵, 경주 시골길을 지나고 있었습니다. 한 농부가 소달구지를 끌고 가고 있었습니다. 달구지에는 가벼운 짚단이 조금 실려 있었고, 농부는 자기 지게에 따로 짚단을 지고 있었습니다. 합리적인 사람이라면 이상하게 볼 광경이었습니다. '힘들게 지게에 짐을 따로 지고 갈 게 아니라, 달구지에 짐을 싣고 농부도 타고 가면 아주 편할 텐데.' 통역을 통해 그녀는 농부에게 물었습니다. "왜 소달구지에 짐을 싣지 않고 힘들게 짐을 지고 갑니까?" 그러자 농부가 대답했습니다. "에이, 어떻게 그럴 수 있나요? 저도 일을 했지만, 소도 종일 힘들게 일했으니 짐도 나누어서 지고 가야지요." 그녀는 농부의 말에 감탄하며 말했습니다. "저 장면 하나로 한국에서 보고 싶은 걸 다 보았습니다. 농부가 소의 짐을 거들어주는 모습만으로도 한국의 위대함을 충분히 느꼈습니다." 당시 우리나라 농촌에서는 흔히 볼 수 있는 풍경이었지만 그녀는 고국으로 돌아간 뒤, 이 모습을 세상에서 본 가장 아름다운 풍경이었다고 고백했습니다. 비록 말 못 하는 짐승이라도 지극히 사랑하는 마음으로 존귀하게 여겼던 농부처럼 우리는 본디 작은 배려도 잘하는 민족이었습니다."

그런데, 요즘 세상 돌아가는 모습을 보면 우리들의 마음속에 서로에 대한 배려의 마음이 차 있기보다는 서로의 이기심이나 무관심으로 상대방을 제대로 살펴보지 못하고 있는 현상을 자주 목격하게 됩니다. 배려는 인간 내면의 속성이면서도 인간 행위의 겉모습이기도 하고, 더 나아가서 그것은 인간 의식을 관통하는 주요 요인이기는 하지만, 경쟁 사회로 대변되는 현대사회에서 점점 더 멀리하게 되는 단어가 아닌가 생각됩니다. 그런데,

사회가 아무리 각박한 사회이고 경쟁 사회라고 하더라도 의미 있고, 가치가 있고, 성공적인 삶을 위해서는 가장 필요한 것이 바로 배려입니다. 말하자면, 배려는 인간관계의 핵심적인 기능을 담당한다는 것입니다.

이러한 의미와 기능을 담당하는 배려의 기술로서는 다음과 같은 몇 가지를 제시할 수 있습니다.

첫째는, **상대방에 관한 관심**입니다. 관심은 상대가 필요로 하는 것과 원하는 것이 무엇인지를 알아내고, 무엇을 싫어하는지를 아는 것으로부터 출발합니다. 물론 어떤 사람은 다른 사람으로부터 관심받는 것을 싫어하는 일도 있습니다만, 대부분의 사람은 관심받는 것을 좋아합니다. 그러다 보니 SNS상의 팔로워 숫자에 따라, 혹은 내가 올린 페이스북이나 인스타그램의 글이나 사진에 눌려지는 '좋아요' 숫자에 따라 기분이 좋아지기도 하고, 다운되기도 하는 것이 요즘 현대인의 일상적인 현상이 되었습니다. 타인에 대한 관심을 조금만 더 기울이게 되면 타인들이 우리 자신을 대하는 태도마저 변하게 된다는 것을 알 수 있습니다. 왜냐하면, 인간은 유사 이래로 상호작용하는 동물이기 때문입니다. 그런 점에서 김춘수 시인이 '꽃'이라는 시에서도 표현한 바와 같이 누가 나의 이름을 불러 주는 것만으로도 행복할 수 있고, 지인으로부터 카톡으로 생일축하 메시지와 함께 커피 쿠폰이라도 받게 되면 인생이란 살만한 가치가 있는 것이라고 기쁨을 드러내게 되는 것이 바로 인간입니다.

상호작용하는 인간관계에 있어서 소극적인 차원의 '무관심'과 적극적이고 적대적인 차원의 '무시'의 두 가지를 경계해야 할 필요가 있습니다. 여기에서 무관심이란 흔히 우리 말에 '소 닭 보듯이 한다'라는 말과 같이 상대방에 대하여 아무런 주의조차 기울이지 않는 태도를 말합니다. 이 점에서 상대방에 대한 무관심한 태도야말로 인간관계에서 가장 경계해야 할 요소라고 봅니다. 타자에 대한 무관심은 곧바로 지속적인 상호작용을 방해할 뿐만 아니라 그러한 상호작용의 가치조차 용납하지 않고, 상대방에 대한 주의조차 기울이지 않는 모습을 드러내기 때문입니다. 이러한 이유로 단테는 《신곡》에서 '선과 악'에 무관심하고 자기만 생각하는 자들이 가는 곳을 지옥의 첫째 관문이라고 보았습니다.

지나치게 자기 자신만 생각하는 사람은 이기심에 빠져서 타인을 자기마음대로, 함부로 취급하는 경우를 많이 경험하게 됩니다. 이 점에서 타인에 대한 무시는 적극적인 차원의 부정적인 행동을 동반하게 됩니다. 이 시대를 사는 모든 이들은 그 누구도 타인으로부터 무시당하고 싶어 하지 않습니다. 요즈음 신세대적 표현을 빌리자면 그 누구도 그 누구로부터도 '개무시'당하거나 타인의 노예가 되고 싶어 하지 않습니다. 그러한 무시에 크게 분노하고, 좌절하기도 하는 것이 인간이기 때문입니다. 알랭 드 보통은 그의 대표적인 저서 《불안 Status Anxiety》에서 '우리의 에고나 자아상은 바람이 새는 풍선과 같아, 늘 외부로부터 관심이라는 헬륨을 집어넣어 주어야 하고, 무시라는 아주 작은 바늘에 취약하기 그지없는 존재'라고 보았습니다.[8)]

〈표 7-1〉 알랭 드 보통이 제시하는 무시의 결과

다른 사람의 태도	자기 이미지
너는 실패자다. 너는 중요하지 않은 존재다. 너는 우둔하다.	나는 망신거리다. 나는 이름 없는 사람이다. 나는 바보다.

배려의 **두 번째 기술로서는 경청**을 제시할 수 있습니다. 경청의 사전적 의미는 '귀를 기울여 들음'입니다. 그런데 여기서 한자어의 청(廳)의 의미를 되새겨 보면 어떻게 하면 경청을 잘 할 수 있는 것인가를 쉽게 알 수 있다고 봅니다. 한자의 들을 청(聽) 자는 귀 이(耳), 눈 목(目), 마음 심(心), 왕 왕(王)의 4글자로 이루어진 복합어입니다. 상대방과의 대화 때에 '귀를 기울이고, 진지한 눈빛으로 바라보며, 진심으로 마음을 실어서, 집중해서 들어준다면, 내가 당신을 왕으로 모시겠습니다'라는 의미가 내포되어 있습니다.

그럼에도 불구하고, 우리는 상대방의 말을 듣기 싫어하여 도중에 말을 끊기도 하고, 건성건성으로 듣는가 하면, 띄엄띄엄 선택적으로 듣기도 합니다. 이러한 모습은 진정한 의미에서 상대방을 배려한 대화라고 볼 수가 없습니다. 흔히들, 여성과의 대화 때에는 '그래, 대박~, 정말?'의 세 가지 대답만 잘해도 100점이

라는 우스갯소리가 있습니다.

배려의 **세 번째 기술은 상대방을 '존중'해야 한다**는 것입니다. 우리는 기본적으로 내가 싫어하는 일은 타인도 싫어한다고 합니다. 자신만 생각하는 사람은 타인을 자기 마음대로 조종하고 함부로 취급합니다. 거기에는 배려가 들어갈 틈새가 없습니다. 내가 싫어하는 일은 타인도 싫어합니다.

성경 말씀에는 '너 자신이 싫어하는 일을 이웃에게도 하지 말아라.'라고 언급하고 있고, 일찍이 공자는 《논어(論語)》의 〈위령공편(衛靈公篇)〉에서 '기소불욕이면, 물시어인(己所不欲勿施於人)'이라고 언급한 바 있습니다.[9] 이는 '내가 하고자 하지 않는 바를 남에게 베풀지 말라'라는 뜻으로, 자기 스스로 하고 싶지 않은 일을 다른 사람에게도 시키거나 행하지 말라는 것입니다. 우리는 흔히, 사랑의 이름으로, 사랑이라는 핑계로 타인을 맘대로, 함부로 대하게 됨에 따라 인간관계가 파탄이 나거나 사랑의 실패를 경험하게 되는 모습을 보게 됩니다. 모든 사람은 그 자신으로서 존중받고 싶어 하는 존재입니다. 그러므로, 상대방이 자신보다 소위 가방끈이 짧다고, 혹은 지위가 낮고, 나이가 어리다고 해서, 나아가 아무리 친한 사이라고 하더라도 함부로 해도 되는 대상이 아니라는 자세를 견지하는 것이 필요합니다. 다음은 내가 겪었던 하나의 이야기입니다.

case 1

1995년 여름의 일입니다. 여름방학을 이용하여 미국 미네소타 대학교에서 섬머스쿨(여름학기) 수업을 듣기 위하여 샌프란시스코를 경유하는 항공권을 구매하였습니다. 마침, 샌프란시스코에 있는 대학에 방문 교수로 와 있는 친구의 가족과 함께 잠시 시간을 내어서 미국에서도 유명한 페블비치(Pebble Beach) 골프장 근처에서 1박을 하기로 하였습니다. 페블비치는 샌프란시스코에서 자동차로 약 두 시간 반 정도 걸리는 거리의 몬터레이반도에 있는 유명한 해안도로인 17마일 드라이브도 있는 곳이고, 근처에 바다사자(Sea Lion)들이 무리를 지어 노니는 곳으로도 유명한 곳이기도 합니다. 일정이 다소 지연되어 점심이 한참 지난 시간, 우리 일행은 친구의 배려로 먼저 출발하여 그 유명한 17마일 드라이브의 낙조 구경을 하기로 하였습니다. 샌프란시스코 시내에서 조금 시간이 지체됨에 따라 속도를 내어 그 유명한 미국 서부 해안도로를 달렸습니다. 바다라고는 속초 바다와 제주도 바다밖에 본 적이 없는 나로서는 차창에 비치는 미국 서부 해안의 풍경에 취하고, 태평양 바닷바람에 흠뻑 녹아들어 그만 운전하는 친구에게 몇 번 출구로 나가야 한다는 조수의 임무를 소홀히 하였습니다. 당시만 해도 내비게이션이 없던 시절이라, 미국이나 한국이나 고속도로에서 나가는 길을 한번 잘못 놓치게 되면 한참을 돌아와야 하는 터라 적지 않게 고민하고 있는 순간, 운전대에 앉은 친구로부터 이제껏 듣지 못한 온갖 욕설을 들었습니다. 옆자리에 앉아서 지도도 잘 못 봐서 그 유명한 몬터레이반도에 있는 17마일 드라이브의 낙조 구경을 못 하게 되었다면서, 일부러 너한테 그거 보여주려고 가는 건데 바보같이 왜 그랬냐는 핀잔을 2~3분 넘게 들었습니다. 계속 지도를 잘 못 보아서 미안하다고 이야기하였지만, 맘속 한편으로는 그놈의 낙조가 무엇이 그리 중요하다고 소리를 지르느냐고 되묻고 싶었습니다. 다행히 속도를 내어 제대로 길을 찾아간 까닭에 17마일 해안도로에서 해 지는 모습을, 그리고 바닷가에서 노니는 바다표범의 무리를 '좌뇌' 속 기억의 한쪽에 저장할 수 있었습니다. 그런데, 여기서 '추억'이라는 말을 사용하지 아니하고(추억이란 우뇌 속에 저장되는 감정이 동반된 기억입니다), '기억'이라는 말을 사용한 까닭은 소심한 저의 복수에서 나온 표현이나 다름없습니다. 아무리 좋고 유명한 곳이라고 하더라도, 이미 한번 뒤틀어진 감정을 추스르고 그 아름답다는 해안풍경을 음미하기에는 조금 전의 내 머릿속 기억이 너무나도 선명하게 각인되었던 탓에 그날 여행은 완전히 엉망이 되었습니다. 아니, 차라리 아니 간 것만도 못한 것이 되어 버리고 말았습니다.

사랑의 두 번째 키워드는 '믿음'이다

일찍이 철학자 키케로가 언급한 바와 같이 '사람이 사람인 까닭은 사람과 사람 사이의 결합 때문'입니다. 한자어의 사람 인(人) 자의 형상에는 사람이 서로 믿고 의지하고 있는 모습이 보입니다. 서로 믿고 의지하지 않고서는 사람은 바로 설 수 없습니다. 하버드 대학교의 조던 피터슨 교수가 그의 저서《질서 너머》에서도 강조하고 있는 바와 같이 '사람은 타인과 끊임없이 대화하면서 마음의 질서를 유지하는 존재'이기 때문입니다.[10] 이 점에서 믿음은 사랑의 핵심 요소이자 모든 인간관계의 근간이라고 볼 수 있습니다. 그런데, 앞에서 언급한 '배려'가 타인에 대하여 자기 자신이 나타내는 표면적인 행위인 데 비하여, '믿음'은 타인에 대하여 자기 자신이 지니는 내면적인 의지라는 점에서 배려와 믿음은 타인에 대한 행위의 '외면'과 '내면'의 모습을 나타내는 것이라고 할 수 있습니다. 그런데, 문제는 사람의 내면의 형태를 나타내는 마음이라는 것이 늘 한결같지 않다는 데 있습니다. 하루에도 수십, 수백 개의 생각이 들어왔다가 나가는 것이 사람의 마음인지라 더욱더 그렇습니다. 그런 까닭에 성경의 사도신경에서도 10줄의 짧은 글에서도 4번이나 '믿음'을 강조하고 있습니다. '창조주를 믿고, 예수 그리스도를 믿고, 성령을 믿으며, 영생을 믿는 것'이 바로 그것입니다. 기독교는 바로 이와 같은 '믿음'을 바탕으로 하는 종교입니다. 비단 종교뿐만 아니라, 개인 간에도 믿음 없이는 친밀한 인간관계가 형성되지 않습니다.

미국의 유명한 발명가 찰스 캐털링은 '실패하려면, 그것이 불가능한 것처럼 믿고 행동하라'라고 강조한 바 있습니다. 이 말을 거꾸로 생각해보면, '성공하려면 그것이 가능한 것처럼 믿고 행동하라'라는 말이 됩니다. 불교에서는 이를 일체유심조(一切唯心造) 사상으로 설명합니다. 모든 것은 오로지 마음이 지어내는 것이고, 바로 어떠한 일의 성패가 자신의 믿음 여하에 달려있다는 것입니다. 이런 점에서 '사람 사이의 관계는 믿음 여부에 따라 달라진다'라는 옛 어른들의 말씀들에 공감하게 됩니다. 그렇습니다. 모든 인간관계, 특히 사랑하는 사람과의 관계는 믿음, 즉 신뢰가 있어야 됩니다. 이 점에서 먼저, 사람을 믿는 용기가 필요하게 됩니다. 얼마 전, 퇴직한 친한 친구를 만나서 이야기하던 중에 퇴직한 이후의 인간관계는 '외로움이냐, 괴로움이냐의 선택'이라고 하였습니다. 외로움을 피하기 위해서는 누군가를 만나야 하고, 그 만남에는 필연적으로 시간을 낸다든가 하는 수고로움 이외에도 상대방의 비위를 어느 정도 맞추어야 하는 등 괴로움을 동반한다는 것입니다. 조던 피터슨 교수가 언급한 바와 같이 '누군가를 신뢰한다는 것은 당신 자신과 당신의 자유로운 신뢰를 미끼로 내놓아 상대에게서 최선의 모습을 끌어내어야 하며, 이는 위험을 감수해야 하는 일이지만, 그렇게 하지 않으면 친밀감을 형성할 수 없는 것'이 인간관계입니다.[11] 사랑은 깊은 믿음, 즉 신뢰가 있어야 하며 신뢰가 깊을수록 사랑하는 사람과의 관계도 돈독해지게 됩니다. 이 점에서 단언컨대, **믿음은 사랑을 살찌우게 하는 가장 완벽한 기제**입니다.

사랑의 세 번째 키워드는 '책임'이다

코로나 19로 인해 사회적 거리 두기가 강화되면서 백신을 맞아야만 코로나 19를 예방할 수 있다는 방역 당국의 말을 믿고, 연령대에 따라 다른 백신을 맞아야 한다는 말에 적잖이 고민하면서도, 학교에 근무하고 있는 까닭에 백신은 맞아야 하여 용기를 내어서 화이자 백신을 두 번에 걸쳐서 맞을 수 있었습니다. 백신 2차 주사를 맞은 뒤, 부작용인지는 잘 모르겠으나 깊은 피로감이 1주 넘게 지속이 되어 하는 수 없이 링거주사(비타민 C, 마늘 주사 등을 섞은 칵테일 주사)를 맞고 일찍 집에 와서 침대에 누워있을 때였습니다. 결혼한 큰 딸아이가 15개월된 손주 녀석과 같이 내 방에 들렀다가 잘 일어서지도 못하는 손주 놈 손을 잡고 걸어 나가는 모습이 너무나 이쁘게 보였습니다. 그 모습에서 몇 가지 깨달은 것이 있어 그 다음 날, 큰 딸아이한테 다음과 같은 말을 했습니다. 누군가의 손을 잡아 준다는 것은 첫째, 그 사람을 바로 서게 해준다는 것이고, 둘째, 그 사람을 기쁘게 해주는 것이고, 마지막으로는 그 손을 잡아 주는 사람마저도 행복하게 하는 그 무엇이라고 말입니다. 비록 백신 후유증으로 며칠간 힘들었지만, 그 깨달음이 저에게는 크나큰 위안이 되었고 그 누군가에게 '손 내밀어 손을 잡아 주기 위해서라도 어서 빨리 일어서야 하겠다'라는 다짐을 하게 되었습니다.

그렇습니다. 누군가를 깊이 믿고 사랑한다면 그 사람이 넘어지면 일어서도록 하고, 힘들면 위로해 줄 수 있어야만 합니다. 이것은 바로 **사랑하는 사람을 위해서 우리들이 해야만 하는 일들에 대한 책임**을 의미합니다. 우리들 삶에 있어서 가장 믿음직스럽고 긍정적인 감정은 바로 가치 있는 목표를 추구할 때에 일어난다고 봅니다. 그 대상이 가족, 연인, 친구, 동료, 이웃 누구든 간에 그 누군가를 위한 목표를 세우고, 그 목표를 달성하기 위해 모든 힘을 기울이고, 그 결과를 달성했을 때 우리 모두는 최고의 감정을 맛보게 될 것입니다. 그것이 다른 어떤 성취나 성공보다도…….

'왕관을 쓰려는 자, 그 무게를 견뎌라'라는 말이 있습니다. 이는 2013년에 인기리에 방영된 드라마 〈상속자들〉에서도 사용된 말입니다.

ONE WHO WANTS TO WEAR THE CROWN BEAR THE CROWN

우리는 늘 미래에 매여있고, 현실은 늘 불안하기 그지없는 존재이기도 합니다. 시인 류시화도 언급한 바와 같이 '흔들리지 아니하고 가는 인생'은 없습니다. 이 점에서 우리가 순간순간마다 내가 중요하다고 여기는 바람직한 가치가 있고, 그것을 진실로 사랑하는 사람이 인정해주는 목표를 달성하기 위한 책임을 질 때, 마음의 일체감을 느끼고 일에 매진할 수 있을 뿐만 아니라, 분리 불안으로부터 탈피할 수 있습니다.

나는 노래를 잘하지 못합니다. 잘하지 못한다기보다는 차라리 잘 모른다고 하는 편이 맞는 말인 듯합니다. 어릴 적 음악책에 있었던 동요나 찬송가를 제외하고 대중가요 가운데 유일하게 가사를 다 아는 노래가 국내 노래는 조용필의 '허공'이고, 외국곡은 사이먼 앤 가펑클(P. Simon & A. Garfunkel)의 '험한 세상에 다리가 되어(Bridge Over Troubled Water)'입니다. 이 노래 가사에는 '외롭고 힘들 때, 당신을 위로해 줄 뿐만 아니라(I will comfort you), 당신의 마음을 편하게 해 주겠다(I will ease your mind)'라는 말이 있습니다. 나는 여기 가사에 담긴 의미가 이 세상살이를 하면서 아무리 힘들 때라도, 내가 지켜야 하는 가족이 있고, 사랑하는 사람이 있고, 나를 믿는 사람이 있다면 마땅히 이러한 존재가 되어야 한다는 것이라고 생각하곤 합니다. 이것이 바로 최소한 우리가 사랑하는 사람을 위해 해야 하는 개인적, 사회적 책임입니다. 지금까지 살아오면서, **나와 만나는 그 누군가를 편안하게 해줄 수 있다면, 그것은 일생에서 느낄 수 있는 가장 만족할만한 감정**이라고 감히 자부합니다.

사랑의 마지막 퍼즐은 사랑하는 대상에 대한 '지식'이다

결혼하고 얼마 지나 큰 딸아이가 태어났고, 4년 후 둘째 아이를 임신하였을 때 당시 박사 논문 작성으로 힘들 때라, 아내가 잠시 미국에 있는 친정 언니 집에 다녀오겠다고 하면서 몇 개월 휴가를 간 적이 있습니다. 오랜만에 혼자 있는 기쁨도 있었지만, 집 안에 있는 화분을 잘 관리해 달라는 특명도 받았습니다. 말하자면, 화분에 물 주기가 나에게 주어진 책임이었습니다. 그런데, 몇 달이 지나지 않아서 집에 있는 화분들이 다 죽어버렸습니다. 화원을 운영하시는 분께 물어본 결과, 어떤 화분에는 2, 3일에 한 번을, 어떤 화분은 일주일에 한 번을, 어떤 화분에는 한 달에 한 번씩 물을 주어야 하는데 바쁘다는 핑계로 일주일에 한 번씩 물을 듬뿍 준 것이 화근이었습니다. 그런 까닭에 어떤 화분은 말라서 죽고, 어떤 화분은 뿌리가 썩어서 죽고, 어떤 화분은 빛을 못 보아서 죽어 버렸습니다. 아니, 꽃이 스스로 죽은 것이 아니라 내가 죽인 것이었습니다.

인간관계에서 사랑도 마찬가지입니다. 우리가 관계하는 대상에 대한 올바른 지식이 없이 주는 사랑은 맹목적인 사랑이 되게 되고, 이것은 상대방을 힘들게 하거나 실망하게 하는 행위에 불과합니다. 사랑은 주는 것이 아니라, **받는 것이라고만 아는 사람 또한 상대방을 힘들게 하고** '밑 빠진 독에 물 붓기'식의 고단한 시시포스처럼 피로만 쌓이게 되어 결국은 제풀에 제가 꺾여 스스로 포기하게 만들고 맙니다. 이런 점에서 타자와의 관계에서 끊임없는 상호작용을 통해 상대방에 대한 정확한 이해나 지식을 쌓아가는 것이 중요합니다. 조던 피터슨이 《질서 너머》에서 강조하는 바와 같이 '모든 사람은 사회적 상호작용의 이익을 주고받으며, 그런 상호작용이 지속할 수 있도록 번갈아 책임을 지는 존재'입니다.[12] 요즈음 15개월 난 손주 놈을 보면서 느끼는 것은 손짓 하나, 말투 하나에도 반응을 무척 잘한다는 것입니다. 이야기하거나, 맛난 간식을 주거나, 놀이를 같이하거나, 목마에 태워주거나 할 때 어김없이 즐거운 반응을 보이곤 합니다. 이러한 점에서 미루어 볼 때 사랑은 상호작용적인 행위이고, 끊임없이 주고받는 관계를 통하여 새로운 지식이 쌓이게 되고, 이것이 더 나아가서는 상호 간에 합일의 과정에 도달한다고 볼 수 있습니다.

에리히 프롬은 사랑은 본래 받는 것이 아니라 주는 것이라고 강조한 바 있습니다. 이런 점에서, 타인과의 관계에서 먼저 사랑을 줄 수 있는 용기가 필요하다고 봅니다. 그런데 '준다'라는 것은 단순히 물질적인 그 무엇을 '주는' 것에 그치지 않습니다. 내가 가진 '소중한 그 무엇을 준다'라는 것입니다. 이와 관련하여 우리 집에서는 내가 달걀후라이를 먹다가 애들에게 노른자를 준다든지, 치킨을 먹다가 닭가

습살을 준다든지 하는 것은 내가 아이들을 사랑해서, 배려해서 준다고는 전혀 생각하지 않습니다. 왜냐하면, 두 딸아이 모두 내가 달걀 노른자와 닭가슴살을 안 좋아한다는 것을 알기 때문입니다.

이러한 이유로 사랑을 '주고자 하는 의지'라든가 '주는 행위'는 그것을 받는 사람과의 관계에 따라 그것이 사랑인지의 여부를 판단하게 되기도 합니다. 이는 사랑이 단순히 주는 행위에만 그치는 것이 아니라, 그것을 받는 사람과의 상호작용으로 진실한 사랑인지의 여부가 결정된다는 것입니다. 이 점에서 우리는 모두 타자와의 관계에 있어서 끊임없는 상호작용 등을 통해 상대방을 이해하고 그에 관한 지식을 축적하여 가는 일이 중요합니다. 그런데, 델포이 신전에서도 '너 자신을 알라'라고 언급하고 있는 바와 같이 우리 자신은 자신마저 제대로 아는 것이 어려운 것인데, 하물며 타인을 '안다'라는 것은 매우매우 어려운 일임이 틀림없습니다. 이 말은 김국환 가수의 '타타타' 노래가사에도 언급되어 있습니다. '내가 나를 모르는데, 넌들 나를 알겠느냐'라고 반문할 수 있습니다.[13] 가수 김국환 씨의 노래 제목 '타타타(tathātā)'는 산스크리트어로 '있는 그대로의 것', '꼭 그러한 것'을 의미하며 한자로는 진여(眞如)로 번역된다고 합니다. 우리는 수많은 인간관계에서 타자라고 일컬어지는 상대방을 '있는 그대로' 아는 것이 중요합니다. 사람을, 상대방을, 연인을 '객관적으로 안다'라는 것, 이것은 세상살이에서 오만과 편견을 벗어나는 데 중요합니다. 《오만과 편견》의 저자 제인 오스틴이 언급한 바와 같이 '오만은 상대방이, 타인이 나에게 다가오거나 사랑하는 것을 힘들게 하고, 편견은 자신이 타인을 사랑하거나 다가가는 것

을 방해'하기 때문입니다.[14]

이를 통해, 사랑이란 오만과 편견 없이 상대방에 대한 정확한 지식을 바탕으로 상대에게 필요하거나 부족한 무엇을 '심적으로 또는 물질적으로' 주고자 하는 의지나, 행위를 겉으로 드러냈을 때 비로소 완성된다는 것을 알 수 있습니다. 이런 의미에서 사랑을 준다는 것은 자신의 배려, 자신의 믿음, 자신의 관심, 자신의 이해, 자신의 지식, 심지어 자신의 슬픔까지도 상대방에게 표현하거나 제시하는 그 무엇이라고 볼 수 있습니다. 이것이 사람 간의 관계를, 신뢰를, 사랑을 더욱더 돈독히 하고, 그를 통해 사랑을 주는 자와 받는 자 모두 생동감 있는 기쁨을 지속해서 맛볼 수 있는 존재로 성장해 나갈 수 있다고 봅니다.

세계적인 문호 톨스토이는 《전쟁과 평화》를 통하여 '모든 것, 내가 이해하고 있는 모든 것은 오직 사랑하고 있어서 이해되는 것이다. 모든 것이 있고 모든 것이 존재하는 것도 다만 내가 사랑하고 있기 때문이다'라고 합니다.[15] 또한, 그는 생애 마지막 단계에서 집필한 《사람은 무엇으로 사는가》에서 '나는 깨달았다. 사람은 자신을 살피고 염려하는 마음으로 살아가는 것이 아니라 사랑으로 살아가는 것이다'라고 하면서 사람은 오로지 사랑에 의해서만 살아가는 존재라고 보았습니다.[16] 박노해 시인은 《걷는 독서》에서 '마음이 가난한 자 그 슬픈 눈빛에 못 박힌 자들의 그 상처가 난 가슴에 깊이깊이 되살아나는 사랑이 있으니 사람만이 희망'이라고 강조합니다.[17] 오늘을 사는 우리 인간들이 지금, 바로 여기에서 나와 관계하고 있는 가족, 동료, 이웃들 모두에게 싸(4)가지 있는 사랑을 할 수 있게 되기를 희망합니다. 그것만이 외로움, 슬픔, 두려움으로 가득한 이 세상에서 우리를 건져낼 수 있는 핵심 기제이기 때문입니다.

제8장

진정한 이해는 머리로 하는 것이 아니라, 가슴으로 하는 거다

생각거리

"무엇이든 완전히 받아들일 수 있으면,
당신은 평화로울 수 있습니다.
온전히 내어주고 맡길 때,
이런 기적이 일어납니다.
있는 그대로를 받아들이면,
모든 순간이 최고의 순간이 됩니다.
이것이 깨달음입니다."

[출처] 에크하르트 톨레. 《이순간의 나》.
최린 역. (서울: 센시오, 2003). p. 155.

episode 1

초등학교 저학년 때의 일입니다. 아버지께서는 종종 나에게 주전자를 주면서 다리 건너 면 소재지 마을에 살고 계시는 작은 고모님 댁에 가서 막걸리를 받아 가지고 오라고 시키시곤 하였습니다. 당시 작은 고모님 댁은 양조장을 하고 계셨고, 그즈음에는 시골 면 단위 마을에서 양조장 집은 가장 부잣집 중의 하나였습니다. 그 당시 어렸을 때, 고모님 댁으로 심부름 가는 것은 가장 하기 싫었던 일 중의 하나였던 것으로 기억됩니다. 막걸리를 받으러 간다는 말은 보통 사람들 기준으로는 막걸리를 사러 간다는 말이 올바른 말이라고 봅니다만, 양조장이 바로 아버님 친누나였고 하니 나한테는 막걸리를 맡겨 놓은 것처럼 가서 한 주전자 받아오라고 시킨 것은 아마도 당연한 말이었을 것입니다. 그런데, 당시 조그마한 어린아이였던 어렴풋한 기억으로는 막걸리는 돈도 안 주고 그냥 받아오라는 심부름이라는 점에서 싫었고, 두 번째로는 막걸리를 드시고 난 후 얼큰하게 취하셔서 잔소리하시는 아버님의 모습이 너무나도 싫어서 그 심부름 가는 것을 가장 꺼렸을 거라고 생각됩니다. 막걸리 한 잔, 두 잔을 들이켜시고 아마도 그 막걸리 한 주전자가 다 비워질 무렵에는 거나하게 취하신 아바지가[1] '이 풍진~ 세상을 만났더니, 너의 희망이 무엇이냐? 부귀와 영화를 누렸으면 희망이 족할까?'라는 노래만, 계속 도돌이표처럼 하시고, 끝내 마지막까지 부르시지도 못하시고 눈물을 훔치던 모습이 지금도 기억에 선하게 떠오릅니다. 나는 이 노래 제목이 '희망가'라는 것을 얼마 전 미스터 트롯에서 트로트 신동 정동원의 노래를 듣고 처음으로 알게 되었습니다. 정동원이 불렀던 '희망가'가 돌아가신 지 40년도 넘으신 아버지를 소환하였던 것입니다. 또한, 거나하게 한잔하시고 취하시게 되면, 평소에는 전혀 말 한마디 없으시던 분이 '사람은 자고로 부지런해야 한다' 등의 잔소리를 시작하시고, 급기야는 그러한 모습이 너무 싫어서 아버님께 말대꾸하였다가 실컷 혼난 적이 있습니다. 그 이후로는 아버지께서 술을 한 잔이라도 드시게 되면, 내일이 설령 시험이더라도 집에서 멀리 떨어진 곳으로 도망가 있었습니다. 이와 같은 장면은 아버님이 고3 말 12월에 돌아가시기 전까지 살갑게 대화한 적이 거의 없었던, 그래서 무서운 기억으로만 남아 있던 것이 아버님에 대한 기억의 한 자락입니다.

그런데, 나중에 대학 다닐 때 왜 아버지께서 그리 술을 많이 드셨는지 모르겠다고 어머니께 이야기하자 들게된 이야기가 있습니다. 당시 아버지께서는 6.25 참전 군인으로 악몽 같았던 강원도 전투에서 눈을 다치셨고, 제대 후 악몽에 시달리면서 힘들 때마다 술을 드셨던 것이라는 것을 전해 듣고, 그것이 바로 '외상후스트레스증후군'이라는 것도 알게 되었습니다. 그 당시 동네에 많은 아버님 친구분들께서 왜 그리 무리를 지어서 술을 드셨는지, 왜 그 당시 우리 사회가 술 권하는 사회였는지를 나중에서야 알게 되었던 셈입니다. 그리고, 나이가 들면서 인생의 힘든 질곡마다 막걸리 한 잔을 할 수밖에 없었던 나 자신을 떠올리곤 하면서 비로소 50년 전의 아버님을 이해하게 되었습니다. 아니, 이해가 아니라 아버님에 대한 미안하고 죄송한 마음이 물밀듯 들어와서 한참 동안 목 놓아 울었던 적이 있습니다.

episode 2

우리 집에는 딸이 셋이 있습니다. 두 딸은 제 딸이고 한 따님은 장인어른의 따님입니다. 큰아이가 대학을 졸업하고 직장 4년차가 되던 어느 날이었습니다. 그날따라 학교에서 부탁받은 원고 마감 때문에 좀 늦게 집에 도착하니, 우리 집에서 같이 사는 장인어른 따님께서 나에게 큰딸아이한테 잘못했다고 이야기하라고 합니다. 내가 큰애에게 무엇을 잘못했냐고 물으니, 7살 시절 어렸을 때 저녁 식탁에서 등짝을 한 대 맞은 적이 있었고, 그날 저녁 퇴근하다가 생각이 나서 너무 억울해서 울면서 집에 왔다는 것입니다. 그래서 하는 수 없이 큰애 방에 가서 그때 왜 한 대를 때렸는지를 설명하였습니다. 그 당시 '너는 다 큰 애였고, 네 동생은 2살짜리 어린 애기여서 작은 애랑 싸우는 큰 애가 미처 생각도 없이 잘못하였다고 판단하여 한 대 쥐어박은 것뿐이지, 그게 너를 미워한다거나 싫어서 그런 것은 아니었고, 그래서 네가 지금 마음이 아프면 미안하다'라고 늦은 사과를 했던 기억이 있습니다. 그 말을 들은 큰아이가 말하기를, '아빠 나는 그때 단지 7살이었고, 나도 어린애였는데, 왜 사건의 자초지종을 물어보지도 않고 등짝을 그것도 그렇게 세게 때렸냐?'라고 되물었습니다. 그래서, 다시 저 또한 '나도 부모가 된 지 얼마 안 되었고, 부모 노릇이 처음이라 네 마음을 잘 이해하지 못하고 그리 성질 급하게 행동한 것을 후회한다.'라고 답하였습니다. 그랬더니, '그런데, 아빠. 머리로는 다 이해하는데, 가슴으로는 이해가 안 된다'라며 흐느껴 울던 10여 년 전 큰아이의 모습이 지금도 눈에 어른거립니다. 예나 지금이나 자식 노릇도 어렵지만, 부모 노릇을 하기도 이렇게 어려운 것인지를 다시 배우게 되었습니다.

이해에도 차원이 있다

그렇습니다. 우리는 누군가를 이해한다는 것이 정말로 어려운 일입니다. 시시각각으로 변하는 마음속에서, 각기 다른 경험을 하고 현재를 사는 우리가 누군가를 깊이, 제대로 이해한다는 것이 얼마나 어려운 것인가를 다시 한번 느끼게 되는 순간이었습니다. 사람은 겪어 보지 못하면 누군가를 이해하는 것이 정말로 어렵습니다. 우리는 태어나고 자라면서 수많은 사람을 만나게 되고, 그 만나는 사람들과의 인간관계에서의 성공 여부가 내 삶의 질과 성공 여부를 결정짓는다는 것도 배우게 됩니다. 그런데, 인간관계에 있어서 가장 핵심적인 것이 바로 '이해'라는 말입니다. 누군가를 이해하게 되면 모든 것이 순조롭게 진행되거나 그냥 넘어가는가 하면, 누군가의 행동이나 말이 논리적으로는 비록 이해되더라도 감정적으로는 이해가 안 되면 온종일, 아니 몇십 년이 지나서도 그 이해 안 되는 무엇이 남아서 우리를 괴롭히거나 짓누르게 됩니다. 마치 내가 어렸을 때 아버지를 이해하지 못하였듯이, 큰아이가 아빠인 나 자신을 이해하지 못하였던 것과 같은 일 말입니다. 그런 까닭에 지금에서야 나는 '이해란 머리로 하는 것이 아니라 가슴으로 하는 것'이 진정한 이해라고 생각하게 되었습니다.

스피노자는 그 유명한 《에티카》에서 "이해한다는 것은 동의한다는 것이다. 인간은 이해하지 못하는 한에서만 증오하고 분노하며, 모든 슬픔과 잘못은 결국 무지에서 발생한다."라고 하였습니다. 결국, 우리는 타자가 나에게 행하는 여러 말들이나 행동들이 고의적인 것이 아니라는 것을 깨닫기만 하면 다른 사람들에 대한 경멸, 비난, 증오의 태도는 사라지게 된다고 봅니다. 이것은 이선균과 아이유가 주인공으로 나왔던 드라마 《나의 아저씨》의 한 장면에도 고스란히 나타나고 있습니다. 극 중에서 피치 못할 사정으로 자신을 오랫동안 도청하였던 이지안(아이유 역)이 "내가 안 미운가?"라고 말하자 박동훈 부장(이선균 역)이 이렇게 외칩니다. "내가 널 알아, 사람 알아버리면, 그 사람이 무슨 짓을 해도 상관없어!"라는 대사 말입니다.

영어의 **이해**(understanding)**라는 말은 under+standing의 합성어**입니다. 상대방 아래에 서 있어야 이해가 된다는 말입니다. 우리는 상대방보다 나이가 많다거나, 지위가 높은 자리에 있다거나, 학력이 높다거나, 재산이 많다고 생각할 때 상대방을 잘 이해하지 않으려는 경향이 강합니다. 이런 의미에서 제대로 된 이해를 하기 위해서는 한편으로는 상대방보다 아래에 서 있다고(under standing) 생각해야 이해(understanding)를 할 수 있고, 다른 한편으로는 정신분석학자인 프로이트(S. Freud)가 '우리의 마음 깊숙한 곳에 숨어 있는 무의식이 그 행동과 정서를 규정한다'라는 것과 같이 상대방의 마음 한구석에 무엇이 자리를 잡고 있는지를(under-standing) 먼저 파악하는 것이 중요하다는 것을 알 수 있습니다.

예로부터 동양 사회는 주정 사회였고, 서양 사회는 주지적인 사회분위기가 강했습니다. 특히, 우리나라는 '정(情)'의 문화를 강조하는 주정적인 경향이 매우 강했습니다. 한동안 오리온 초코파이 포장지에 '정'을 강조하였던 것도 바로 이러한 경향을 반영했던 것이라고 봅니다. 주정 사회에서는 무엇보다도 누군가와의 대화를 통해서, 누군가와의 교류를 통해서 교감하는 것이 중요합니다. 그러기 위해서는 상대방의 가슴 한편에 고스란히 남아 있는 감정의 덩어리를 제대로 간파하는 일이 우선시 되어야 합니다. 얼마 전 상영되었던 국내 영화 〈활〉에서는 '바람은 계산하는 것이 아니라 극복하는 것이다'라는 대사가 나옵니다. 이 말은 이해에도 그대로 적용된다고 봅니다. 머리로 하는 계산하는 이해는 잠시뿐이지만, 가슴으로 느끼고 극복하는 이해는 한 개인의 가슴을 뛰게 하고 설렘과 울림이 있게 만들어 오랫동안 한 사람의 의식을 지배하게 됩니다. 그 울림의 시작이 공감이고 이해의 출발임은 두말할 나위도 없습니다. 이 점에서 이해에도 차원이 있다는 것입니다.

그런데, 우리가 '이해한다'라고 할 때의 '이해'라는 것은 '아는 것'과는 다른 차원입니다. 우리가 '이해'한다는 것은 일찍이 블룸(Bloom)이 제시한 바와 같이 단순히 '아는 것'뿐만 아니라 그것을 '활용'하고, '확장'하며, 나아가서 '통합'하는 것까지를 포함하는 개념입니다.[2] 이런 관점에서 이해를 정의하게 되면, 나 자신은 아인슈타인의 특수상대성 이론인 $E=mc^2$을 알기는 하지만, 이 공식이 지니는 의미를 완전히 이해하기는 어렵습니다. 왜냐하면, 아인슈타인이 제시한 물질이 가진 에너지에 대한 공식인 $E=mc^2$은 말 그대로 '에너지는 질량과 빛의 속도의 제곱을 곱한 값'이란 뜻이라는 것은 알기는 하지만, 정작 이것이 무엇을 의미하고 이것이 어떻게 활용되는지는 제대로 이해하기 어렵기 때문입니다. 여기에서 우리는 '이해'라는 것을 표면적 이해와 심층적 이해라는 두 가지로 구분할 수 있습니다. '표면적 이해(surface understanding)'는 양적인 차원에서 사실적인 것들을 확인하고, 회상하고, 나열하고, 기술하고, 기입하고, 순서화하는 것과 관련됩니다. 이에 비하여, 심층적 이해(deep understanding)는 질적인 차원에서 관련된 것들을 비교하거나 설명하고, 분석하고, 해석하고, 적용하는 것과 확장적 차원에서 이를 창조하고, 비판하며, 설계하고, 이론화하고, 일반화하고, 성찰하는 것과 관련된 개념입니다. 이를 보다 구체적으로 제시하면 〈표 8-1〉과 같습니다.[3]

〈표 8-1〉 표면적 이해와 심층적 이해의 개념 비교

표면적 이해	심층적 이해	
사실적	관계적	확장적
• 확인하다 • 회상하다 • 열거하다	• 비교하다 • 대조하다 • 설명하다	• 창조하다 • 비판하다 • 설계하다

• 기술하다 • 기입하다 • 결합하다 • 순서화하다	• 분석하다 • 해석하다 • 관련짓다 • 적용하다	• 이론화하다 • 일반화하다 • 가설을 세우다 • 성찰하다
← 양적인 차원 →	← 질적인 차원 →	

그런데, 우리가 물가에서 낚시할 때, [그림 8-1]과 같이 낚싯바늘을 수면 가까이 표면적인 데에만 두면 결코 큰 물고기를 잡을 수 없고, 오직 조그마한 물고기만 잡는 것과 마찬가지로 표면적인 이해를 통해서는 사람들의 행동 이면에 숨겨진 뜻을 이해하기가 어렵습니다.[4] 그러므로, 우리는 상대방과의 의사소통에 있어서는 무엇보다도 대화 상대방이 무엇을 말하고자 하는지를 제대로 이해하기 위한 과정이, 그리고 기술이 필요합니다.

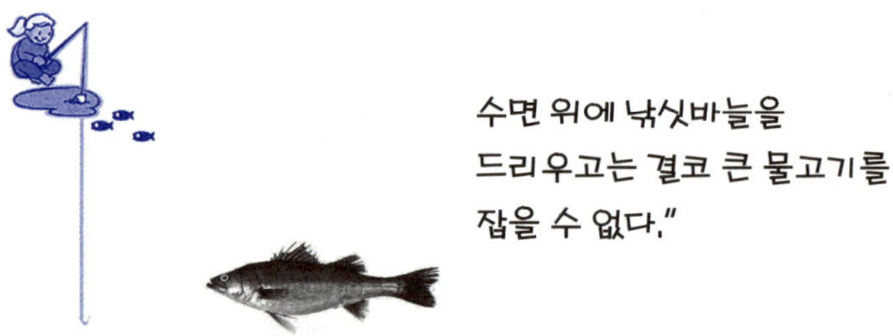

[그림 8-1] 표면적 이해와 심층적 이해의 차이 비교

인간의 의사결정 과정에는 이성과 감정이 동시에 개입한다

우리는 일반적으로 사람들이 의식적이고 논리적인 심사숙고의 과정을 거쳐서 결정을 내린다고 생각합니다. 즉, 사람들은 어

떤 의사 결정을 하고자 하는 경우 의사결정의 속성에 대한 개인적인 가치평가와 그 속성을 통해 획득할 수 있는 가치의 현실화 가능성에 대해 면밀한 검토과정을 거친 뒤 논리적인 결론을 도출한다고 생각한다는 것입니다.[5] 그러나, 이것은 사실이 아닙니다. 인간의 뇌 구조에는 감정을 처리하는 부분과 논리적 추론을 담당하는 부분이 분리되어 있지만, 양자는 끊임없이 정보를 주고받으며 동시에 인간의 행동에 영향을 미치게 됩니다. 더욱 중요한 사실은 사람의 사고와 행동에서 감정이 대개 일차적인 동인으로 작용하며 더 나아가 감정이 합리적 의사결정에 이바지할 뿐만 아니라 필수적인 역할을 담당한다는 점입니다.[6]

인간의 의사결정에 이성과 감성이 상호작용한다는 것은 고대 그리스의 아리스토텔레스에 의해서도 주장된 바 있습니다. 아리스토텔레스가 《수사학》에서 강조한 설득의 3대 요소는 에토스(Ethos: 인품 · 인격), 파토스(Pathos: 감성), 그리고 로고스(Logos: 논리, 이성)입니다.[7]

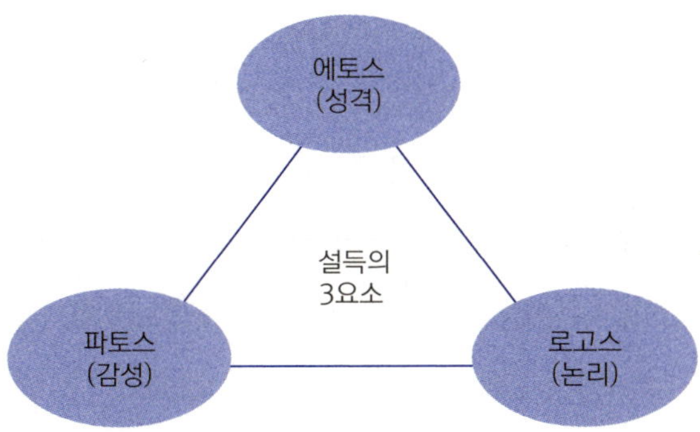

[그림 8-2] 아리스토텔레스의 설득의 3요소

이 중 가장 중요한 것은 에토스이고 다음이 파토스이며, 마지막이 로고스입니다. 제아무리 말을 잘한다고 하더라도, 대화에서 상대방에 대한 신뢰성이 떨어지면 무슨 말을 해도 믿기 어렵습니다. 이 점에서 대화나 설득과정에서 무엇보다 중요한 것은 말하는 사람의 인격이고, 그와의 신뢰감입니다. 그다음이 파토스입니다. 상대방의 감정이나 욕구에 호소하여 마음을 움직이는 설득 수단이 바로 파토스입니다.[8)]

이 에토스와 파토스를 잘 이용한 대표적 인물은 독일의 아돌프 히틀러, 영국의 처칠 수상, 그리고 미국의 존 에프 케네디 대통령입니다.[9)] 히틀러는 1차 세계대전 이후 피폐해진 독일 중산층에 대하여 본능적으로 그들이 듣고 싶은 말을 단순 명료하게 강조하여 독일 국민에게 절대적인 지지를 받았는가 하면, 영국의 처칠 수상은 2차 세계대전 당시 영국 국민에게 '피와 땀과 눈물'을 요구하면서 전쟁을 승리로 이끌었습니다. 그리고, 케네디 대통령 또한 취임 연설에서 '조국이 여러분을 위하여 무엇을 할 수 있을 것인가를 묻지 말고, 여러분이 조국을 위하여 무엇을 할 수 있는지 자문해 보라.'라고 말함으로써 미국 국민의 지지를 받았습니다.

인간은 이성에 의하여 합리적으로 판단하는 존재가 아니라는 점은 고대 그리스 시대의 철학자뿐만 아니라, 최근의 뇌 연구, 심리실험 등에 의해서도 밝혀지고 있습니다. 이에 대하여 대니얼 카너먼 교수는 《생각에 관한 생각》에서 경험 자아와 기억 자아의 두 가지로 설명하였습니다.[10)] 그에 따르면, '경험자아'는 지금 벌어지는 기쁜 일이나 쾌락을 즐기고 고통이나 괴로움을 피하고자 합니다. 반면에 '기억 자아'는 지나간 경험을 회상하고 평가하는 자아이며, 이때의 '회상'은 이야기하기의 형태로 나타납니다. 그런데 이 두 자아의 판단은 대체로 일치하지 않고, 지금 무엇을 먹고 무슨 일을 어떻게 할까와 같은 의사결정은 전적으로 기억자아에 의존해서 이루어지게 된다는 것이 카너먼 교수 이론의 핵심입니다. 김주환 교수는 《내면소통》에서 이들 두 가지 자아 이외에 배경 자아를 추가하여 인간의 자아를 설명하고 있습니다. 그에 따르면, 배경 자아는 경험 자아와 기억 자아를 알아차리는 주체이자 연결하는 주체입니다. 그리고 이들 세 가지 자아가 한데 어우러져 만들어 내는 것이 인간의 내면소통 현상이라고 보았습니다.[11] 이들을 종합하여 보면, 우리가 누군가를 이해한다는 것은 그가 가지고 있는 기억 자아, 경험 자아, 배경 자아를 제대로 이해해야 한다는 것을 말합니다. 그런데, 특히 최근에는 뇌과학 연구가 활성화되면서 이와 같은 경향을 더욱 뒷받침하고 있습니다.

따라서, 우리는 [그림 8-3]에서와 같이 인간의 정신활동이 사회적 과정과 생물학적 과정 간 상호작용에 기반하여 형성된다는 점을 이해하여야 합니다.[12]

우리는 인간의 뇌-마음-신체-사회의 피라미드로 대변되는 상호작용 체계를 이해하지 않고서는 사람을 완전히 이해했다고 말하기 어렵습니다. 왜냐하면, 대부분 사람들의 경우 사고와 감정, 그리고 학습은 무의식중에 이루어지기 때문입니다. 이는 일찍이 지그문트 프로이트가 주장한 바와 같이 인간을 이해하기 위해서는 인간 의식의 심층부에 자리 잡은 무의식의 세계를 이

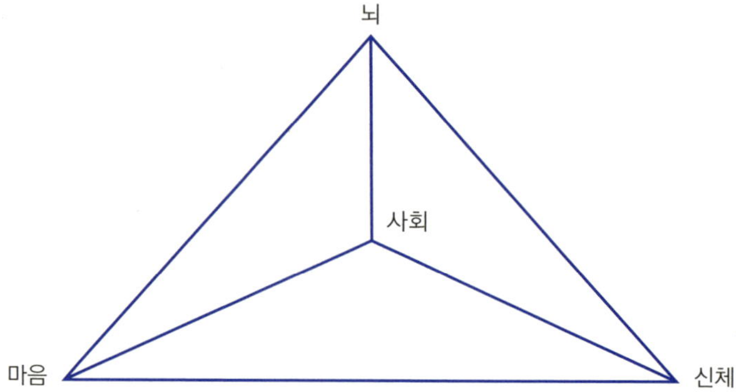

[그림 8-3] 인간의 뇌-마음-신체-사회와의 관계

해해야 한다는 것을 의미합니다. 그러나, 인간은 자유의지를 타고 태어난 존재라는 점에서, 그리고 모든 인간의 경험이 다양한 까닭에 타인과의 관계에서 그의 무의식의 세계를 이해하기란 참으로 어렵습니다. 여기에서 다양한 형태의 이해가 아닌 오해가 생겨나게 됩니다. 정신분석가 정도언 교수는 《당신이 숨기고 있는 것들》이라는 저서에서 사람들 간의 오해가 생기는 이유로 다음과 같은 4가지를 지적하고 있습니다.[13)]

첫째, 남이 이해 못 하는 말이나 행동을 내가 별 뜻 없이 해서 생기는 경우
둘째, 남이 다른 사람을 판단하는 기준이 나의 것과 다른 경우
셋째, 남이 내 모습에서 과거의 누군가를 무의식적으로 떠올리는 경우
넷째, 나를 반드시 오해해야만 하는 이유가 남에게 있는 경우 (경쟁상대 등)

따라서, 우리는 개인 간의 관계에 있어서 오해를 극복하고 이해를 보다 풍부하게 할 수 있도록 하는 것이 중요합니다. 우리는 한 개인의 과거 행동에 비추어서 그 개인의 행동을 추론할 수 있기 때문입니다. 그러므로 충분한 상호작용이 필요하며, 여기에서 개인의 심층적인 이해가 필요하게 됩니다.

이해의 최고단계는 공감적 이해에 바탕을 둔 신뢰이다

우리가 타인과의 관계에 있어서 누군가를 이해한다고 하였을 때 이해에도 차이가 있기 마련입니다. 이는 공감의 이해방식과 깊이 관련된 말이기도 합니다. 공감에는 두 가지의 차원이 있습니다. 바로 관점수용 방식으로서의 공감, 즉 '인지적 공감'과 공유된 감정적 반응으로서의 공감, 즉 '정서적 공감'이 그것입니다.[14] 인지적 공감은 다양한 차원의 경험을 통해, 그리고 인간이 가진 상상력을 동원해 다른 사람들은 자기와 다른 취향 · 경험 · 세계관을 갖고 있다는 것을 인정하는 것입니다. 일찍이 심리학자 장 피아제는 자신과 다른 존재들을 구분하는 경계선이 유년 시절부터 나타나기 시작한다고 보았습니다. 그리고 정서적 공감은 다른 사람의 감정을 공유하거나 반영하는 것을 의미할 때 사용됩니다. 처참한 원전사고라든가 우크라이나 전쟁 장면을 보고 가슴 아파한다든가, 장기간의 항암치료로 머리카락이 다 빠지고 몰골이 말이 아닌 친구의 모습을 보고 자신의 아픔인 양 느끼는 것을 말합니다. 그런데, 정서적 공감이라는 것도 사람마다 차이가 매우 크다는 것을 느낄 때가 많습니다. 이와 관련하여 경험한 사례 하나가 지금도 생생하게 기억되고 있습니다.

1994년 10월 21일, 아침 출근길의 일입니다. 여느 때와 마찬가지로 학교로 출근을 하던 길에 성수대교 붕괴사고가 일어났다는 것을 라디오를 통해 들었습니다. 사고 시간대가 7시 30분대라 등굣길 학생들도 참변을 많이 당했다는 소식에 맘이 불편한 상태였습니다. 마침 모교에서 강의가 있어서 갔다가 모교 교수님을 뵙고 차 한잔하는 시간을 가졌는데, 맘이 편치 않은 상태인 것을 보고 왜 기분이 안 좋으냐고 교수님께서 물었습니다. '성수대교 붕괴사고로 등교 중의 어린 학생들이 많이 사상자가 생겨서 마음이 아프다'라고 답했습니다. 교수님의 다음 질문이 상당히 충격적이었던 것으로 기억됩니다. '사상자 가운데 친척이 있느냐?'라는 것이었고 '없다'라고 말하자 '왜 맘이 아프냐?'라고 하는 반문이 충격으로 다가왔던 것입니다. 우리는 사람마다 타인의 기쁨과 슬픔에 깊이 공감하는 자도 있지만, 그렇지 못한 경우도 많이 있다는 것을 알고 있습니다.

흔히, **공감적 반응을 잘하는 능력을 공감 능력**이라고 합니다. 자폐증 연구에서 선구자로 손꼽히는 사이먼 배런 코언(Simon Baron Cohen)에 따르면, 사람의 성향 파악에 이용할 수 있는 스펙트럼(차원)에는 두 가지가 있다고 합니다.[15] 바로 공감 능력과 체계화 능력이 여기에 해당합니다. 공감 능력이란 '상대방이 어떤 감정과 생각을 가졌는지 알아내고 거기에 적절한 감정으로 반응하려는 힘'을 말합니다. 이와는 달리 체계화 능력은 '체계 안에 들어 있는 변수를 분석해내려는 힘, 나아가 어떤 체계에서 행동이 나타날 때 그것을 지배하는 숨은 규칙을 분석해내려는 힘'을 말합니다. 말하자면, 사람과 사람 사이의 마음을 읽어내고 관계를 향상하는 능력이 뛰어난 이는 공감 능력이 높은 사람이고, 지도라든가 새로운 기기의 사용 매뉴얼을 잘 읽고 그 기계가 어떻게 돌아가는지 알아내기를 좋아한다면 이는 체계화 능력이 평균 이상인 사람을 일컫는다고 볼 수 있습니다. 흔히 자폐증이 있는 사람들은 체계화 능력이 높지만 공감 능력은 매우 낮은 경향이 있다고들 알려져 있습니다. 이들 관계를 도표화하여 제시하면 [그림 8-4]와 같습니다. 사람들은 저마다 정도의 차이는 있지만 이 공간 위의 한 점을 차지하고 있습니다.[16] 이와 같은 공감 능력을 지닌 인간을 제러미 리프킨은 '**호모 엠파티쿠스**(Homo empathicus)'라고 명명한 바 있습니다.[17]

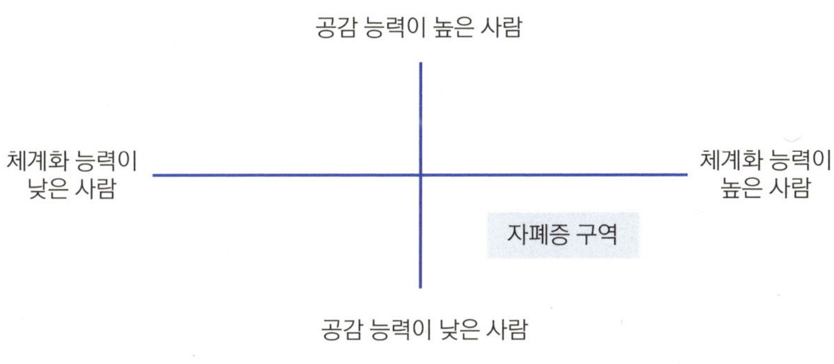

[그림 8-4] 인지 양식의 두 가지 차원

'공감하는 인간'에게 있어서 공감이란 '상상력을 발휘해 다른 사람의 처지에 서 보고, 다른 사람의 느낌과 시각을 이해하며, 그렇게 이해한 내용을 활용해 자신의 행동지침으로 삼는 기술'을 말합니다.[18] 이 점에서 공감은 '어떤 사람에 대한 연민이나 불쌍하다고 여기는 마음을 의미하는 동정심'과는 다른 의미이며, 서양의 황금률, 즉 '상대방이 자신에게 해주기를 바라는 바대로 그들에게 해주라'라는 것과도 다른 의미입니다. 왜냐하면 사람마다 취향이 다를 수도 있고, 중시하는 가치 또한 다를 수 있기 때문입니다. [그림 8-4]에서 보는 바와 같이 인간을 호모 엠파티쿠스라고 명명한다고 하더라도, 모든 인간이 다 공감하는 존재는 아니라는 것입니다. 어떤 사람은 공감능력이 높은 반면에 어떤 사람은 그렇지 못하다는 것입니다. 사이먼 배런 코언(Simon Baron Cohen)에 따르면 전혀 공감을 하지 못하는 사람, 즉 공감제로인 사람의 비율은 전체 인구의 2퍼센트를 넘지 않으며, 나머지 98퍼센트는 천성적으로 공감할 수 있으며 사회적 연대를 맺을 수 있다고 합니다.[19] 이와 관련하여 세계적인 공감 전문가인 로먼 크르즈나릭(Roman Krznaric)은 사람에게 내재하는 '호모 엠파티쿠스'를 완전히 실현하고자 한다면 6가지 습관을 개발해야 한다고 강조합니다. 그가 제시한 공감능력이 뛰어난 사람들의 6가지 습관은 〈표 8-2〉와 같습니다.[20]

〈표 8-2〉 공감능력이 뛰어난 사람들의 6가지 습관

습관	구체적 내용
1. 두뇌의 공감회로를 작동시킨다.	자신의 정신적 프레임을 바꿔보는 습관, 공감이 인간 본성의 핵심에 있으며 평생에 걸쳐 확장될 수 있다는 것을 인지한다.
2. 상상력을 발휘하여 도약한다.	타인의 처지에 서서 그들의 인간성과 개성, 관점을 인정하고 의식적으로 노력하는 습관, 여기에서 타인에는 '적'까지 포함한다.

3. 새로운 체험에 뛰어든다.	자신의 삶과 문화와 상반되는 것들을 직접체험, 공감여행, 사회적 협력 등을 통해 탐사한다.
4. 대화와 기교를 연마한다.	낯선 사람들에 대한 호기심, 철저하게 듣는 습관, 그리고 감정을 가리는 가면을 벗어던지는 습관을 키운다.
5. 안락의자 여행자가 되어 본다.	예술, 문학, 영화, 그리고 소셜네트워크 시스템(눈)을 통해 다른 사람의 마음속으로 여행을 떠나 본다.
6. 주변에 변혁의 기운을 불어넣는다.	대규모로 공감을 이끌어 내어 사회의 변화를 만들어 내고, 나아가 자연계까지 포용할 수 있도록 공감의 폭을 넓힌다.

이러한 의미에서 앞에서도 언급한 바와 같이 가장 완전한 형태의 이해가 바로 **공감적 이해**(empathic understanding)라고 할 수 있습니다. 공감적 이해란 상대방이 주관적으로 경험하는 사적 세계를 정확하고 민감하게 이해하는 것을 의미하는 것으로 한자어의 역지사지(易地思之)라는 말과 동일한 의미를 지닙니다. 이는 개인이 자신의 가치에 의해 영향을 받지 아니하고 상대방의 세계에 들어가는 것을 말합니다. 이는 곧 감정이입적 이해 또는 내적 준거체제에 의해 이해하는 것을 말합니다. 적극적 경청, 공감적 경청, 적극적 감정이입 등과 같은 개념으로 표현되고 있기도 합니다. 여기서 사용되는 용어야 어떻든 간에 공감적 이해는 상대방의 입장이 되어 그가 처해 있는 입장에 서 보는 것인데 이렇게 함으로써 개인은 상대방이 가진 감정, 의견, 가치, 이상, 고민, 갈등을 가지고 그가 처해 있는 여러 상황에서 그것을 바라볼 수 있다는 것을 말합니다.

그런데, 공감적 이해가 사람과의 관계에서 주요한 의미를 지니기 위해서는 두 가지 측면이 전제되어야 합니다. 그 하나는 자신이 다른 사람의 입장에 서서 이해하게 되는 것이고, 다른 하나는 공감적으로 이해하는 바를 상대방에게 전달하는 것입니다. 공감적으로 이해한 것을 상대방에게 전달하는 것을 공감적 반응이라고 합니다. 공감적 반응이란 단지 상대방이 말하고 있는 내용을 거울처럼 반사하는 것이 아닙니다. 그것은 상대방의 행동에 대한 주의 깊은 관찰로부터 도출되는 말이나 비언어적 신체표현이 지니고 있는 의미에 대한 정확한 평가나 추론이 전제되어야 합니다. 정확한 공감적 이해를 수반하지 않는 상대방의 반응은 효과적인 의사소통의 장애를 일으키게 되고 이는 상대방을 받아들이거나 신뢰하기 어렵게 만드는 요인이 되기도 합니다.

이러한 점에 있어서 우리는 사람과의 관계에 있어서 공감적 이해를 바탕으로 차츰 상대방을 수용하거나 신뢰하게 됩니다. 인간관계의 형성에 있어서 첫 번째 단계가 바로 공감적 이해이고, 다음으로는 이를 바탕으로 하여 상대방을 이성적으로나 감성적으로 받아들이게 되는 무조건적 수용, 자신과 타인의 생각이나 의견을 일치시키기, 그리고 신뢰의 과정을 거치게 됩니다.[21] 말하자면, 신뢰라고 하는 것은 공감적 이해가 반복되고 반복되는 과정을 통해 형성되는 것이지 어느 날 하루아침에 형성되는 것이 아니라는 것입니다. 말하자면, 바람직한 관계 형성의 첫걸음이 바로 공감적 이해라는 것입니다.

①	②	③	④
공감적 이해 ➡	무조건적 수용 ➡	일치 ➡	신뢰

소통을 통한 공감과 이해에도 기술이 필요하다

오늘날 사회는 4차 산업혁명 시대입니다. 4차 산업혁명 시대의 핵심 키워드는 소통과 협력입니다. 사람 사이에 소통이 되어야만 협력할 수 있습니다. 소통의 전제는 바로 이해이고 공감입니다. 우리말에 '기똥차다'라는 말이 있습니다. 예상을 뛰어넘어 막힌 귀가 뚫릴 정도로 신통한 것을 의미하는 말입니다만, 이 말을 가만히 분석해 보면 '기(氣)가 통(通)한다'라는 뜻이 포함되어 있다고도 보입니다. 서로 기가 통하면 기막힌 일도 해낼 수 있다는 의미로도 해석됩니다. 이런 의미에서 서로 기가 통하기 위해서는 무엇보다도 감정이 서로 교류되고 공감이 되어야만 비로소 이해되고 거기에서 협력도 제대로 끌어낼 수 있다고 봅니다. 그렇지만, 우리는 살아가면서 누군가를 완전히 이해하기란 대단히 어렵습니다. 전 시카고 대학교 교수 노먼 맥플레인(1902~1990)의 실화를 토대로 1976년에 출판한 소설을 원작으로 한 영화 〈흐르는 강물처럼〉에서는 누군가를 완전히 이해하기란 참으로 어렵다고 보고 '이해하기 어려운 사람을 그대로 받아들여야 한다.'라고 강조합니다. 여기에서 우리는 살아가면서 나와 관계되는 사람들을 이해하기 위한 노력이나 자세가 필요하게 됩니다. 왜냐하면, 우리는 이해하게 되면 동의하게 되고, 동의하게 되면 쉽게 협력할 수 있게 되기 때문입니다. 상대방을 이해하기 위한 노력이나 자세를 '이해의 기술'이라고 간주한다면, 여기에 해당하는 것들을 다음 몇 가지로 제시할 수 있습니다.

첫째, 누군가를 이해하기 위해서는 먼저 상대방이 하는 이야기를 심취해서 들을 수 있어야 합니다. 말하자면 경청하는 사람이 되자는 것입니다.

경청은 상대방과 상호작용하는 과정에서 언어적이거나 비언어적인 대화를 통해 상대방을 이해하고, 의미를 부여하는 과정입니다. 말하자면, 경청은 다른 사람이 말하는 것을 식별하고 이해하는 과정입니다. 말하는 이의 억양이나 발음, 문법과 어휘를 이해하고 의미를 파악하여 말하는 이와 듣는 이가 상호작용하는 것입니다.[22] 경청에는 몇 가지의 단계가 있습니다. 수용, 이해, 기억, 평가, 그리고 반응이 바로 그것입니다. 말하자면, 우리가 제대로 된 경청을 하기 위해서는 먼저 상대방이 전하고자 하는 말을 듣고 수용하며, 경청해서 이해하며, 기억해서 회상하며, 판단하여 평가함과 동시에, 대답하고 반응하는 단계를 거쳐야만 제대로 된 경청을 할 수 있다는 것입니다. 물론 여기에서 수용의 자세에는 비언어적인 것을 받아들이는 것도 포함됩니다. 이를 도표화하여 나타내면 [그림 8-5]와 같습니다.[23] 능동적 경청은 화자가 전달하려는 내용에 주의를 기울이고, 필요하다면 이해에 도움이 될 수 있는 설명을 끌어내야 하는 과정까지를 포함합니다. 많은 연구에 따르면 사람의 경청역량이 아주 조금만 향상되더라도 커뮤니케이션 향상에 눈에 띄는 영향을 미칠 수 있을 뿐만 아니라, 적극적인 경청 기술을 개발하면 화자와 청자의 상호

이해 및 관계에 긍정적인 영향을 미칠 수 있다고 보고되고 있습니다.[24)]

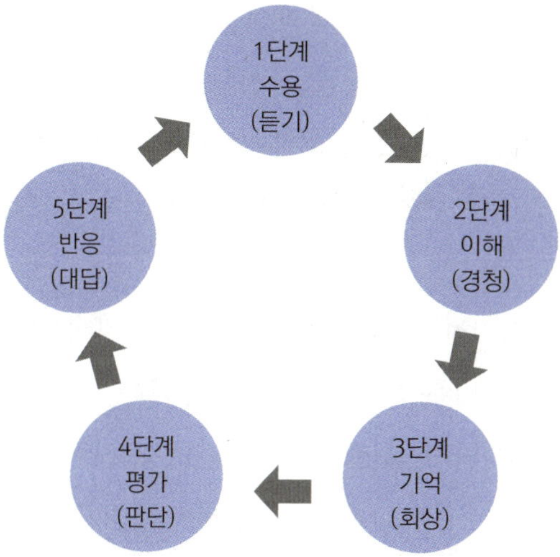

[그림 8-5] 경청의 5 단계

둘째, 상대방과의 공감적 이해가 이루어지도록 상대방이 표현하고자 하는 바를 잘 지각하고, 이를 상대방에게 제대로 전달할 수 있어야 합니다.

일반적으로 공감적 이해를 위해서는 상대방이 보내는 메시지를 잘 파악하는 한편, 다른 한편으로는 자신이 파악한 상대방의 감정이나 생각을 상대방에게 정확하게 잘 전달할 수 있어야 합니다. 전자는 지각과 관련된 기술로서 상대방의 언어적 메시지와 비언어적 메시지 속에 숨겨져 있는 중요한 감정, 생각, 태도, 신념 등을 포착하여 상대방을 공감적으로 인식하는 능력을 말합니다. 이와는 달리 후자는 의사소통의 기술로서 자신이 파악한 상대방의 감정이나 생각을 상대방에게 전달함으로써 상대방에게 충분히 이해하고 공감하고 있다는 사인을 보내는 것을 말합니다. 그리고, 이러한 공감적 이해를 저해하는 행동, 이를테면 자신의 입장에서 상대방을 파악하고, 그 해결책을 제시하거나 다른 사람의 관심이나 걱정을 무시하는 것들은 삼가는 것이 좋습니다.[25] 이러한 점에서 공감적 대화를 제대로 하기 위해서는 자신의 선입견이나 편견을 버리고 상대방을 바라보는 것이 보다 중요합니다.

셋째, 세상에는 한 가지 관점만 존재하는 것이 아니라 여러 가지 관점이 공존한다는 것을 인정해야 합니다.

우리가 살아가면서 특정 의견만을 주장하는 것은 하나의 편견이자 아집입니다. 우리가 편견에 사로잡히게 되면 타인의 시선을, 타인의 생각을 전혀 이해하지 못하게 됩니다. 세상에는 수많은 사람이 살고 있고, 그들은 각자의 삶의 방식에 따라 또는 문화양식에 따라 경험하고 학습되어온 존재입니다. 그리고, 인간은 흔히 내가 세상에 대해 객관적인 지식을 갖고 있다고 생각하는 경향이 강합니다. 우리는 내가 일상적으로 지각하는 내용이 당연히 사실이고 현실이라고 생각합니다. 그리고, 그 현실이 누구에게나 거의 대동소이할 것이라고 생각합니다. 하지만, 그것은 망상에 불과합니다. 로버트 그린은《인간 본성의 법칙》에서 세상의 그 어떤 사람도 같은 식으로 보거나 경험하지 않는다고 보고, 우리가 지각하는 것은 내가 만들어낸, 내가 보는 현실일 뿐이라고 강조합니다.[26] 그러므로, 세상에는 나와 다른 생각이나 관점을 가진 사람들은 모두 틀린 것이 아니라, 그들과 내가 서로 다르게 경험하고 학습하여 왔을 뿐이라는 것을 인정해야 합니다. 여기에서 우리는 '다름'과 '차이'를 인정하고 유연하고도 개방적인 자세를 지니는 것이 필요하다는 것을 알 수 있습니다. 이와 같은 자세는 곧, 사람들이 어떤 행동을 할 때 그것이 자신의 눈에 부정적으로 보인다고 하더라도 그 사람으로서는 충분한 이유가 있을 수 있다는 점을 기억하는 것입니다.[27] 우리는 한 가지 이상의 관점으로 세상을 바라보게 되면 똑같은 경험도 다양한 방식으로 해석할 수 있으며, 언제든 새로운 정보를 이용할 수 있는 장점이 있습니다. 이러한 접근 방식은 우리가 진실이라고 알고 있는 내용은 물론 배우는 방식에까지 보다 신중해지도록 만들게 됩니다.[28]

넷째, 사람을 제대로 이해하기 위해서는 무엇보다도 그가 처한 입장이라든가 그가 말하거나 행동하는 맥락을 먼저 이해해야 합니다.[29]

우리는 배움을 무의식적으로 받아들이는 경향이 있기 때문에 세상에 대해 이미 배운 것은 대부분 돌이킬 생각조차 하지 않는 경향이 있습니다. 아와 관련하여 하버드 대학교의 앨런 랭어 교수는《늙는다는 착각》이라는 저서에서 '사람들은 맥락에 주목하지 않는다'고 보았습니다.[30] 동일한 결과를 가져온 행동이라도 맥락에 따라 해석이 다르게 작용되게 됩니다. 이를테면, 두 어린 아이가 물컵을 각자 깨트렸다고 합시다. 한 명은 어머니를 도와주기 위하여 물컵을 옮기다가 깨트린 것이고, 다른 아이는 화가 나서 발로 차서 물컵을 깨트렸다고 한다면, 동일한 결과라고 하더라도 그 맥락이나 과정을 이해하게 되면 완전 다른 해석이 가능하게 됩니다. 그러므로, 누군가를 이해하기 위해서는 상대방이 처한 상황이나 그가 의도하고자 하였던 맥락이 무엇인가를 염두에 두고 그의 마음을 헤아려 보는 노력도 필요합니다.

마지막으로, 모든 사람이 거둔 결과만 보지 말고 과정 또한 살필 수 있어야 한다는 것입니다.

우리는 어느 유명한 영화 배우나 운동 선수들을 보면서 그가 현재 대중들에게 주목을 받고 있는 결과만을 놓고 평가하기가 쉽습니다. 그러나, 그들이 그러한 위치에 서 있기까지 얼마나 많은 피와 땀과 눈물을 흘렸는지를 이해해야만 그가 현재 사랑받고 있는 이유를 제대로 알게 됩니다. 마찬가지로 어떤 사람이 쓴 책이나 논문이 너무나 완벽하고 잘 짜인 것이라고 생각하고, 자신은 도저히 그럴 수 없을 것이라고 생각할 수 있습니다. 우리는 한 개인이 거둔 탁월한 성과는 어느 날 갑자기 하늘에서 뚝 떨어진 것이 아니라 수많은 좌절과 고통과 피나는 노력의 산물이라는 것을 늘 염두에 두어야 합니다. 이것은 결과 지향적 태도가 아니라, 과정 지향적 태도를 갖는다는 것을 말합니다. 과정 지향적 태도에는 모든 결과는 과정 다음에 온다는 사실을 인식한다는 의미가 포함되어 있습니다.[31] 그러므로, 우리는 어떠한 사실이나 사건을 판단하거나 거기에 대하여 부정적인 의미를 부여하기 이전에 그러한 사실이나 사건이 생기게 되는 과정을 먼저 살피는 습관을 지니는 것이 중요하다고 봅니다.

우리는 수없이 만나는 사람 모두를 온전히 다 이해하기란 어렵습니다. 그러나, 우리가 상호 작용하는 기간이 늘어날수록, 친밀도가 높아질수록, 그리고 우리가 더 유연한 정신자세와 다양한 관점이 공존한다는 사실을 받아들일수록 우리는 사람들을 이해하기가 쉽다는 것도 알고 있습니다. 그러나, 오롯이 사람을 다 이해하기란 참으로 어렵다는 것도 경험을 통해서 배웠습니다. 또한, 우리는 세상을 살아가면서 이해하게 되면, 동의하게 되고, 동의하게 되면 함께할 수 있다는 것 또한 배웠습니다. 그리고, 나와 타인과의 고유한 틈을 인정하고 인간 대 인간으로서 이해해야만 살만한 세상이 된다는 것도 배웠습니다.[32] 그러므로, 우리는 살아가면서 우리와 관계하는 사람들의 가치, 태도, 신념, 행동 양식들을 **'있는 그대로'** 이해하고 그들과 더 나은 관계를 유지하도록 노력하는 것이 더불어 사는 이 세상에 소풍 나온 우리가 지향해야 할 중요한 가치이자 덕목이라고 생각합니다.

제9장

만남은 교육에 선행한다

생각거리

"마틴 부버(M. Buber)에 의하면 세계는 사람에게 있어서 두 겹(이중적)이다. 세계를 맞이하는 인간은 이 두 겹의 실존상황을 낱개의 말이 아니라 짝말인 두 개의 근원어로 표현한다. 두 근원어는 나와 너(Ich-Du)와 나-그것(Ich-Es)이다. 여기서 '그것'이라는 말에는 인간도 포함된다. 따라서 인간은 짝말로 된 두 근원어의 관계성 속에서 살아가기 마련이다. 여기서 짝말이라는 말이 중요하다. 짝말이라는 것은 서로 분리해서 생각할 수 없으며, 어느 하나만 가지고는 살 수 없다는 것을 시사한다. 인간의 실존은 짝말이라는 언어 속에 존재한다. 두 겹으로 된 짝말은 인간의 실존상황을 잘 묘사해 준다. 인간은 어느 누구를 막론하고 짝말인 두 겹으로 된 관계성 속에서 살아가기 마련이다. '나'라고 하는 존재는 나와 너의 관계성을 갖거나 아니면 나와 그것의 관계성 중의 어느 하나의 관계성을 갖는다. 그래서 나라고 하는 존재는 홀로 존재하는 것이 아니라 나와 너 혹은 나와 그것이라는 관계에서 존재한다. 그런데 여기서 나와 너의 관계성은 소유가 아니라 상호관계성인 데 비하여, 나와 그것의 관계는 인간이 하나의 인격체가 아니라 하나의 소유의 대상, 즉 물건이 되는 것이다."

[출처] 고광필. 〈고전 속에 비친 하나님과 나-마틴 부버의 너와 나〉. pp. 11-12.

episode 1

초등학교 3학년 신학기를 맞이하기 직전의 어느 날이었습니다. 당시 우리 집은 초등학교 정문에서 100m도 채 안 되는 곳에 있었습니다. 아직 겨울 날씨가 채 가시기 전 2월 말 젊은 부부로 보이는 두 분이 학교 앞 버스 정류장에서 내려 우리 집 골목 앞으로 걸어오고 있었습니다. 친구들과 냇가에서 얼음판 위에서 썰매를 타다 물에 빠져 신발이며 바지며 젖은 채로 집에 가던 중 두 분과 마주치자, 그중의 남자 한 분이 나에게 말을 걸어와서 학교 소사 집이 어디냐고 말을 건네왔습니다. 당시에는 황순원의 소나기에 나오는 소년보다도 숫기가 없던 터라 대답은 안 하고 손짓으로 따라오라고 하면서 학교 소사 일을 맡고 있던 댁 앞에까지 모시고 갔습니다. 길을 가던 중 남자분이 나한테 몇 학년이냐고 물었고, 이제 3학년이 된다고 답하였습니다. 그러자, 남자분은 '야, 이놈 머리 커서 공부 잘하게 생겼다'라고 말하였습니다. 당시 까까중머리로 짱구형이었던 나로서는 두 볼이 발갛게 된 채로 집에 돌아오면서 그 남자분이 하신 말씀을 곱씹어 보았습니다. 머리가 큰 것은 사실이지만, 여태껏 공부라고는 잘해 보지도 않았고 열심히 하지도 않았던 터지만, 그분 말씀은 왠지 모르게 신빙성 있게 들렸습니다. 그 후 며칠이 지나 3학년 교실에 들어가서 며칠 전 나에게 길을 물어왔던 그 신사분이 우리 반 담임선생님이라는 것을 알게 되었습니다. 물론, 그 뒤로 나는 그 선생님의 그 말씀 덕택에, 그리고 선생님의 적극적인 배려 덕택에 공부를 열심히 하게 되었고 그 후부터 고등학교 졸업 때까지 우등상을 받게 되었습니다. 나중에 대학에 들어와서 교육학을 공부하게 되면서 '머리 큰 것과 공부를 잘하는 것은 전혀 별개의 것이다'라는 것을 알게 될 때까지는 그 선생님의 말씀은 나에게는 정의이자 진리로 통해 왔었습니다. 그 후 초등학교를 지나 중학교 때까지도 그 선생님은 가끔 우리 학교를 찾아와서 나를 만나 머리를 쓰다듬어 주시곤 하였습니다. 후일에 대학 2년을 마치고 입대를 위하여 고향에 내려갔다가 선생님을 찾아뵙고 인사를 드린 것이 선생님과의 마지막 만남이었습니다만, 지금까지도 여전히 나를 키워준 마음의 스승으로 자리를 잡고 있습니다.

episode 2

대학 입학원서 접수를 얼마 앞두고 어느 대학 어느 학과를 선택할지를 고민하던 시기에 우연히 '교육이란 무엇인가'라는 책을 만났습니다. 책의 내용은 정확하게 기억이 나지 않지만, 교육이라고 하면 국어교육, 영어교육, 수학교육 등과 같은 것들만 알고 있었던 터라 그 책을 읽으면서 교과교육이 아닌 '가르치고 배우는 과정'을 공부하는 것이 적성에 맞을 거 같다고 생각하게 되었고 그 후 학과 선택을 '교육학과'로 선택하게 되었습니다. 그리고, 대학진학 후 학기별로 경영학, 철학, 심리학, 사회학과로 다니며 관련 공부를 하면서 교육학 이외의 영역에 대한 관심도를 높이게 되던 중, 김신일 교수님의 '민중 교육론'이라는 글을 읽게 되었습니다. 1980년대 초반만 하더라도 우리 사회에서 민주화 열풍이 드센 것도 사실이지만, 해외에서도 비판적 사회학 내지는 비판적 교육학이 주류를 이루던 시절이었습니다. 김 교수님의 글은 '역사적으로 지배당한 대다수 민중은 그들에게 불리한 현실의 사회구조를 숙명적으로 받아들이며, 감히 그것을 탈피하려고 생각하지 못한다. 오히려 그들은 억압에서 벗어나는 것에 대한 일종의 두려움을 가지고 있다. 그러나 현실적 사회모순이 해결되기 위해서는 이러한 민중의 의식이 변해야 하며, 이때 필요한 것이 의식화 교육이다'라는 논지로 구성된 것으로 기억되며, 이 글은 대학원 시절 전공 선택 시 교육학 영역 가운데에서도 평생교육을 선택하는 데 결정적인 영향을 주었습니다. 이는 대학원 석사 및 박사과정의 논문작성 과정에서도 그대로 반영되게 되었고, 석박사 논문 모두 우리나라의 학교 밖에서 이루어지는 평생교육에 대한 사회학적 분석을 중심으로 작성되었습니다.

학교 교육은 교육 일부분에 지나지 않는 사회적 필요물이다

앞의 두 가지 사례 이야기는 삶의 방향을 정하는 데 결정적인 영향을 미친 하나의 우연한 만남이자 사건이었습니다. 전자의 이야기는 사람과 사람의 만남에, 후자의 이야기는 사람과 사물(책)의 만남에 의한 것이었습니다. 물론, 살아가면서 접하게 되는 어떤 만남은 가수 노사연의 '만남' 노랫말처럼 '우연이 아니라, 바람이자 운명'일 수도 있습니다. 우리 인간은 살아가면서 수없이 많은 만남을 통하여 성장하고 발전하여 나아가는 존재입니다. 개나 말이나 소, 돼지는 교육을 받지 아니하여도 개나 말이나 소, 돼지로 살아갈 수 있는 존재이지만 인간은 그러하지를 못합니다. 일찍이 키케로가 언급하였듯이 '인간은 사람과 사람 사이의 결합'에 의하여 인간존재로서의 가치를 발현하게 됩니다. 그런데 이와 같은 인간 본성에 대한 현실적인 견해는 앞에서 예로 든 사례에서와 같이 타자와의 상호작용만을 의미하는 것에만 한정되지 않습니다. 그것은 인간뿐만 아니라 사물, 공간, 시간 등과의 만남과 그에 따른 상호작용의 결과에 따라 변화하게 된다는 것입니다. 이러한 의미에서 '만남은 교육에 선행한다'라고 했을 때 그 만남은 반드시 인간과의 만남만 적용되는 것이 아니라는 것입니다. 이러한 의미에서 실존주의 철학자 볼노브(O. F. Bollnow)는 '만남은 교육에 선행한다'라고 하여 진정한 만남에 의하여 인간행동의 극적인 변화가 이루어진다고 보았습니다. 그런데, 여기서 말하는 교육이란 '인간행동의 지속적인 변화를 도모하는 의도적이고 사회적인 간섭작용'을 의미합니다. 이제까지 학교 교육론자들은 교육=학교 교육이라는 등식이 성립된다고 보았습니다. 대부분의 사람, 특히 우리나라 사람들은 학교 교육 중심적인 사고에 편향된 경향이 강합니다. 이를테면, '교육을 몇 년 받았는가?'라고 이야기하면 학교를 몇 년 다녔는가(schooling)를 중심으로 해석하고 12년 받았다느니, 16년 다녔다느니 하는 대답을 하곤 합니다. 또한, 상업계 고등학교를 졸업하고 은행에 취업해서 나중에 야간대학을 마치고 은행장이 되었다고 하더라도 '고졸 은행장 신화'라는 말을 주저하지 않고 사용하는 것만 보아도 알 수 있기도 합니다. 그리고, 우리 사회는 무슨 교육 문제가 발생하거나 학생의 인성 문제가 발생하게 되면 학교에 그 문제의 원인을 돌리는 '학교 교육 만능주의' 사고에 천착되어 있다는 것을 알 수 있습니다. 말하자면, 교육을 통해 무엇이든지 가르칠 수 있고, 학교 교육은 모든 사회문제를 해결할 수 있을 것이라는 '만능키(master key)'로 여겨왔습니다. 이러한 사고방식은 흔히들 '가방끈의 길이와 가방끈의 질'로 사람을 재단하는 우(愚)를 범하기도 합니다. 사람은 가방끈 길이로 지식의 높낮이를 잴 수도 없을뿐더러 가방끈의 질로 개인의 실력이나 인품이 결정되는 것이 아닌데도 말입니다.

오늘날, 학교는 교육의 효과를 체계적으로 달성하기 위하여 가르칠 내용을 미리 정하고, 그 정해진 절차에 따라 교사들을 배치하여 교육을 실시하는 장소에 불과해졌습니다. 학교에서 가르칠 내용은 교육과정이라는 용어로 정의됩니다. 거기에는 정규교육과정도 있고, 잠재적 교육과정도 있습니다. 정규교육과정이란 일정한 학교급별에 따라 교육의 목적에 맞추고 교육내용과 정해진 수업의 교육 및 학습을 종합적으로 계획한 것을 말합니다. 보통의 경우 초등학교부터 대학에 이르기까지 학년마다 배워야 할 내용을 시간표로 정리해 두는데 이것도 교육과정 일부라고 할 수 있습니다.

그런데, 세상사 모든 것이 계획대로 움직이지 않는 것은 만고불변의 진리입니다. 나는 초등학교-중학교-고등학교-대학교로 이어지는 학교 교육을 받으면서 정규 학교 교육과정 이외의 것으로부터 더 많은 것을 배웠다고 자부합니다. 이를테면, 수업 중에 자기 성질을 못 이겨 학생들이 말을 잘 듣지 않는다는 이유 하나만으로 재생 타이어로 만든 슬리퍼로 학생들을 마구 때리는 중학교 사회 선생님으로부터는 '폭력의 야만성과 비민주성'을 배웠고, 예쁘고 말을 잘 듣는 학생만 편애하는 중학교 미술 선생님으로부터는 '미적 혜안'을 배우기보다는 '편애가 교육을 망친다'라는 교육철학을 배우기도 했습니다. 또한, 지독히 담배 골초인 고등학교 영어 선생님으로부터는 '저래서 담배를 피우면 안 되겠구나'라는 반교육적 면을 배워, 지금까지 한번도 의식적으로는 담배를 피워본 적이 없습니다. 또한, 학교 교실에서 보다는 교실밖에서 친구들과 이루어지는 재미나는 놀이를 통하여 절대적 인간 고독에서 벗어나는 방법을 배우기도 하였습니다. 이를테면, 드라마 오징어 게임에서 첫 게임으로 나오는 '무궁화꽃이 피었습니다'라는 술래잡기 놀이를 통하여 술래가 된 절대 고독자가 그 깊은 고독의 골짜기에서 벗어나기 위해서는 다른 친구들을 찾아내고 끌어들여야만 한다는 것을 배웠습니다.

이처럼 학교 교육에서 의도하지 않았던 교육과정을 교육학적 용어로 '잠재적 교육과정'이라고 합니다. 잠재적 교육과정은 학교의 물리적 조건, 지도 및 행정조직, 사회 및 심리적 상황을 통하여 학교에서는 의도하고 계획을 세운 바는 없으나 학교생활을 하는 동안에 은연중에 가지게 되는 경험을 일컫는 말입니다. 학교 교육은 이러한 잠재적 교육과정과 정규교육과정으로 이루어지는 하나의 교육의 장으로 산업사회의 발전과 더불어 대중교육의 필요성 증대에 따라 생겨난 사회의 사회적 산물입니다.

그런데, 일찍이 화이트헤드(Whitehead)가 언급한 바와 같이 인간의 생애주기가 짧고 지식의 반감기가 절대적으로 길었던 과거 사회에서는 학교 교육만으로도 충분히 그 사회적 수요를 충족시킬 수 있었습니다. 그러나, 인간의 평균수명이 길고 지식의 반감기가 절대적으로 짧아진 현대사회에서는 학교 교육은 생애 초기 단계에 만나게 되는 교육에 불과한 존재가 되었습니다. 그러므로 오늘날 대부분 사람은 평생에 걸쳐 다양한 차원의 교육이나 학습활동을 통하여 개인의 역량을 지속해서 개발해야 함은 물론 과학 기술의 발전에 따라 사회적 적응을 위한 학습활동을 지속해서 전개해야 하는 시대에 살고 있습니다. 이에 따라 학교 교육은 인간의 전 생애에 걸친 다양한 학습활동 가운데 생애 초기에 직면하게 되는 교육 일부에 불과한 존재로 전락하게 되었습니다. 이제는 과거와 같은 학교 교육과 같은 교육 중심의 사고에서 벗어나 개개인의 다양한 평생학습 활동이 보장되는 학습주의 패러다임으로 전환해야 할 필요가 있습니다. 이에 따라 '학교는 더 이상 교육의 전유물이 아니라, 우리 사회에서 필요로 하는 교육을 실시하는 장소 중의 하나에 불과한 존재'로 인식되고 있습니다. 이것은 학교 이외에서 개인의 평생에 걸친 학습활동을 지원하고 조장하는 체제가 더욱더 필요한 시대가 되었다는 것을 의미합니다.

의미 있는 학습은 의식과정과 실천 활동의 상호작용의 결과이다

공자의 《논어》는 "학이시습지 불역열호(學而時習之 不亦說乎)"로 시작됩니다. '배우고 때때로 익히면 또한 기쁘지 아니한가'라는 뜻입니다. 그런데, 대부분의 사람은 배우고 익히는 과정을 기쁘기는커녕 괴롭거나 불편하게 느끼는 과정으로 생각하는 경향이 강합니다. 왜냐하면, 우리는 학교에 다니게 되면서부터 배우기 시작했다는 고정 관념을 지니고 있을 뿐만 아니라, 과거 학교교육에서 받은 경험이 그다지 유쾌한 경험은 아니었기 때문입니다.

아무튼, 앞에서 언급한 문장에서 '學(학)'과 '習(습)'을 따와 "배우고 익히다"라는 의미의 "학습"이라는 단어가 생겨났다고들 합니다. 그러면 "學(학)"이라는 글자와 "習(습)"이라는 글자는 어떻게 배우고 익힌다는 의미가 있게 되었을까 하는 생각이 듭니다. 이는 '학습'이라는 한자어에 담긴 뜻풀이로 그 의미를 유추해 볼 수 있다고 생각됩니다. '학(學)' 자는 배우는 것을 의미하는데 이 문자는 문턱에 선 아이를 표시하는 상징 위에 '책상에서 두 손으로 책을 잡은 모습에서 지식을 쌓아 가는 것'을 의미하는 상징이 결합한 것이라고 합니다. '습(習)' 자는 '계속 연습하고 있는' 모습을 나타내기 위해 둥지를 떠나기 위해 날갯짓하는 어린 새를 그리고 있습니다. 이를 통해서 보았을 때 한자어에 있어서 학습이란 '지속해서 배우고', '계속 익힌다'라는 의미가 합해져서 '자기 완성에 통달하는 것'을 의미한다고 볼 수 있습니다.[1)]

학습의 어원이 그 무엇이든 간에 학습은 '좋은 습관 만들기 과정'으로 혹은 '새로운 지식과 스킬을 습득하는 과정'을 의미하는 것으로 이해되는 것이 일반적입니다. 이러한 의미를 지닌 '학습'이라는 용어는 '평생학습' 또는 '성인학습'이라는 용어로 그 뜻을 확장하여 왔습니다. 이와 관련하여 정민승 교수는 《성인학습의 이해》에서 '성인학습에 대한 믿음과 실천은 인간이 경제적 존재 규정을 벗어나 존재적으로 의미 충만하게 살아갈 수 있게 하는 일종의 전략'이라고 규정하기도 합니다. 그러므로, 학습의 과정은 태어나면서부터 죽음에 이르기까지 끊임없이 연속되는 자기 변화의 과정으로 이해되고 있습니다.[2]

그런데, 이러한 의미를 지닌 학습이라는 것이 하나의 배움의 과정으로만 그치게 되면 그것은 감히 배웠다고 말하기가 어렵다고 할 것입니다. 이와 관련하여 일찍이 공자는 《논어》 제2편 위정(爲政)에서 '배우기만 하고 생각하지 않으면 얻는 것이 없고(학이불사즉망 學而不思則罔), 생각하기만 하고 배우지 않으면 위태롭다(사이불학즉태 思而不學則殆)'라고 하였습니다. 교실이나 직장에서 배우기만 하고 그 이치를 스스로 곰곰이 생각해보지 않은 채, 건성건성 한 귀로 듣고 한 귀로 흘리면 자신의 지식이 될 수 없습니다. 또한, 그 이치를 검증하지도 않은 채 자기 생각을 곧바로 실행에 옮긴다면 필시 위태로운 일을 맞게 된다는 것입니다. 전자의 경우는 '연애를 글로 배웠다'라든가, 요리를 '눈으로만 배웠다'라는 말로 표현되기도 하며, 후자의 경우는 '돈키호테'와 같이 생각 없이 행동하는 자가 될 수 있다는 것을 의미합니다.

따라서, 우리가 무엇인가를 '배웠다'라고 할 때 그 배움은 끊임없는 성찰과 그에 따른 행동이 무한 반복되는 순환과정이어야만 한다는 것을 알 수 있습니다. 이와 같은 것을 파울로 프레이리는 그의 유명한 저서 《페다고지 Pedagogy》에서 '프락시스(praxis)'라고 하였습니다. 이 공식은 다음과 같이 정리될 수 있습니다.[3)]

프락시스(praxis) = 성찰(reflection) + 행동(action)

말하자면, 진정한 학습이란 의식 활동과 실천 활동의 끊임없는 상호작용(시간적 선후 관계일 수도 있고 동시에 일어날 수도 있는 상호작용)을 통해 이루어지고 이러한 학습이 지속하게 될 때 비로소 인간은 '성장'한다고 이야기할 수 있습니다. 프레이리가 말하는 프락시스란 이러한 실천과 의식의 지속적인 고양의 과정과 다름없습니다. 인간은 이러한 학습을 통해서 인간 세계에 참여하고 문화를 창조하는 주체적 존재로 성장해 나갈 수 있으며, 이는 곧 세계를 변화시키는 실천적 활동의 원동력이 되게 됩니다.

인간은 '나와 너'의 주체적 관계를 통해 진정한 만남이 이루어지는 존재

인간의 배움은 일평생 동안 지속하는 과정이고, 그러한 학습은 의식과 실천의 끊임없는 상호작용의 결과로 나타나며, 그 결과는 나 개인뿐만 아니라 사회 변화를 촉진하게 됩니다. 그렇다면 인간의 성장 과정에서 왜 타인과의 만남이나 상호작용이 중요한가를 생각해 볼 필요가 있습니다.

이 점에 대해서는 자아(self)의 형성 및 개발과 관련하여 설명할 수 있습니다. 미국의 저명한 사회심리학자인 허버트 미드(Herbert Mead)의 《정신, 자아, 사회》에서는 사람의 자아(self)는 주격 자아(I)와 목적격 자아(Me)로 구분된다고 보았습니다.[4)] 그에 따르면 행동의 주체인 '주체로서의 나(I)'와 타인의 반응으로 이루어진 '객체로서의 나(Me)' 사이의 상호연관성으로 인간의 자아가 형성됩니다. 주체적 자아(I)는 예측 불가능한 창의적이고, 틀에서 벗어나는 개인을 의미하는 반면, 객체적인 자아(Me)는 주변의 일반화된 타자를 이해하고 내면화한 자아를 말합니다. 인간의 자아는 이렇게 두 개의 측면으로 이루어져 있어서 이 양자가 한 인간에서 때로는 서로를 견제하게 되기도 하고, 조화를 이루게 됩니다. 한자의 사람 인(人) 자는 바로 이들 두 개의 자아를 형상화한 것이라고 봅니다. 사회화 과정에서 어느 자아가 더 먼저 발현되느냐에 따라 우리는 서로 다른 차원의 인간존재 측면을 상정해 볼 수 있습니다. 여기서 주체적 자아인 'I'가 앞서는 사람은 창의성이 뛰어난 사람일 가능성이 크고, 객체적 자아인

'me'가 강한 사람은 '순응적인 사람'이 될 가능성이 큽니다. 이처럼 다른 사람과의 관계나 반응에 따라 나에 관한 생각, 자아상이 형성되는데 창의적이고 틀을 벗어나는 특성이 다른 사람과의 관계를 통해 더 강화될 수도 약화할 수도 있습니다. 그러니까 주변 사람들의 인정이나 반응이 중요해지는 겁니다.

여기에서 타자와의 의미 있는 만남이 중요한 의미를 지닙니다. 사람들은 진정한 만남의 순간을 통하여 성장하여 발전할 수 있게 됩니다. 만남의 교육적 의미를 가장 체계적으로 설명한 사람이 바로 만남의 철학자, 관계의 철학자, 대화의 철학자로 대변되는 마틴 부버(Martin Buber)입니다. 그는 《나와 너》라는 저서를 통하여 만남의 중요성을 강조하고 있습니다.[5] 그에 따르면, 이 세상 모든 것의 관계는 '나(Ich)와 너(Du)'의 관계와 '나(I)-그것(It)'의 관계로 구분됩니다. 그는 '나와 너'의 근원어에 바탕을 둔 참다운 대화가 이루어지는 관계가 인격 공동체이자 진정한 만남의 관계라고 강조합니다. 진정한 만남의 관계인 '나와 너'의 관계는 인격적인 만남이고, 주체적인 만남으로 이는 곧 '너를 통해 진정한 나가 된다'라는 것입니다. 반면에 '나-그것'의 근원어에 바탕을 둔, 오직 독백만이 이루어지는 집단적 사회, 즉 다른 사람을 자기의 욕망 충족을 위한 수단, 곧 '그것'으로밖에 보지 않는 사회는 비인격공동체이고 여기에는 오로지 수단화와 대상화만 존재한다는 것입니다.

마틴 부버가 언급하는 '나와 너'의 관계는 생텍쥐페리의 《어린 왕자》에 나오는 어린 왕자와 장미의 관계로도 설명할 수 있습니다. 어린 왕자는 자기가 소중하게 가꾸던 꽃이 여느 장미와 조금도 다르지 않다는 것에 실망합니다. 하지만, 어린 왕자의 장미는 자신이 쏟았던 그 정성 덕분에 그에게 그 어떤 꽃으로도 대신할 수 없는 존재가 됩니다.[6] 마치 김춘수 시인이 〈꽃〉에서 '내가 너의 이름을 불러 주기 전까지 너는 단순히 하나의 몸짓에 지나지 아니하였지만, 내가 너의 이름을 불러 주었을 때, 너는 내게로 다가와 나의 꽃이 되었다'라는 말과 같은 맥락입니다. 마틴 부버가 강조한 바와 같이 사람과의 관계에서 '나와 그것'의 관계는 단지 서로 '이용'하고 '경험'하는 일방적인 수준에서만 상대를 대하게 되고 여기에서는 진정한 '만남'이 나타날 수 없습니다. 오로지, 내가 너를 인격적인 주체로 대하고, 가치 있는 존재로 인식할 때만 '나와 너'의 인격적 관계가 성립되고 여기에서 인간은 진정한 만남의 관계가 성립되고 이를 통해 인간은 더욱더 성장할 수 있다는 것입니다. 여기 도토리 한 개가 있습니다. 이 도토리의 꿈은 무엇입니까? 도토리는 왜 이 땅에 태어났습니까? 도토리는 나무로 성장하고 발달하기 위하여 태어났지, 결코 묵사발이 되기 위하여 태어난 것은 아닐 것입니다. 사람도 마찬가지입니다. 사람도 타자와의 진정한 만남을 통해서 서로 인정하고 그가 지닌 고유한 가치로 성장 발달할 수 있는 것이 중요합니다. 자신만의 시각으로, 타인을 재단하고 판단하면서 오로지 '수단과 이용'의 대상으로만 이루어지는 일방적인 관계는 인간을 더욱더 비인격적인 존재로, 나아가서 고독한 존재로 전락시키게 될 뿐입니다.

진정한 만남은 개인의 주체적이고 극적인 변화를 끌어내는 동인이다

이 글 서두에서 나 개인의 사적 경험인 초등학교 3학년 담임 선생님과의 만남에 의하여 나 자신이 어떻게 변화했으며, 사람이 아닌 한 권의 책을 통하여서도 어떻게 변화될 수 있는지를 언급하였습니다. 인간은 언제든지 변화될 수 있는 존재이기도 하지만, 영원히 변화될 수 없는 존재이기도 합니다. 문제는 살아가면서 어떠한 만남이 있었느냐에 따라 그 변화가 다르게 다가올 수 있다는 점입니다. 이 대표적인 예가 바로 찰스 디킨스의 소설 《크리스마스 캐럴》의 주인공인 스크루지입니다.[7] 스크루지는 돈 욕심이 아주 많은 고리대금업자로 남에게 늘 인색하게 굴었으나, 어느 날 밤 죽은 친구의 유령과 함께 자신의 과거, 현재, 미래를 한꺼번에 본 뒤 깨달음을 얻고 새로운 삶으로의 극적인 전환을 경험하게 되는 인물입니다. 유령을 통해 과거와 현재와 미래의 성탄절 모습을 본 스크루지는 자기가 얼마나 비인간적으로 살아왔는지, 사람들과 얼마나 얕은 관계를 맺고 살았는지를 돌아보게 됩니다. 그는 자신의 행동과 태도가 다른 사람들의 삶에 어떤 영향을 미쳤는지, 타인과의 관계를 거부함으로써 자신의 생명력이 어떻게 얼어붙어 버렸는지도 깨닫게 됩니다.

그런데, 여기서 스크루지는 돈에만 인색한 사람이 아니었습니다. 그는 지나치게 돈에 인색한 나머지 인간 자체의 내면이 메말라 버린 황무지 같은 존재로 삶을 살아왔습니다. 여기서 스크루지가 은유하고 있는 것은 바로 그가 지나치게 가난에 대하여 두려워한 나머지 '타인의 웃음과 칭찬에 인색하고, 이웃을 곁에 두는 것을 싫어하고, 주위 풍경을 보고 감탄하거나 경탄할 줄을 모르며, 자신의 과거와 미래를 살펴볼 줄 모르고, 친구의 아픔과 눈물에 인색한 존재'로 살아왔다는 것입니다. 이런 점에서 스크루지에게는 오로지 '돈'이 유일한 가치였던 것입니다. 그랬던 그가 어느 날 밤 찾아온 친구의 유령을 대면한 후 극적인 변화를 경험하게 됩니다. 찰스 디킨스는 미래에서 온 유령을 통하여 "인간이 살아가는 과정은 결과를 보여준다. 따라서 지금과 같은 삶의 방식을 그대로 고수한다면 그에 상응하는 결과를 얻게 된다. 생활방식을 바꾸면, 결과도 달라진다."라고 강조합니다.[8)] 극적으로 변화된 스크루지는 지금까지와는 다른 방식으로 자신을 뒤돌아보고, 타인을 보고, 세상을 느끼고, 사람과 세상과 소통하게 됩니다.

이러한 점에서 인간은 누구나 자신이 원한다면, 언제든지 자신을 변화시킬 수 있는 존재라는 것을 알 수 있습니다. 다만, 이것은 단순히 생각의 차원에서만 머물거나 꿈의 형태가 아니라 현실로의 전환을 위해서는 힘든 내적 투쟁을 거쳐야 함은 물론입니다. 스크루지와 같은 극적인 변화의 경험을 얻기 위해서는 켄 셀턴이 《위선의 리더십》에서 강조한 바와 같이 '사소한 사람이나 사물의 중요성을 인식'해야 합니다. 그리고 거울 효과를 통해 우리가 누구이고 무엇을 하고 있는지 인식할 수 있는 투시력을 길러야 합니다. 또한, 객관적인 평가나 반응에서 눈을 돌리지 말아야 하며 위선과 당당하게 부딪히고 그 충격에서 가치 있는 것을 배워야 합니다.

스크루지의 이와 같은 극적인 변화는《성경》의 삭개오 세리장과 예수님의 만남에서도 그대로 나타납니다. 누가복음 19장 1절부터 9절까지의 말씀은 다음과 같습니다.

> "예수님께서 여리고에 들어가 지나가시더라
>
> 삭개오라 이름하는 자가 있으니 세리장이요. 또한, 부자라
>
> 그가 예수께서 어떠한 사람인가 하여 보고자 하되 키가 작고 사람이 많아 하는 수 없이 앞으로 달려가서 보기 위하여 돌무화과나무에 올라가니 이는 예수께서 그리로 지나가시게 됨이러라
>
> 예수께서 그 곳에 이르사 쳐다보시고 이르시되 삭개오야 속히 내려오라
>
> 내가 오늘 네 집에 유하여야 하겠다 하시니
>
> 급히 내려와 즐거워하며 영접하거늘
>
> 뭇 사람이 보고 수근거려 이르되 저가 죄인의 집에 유하러 들어갔도다 하더라
>
> 삭개오가 서서 주께 여쭈오되 주여 보시옵소서 내 소유의 절반을 가난한 자에게 주겠사오며 만일 누구의 것을 속여 빼앗은 일이 있으면 네 갑절이나 갚겠나이다
>
> 예수께서 이르시되 오늘 구원이 이 집에 이르렀으니
>
> 이 사람도 아브라함의 자손임이로다"

누가복음서에서 예수님은 당신을 보려고 돌무화과나무에 올라간 삭개오를 쳐다보게 됩니다. 키 작은 삭개오가 예수님을 멀리서 볼 수밖에 없었던 건 그 당시의 사람들이 몹시도 경멸하는

로마 제국의 앞잡이이자 부유한 세리였기 때문입니다. 로마 식민 치하에 있던 유대인에게 삭개오는 멸시의 대상이었고, 그런 까닭에 그는 키가 작은 열등감과 고립된 소외감도 참 깊었던 자입니다. 그런데도 예수님은 군중 가운데 있는 그를 보고 이름을 부르며 돌무화과나무에서 내려오라고 하십니다. 삭개오는 예수님을 만나고 싶은 열망에 돌무화과나무에 올라가서 마침내 예수님과 감동적인 만남을 이루게 됩니다. 삭개오는 주위의 시기에도 불구하고, 예수님의 부르심에 감동하여 사람들이 지켜보는 가운데 용감하게 선언합니다. 앞으로 변화된 삶을 살겠으며, 자기 재산의 반을 가난한 이들에게 주고 횡령한 것이 있다면 네 곱절로 갚겠다고 소리를 내 다짐합니다.

그런데, 여기에서 우리가 주목해야 할 부분이 있습니다. 바로, 삭개오 스스로가 돌무화과나무에 올라간 것같이, 자신의 희망을 이루기 위해서 적극적으로 행동하는 것이 중요하다는 것입니다. 또한, 극복해야 할 난관을 돌파하는 것이 필요합니다. 그리고 삭개오와 같이 소극적으로 자기에게 진정한 만남이 있을 거라고 기대하는 것이 아니라, 자신의 단점에도 불구하고 적극적으로 다가가는 자세가 중요합니다. 진정한 만남은 내부로부터의 갈망으로 시작되기 때문입니다. 이는 단군신화에서 곰과 호랑이가 인간이 되고 싶어 해서 환웅에게 찾아가 간청한 것과도 같은 맥락입니다.

앞에서도 살펴본 바와 같이 스크루지는 유령 친구를 꿈속에서 만남으로써, 삭개오는 돌무화과나무 위에서 예수를 영접하면서 극적인 변화를 경험하게 됩니다. 현실 세계에서의 만남을 통한

극적인 변화는 헨리 나우웬(Henry Nouwen)의 경험을 통해서도 나타나고 있습니다. 하버드대학교의 교수였던 그는 렘브란트의 작품 〈탕자의 귀향〉을 정밀하게 모사한 포스터 한 장과의 만남으로 인하여 하버드 교수직을 버리고 지적 장애인들을 위한 공동체인 '라르쉬 데이브레이크'에서 길고도 먼 영적 탐험의 길로 접어들게 됩니다.[9] 그는 렘브란트의 명화 〈탕자의 귀향〉과의 첫 만남을 그의 저서인《탕자의 귀향: 집으로 돌아가는 멀고도 가까운 길》에서 다음과 같이 묘사하고 있습니다.[10]

> "눈을 뗄 수가 없었습니다. 두 사람 사이에 흐르는 뜨거운 친밀감, 붉은 망토의 온화한 톤, 소년의 겉옷에서 반사되는 황금빛, 그리고 양쪽을 한꺼번에 휘감고 있는 신비로운 광채에 빨려들어 가는 느낌이었습니다."

그리고, 그는 렘브란트의 그림을 처음 보았을 무렵 '나는 내 안에 있는 하나님의 집에 지금만큼 친숙하지 않은 상태였습니다. 그런데도 아버지가 아들을 껴안고 있는 장면에 그처럼 뜨거운 반응을 보였던 것을 보면, 그림 속 젊은 친구처럼 나 역시 안전하게 깃들일 내면의 자리를 절박하게 탐색하고 있었음이 틀림없습니다'라고 언급함으로써 헨리 나우웬이 렘브란트의 그림 〈탕자의 귀향〉에 그토록 많은 의미를 두었던 까닭은 내면의 고통에서 벗어나 새로운 마음의 터전을 간절하게 갈구했던 당시의 내면세계와 깊은 관련이 있다는 것을 알 수가 있습니다.

이와 관련된 또 하나의 말이 불교에서 언급되는 '줄탁동시(啐

啄同時)'입니다. 병아리가 알을 깨고 나올 때 병아리는 혼자 껍데기를 깨고 나오는 게 아닙니다. 병아리가 여린 부리로 껍데기의 안쪽을 쪼다가 힘에 부치면, 바로 그 순간을 포착해 어미 닭이 바깥에서 도와 껍데기를 같이 쪼아줍니다. 이렇게 하나의 알이 깨지는 데는 상호협력이 필요합니다. 안과 밖에서 같이 쪼아야 합니다. 서로 돕지 않으면 새로운 세상은 생겨나지 않는다는 것입니다. 달걀은 누가 먼저 깨트리느냐에 따라 '병아리'도 되고, '계란 후라이'도 된다고 합니다. 사람도 마찬가지입니다. 스크루지이든, 삭개오 세리장이든 본인 스스로 변하겠다는 의지를 품어야 한다는 것입니다. 이런 극적인 변화의 이면에는 먼저 드라마틱한 만남이 선행되어야 함은 물론입니다.

이제, 가르치는 자는 더 이상 무대 위의 현자가 아닌 존재이다

오늘날의 사회는 4차 산업혁명 시대, AI 시대로 대변되고 있습니다. 끊임없이 변화하는 사회에 있어서 개개인은 고립된 존재가 아니라 서로 연결되고 소통하고 협력하는 존재로서의 가치가 더 드러나는 시대입니다. 이에 따라 교육도 마찬가지의 모습이 필요하게 됩니다. 《4차산업혁명》의 저자인 클라우스 슈밥은 '앞으로의 사회에 있어서 더 이상 교육자는 무대 위의 현자가 되어서는 안 되고 그럴 수도 없다'라고 강조하면서 '새로운 과학기술은 결국 사람에 의해 사람을 위해 만들어진 가장 중요한 도구임을 항상 기억하면서 모두를 위한 미래를 함께 만들어 가야 한다'라고 강조합니다.[11] 일찍이 미국의 〈콜맨보고서 Coleman

Report〉에서는 학생의 학업성적은 학교의 환경적 조건보다는 부모의 사회경제적 배경, 사회문화 자본, 동료 관계 등이 더 큰 영향을 미치는 것으로 보고하고 있습니다. 말하자면, 학교에서의 학업성취는 정규교육과정보다는 잠재적 교육과정이 더 영향을 미칠 수 있다는 이야기입니다.

우리는 인간의 역사를 통해서 '만남은 교육에 선행한다'라는 말을 곳곳에서 목격하고 있습니다. 이런 점에서 학교 교실이든 사회의 어느 곳에서든 간에 '가르치는 자와 배우는 자' 간 교육의 장에 있어서 '내면의 삶'이 중요하게 드러납니다. 이에 따라 파커 파머(Parker Palmer)가 《가르칠 수 있는 용기》에서도 강조한 바와 같이 '교육에서는 학습자의 내면적 풍경을 점검하고 확인하는 것'이 필요합니다. '사소한 변화로 보이는 것들이 큰 차이를 만든다'라는 것과 같이 개인의 내면에서 일어나는 여러 소리를 주의 깊게 파악하고, 그를 촉진할 수 있는 관계 구축이 교육의 장에 있어서 필요하다는 것입니다.[12] 이와 관련하여 하버드 대학교의 엘런 랭어(Elen Langer) 교수는 《마음챙김》에서 '휩쓸려가지 않으면서 세상을 바라볼 수 있는 능력인 마음챙김' 과정이 일상생활은 물론 교수-학습과정에서 무엇보다도 강화되어야 한다고 주장합니다.[13]

우리 인간은 사회생활을 통하여 무수히 많은 만남을 통하여 새로운 경험을 하게 되고, 이 경험에 대한 지속적인 성찰을 통해 성장하게 됩니다. 그런데 진정한 만남은 비단 사람과의 만남뿐만 아니라 지나가는 참새 한 마리, 동물의 왕국 프로그램, 여행지에서의 풍경을 통해서도 이루어질 수 있습니다. 마크 트웨인

(Mark Twain)은 《미시시피강의 생활》에서 미시시피강을 내려다 보면서 다음과 같이 말을 합니다.[14] 이것은, 우리가 삶에 있어서 마음을 열고 주의를 기울여서 창의적으로 바라보게 되면 세상의 그 어떤 것이라도 의미있고 재미있게 느끼게 된다는 것을 의미합니다.

> "긴 시간이 흐르자 강의 수면은 멋진 책 한 권이 되었다. 그 강은 무지한 여행자에게는 하나의 사어(死語)일 뿐이었지만, 내게는 마치 소곤거리듯 또렷하게 자신의 가장 소중한 비밀들을 들려주며 자신의 마음을 숨김없이 말해주었다."

제4부

심(心) 테크

인생은 끊임없이 자신을
재창조하는 과정이다

제4부

인생은 끊임없이 자신을 재창조하는 과정이다

제4부 심(心)테크		
아는 것이 힘이지만, 잊는 것 또한 힘이다	인생이 머무는 곳은 '그래도'라는 섬이다	지금 중요한 것은 인생혁명이다.

제10장

아는 것이 힘이지만,
잊는 것 또한 힘이다

생각거리

"당신을 종종 우울하거나 비참하게 만드는 것은 과거의 일이다.
과거는 불필요한 집착, 진부한 공식의 반복, 과거의 승리나 패배에
대한 기억이라는 형태로 당신을 옥죈다.
따라서 의식적으로 과거를 상대로 전쟁을 수행해야 하며,
스스로 현재에 반응하도록 노력을 기울여야 한다.
당신 자신에게 무자비하게 대하라.
과거에 썼던 방법을 다시 사용하는 우를 범하지 마라.
가끔은, 위험을 감수하고 새로운 방향을 개척하도록 애써야 한다.
안락과 안정감에 빠져 있었다면 얻지 못했을 것을 성취할 것이며,
그로 인해 적은 당신의 다음 행동을 예상하기 어려워질 것이다.
머릿속으로 게릴라전을 수행하라.
고정적인 방어선을 정해두지 말고,
공격받기 쉬운 노출된 요새를 만들지 마라.
모든 것은 유동적이고 융통성 있게 유지하라."

[출처] 로버트 그린. 《전쟁의 기술: 승리하는 비즈니스와 인생을 위한 33가지 전략》. 안진환 외 역. (서울: 웅진하우스, 2020). p. 43.

episode 1

어렸을 적 무논에서 썰매를 타던 시절의 이야기입니다. 삼한사온(三寒四溫), 즉 3일은 춥고 4일은 따뜻한 겨울 날씨가 비교적 철저하게 잘 지켜졌던 60년대 후반 동네 친구들과 무논에 썰매를 타러 다니던 때의 일입니다. 나이가 조금씩 들어서 초등학교 저학년에서 고학년으로 올라갈 때쯤이면 무논에서의 썰매 타기는 시들하기 그지없는 것으로 변해버리고 맙니다. 이때의 가장 재미있는 썰매 타기는 바로 추위가 조금 가시면서 무논의 얼음이 살짝 녹았을 때입니다. 이때는 친구들과 어김없이 내기하곤 했습니다. 내기라고 해봐야 기껏해야 못 2개, 딱지 3장, 구슬 5개 이런 것들이었습니다만, 무논의 가장자리가 조금씩 녹아들어 평평하던 곳이 살짝 가라앉는 자리가 생기게 되면 동네 아이들이 앞다투어 그쪽으로 썰매를 지치기 시작했습니다. 그러다가 한 친구가 얼음판이 깨져 물에 빠지게 되면 다음번부터 썰매를 타는 친구는 초긴장하면서 얼음판 위를 썰매로 달리게 됩니다. 그런데, 이럴 때 썰매 타기에서의 승자는 몸무게가 가벼운 사람도 아니고, 언제나 재빠르게 얼음 위를 지치고 나가는 사람이었습니다. 이것은 미끄러운 빙판 위이지만, 얼마나 빨리 빙판 위를 지나가느냐에 따라 얼음판이 깨지고 물속에 빠지느냐 아니면 무사히 건너가느냐 하는 일종의 기 싸움이었습니다. 이때 필요한 것이 바로 2가지 기술이었습니다. 그 하나는 주춤거리지 않고 한번에 씽~ 하고 내달리는 것이었고, 다른 하나는 얼음판의 제일 약한 부분에 다다라서는 절대로 얼음판에 힘을 가하는 썰매스틱을 사용하지 않는 것이었습니다. 이것이 바로 살얼음판 건너기의 핵심기술이었던 셈입니다. 그런데, 먼젓번 썰매 타기에서 잘못하여 물웅덩이에 빠진 친구는 이번에도 어김없이 얼음이 깨져 또다시 물에 빠지는 일이 빈번했습니다. 지난번 썰매 타기에서 얼음판이 깨져 물에 빠진 두려움에 도중에 주춤거리기 일쑤였기 때문입니다. 물론, 이 살얼음판에서의 썰매 타기로 인하여 수도 없이 차가운 논 구덩이에 빠지게 되었고 그 결과 그 추운 날씨에 물에 빠진 생쥐 차림으로 집에 몰래 숨어들다 어머니께 혼난 것은 덤으로 얻은 추억이기도 합니다.

여기서 배웠던 것이 바로 두 가지였습니다. 하나는 어제의 일은 어제로 잊어버리고, 오늘은 오늘 기분으로 썰매를 타는 것이었고, 다른 하나는 무슨 일이든지 주저하면서 일을 하게 되면 낭패 보기 십상이라는 것이었습니다. 나중에 나이가 들어서 영화 〈바람과 함께 사라지다〉의 마지막 장면 "내일은 내일의 태양이 뜰 거야!(After all, tomorrow is another day!)"를 보면서 정작 영화 내용은 슬픈데 어릴 적 썰매 탈 때가 생각나서 마치 영화 〈25시〉의 마지막 엔딩 장면에서의 안소니 퀸처럼 '어색하게' 웃었던 기억이 아직도 생생합니다.

episode 2

몇 년 전 서울 덕수궁 국립현대미술관에서 '한국미술 어제와 오늘 DNA' 주제로 미술품 전시회가 열렸습니다. 이건희 컬렉션 작품이 전시된다고도 하여 잠시 들른 곳이었습니다. 각 주제별로 전시된 공간은 미술에는 문외한인 나에게도 퍽 인상 깊은 시간과 함께 마주치게 되었습니다. 다른 어떤 작품보다도 더 강렬하게 내 눈을 멈추게 한 곳은 서도호 작가의 작품명 '카르마' 조각상이었습니다. 한국미술의 어제와 오늘 DNA 주제와 맞닿은 듯 아닌 듯한 느낌의 조각상은 제목 '카르마(karma 업보)' 그대로 씩씩하게 걷는 한 사람의 어깨에 누군가가 앉아 있되 앞사람의 눈을 가리고 있었고, 그 누군가의 어깨 위에 또 누군가가 거의 같은 자세로 앉은 자세로 연결되어 있었습니다. 나중에 서울 영등포 타임스퀘어 정문에서도 이 작품을 볼 수 있었지만, 이날 받은 충격은 마치 헨리 나우웬이 렘브란트의 '탕자의 귀향' 그림과 마주쳤을 때 표현한 그 강렬함만큼은 아니었지만 한참이나 제 발걸음을 멈추기에 충분했습니다. 그리고 그 조각상은 서울 예술의 전당에서 마주한 자코메티의 '걷는 인간' 조각상[1]과 함께 지금도 제 흐트러진 마음을 챙길 수 있도록 해주는 그 무엇이었습니다. 이 작품을 보면서, '카르마'라는 제목으로 인하여 처음에는 '한 인간의 현재는 과거에 연결되어 있고, 그 과거는 또 그 과거의 과거와 연계된 것'으로 이해하였습니다. 그러나, 전시장을 떠나 차 안에서 생각에 잠겨 '한 인간의 현재는 과거의 그에 의하여 눈먼 자가 되고, 과거의 그는 또한 그 이전 과거의 그에 의하여 눈먼 인간으로 굳어져 버리고 마는 것'이 인간존재의 필연이고, 그래서 작가는 작품명을 '카르마(업보)'라고 정하였다는 생각이 들었습니다. 집에 도착할 때쯤 들은 '물살을 가르는 물고기는 산 고기이지만, 물살에 떠내려가는 물고기는 산 고기가 아니라 죽은 고기'라는 어느 라디오 디제이의 멘트도 이 '카르마' 조각상을 보고 유추한 그 무엇과 연관되어 있는듯 합니다. 우리 인간은 과거에 의해 눈먼 인간이 될 때, 발전은커녕 생존조차 담보하기 어렵습니다. 이는 인류 역사를 뒤돌아보지 않더라도, 현재 전개되고 있는 기업의 흥망성쇠를 잠깐만이라도 살펴보면 알 수 있는 이치이기도 합니다. 잠시 머문 조각상이 오랜 시간 동안 뇌리를 떠나지 않습니다. 이마저도 조만간 버려야 할 텐데 하는 강박증이 다시 고개를 들곤 합니다.

우리는 지금, 레테의 강을 건너야 하는 시대에 살고 있다

"내일이면 한 남자의 아내가 된다. 여성에게 있어서 결혼은 하나의 레테(망각의 강)이다. 우리는 그 강물을 마심으로써 강 이편의 사랑을 잊고, 강 건너편의 새로운 사랑을 맞아야 한다. 죽음이 찾아올 때까지 오직 그 새로운 사랑만으로 남은 삶을, 그 꿈과 기억을 채워 가야 한다. 나는 지금 그 강가에서 나를 건네줄 사공을 기다리고 있다. 내 귓가에는 느릿느릿 저어오는 그의 노 소리가 들린다."

이문열의 장편소설 《레테의 연가》는 이렇게 시작됩니다. '레테'는 그리스 신화에 나오는 저승으로 가는 5개의 강 가운데 마지막 다섯 번째의 강입니다. 그리스 신화에 따르면, 죽은 사람은 저승으로 가기 전 마지막으로 레테의 강물을 한 모금 마셔야 하는데, 이 강물을 마신 망자는 과거의 모든 기억을 깨끗이 지우고 전생의 번뇌를 잊게 된다는 것입니다. 이에 따라 레테의 강은 '망각의 강'으로도 불립니다. 이와는 달리 망자가 다시 환생할 때 므네모시네의 물을 마시면 전생의 기억이 다시 살아난다고 하여 므네모시네는 '기억의 강'으로 불립니다.[2] 이에 따라 소설 《레테의 강》에서는 여성이 '레테의 강물'을 마셨지만, 이제는 모든 직장인이나 사회인들은 이 레테의 강물을 마시거나 때로는 므네모시네의 강물을 마셔야 합니다. 왜냐하면, 오늘날 우리는 모두 점차 '기존의 기억'을 해체하고, 새로운 '기억'을 창출하기 위하여 때로는 '망각의 강'인 레테의 강에서, 때로는 '기억의 강'인 므네모시네에서 물을 마셔야 하는 존재이기 때문입니다.

이와 같은 현상은 빠르게 변화하는 비즈니스의 세계에서 개인과 조직이 경쟁력을 유지하기 위해 기존의 사고방식, 행동 및 지식을 개발하고 활용하는 절차와 방법을 애써 잊거나 의도적으로 버리지 않으면 안 되는 시대에 접어들었기 때문입니다. 특히, 코로나 팬데믹 이후 혁신의 속도가 빨라짐에 따라 한때 유용했던 지식은 이제 구식이 되어 버린 지 오래입니다. 그런데도 대부분 사람은 이와 같은 혁신적인 변화에 적응을 도모하기보다 기존의 습관적인 사고와 행동 패턴에 갇혀 새로운 상황과 현실이 그들을 외면할 때까지조차도 그 변화의 폭과 깊이를 제대로 인식하지 못하는 실정입니다. 이에 따라, 변화를 예상하고, 그러한 변화가 보내는 신호를 제대로 파악하는가 하면, 변화에의 적응을 위하여 새로운 기술과 지식을 습득하는 것뿐만 아니라 이제는 도움이 안 되는 지식과 방법, 절차들을 모두 철저하게 버려야만 하는 시대를 맞이하고 있습니다. 말하자면, 그때는 맞고, 지금은 틀린 것들을 이제는 제대로 놓아줄 수 있는 '헤어질 결심', 아니 헤어질 결심을 넘어 직접 행동으로 옮겨야 할 때라는 것입니다.

세계적인 베스트셀러 작가이자 《권력의 법칙》의 저자인 로버트 그린은 《전쟁의 기술: 승리하는 비즈니스와 인생을 위한 33가지 전략》에서 우리가 가끔 길을 잃는 이유는 오직 자신의 머릿속 생각에만 귀를 기울이고 현재의 난관을 극복하는 데는 아무 도움이 안 되는 이론과 발상들을 적용하려 들기 때문이며 더 많은 책, 더 많은 이론, 더 많은 생각은 문제를 악화시킬 뿐이라고 주장하며 다음과 같이 언급하고 있습니다.[3)]

> "명심하라, 위대한 장수와 창의적인 전략가가 돋보이는 이유는 그들이 지식이 많아서가 아니라, 필요한 경우에는 선입견을 떨쳐버리고 당면한 순간에 온 신경을 집중하기 때문이다. 이것이 바로 창의력을 점화하고 행운을 거머쥐는 방법이다. 지식과 경험, 이론에는 한계가 있다. 미리 아무런 생각을 하더라도, 어느 한 순간에 발생하는 무한한 가능성과 인생의 혼돈에는 완벽하게 대비할 수 없다. -중략-
>
> 변화하는 상황에 우리의 생각을 적응시키면 시킬수록, 그 상황에 대한 우리의 반응도 더욱 현실적으로 변한다. 이전에 소화했던 이론과 과거의 경험에서 헤어나오지 못할수록, 우리의 반응도 부적절하고 자기 기만적으로 변한다."

이와 같이 강조하면서 로버트 그린은 과거의 방식으로 싸우지 않으려는 방법으로 1) 애지중지하던 신념과 원칙을 재검증하고, 2) 과거의 성공에 대한 기억을 지우며, 3) 정신을 계속 움직이게 하고, 4) 시대의 분위기를 흡수하는 동시에, 5) 방향을 선회하라고 강조합니다.[4)]

이와 같은 주장은 일찍이 미래학자인 앨빈 토플러, 학습조직론의 창시자이자 MIT 공대 교수인 피터 센게, 세계적인 경영대가인 피터 드러커 경영전략인 게리 하멜과 프라할라드, 그리고 최근에는 경영 코칭 프로그램 이그젝 캠프(Exec Camp)의 설립자인 배리 오라일리 등으로부터도 제기되어 왔습니다.

먼저, 앨빈 토플러는 《미래 쇼크》에서 '21세기 문맹인은 읽고 쓸 줄 모르는 사람이 아니라, 배운 것을 잊고 새로운 것을 배울 수 없는 사람'이라고 강조하였습니다. 피터 센게는 《학습하는 조직》에서 '어제의 해결책이 오늘의 문젯거리일 수 있다'라고 파악하고는 '단편적인 조치들은 당장 효과가 있겠지만 최종적으로는 나쁜 결과를 초래한다'라고 주장하면서 '생존과 번영을 움켜쥔 유일한 열쇠는 조직의 학습하는 능력에 달렸다'라고 보았습니다.[5)] 피터 드러커는 《프로페셔널의 조건》에서 조직이 과거의 굴레에서 벗어나려면 정기적으로 '계획된 폐기'가 필요하다고 보았습니다. 특히, 그는 차츰 성숙해져 가면서 세상의 변화에 맞추어 바뀌어야만 하고, 이를 위해서는 '지속적인 자기 관리를 통하여 끊임없이 혁신을 꾀하면서 계속 발전하는 사람으로 만드는 것은 오직 그 자신의 지속적인 자기 관리 노력에 달려 있다'라고 강조합니다.[6)] 한편, 게리 하멜과 프라할라드는 《미래 경쟁 전략》을 통하여 '과거를 폐기하기 위하여서는 잊어버리는 방법을 배우는 것'이 필요하다고 보았습니다.[7)] 한편, 배리 오라일리는 《언러닝 Unlearning》에서 '시대에 뒤처진 정보를 의도적으로 내려놓는 한편, 효과적인 의사 결정이나 행동에 도움이 되는 새로운 정보를 적극적으로 받아들이기 위해서는 먼저 비우는 작업이 선행되어야 한다.'라고 강조하였습니다.[8)]

이렇게 살펴본 바와 같이 우리는 코로나 팬데믹 이후의 급격한 사회변화에 따라, 새로운 지식의 확장을 위해서는 무엇보다도 오래된 관행과 지식을 잊는 것이 필요하고 이를 위해서는 보다 체계적인 학습이 필요하다는 것을 알 수 있습니다. 이것은 어린아이들이 나이 든 사람들보다 더 잘 배울 수 있는 이치를 학습 장면에 가지고 오자는 것입니다. 제 아무리 용량이 큰 컴퓨터 외장 하드도 가득 차면 비워야만 저장할 수 있습니다. 인간은 오랫동안의 조직 생활에서 유사한 가치, 신념, 지식 등을 흡수하고 그를 통하여 고유의 사고 패턴을 한번 형성하게 되면 생명체의 DNA처럼 깊이 코드화되어 기존 습관적인 논리에 벗어나는 행동을 방해하게 됩니다.

유발 하라리가 《사피엔스》에서 지적한 바와 같이 '인간은 문명의 배를 타고 진화의 바다를 항해하여 오면서 인지 혁명, 농업혁명, 그리고 과학혁명의 길'을 걸어왔습니다. 이 시기에 있어서 '기억의 창고'로서 지식은 일찍이 프랜시스 베이컨이 강조한 바와 같이 하나의 힘으로서 작용했습니다. '아는 것이 힘이다.'라는 표현으로 말입니다. 그런데, 이와 같은 표현은 베이컨(Francis Bacon, 1561~1626) 시대에 있어서 혹은 20세기 말 혹은 21세기

초반까지도 자연을 지배하기 위한 지식 혁명의 차원에서는 유용한 가치였습니다. 그러나, 최근 들어 AI 혁명, 4차 산업혁명 시대와 같은 초연결 시대에 있어서 인간은 서로 협력하지 않으면 그 존재마저 위협받는 시기에 이르렀습니다. 그러므로 서로 '협력하는 종'으로서의 인간은 먼저 내려놓고, 비우지 아니하고서는 결코 상호 간에 협력을 도모하기가 어렵습니다. 협력은 서로 소통하는 사이에 이루어지는 것이고, 이 소통은 기본적으로 자기 인정과 타인의 인정을 바탕으로 시작되기 때문입니다.

그러므로, 변화의 시대, 초연결의 시대에 있어서 지금은 자기만 안다고 자부할 때, 그리고 자신이 모른다는 것을 잘 모를 때에는 그 안다고 하는 것이 오히려 자신은 물론 상대방의 발목을 잡아 새로운 것을 배우고 협력하는 데 방해가 됩니다. 미국 펜실베이니아 대학교 와튼스쿨의 최연소 종신교수인 애덤 그랜트는 《씽크 어게인》에서 '이제는 다시는 도움이 되지 않는 지식이나 의견은 버리고, 일관성보다는 유연성에 자아감의 초점을 맞추자'라고 강조합니다. 내가 안다고 생각할 때, 우리는 그것에 집착하게 되고 타인의 말을 들으려고 하지 아니하게 되고, 과거에 사로잡히기 때문입니다. 그러므로 우리는 여기서 '아는 것이 힘이다.'라는 자세가 아니라, 내가 '안다고 하는 것은 실은 조금밖에 없고, 그 아는 것마저도 불완전하기 그지없는 것'이라고 인식하는 것이 무엇보다도 중요합니다. 이 점에서 공자가 일찍이 논어 술이편에서 언급한 '아는 것을 안다고 하고, 모르는 것을 모른다고 한다.'라는 말과 '배움은 미치지 못할 듯이 하고, 잃을까 두려워하는 것처럼 해야 한다.'라는 말은 지금 시점에서도 우리가 본받아야 할 가치 있는 이야기라고 봅니다.

다시 생각하는 것, 잊는 것 또한 힘이다

일찍이 지그문트 프로이트가 지적한 바와 같이 우리 인간은 세상에 태어나면서부터 세상을 이해하기 위하여 그 사회가 지닌 규칙과 법칙들을 배우고, 그것을 기억하게 되지만, 나중에는 그로 인해 왜곡된 시각을 갖게 됩니다. 그런데도 우리는 계속해서 자동적인 방식으로 이 규칙과 법칙들을, 그로부터 만들어낸 범주들을 고수하는 경향을 보입니다.[9] 이것을 심리학자들은 '선입견'이라고, 철학자들은 '고정관념'이라고 부르기도 합니다. 특히, 철학자 프리드리히 니체는 《차라투스트라는 이렇게 말했다》에서 자신을 옭아매는 기존 가치들은 자신을 방해하는 타인의 가치에 불과하다고 보고 이를 '중력'에 비유하여 설명하였습니다. 인간은 '중력'이라는 무거운 짐을 벗어나 더 높은 곳으로 나아가기 위해서는 '힘'을 필요로 하는 존재라는 것입니다. 즉, 이 '힘'이란, 기존 가치를 벗어나고자 하는 '힘'을 말하며, 또한 이 '힘'은 우리가 기존의 가치를 재평가하여 새로운 가치로 만들어 낼 때 생겨납니다. 이러한 것을 하고자 하는 의지가 '힘으로부터의 의지'이며, '**힘으로부터의 의지**'란 누군가를 정복하기 위한 힘이 아니라 더 높은 곳으로 나아가는 의지를 의미합니다.[10] 이를 통해 인간은 자신의 삶을 자신의 가치로 자유롭게 살아갈 수 있게 됩니다. 따라서, 니체는 더 높은 곳을 추구하기 위하여 기존에 당연하다고 여겨왔던 가치들을 언제든지 파괴하라고 주장합니다. 여기에서 니체는 '망각'을 강조합니다. 니체는 과거의 기억이 머릿속에 가득 차 있으면 새로운 것을 받아들일 수 없고, 과거에 집착하지 않는 의지가 중요하다고 보았습니다. 그런데, 여기서 니체가 말하는 망각이란 아무것도 없는 일종의 백지상태도 아니고, 혹은 단순한 기억의 상실도 아닙니다. 이에 대하여 철학자 강신주는 《망각과 자유》에서 니체가 이야기하는 망각은 기억을 초월하려는 능력의 힘, 기억을 벗어나려는 치열한 투쟁일 뿐이라고 보았습니다.[11] 이 점에서 니체는 '망각'을 기억의 상실 혹은 부재가 아니라 기억 활동과 또 다른 기억 발생의 토대가 되는 생산적인 과정이자 인간의 삶이라는 자연적 토대를 유지해주는 힘으로 보았다는 데 그 특색이 있습니다.[12]

인류 역사를 살펴보면, 니체의 말과 같이 인간은 언제나 현상에 의문을 품고자 하는 의지를 발전시켜 왔습니다. 역사는 변혁에의 의지에 따라서 창조성이, 독창성이, 대변혁이 나타나게 되는데 이것은 기본적으로 인간의 의지에 달려 있다는 것을 알 수 있습니다. 니체에 따르면, 인간은 엄청난 고통을 헤쳐나갈 수 있는 낙타와 같은 정신을 가져야 하고, 사자와 같은 정신력으로 자신을 제약하는 기존의 가치, 기존의 관습, 기존의 관계를 파괴할 수 있어야 하며, 어린아이 같은 순수한 장난꾸러기이며 망각할 수 있는 능력과 자신의 의지대로 창의적인 것을 만들어 낼 수 있는 능력이 있어야 합니다.[13]

그런데, 우리 인간에게 내면화되고 고정화된, 그리하여 DNA처럼 체화된 과거의 기억을 니체의 말처럼 한순간의 의지에 따라 단절하고 새로운 곳으로 나아가는 것이 그리 쉬운 일이 아닙니다. 게리 하멜과 프라할라드도 《미래 경쟁 전략》에서 '과거를 그대로 보존하려는 유혹은 과거를 구축한 사람들에게는 너무나도 큰 법이지만, 새로운 미래에 도달하기 위해서는, 부분적이나마 과거를 폐기해야 한다.'라고 강조합니다. 우리는 대체로 손안에 든 한 마리의 새를 포기하려면 덤불 속에 있는 여러 마리의 새를 보아야만 합니다. 새로운 미래를 구축함으로써 얻게 되는 새로운 힘이 과거보다도 생생하고 실질적으로 느껴질 때에야만 비로소 인간은 과거와 결별할 수 있는 존재입니다. 인간은 누구나, 심지어 구글링을 생활화하고, 일찌감치 인터넷 익스플로러와 결별하여 크롬이나 엣지로 갈아탄 사람일지라도, 챗 GPT를 자유자재로 활용하는 사람들조차도, 심지어는 패션의 최첨단을 걷는 사람일지라도 화석화된 고정관념이 있기 마련입니다. 시어도어 젤딘은 《인생의 발견》에서 '보이지 않는 세계는 끈질기게 사라지지 않으면서 잡종견처럼 자신을 복제하는 원시적인 미신으로 가득 차 있으며, 이에 따라 세계는 새롭고 모순된 집착에 침범을 당한다.'라고 보았습니다.[14] 이를 통해서 보았을 때 우리는 과거의 기억에 집착하고 고착화된 존재가 아니라, 과거를 뒤돌아보고 미래를 내다보는 야누스적인 존재로서 그 기억을 새로운 방식으로 해체하고 결합할 때 미래에 대한 전망을 바꿀 기회를 얻게 될 것입니다. 우리는 더 이상 기억을 저장하거나 소중히 간직해야 할 가보로 모셔 두어서는 안 됩니다.[15]

이 점에서 잊는다는 것은 또 다른 힘을 갖기 위한 비움의 시간이자 충전의 시간이라고 봅니다. 말하자면, 비움을 통해 인간은 새로운 것을 배울 수 있는 공간을 확보하게 되고, 그 새롭게 확보된 공간에 또다시 새로운 학습을 통하여 기억의 창고를 채워 나가게 될 때 우리는 비로소 선순환적인 배움의 생태계를 내면화해 갈 수 있습니다. [그림 10-1]에서 보는 바와 같이 우리는 기존의 기억을 비우고 망각하는 작업을 거쳐 다시 학습하는 일련의 과정을 거쳐서 새로운 기억을 창출하게 되고, 이는 기존과는 다른 관점의 전환을 통해 새로운 무엇인가를 할 수 있는 계기를 마련하게 됩니다. 이와 같은 순환과정을 통해 우리는 미래에 대비하는 힘을 갖게 됩니다.

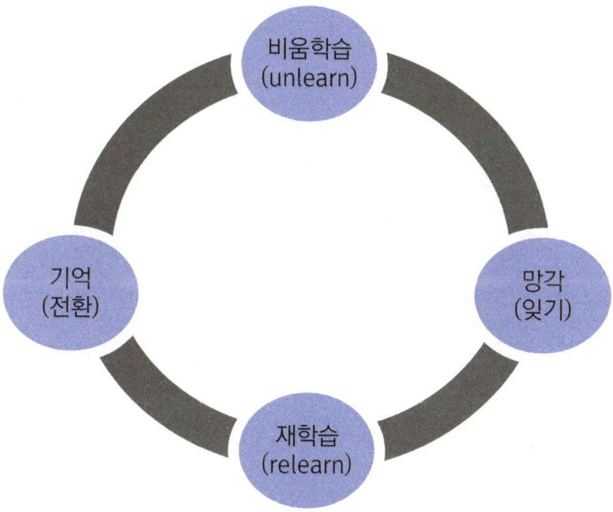

[그림 10-1] 기억과 망각, 그리고 학습의 생태계

그런데, 이 비우는 작업, 기억의 해체 작업으로 기존의 가치를 새로운 가치로 변환시키고, 고정화된 습관을 완전히 새롭게 뜯어고치는 것은 상당한 저항이 따르기 마련입니다. 스탠퍼드대학교 심리학과 교수인 캐럴 드웩은 《마인드셋》에서 '세상은 승자와 패자로 구분되는 것이 아니라 배우려는 자와 배우지 않으려는 자, 둘로 구분된다.'라고 보았습니다.[16] 여기에서 생각의 전환을 촉진하는 교육과 훈련이 필요하게 됩니다.[17] 이것을 잘 표현한 것이 영화 〈스타워즈: 시즌 6 리벤지〉에서 나오는 요다와 아나킨의 대화입니다.

"요다: 앞날을 예감할 때 조심해야 한다. 상실에 대한 두려움은 어둠으로 가는 길이야.

아나킨: 스승님, 저는 이런 예감들이 현실이 되는 것을 내버려 둘 수 없어요.

요다: 죽음은 삶의 자연스러운 한 부분이다. 네 주위를 둘러싼 기로 다시 돌아가는 것이지. 슬퍼하지 마라. 그리워하지 마라. 집착은 탐착을 낳는다. 그것엔 탐욕의 그림자가 드리워 있지.

아나킨: 제가 무엇을 해야 하나요, 스승님?

요다: 잃고 싶지 않은 것들을 '**그냥 놔주는 법을 훈련하고 배워**' 두게."

그러므로, 우리는 지금까지의 익숙한 것들과 때로는 결별을 하는 방법을 배우는 것이 중요하다는 것을 알 수 있습니다. 애덤 그랜트는 《씽크 어게인》에서 '기존의 온갖 낡은 이미지를 버리고 다시 생각하기와 같은 기술'을 연마할 수 있다고 보고 이를 개인 차원, 개인과 개인 사이, 집단 차원(평생학습 공동체 만들기)으로 구분하여 제시하였습니다.[18] 우리는 예전에 단호하게 결심하고 수행했던 것들을 다시 곰곰이 살펴보고 실행하는 과정을 통하여 낯익은 환경과 과거의 자아라는 족쇄에서 해방될 수 있습니다. 이런 해방의 과정을 통하여 우리는 기존의 지식과 의견을 수정·보완하는 것을 넘어서서 그보다 훨씬 더 많은 것을 할 수 있게 됩니다. 여기에서 우리는 과거의 지식과 관행과 '헤어질 결심'을 하고 이를 실행에 옮겨야만 합니다. 영화 〈스타워즈 에피소드5〉에는 어느 날 요다가 루크에게 추락한 우주선을 들어 올리라고 하자, 루크는 자신이 그런 걸 할 수 있을 리가 없다고 생각하고, '시도는 해볼게요.'라고 하자, 요다가 하는 말이 '하거나, 하지 않거나 둘 중 하나야. 시도란 없어'라는 말이 나옵니다.

"No! Try not!
Do or do not.
there is no try."

우리는 지난 과거의 지식이나 가치, 신념을 버리고 잊기로 마음먹었으면, 한번 "해보자"라든가 "해야 한다"라는 자세가 아니라 "한다"라는 마음가짐으로 곧바로 실행에 옮겨야만 합니다. 그렇게 했을 때야 비로소 우리는 새로운 미래를 맞이할 준비를 하고 새로운 방향으로 나아갈 수 있게 됩니다. 과거의 지식과 가치를 비우고, 잊는다는 것은 변화의 시대, 초연결의 시대에 있어서 새로운 일에 도전하고 더 많은 사람과 협력할 기회를 촉진한다는 점에서 '더 많은 힘'을 갖고, 한층 더 충만한 삶을 살아가는 데 필요한 도구라고 봅니다. 여기에서 기존에 배운 것을 잊고, 다시 배우는 방법을 터득하는 것은 새로운 미래로 나아가기 위한, 말하자면 새로운 힘을 얻기 위한 매우 중요하고도 가치 있는 일이라고 봅니다.

왜 지금 언러닝이 주목받는가?

일찍이 공자는 《논어》의 술이편에서 '알고자 하는 마음이 생기면 먹는 것조차 망각하고, 즐거움으로 인해 근심조차 잊어버리며, 늙어가는 것조차 알지 못해야 한다'라고 주장함과 동시에 '배움은 미치지 못할 듯이 하고, 잃을까 두려워하는 것처럼 해야 한다.'라고 말했습니다. 배우는 것을 게을리하지 않는 자에게는 성장형 마인드가 깃들게 마련이고, 그렇지 못한 자는 기존의 고정형 마인드로 가득하여 새롭게 변화하기를 거부하게 됩니다. 스탠퍼드 대학교 심리학과의 캐럴 드웩(Carol Dweck) 교수는 《마인드셋》에서 성공을 좌우하는 매우 중요한 것은 '마인드셋', 즉 마음가짐이며 이는 고정형 마인드셋과 성장형 마인드셋의 두 가지로 구분된다고 보았습니다. '고정형 마인드셋'을 가진 사람은 자신의 지능과 성격, 능력이 거의 고정되어 있다고 생각합니다. 이와는 달리 '성장형 마인드셋'의 사람은 자신의 기술과 성격은 변하기 쉽다고 가정하고, 시간이 지나면 자신의 노력과 경험을 바탕으로 변화할 것이라고 믿습니다. 말하자면, 성장형 마인드셋은 지능을 포함한 기본적 자질들을 마치 근육처럼 키울 수 있다고 믿는다는 것입니다. 그 결과, 그들은 어려운 도전을 마다하지 않고 자신을 개선할 기회를 꾸준히 모색한다는 데 그 특징이 있습니다. 이에 비하여 고정형 마인드셋은 새로운 변화를 받아들이는 데 있어서 주저하게 되고 기존의 지식과 절차, 방법 등을 고수하려는 경향이 강합니다. 고정형 마인드셋은 확신의 편안함을 추구하는 데 비해서, 성장형 마인드셋은 의심의 불편함을 지향한다는 데 그 특징이 있습니다. 이들 두 가지 마인드셋의 차이점을 정리하면 〈표 10-1〉과 같습니다.[19]

〈표 10-1〉 고정형 마인드셋과 성정형 마인드셋의 비교

구분	고정형 마인드셋	성장형 마인드셋
기본전제	지능은 정해져 있다	지능은 성장할 수 있다
욕구	남들에게 똑똑해 보이고 싶다	더 많이 배우고 싶다
	따라서	
도전 앞에서	도전을 피한다	도전을 받아들인다
역경 앞에서	쉽게 포기한다	앞서 싸운다
노력에 대해	하찮게 여긴다	완성을 위한 도구로 여긴다
비판에 대해	옳더라도 무시한다	비판으로부터 배운다
남의 성공에 대해	위협을 느낀다	교훈과 영감을 얻는다
	⬇	
결과	현재 수준에 정체되고 잠재력을 발휘하지 못한다	잠재력을 발휘해 최고의 성과를 낸다

과거에는 효과적이었지만, 현재에는 성공에 제약을 가하는 고정형 사고방식을 지닌 개인이나 조직은 현재와 같이 급변하는 사회에서 절대로 앞으로 나아갈 수가 없습니다. 이제는, 생의 어

느 단계에 있는 사람일지라도 새로운 마음가짐과 새로운 행동을 추구해 나갈 수 있도록 하는 것이 필요합니다. 사람뿐 아니라 기업이나 조직도 어느 정도의 성공을 하게 되면 관행의 반복에 빠질 수밖에 없습니다. 변화하는 시장과 비즈니스 환경을 성공적으로 탐색하려면 시대에 뒤떨어진 지식이나 관행도 버려야 합니다.

여기에서 세상의 변화하는 시스템을 탐색하기 위해서는 무엇보다도 '잊는 법'을 배우는 것이 우선적으로 필요하다는 것을 알 수 있습니다. 여기서 '잊는다는 것'은 기존의 규칙적이고 고정화된 습관을 제거한다는 것을 의미합니다.[20] 그러므로 여기서 중요한 것은 그저 배우기만 해서는 아니 되고, 우리에게 무엇을 내려놓고, 무엇에서 벗어나고, 어떻게 '비우는지'를 깨닫게 하는 것입니다. 이것은 새로운 학습을 위한 여지를 마련하는 것이고, 이전 경험이나 삶의 패턴에서 새롭게 배울 수 있게 해주는 방법입니다. 삶의 모든 영역에서 일어나는 변화를 따라잡으려면 오래된 운영 체제와 관행을 버리고 새로운 것을 위한 공간을 마련해야 합니다. 이것이 바로 '과거에는 효과적이었으나 현재의 성공에 방해가 되는 낡은 사고방식과 행동 양식을 모두 새롭게 구성하는 방법'으로 정의되는 언러닝(unlearning)이 지금 시점에서 강조되는 이유입니다.[21]

이와 같은 의미로 정의되는 언러닝이 최근 더욱더 그 중요성이 두드러지는 이유로서 '혁신적인 변화의 가속화에 대응하고, 사회변화에 효과적으로 대응하기 위하여, 그리고 잊고 다시 배우는 과정을 통한 변혁적인 돌파구의 모색'과 같은 3가지를 지적

할 수 있습니다.[22] 이는 최근 세계경제포럼(WEF)에서 강조한 것으로 보다 구체적으로 살펴보면 다음과 같습니다.

첫째, 과거와는 달리 기술 및 혁신적 변화가 빠르게 가속화되고 있다는 것입니다. 현재 우리는 모든 것이 극과 극에 놓이고 균형이란 없는 듯이 보이는 세상에 살고 있습니다. 이런 세상에서 현재를 바탕으로 미래를 예상하기도 점점 더 어려운 세상입니다. 이러한 대변혁기에는 기존에 오랜 명맥을 유지해온 지배적인 가치들은 힘을 잃고, 과거의 비즈니스 모델은 그 효과를 잃는 등 모든 것이 위기에 빠질 수 있습니다. 폴란드 출신의 저명한 사회학자 지그문트 바우만은 《고독을 잃어버린 시간》에서 '과거 세계에서 기억은 일종의 자산이었지만, 오늘날에는 고체처럼 단단하게 확립된 기억은 많은 경우 제구실하지 못하거나 아니면 좀 더 심한 경우에는 잘못된 길로 이끌어 급기야 별로 쓸모없는 것이 되어버리고 만다'라고 강조하고 있습니다.[23] 이에 따라 개인이나 조직은 그 자신을 개혁함으로써 변화에의 적응성을 키워야 하며, 그를 통해서 보다 많은 기회를 포착하고, 새로운 성장방안을 모색하는 것이 필요합니다. 나아가서 사회의 요구를 발 빠르게 수용할 수 있도록 지배적인 가치를 긍정적인 방향으로 재정립해 나가는 것이 중요합니다.

둘째, 잊는 방법을 배우는 것은 변화에 효과적으로 대응하는 방법입니다. 우리가 변화에 효과적으로 대응하기 위해서 무엇보다도 끊임없이 조직 내외부의 지식을 효과적으로 활용하고 결합하는 활동을 할 수 있어야 합니다. 이를 혁신 행동이라고 할 때, 언러닝은 바로 이들 혁신 행동을 촉진할 수 있다는 것입니다. 조직 내에서 개인들의 학습 관성, 언러닝, 혁신 행동 간의 관계를 연구한 실증연구가 이를 잘 증명하고 있습니다.[24)] 이 연구 결과에 따르면, 새로운 것을 배우지 않고 새로운 지식 원천을 찾지 않는 것을 의미하는 학습관성은 지식 활용과 새로운 지식탐색과는 부(-)의 영향을 미치는 것으로 나타나 학습관성이 혁신 행동을 저해하는 것으로 나타났습니다. 또한, 학습관성은 언러닝에 부(-)의 영향을 미치는 것으로 나타나 개인들이 학습관성이 높을수록 언러닝 수준도 낮은 것으로 나타났습니다. 그리고, 언러닝은 지식 활용과 지식탐색에 정(+)의 영향을 미치고, 나아가서 혁신 행동에도 영향을 미치는 것으로 나타났습니다. 이를 그림으로 나타내면 [그림 10-2]와 같습니다.

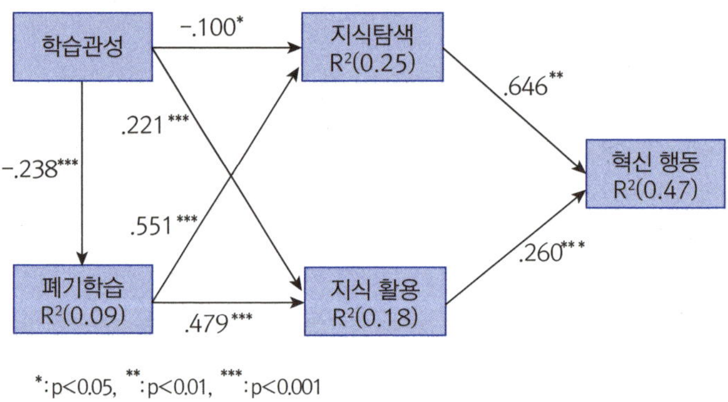

[그림 10-2] 학습 관성, 언러닝과 혁신 행동 간의 관계

셋째, 사람들은 오랜 관행과 기존의 지식에 의존하려는 경향이 강하기 때문에 이를 의도적으로 버리고 잊게 하는 것은 결과적으로 새로운 습관의 형성 등 변혁의 길을 모색할 기회를 제공한다는 것입니다. 사람들은 기존에 학습되었던 행동 양식이나 운영 방법들을 당연하다고 여기는 경향이 강하기 때문에 그것을 좀처럼 바꾸려고 하지 않는 경향을 보이기 마련입니다. 그러므로 언러닝을 통하여 익숙한 사고방식과 행동과 결별하고 새로운 습관의 형성을 도모하는 것이 필요합니다. 찰스 두히그는《습관의 힘》에서 기존에 이미 고정화된 습관을 변화시키는 것은 결코 쉬운 일이 아니라는 것을 인정하고 새로운 습관을 갖기 위한 4단계로서 1) 반복 행동을 찾고, 2) 다양한 보상을 통해 실험하고, 3) 습관이 보내는 신호를 찾아내고, 4) 이를 변화시킬 수 있는 계획을 추진하라고 하였습니다.[25)] 이것이 바로 과거의 습관적인 행동 체계를 변경시키고자 하는 언러닝의 핵심입니다. 기억 연구의 선구자인 이반 이스쿠이에르두도《망각의 기술》에서 망각의 기술을 이루는 두 가지 기둥으로서 '습관화'와 '차별화'를 제시하였습니다. 습관화가 없다면, 삶은 이해할 수 없는 감각 자극의 더미일 것이고, 우리는 그 모든 자극에 항상 반응할 것입니다. 그리고 차별화가 없다면, 우리는 여러 가지 중 우리에게 의미 있

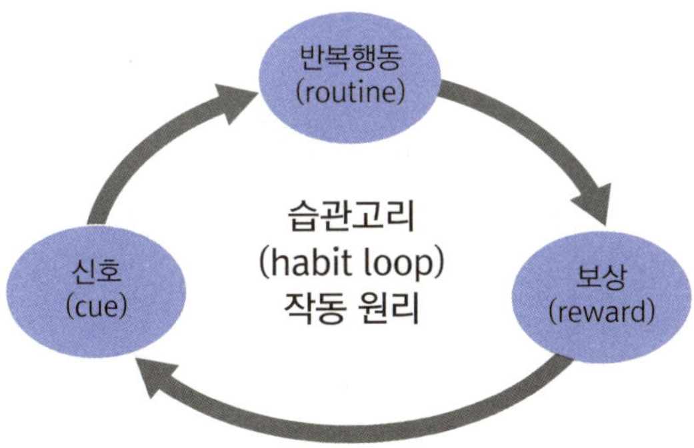

[그림 10-3] 습관의 신경학적 연결 고리

는 무언가를 구별하지 못할 것입니다. 이렇게 보면, 습관화와 차별화는 삶의 필수 요소임에 틀림없습니다.[26)]

어떻게 언러닝을 촉진할 것인가?

앞에서도 언급한 바와 같이 언러닝은 변화의 도구로서 효과적으로 활용하면 과거에 성공의 밑거름이 되었던 지식이나 시스템, 습관 등을 과감히 버리게 함으로써 끊임없는 개선의 추구 내지는 혁신 행동을 이끌 수 있는 장점이 있습니다. 따라서, 개인과 조직이 제자리걸음을 하지 않도록, 변화에 발맞추어 미래를 준비하기 위해서는 우리 주변에서 일어나는 변화를 받아들이고 적응하는 것 외에는 다른 대안이 없습니다. 그러므로 우리는 보다 효과적으로 언러닝할 수 있는 체제를 갖추는 것이 필요합니다. 배리 오라일리는 《언러닝》에서 수많은 혁신가들과 함께 일을 하면서 깨달은 바를 정리하여 언러닝 사이클을 제시하였습니다. 배리 오라일리의 언러닝 사이클은 [그림 10-4]와 같이 비움학습(Unlearn), 재학습(Relearn), 전환(Break through)의 세 단계로 이루어집니다.[27)]

언러닝의 첫 단계는 **'비움학습'의 단계**입니다. 먼저 나 자신과 조직의 변화는 무엇보다도 발전을 가로막는 구태의연한 행동 방식과 의식구조를 버리는 '비움학습'으로부터 시작된다는 것입니다. 그런데, 여기서 중요한 것은 지금까지 작동했던 학습모델, 경험 작동 시스템 및 프로세스가 과거와는 달리 더는 같은 결과를 달성하지 못한다는 사실을 인식해야 한다는 것입니다. 말하자면, 언러닝을 하기 위해서는 우리가 한때 알고 따랐던 것이 이제는 효과적이거나 유용하지 않다는 것을 인정해야만 그때에서야 비로소 언러닝이 시작될 수 있다는 것입니다.

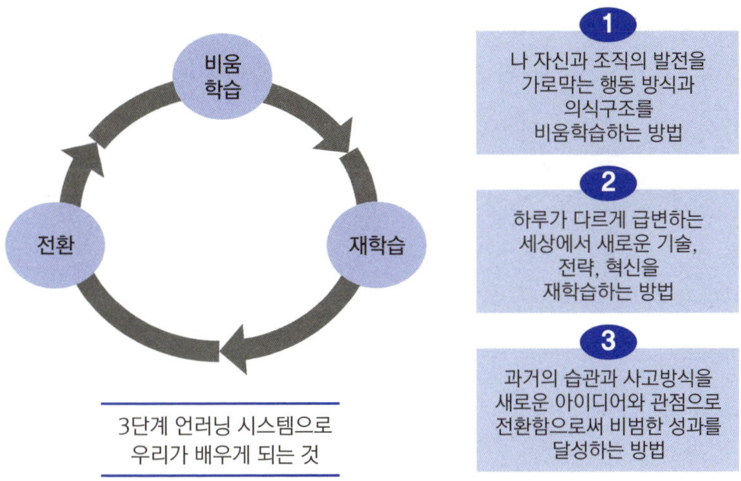

[그림 10-4] 배리 오라일리의 언러닝 사이클

언러닝의 두 번째 단계는 **'재학습'의 단계**입니다. 재학습이란 의도적이고, 실용적이고, 경험적인 학습을 통해 실험할 수 있는 공간, 즉 불확실성에 대처할 수 있는 공간을 창조하는 행위를 의미합니다.[28] 그러므로 재학습에 있어서 꼭 필요한 것은 자신이 옳다고 생각하는 기존의 신념에 의문을 제기하고, 자신의 내재적 신념이나 가치와는 맞지 않는 정보들이라고 하더라도 이를 기꺼이 받아들이는 열린 자세를 취하는 것입니다. 이것이 바로 재학습에 있어서 지적 호기심, 개방적인 자세, 그리고 주의 집중이 필요한 이유입니다. 그러므로 재학습의 단계에서는 무엇보다도 새로운 경험과 지식에 마음을 열고, 기존의 생각 패턴을 멈추고 새로운 생각에만 집중해야 합니다.

그리고, 언러닝의 마지막 단계는 '**전환단계**'입니다. 이 단계는 비움학습, 재학습을 통하여 과거의 습관과 사고방식과는 이별을 고하고 새로운 아이디어와 관점으로 새롭게 무장하게 되는 이른바 '전환'을 하게 됩니다. 이처럼 '비움학습-재학습-전환'으로 이어지는 언러닝 사이클을 반복할수록, 우리는 변화하는 시기에 있어서 위기에도 강한 회복력을 발휘하여 놀라운 성과를 달성할 힘을 얻을 수 있습니다. 여기서 언러닝의 사이클은 일회성의 이벤트가 아니라 우리가 미래를 내다보며 현재의 상황적 현실에 적응하고 변화하는 습관적, 의도적, 반복적인 적응 시스템이라고 볼 수 있습니다.[29)]

인간은 수많은 망각을 통해 새로운 기억을 창조해 나가는 존재이다

우리는 지금까지 학교생활과 사회생활을 해 오면서 '학습'이라는 것은 장기간에 걸쳐서 사회문화적 배경과 관련하여 진행된다고 보았습니다. 일반적으로 배우기는 어려워도, 그것을 '의도적으로 잊는 것'은 더 어려운 일입니다. 언러닝은 학습과 마찬가지로 기억의 해체 작업이고 다시 기억의 융합을 기하고자 하는 매우 어렵고도 장기적인 과정입니다. 여기에는 정신적 민첩성과 인내심이 필요합니다. 오래된 지식을 버리는 동시에 새로운 지식을 수용해야 하는 것은 매우 힘든 활동이 될 수 있습니다. 여기서 중요한 문제는 우리들의 역량을 제한하는 행동 방식이나 의식구조가 무엇인가를 찾아내고, 이들을 과감히 언러닝함으로써 새로운 행동 방식을 재학습하도록 해야 한다는 것입니다. 따라서 언러닝을 제대로 작동시키기 위해서는 우리 자신이 이를 통해서 보다 나은 곳으로 '지속적으로 성장'한다는 확신이 있어야 합니다.[30)]

우리는 살아오면서 학습된 사회적 존재로서 과거는 기억의 형태로, 현재는 직관의 형태로, 그리고 미래는 희망의 형태로 존재한다는 것을 믿어 의심치 않습니다. 여기에서 과거의 중요한 자산인 기억이 때로는 우리들의 지속 가능한 성장과 발전을 도모하는 발판이 되기도 하며, 때로는 그것이 우리를 현재에 가두어 버리는 족쇄와 같은 억압 기제로 작동하기도 합니다. 그러므로 우리는 굳이, 자유와 성장이 보장되는 길을 내버려 둔 채, 자신이 가고 싶은 곳에 대한 혹은 자신이 되고 싶은 사람에 대한 온갖 낡은 이미지에 붙잡혀 있을 필요가 없습니다. 우리 인간은 자유와 의지가 함께 공존하는 자아를 가진 존재로서 우리에게 주어진 여러 선택지를 놓고 끊임없이 자기 존재에 관한 질문을 제기하는 자들입니다. 그러므로 이전에 우리가 굳게 믿었거나, 과거에는 효과가 있었지만, 현재는 우리의 성공을 가로막는 의식구조와 행동 방식을 내려놓는 작업이 필요합니다. 이 점에서 언러닝은 그동안 축적한 지식이나 경험을 영영 잊어버리고, 삭제하고, 폐기하는 것이 아니라, 유효기간이 지난 정보를 포기하고 대신에 효과적인 의사 결정 및 행동에 지침을 제공할 새로운 정보를 의식적으로 받아들이는 행위라는 것을 기억할 필요가 있습니다.[31] 그러므로, 언러닝은 생각이 아니라 행동으로부터 시작해야 하고 주위의 상호작용하는 사람들도 그러한 방향으로 나아가도록 만들어야만 합니다. 이는 곧 타인을 변화시키기 이전에 먼저 자신부터 변화하라는 말이며, 이를 통해 개인이 몸담은 조직의 문화를 바꿀 수 있어야 한다는 것을 의미합니다.

《성경》의 골로새서 3장 9~10절에서는 '옛사람과 그 행위를 벗어 버리고, 새 사람을 입었으니, 이는 자기를 창조하신 이의 형상을 따라 지식에까지 새롭게 하심을 입은 자니라'라고 말씀하심으로써 과거의 신분에 따른 과거의 행위를 잊어버리고 지식을 새롭게 하라고 강조합니다. 그리고, 중국의 철학자 노자는 도덕경(제48장)에서 '지식을 얻으려면 매일 무언가를 보태야 하지만, 지혜를 얻으려면 매일 무엇인가를 버려야 한다(爲學日益, 爲道日損)'고 하였습니다. 마크 쉔과 크리스틴 로버그는《편안함의 배신》에서 '오늘의 편안함은 내일의 나를 죽이는 길'이라고 강조합니다.[32] 그러므로, 우리는 새로운 성장을 위해 과거를 지속적으로 잊고 다시 배우는 방법을 배워야 합니다. 잊고 다시 배우려면 우리 자신의 신념, 습관 및 안전지대를 바꾸고 도전해야 합니다. 내부 저항을 인식하고 해결하면 새로운 것에 대한 두려움을 극복하는 데 도움이 될 수 있습니다. 미래는 우리가 서 있는 곳에서 아직 초점이 맞지 않는 그림입니다. 그러나 분명한 것은 우리를 여기까지 이끈 프로세스와 시스템이 오늘을 넘어 내일에도 그대로 계속 지속할 수 없다는 것입니다. 변화의 불편함을 받아들이고, 지식과 혁신의 끊임없는 진화를 받아들이고, 잊고 다시 배우는 학습을 받아들이는 것이 우리의 최선의 행동 방침입

니다.[33)]

여기서 꼭 염두에 두어야 할 것이 있습니다. 오늘 내가 옛 기억을 지우고, 비워서, 비록 내가 과거를 망각하였다고는 하더라도 그것이 과거를 완전히 잊고 과거와 완전히 단절한다는 것을 의미하는 것은 아니라는 것입니다. 현재에만 사는 사람은 아무도 없습니다. 과거의 기억은 미래를 구축하기 위한 구성 요소로서 우리 마음에 체화되어 존재하기 마련입니다. 그러므로, 우리는 과거의 기억은 다시 해체되어 망각되고, 다시 체화되는 과정을 통해 우리의 미래를 보다 나은 단계로 이끌 것이라고 믿습니다.

나는 행주산성 아래의 한강 둔치 공원을 20년 넘게 걷기 운동을 하면서 배운 게 하나 있습니다. 올해 피고 지는 온갖 꽃들과 억새들이 그냥 피고 지는 것이 아니라, 다음 해에 싹트는 풀과 억새들의 밑거름이 된다는 것입니다. 몇 년 전에 생태공원을 조성한다고 하면서 강가를 정리한 적이 있었습니다. 처음에는 억새가 조그맣게 군락지를 형성하더니, 이제는 제법 크게 군락지를 이루어 가을이 되면 억새꽃이 만발하는 장관을 이루고 있습니다. 억새가 해마다 겨울이 되면 지고, 봄이 되면 다시 새싹을 틔우는 것을 반복하면서 이전 해의 억새가 올해에는 새싹들의 밑거름 되어 풍성한 양분을 공급한 것입니다. 말하자면, 어제의 기억이 오늘은 비록 망각의 상태로 갔다고 하더라도, 그 기억이 우리에게서 그냥 멀어진 것이 아니라, 우리의 오늘과 내일을 풍성하게 하는 밑거름으로 작용한다는 사실을 잊지 말아야 할 것입니다. 이것이 바로 영화 〈이터널 선샤인〉의 포스터에 적혀 있었던 '기억은 지워져도 사랑은 지워지지 않습니다.'의 대사가 여운을 남기는 이유이기도 합니다.

우리 인간의 삶은 과거와 현재의 싸움입니다. 과거의 지식은 우리에게 기억의 형태로 존재하면서 우리의 현재와 미래를 좌우하게 됩니다. 과거의 기억이 지식의 형태로서 농업혁명, 과학혁명의 시대에서는 우리에게 무한한 힘을 제공해 준 것도 사실입니다. 그러나, AI혁명의 시대, 4차 산업 혁명의 시대에 있어서 우리는 과거의 지식이 주는 힘에 매몰되어 새롭게 다가오는 기회를 놓치지 않도록, 때로는 무엇을 버리고 무엇을 지워야 하는지를, 마치 유효기간이 지난 식품을 편의점 목록에서 지우듯이 우리들의 기억 리스트에서 지우고 새로운 기억으로 채워 나갈 수 있어야 합니다. 그랬을 때, 과거의 기억은 우리에게 또 다른 힘을 부여하게 되고, 여기에서 우리는 새로운 세상을 맞이하게 됩니다. 마치 죽은 풀더미 속에서 새싹이 그것을 양분 삼아 자라듯이 말입니다.

고대 그리스인은 시간을 '크로노스(Chronos)'와 '카이로스(Kairos)'로 구분했습니다. 자연스럽게 흘러가는 물리적 시간이자 객관적 시간이 '크로노스'인 데 비하여, '카이로스'는 비록 찰나일지라도 구체적 사건 속에 놀라운 변화를 체험하게 되는 주관적 시간입니다. 우리는 시간을 '크로노스'로만 받아들이면 시간의 노예, 즉 수동적인 삶을 살게 됩니다. 우리는 영리함의 시간이며, 기회와 행운의 순간인 '카이로스'를 어떻게 맞이하느냐에 따라 새로운 가치를 창출해 내는 존재로 살아갈 수 있습니다.[34] 여기에서 기억의 시간인 '크로노스' 위에 기억의 해체와 망각의 시간인 '카이로스'가 더해질 때 우리의 삶은 날마다 새로운 힘을 가질 수 있게 됩니다. 기억 연구의 대가이자 신경생물학 분야 선구자인 이반 이스쿠이에르두는 《망각의 기술》에서 '우리가 기억하는 것이 우리 자신이듯, 우리가 망각하는 것 또한 우리 자신이다.'라고 강조합니다.[35] 이런 의미에서 우리는 매일의 삶 속에서 '아는 것은 힘이지만, 잊는 것 또한 힘'이라고 확신할 수 있어야 합니다. 이런 의미에서 젊은 나날에 읽었던 니체가 다시 다가와 '망각은 기억을 초월하고자 하는 인간의 자기 창조적 변신의 과정'이라고 속삭이는 듯 합니다.[36]

문득, 과거의 나가 현재의 나에게 말을 건넵니다. 어린 시절 소 풀 뜯어 먹이러 산에 올랐다가 읽은 책 《플란다스의 개》에서의 주인공 네로의 친구인 파트라슈가 죽어서 천국에 갔는지 궁금해서 잠을 못 이루었던 소년, 프란츠 카프카의 소설 《변신》에서 주인공 그레고르는 왜 하필 '벌레'로 변해서는 가족들로부터 멸시를 받고 소외를 당하며 외롭게 죽어갔는지가 궁금했던 문학 소년, 조세희의 소설 《난장이가 쏘아올린 작은 공》에 나오는 도도새가 왜 멸종했는지를, 난장이의 꿈과 소망은 좌절될 수밖에 없다고 강변했던 치기 어린 대학생, 그리고 마르셀 프루스트의 소설 《잃어버린 시간을 찾아서》를 완독한 사람이 정말 있는지, 소설 속 '마들렌'은 정말 어떤 맛인지 궁금하였던 중년 시절의 '나'와 '지금, 이 순간' 고향 친구가 보내준 예가체프 커피를 음미하며 글 쓰고 있는 '나'가 과연 같은 인물인지 궁금하다고 말입니다.

제11장

인생이 머무는 곳은 '그래도'라는 섬이다

생각거리

"그래도라는 섬에서
그래도 부둥켜안고
그래도 손만 놓지 않는다면
언젠가 강을 다 건너 빛의 뗏목에 올라서리라,
어디엔가 걱정 근심 다 내려놓은 평화로운
그래도 거기에서 만날 수 있으리라"

– 김승희 시산문집, 〈그래도라는 섬이 있다〉, (마음산책, 2007).

episode 1

2013년 1월은 나에게 있어서 시련의 달이자, 기회의 달이었습니다. 시련의 달이라는 것은 23년 넘게 다니던 대학에서 '파면'을 당했다는 것이고, '기회'의 달이라는 것은 새롭게 '청소년단체'를 만들고 청소년교육 활동을 시작한 달이었기 때문입니다. 어느 직장이나 마찬가지이겠습니다만, 특히 대학교수가 파면을 당한다는 것은 지금까지 줄곧 한 분야만 연구하고 강의했던 사람으로서 사회적으로 완전히 매장을 당한다는 것을 의미합니다. 또한, 향후 5년간 어느 대학으로도 전직할 수 없을 뿐만 아니라, 20년 넘게 불입하여 왔던 연금마저 못 받게 되어 경제적으로도 심한 타격을 받게 됩니다. 이에 따라 그토록 오랫동안 잘 다니던 대학에 아예 출근을 못 하게 됨은 물론 사회적 지위의 상실로 인해 최소한의 사회참여 활동 또한 위축되었습니다.

대학교원을 포함한 모든 교원이 부당한 신분상의 불이익을 당하였을 때 이를 회복할 수 있는 구제제도로서 교원소청 심사제가 있습니다. 이에 따라 신분상의 불이익 조치를 회복하기 위하여 2013년 3월 초 교원소청심사위원회에 제소하였고, 그 결과 그해 5월에 교원소청심사위원회로부터 정직 3개월로 징계처분이 변경되었습니다. 정직 3개월로 감형된 이유는 대학 당국에서 파면 사유로 삼았던 여러 이유 가운데에서 영국의 대학과의 공동학위 추진 이외에는 징계 사유가 부당하다는 것이었습니다. 그런데, 교원소청심사위원회에서도 정직 3개월의 사유로 삼았던 영국대학과의 공동학위 추진은 대학 당국의 논리—엄밀히 말하면, 대학 당국이 아니라 새로 부임한 대학 총장의 주장—를 그대로 이어받은 것으로 부당하기 짝이 없는 처분이었습니다. 이유인즉슨, 교육학 공부를 조금이라도 한 사람이라면 누구도 알 수 있는 영국의 대학교육제도를 왜곡한 대학 당국의 주장만을 그대로 받아들였기 때문입니다. 당시 대학 당국이 파면의 이유로 제시한 영국의 국립대학과의 공동학위 추진은 영국의 해당 대학이 계속교육대학(FEC: Further Education College)이기 때문에 우리나라의 대학 평생교육원과 같은 기관으로 공동학위를 줄 수 없는 대학이고, 이에 따라 이러한 기관인 줄 알면서도 공동학위를 부여할 수 있도록 협약을 맺고 추진한 것은 부당한 처사이고, 학교를 기만하였다는 주장이었습니다. 영국의 교육제도에서 계속교육대학(FEC)은 1944년의 교육법 제정으로 영국 교육 당국의 평가인정을 받고 정규 대학졸업장(학위)을 부여하는 대학을 총칭하는 말입니다. 그런데, 대학구성원 가운데 보직교수로 새로이 임명된 몇몇 교수 또한 이러한 허위주장에 동조하여 교육부의 회계감사 시에 이러한 사실을 적시한 문서를 교육부 감사관에게 제출하기도 하였습니다. 그러나 이러한 주장은 행정법원 1심 판결 및 고등법원 2심의 판결에서 영국의 교육제도를 잘못 판단한 것이고, 따라서 나에게 내린 징계 사유는 부당하기 그지없는 처사라고 반박하면서 징계 취소 처분을 내렸습니다.

그런데, 옛 어르신들의 '송사를 벌이게 되면 집안이 망한다'라는 말처럼 재판이 진행되는 2년 동안 나 스스로는 인생에서 지울 수 없는 아픔의 시간이었고, 통곡의 시간이었고, 회한의 시간이었습니다. 그 뒤에서 그런 나를 지켜보는 가족들의 아픔은 더 말할 나위가 없이 아팠을 것입니다. 이러한 정신적인 고통은 물론 14차례나 걸친 재판 및 피소사건(교원소청심사위원회 소송2건, 행정소송 1, 2심, 청구이의소송 1, 2심, 손해배상청구소송 1, 2심, 임시처분 소송 2건, 집행문 부여소송 2건, 형사피소사건 1, 2심)으로 인한 경제적 손실은 더할 나위 없었습니다.

이러한 과정과는 다른 한편으로 무엇인가를 하지 않으면 도저히 견딜 수 없는 시간이었기에 내가 가장 잘 할 수 있는 것을 찾아보기로 하였습니다. 언젠가는 청소년 법인을 만들어 청소년 활동을 전개하고 그를 통해 일반 청소년은 물론 소외청소년이나 다문화 청소년 대상 청소년 활동을 하는 것이 평소의 꿈이었기 때문입니다. 물론 이것은 대학에서 교무처장으로 있으면서 3개의 청소년시설을 자치단체(서울시 및 기초자치구)로부터 위탁받을 수 있도록 계획서를 작성하고 직접 운영해본 경험이 그 뒤에 자리하고 있었기에 가능한 것이었습니다. 대학에서의 교수활동이 금지되고 연구실 출입조차 막힌 자에게는 외부 평생교육기관이나 청소년시설에서 강연자로 나서는 것도 불가능한 일이었습니다. 그리하여 청소년시설의 유치와 운영에 몰입하게 되었고, 그 결과 파면되고 복직하기까지의 3년 동안 2개의 청소년시설과 2개의 지역도서관을 위탁받을 수 있게 되어 그를 통해 새로운 무엇인가를 꿈꿀 수 있었습니다.

이러한 과정에서 배운 것이 두 가지가 있습니다. 그 하나는 아무리 어둡고 깊은 웅덩이에 빠졌다고 하더라도 그것은 웅덩이가 아니라 하나의 터널에 불과하다고 생각 전환을 하는 것입니다. 다른 하나는 그 웅덩이에 빠져서 허우적거리기보다는 앞으로 나아가도록 부단한 노력을 하는 한, 그것은 하나의 시련이 아니라 하나의 배움의 과정이고, 길고 긴 터널은 언젠가는 밝은 세계로 연결된다는 것이었습니다. 이것은 바로 '당신은 나를 밟고 지나갔지만, 그래도 나는 절대로 무너지지 않아'라는 믿음입니다.

episode 2

빅터 프랭클(Victor Frankl)이 《죽음의 수용소에서》에서도 언급한 바와 같이 인간은 강제수용소 또는 어디에서든 인간의 존엄성을 지킬 수 있는 선택을 할 수도 있고 그러하지 아니할 수도 있다는 것을 삶의 여러 자락에서 목격하게 됩니다. 그 대표적인 예가 1980년대에 군대에서 겪은 삼청교육대에서의 경계병 근무 경험입니다. 이를 자세히 설명하면 다음과 같습니다.

1980년 2월에 논산훈련소에 입소하여 훈련을 마치고 4월에 전방부대로 이동하였고, 서울 수색 근처에 사단본부를 둔 보병사단의 말단 소총병으로 배치되었습니다. 대학 친구들은 민주화 열기로 보내던 1980년의 봄에 말단 소총병으로 군 복무를 하게 되면서, 5.18 광주 민주화 운동 시에는 서울 시내 대학에 출동하여 경계 근무를 하였고, 그해 9월에는 삼청교육대 경계병으로 출동하여 소위 '폭력범과 사회풍토문란사범'에 대한 경계 근무를 서게 되었습니다. 소위 말하는 폭력 범죄 등급에 따라 A·B·C·D의 4등급 가운데 주로 B등급의 폭력 사범들 대상의 정신교육을 담당한다는 부대장의 지시로 우리 부대는 4주 동안 실시되는 정신 순화 집체교육 실시 기간에 계급에 따라 주로 부사관은 정신 순화 교육 훈련 조교로, 그리고 일반 병사들은 경계 근무를 담당하게 되었습니다. 명목은 정신 순화 교육이었지만, 나중에 여러 차례에 걸쳐 영화화되거나 TV에 방영된 것과 같이 '무자비한 육체적 고통을 가하는 가혹한 훈련'이 4주 동안 실시되었습니다. 처음 1~2주 동안에는 우리 부대원들은 상사의 지시 명령에 따라 폭력전과범들을 위한 순화 교육 명분으로 실시되는 집체훈련에 철저히 이성과 감성이 마비된 채, 군인으로서의 정신훈련과 경계 근무만 담당하였습니다.[1] 선임자들과 부사관 중심으로 편성된 훈련 조교들은 심한 신체훈련 중 낙오자들에 대해서는 거침없이 신체적인 폭력 내지는 학대를 감행했으며, 심지어는 식사 시간 5분 이내에 미처 식사를 다 마치지 못한 조에 대해서는 잔반통(음식물쓰레기통)에 머리를 처박게 하고 '애국가'며, '어머님 은혜' 노래를 부르게 하는 것이 예사였습니다. 그런 모습들을 본 철조망 너머의 경계병들인 우리 부대원들은 한편으로는 총검을 장착하였지만, 임재범의 노래인 〈너를 위해〉에서도 언급한 바와 같은 '그 거친 폭력과 삼청교육대 훈련병의 불안한 눈빛과 그걸 지켜보는 우리는 하루하루가 전쟁과도 같은 일상'이었습니다. 때로는 '군인으로서 맡은 바 임무에 충실해야 하는 신분이기도 하지만, 인간으로서 차마 해서는 안 되는 일들을 저지르고 있다는 참담하고 무거운 마음으로' 그 모습들을 지켜봤던 것도 사실입니다. 그러다가 차츰 시간이 지나면서, 야간 경계 근무 중 철조망 너머의 삼청교육대 입소자 중 대다수 사람이 '팔뚝에 문신이 있다거나, 술을 먹고 고성방가를 했다거나, 옆집 아저씨와 싸움을 했다든가, 술집 지배인으로 일하다가 경찰에 붙잡혀 여기까지 오게 되었다'라는 것을 알게 된 이후부터는 주간 근무시간에는 상사의 명령에 따라 하는 수 없이 철저한 얼차려 중심의 신체훈련을 실시하였지만, 아무도 보지 않는 밤 시간대에는 군대에서의 지시명령에 다소 어긋나는 행동을 하기도 하였습니다. 이를테면, 연병장 내에 둘러쳐진 철조망 사이로 야간 경계 근무시간에는 화랑 담배라든가 건빵을 건네준다든지 하였고, 심지어는 오리온 초코파이가 먹고 싶다는 어르신께 몰래 초코파이를 사다가 건네주면서 위로하는 시간을 갖기도 하였습니다. 물론, 이러한 분위기 탓인지 우리 부대는 4주 만에 타 부대와 임무를 교대하게 되었습니다.

이와 같은 삼청교육대 경비를 마치고, 조금 지나서 우리 부대원들은 '국난극복기장'이라고 하는 훈장보다는 아래 단계의 기장을 받게 되었습니다. 제대 후 한참 지나서야 이것이 전두환 정권 시절에 제정된 '국난극복기장령'에 의해 수여된 것이었다는 것을 알았습니다. 국난극복기장령은 "전두환 전 대통령 등 신군부가 자신들의 시각에서 1980년 전후를 '국난 기간'으로 규정하고, 이를 극복하는 데 이바지한 군인 등에게 기장을 수여하기 위해 1981년 3월 제정한 대통령령"을 말합니다.[2)] 말하자면, 나는 1980년을 오롯이 군대에서 보내고, 명령에 따라 80년 5월의 봄에는 말단 소총병으로 서울 시내 대학에 경계병으로 출동하고,

그 이후에는 삼청교육대의 교육 훈련 때 경계병으로 근무한 공로(?)로 국난극복기장을 받았던 셈입니다.

위와 같은 삼청교육대 경비 관련 기억은 제대한 지 40년이 지난 지금까지도 '인간이 인간에게 가한 가장 폭력적인 현장'으로 강하게 각인된 악몽과도 같은 기억으로 남아 있습니다. 그런데 그때 느낀 감정은 한나 아렌트가 지적하였듯이 '모든 사람이 명령이나 권위에 무조건 복종하는 존재'라든가 '악의 평범함이 모든 곳에서 현재화'되는 것이 아니라, 그래도 그 당시 다수의 병사가 나타낸 행동과도 같이 과거 경험과 의지 선택에 따라 명령에만 무조건 복종하는 존재가 아니란 것을 깨닫게 되는 계기가 되었습니다. 이러한 점에서 중세시대에 갈릴레오가 지동설이 틀렸다고 고백한 뒤 '그래도 지구는 돈다'라는 말을 남겼다는 말과 같이 제아무리 비인간적인 현실이 눈앞에 닥치고, 명령에만 복종하는 조직 인간이라고 하지만, 그래도 인간의 이성과 감성이 살아 숨을 쉬는 한 인간에게 차마 못 할 짓은 하지 말아야 한다고 다짐하곤 했습니다. 우리는 인간으로서 살아가면서 우리에게 시련을 가져다주는 상황을 변화시킬 수는 없습니다. 그래도, 그에 대한 자신의 태도를 선택할 수는 있는 게 인간입니다.[3] 이 점에서 인간의 위대함이 존재한다고 생각합니다.

카르페 디엠(Carpe Diem), 메멘토 모리(Memento Mori)

인간은 그 보는 각도에 따라 각기 다른 존재로 규명되곤 합니다. 기독교적 관점에서 보면, 인간은 원죄를 타고 태어난 존재이며 하나님의 구원을 통해서만 비로소 인간다운 삶을 누릴 수 있게 됩니다. 이와는 달리 불교적 관점에서의 인간은 자기가 지은 업(業)의 결과에 따라 생사를 거듭한다는 윤회 사상에 근거를 둔 존재로 인식되게 됩니다. 이러한 종교적인 관점이 아니더라도, 인간은 지금까지 역사적인 존재로서 정치, 경제, 철학, 심리학 등의 관점에서 서로 다른 인간으로 규정되고 인식되어온 것이 사실입니다. 정치 · 경제적인 관점에서 인간은 '만인의 만인에 대한 투쟁'으로 인식되기도 하고, '합리적이고 이성적인 교환가치 중심의 존재'로 간주되기도 합니다. 철학적인 차원에서 인간은 때로는 결정론적인 존재로 인식되기도 하면서도 때로는 실존적인 존재로 개념화되기도 하였습니다. 또한, 인간은 심리학적 관점에서는 과거의 무의식에 지배된다는 정신분석적 인간, 현재 지향적이고 보상과 처벌에 따라 행동한다고 보는 행동주의적 인간, 인간을 목적적인 존재로 보는 인본주의적 인간 등으로 구분되기도 합니다.

그런데, 여기서 중요한 사실은 바로 인간을 그 어떤 존재로 태어난다고 규정하더라도 인간의 자유의지가 존재하고 이러한 자유의지에 따른 행동의 결과가 인간의 모든 것을 결정짓게 된다고 보는 것이 삶을 대하는 진정한 인간의 자세라는 것입니다. 제아무리 인간이 죄인으로 태어난다고 하더라도 내가 무엇을 어떻게 하느냐에 따라 구원을 받는 존재로, 또한 인간은 끊임없는 윤회의 과정을 되풀이한다고 하더라도 자신이 선택하고 행동한 결과에 따라 다음 생에 나타나는 모습이 다르기 때문입니다.

여기에서 우리 인간의 참모습을 보게 됩니다. 인간은 어차피 죽음을 눈앞에 둔 한시적인 존재이고, 인간의 삶에 있어서 고통은 부지기수로 나타날 수밖에 없는 운명적인 존재입니다. 그리고, 제아무리 성인군자라고 하더라도 참을 수 없는 고통이 눈앞에 다가왔을 때 인간은 누구나 절대자를 원망하기도 합니다. '주여! 왜 나를 버리시나이까(Eloi, Eloi, lama sabachthani, 마태복음 27장 46절)?'라고 절규하였던 예수와도 같이, 그리고 견디기 힘든 절망을 마주하였을 때 미국 바이든 대통령처럼, "왜 하필 나입니까"라고 반문하기도 하는 존재입니다.

WHY ME?!	WHY NOT?

이럴 때마다 성경의 시편(43: 5)에서는 '내 영혼아 네가 어찌하여 낙심하며 어찌하여 내 속에서 불안해하는가? 너는 하나님께 소망을 두라'라고 이야기하기도 하고, 불교에서 붓다의 설교에서처럼 이 세상에 존재하는 모든 것(태어나는 것, 늙는 것, 병드는 것, 죽는 것, 싫어하는 사람과 만나는 것, 좋아하는 사람과 헤어지는 것, 바라는 것을 얻지 못하는 것 등)은 괴로움이니 이를 벗어나는 방법으로 고집멸도(苦集滅道)를 언급하기도 합니다.

그렇습니다. 인간은 유한한 존재이기에 현재가 더욱더 의미 있는 시간으로 다가오게 됩니다. 여기에서 우리는 카르페 디엠(Carpe Diem)과 메멘토 모리(Memento Mori)의 동전의 양면과도 같은 점을 늘 되새기면서 삶을 영위해 나가는 것이 필요합니다. 카르페 디엠은 영화 〈죽은 시인의 사회〉를 통해 유명해진 말입니다만, '지금 이 순간에 충실하라, 피할 수 없다면 즐겨라'라는 뜻을 가진 라틴어입니다. 그리고, 메멘토 모리는 '죽음을 기억하라'라는 뜻으로 옛 로마 장군들이 전쟁에서 이기고 돌아오면서 시가행진을 할 때 노예들이 뒤편에서 이 말을 외치게 했다고 합니다. 아마도 '지금 잘나간다고 너무 우쭐대지 말아라, 너도 언젠가는 죽을 것이니' 이런 뜻에서 생겨난 풍습이라고 합니다. 이 말은 톨스토이가 《살아갈 날들을 위한 공부》에서도 언급한 바와 같이 '30분 후에 죽을 거로 생각하는 사람은 어리석은 행동을 하지 않는다'라는 것과도 일맥상통합니다.

문득, 1989년 여름날 신부님과 함께 간 유럽 여행 중에 피렌체의 산타 마리아 노벨라 성당에서 마주하였던 그림과 글귀가 생각납니다. 해골 그림의 아래에 새겨진 글귀는 **'오늘의 너는 어제의 나였고, 내일의 너는 오늘의 나다.**'라는 것이었습니다. 여행 가이드 역할을 해주셨던 오스트리아 출신의 신부님 말씀에 잠시 숙연한 감정을 가지고 삶의 다짐을 했던 적이 있습니다. 카르페 디엠, 메멘토 모리, 그리고 노벨라 성당의 비문 이 3가지는 지금까지 제 삶을 관통하는 중요한 디딤돌이었습니다. 인간은 유한한 존재이지만, 그래도 긍정의 힘을 바탕으로 삶의 길목에서 마주하는 숱한 역경과 혼란, 그리고 아픔의 3각 파도들을 잘 헤쳐 나아가는 것이 바로 인생입니다.

인간이 머무는 섬은 외로운 섬이자, 고독의 섬이다

사전적 의미로 '섬'이라는 말은 '주위가 수역으로 완전히 둘러싸인 육지의 일부'로 정의됩니다만, 흔히들 섬이라고 하면 '어디로부터 분리된 존재'로 인식되기도 하고 외롭게 보이는 존재이기도 합니다. 그런데, 지도상의 '섬'과 인간의 '삶'은 묘하게 닮아 있습니다. 섬이란 것도 따지고 보면 바닷물이나 강물에 의해서 임의로 갈라지고 나누어진 것에 불과하지만 결국은 육지의 일부이듯이, 인간도 물리적으로는 모태(母胎)로부터 분리되어 나온 외로운 존재이기는 하지만 정서적 교감에 의해 하나로 연결되는 존재이기 때문입니다. 다양한 섬들도 인간의 노력으로 다리가 건설되고 배편으로 뱃길이 열리고 비행기로 하늘길이 열리면서 섬은 더 이상의 외로운 섬이 아니듯, 인간 또한 분리 불안의 극복을 위해 누군가와의 정서적인 결합을 하고 서로의 만남을 통해 이제는 외로운 존재가 아닌 더불어 사는 인간(人間)으로서 살아가게 되기 때문입니다. 일찍이 에리히 프롬이 《사랑의 기술》에서 외로울 수밖에 없는 존재로서의 인간은 사랑에 의하여 더 완전한 인간으로 거듭날 수 있다고 강조한 것도 바로 이러한 인간의 근본적인 속성을 간파한 것이라고 봅니다.

그런데, 여기서 '섬'과 '삶'이 묘하게 닮아 있는 것이 또 하나 있습니다. 섬이 외롭게 보이면서도 고독한 존재이듯이, 인간 또한 외로우면서도 고독할 수밖에 없는 존재입니다. 섬은 육지로부터 물길에 의하여 강제로 분리되어 멀리서 바라보게 되면 외로운 존재이자 고독한 존재이기도 합니다. 우리나라 사람에게 있어서 가장 외로운 섬으로 각인된 섬은 '독도(獨島)'입니다. 이름마저 혼자 있는 섬이고, 가수 겸 방송인인 서유석 씨가 부른 '홀로 아리랑'에서는 '저 멀리 동해바다 외로운 섬'으로 묘사되고 있어서 더욱더 그렇습니다. 이와 유사하게 인간 또한 성경(창세기 2장 23절)에 의하면 창조주에 의해 흙과 먼지로 아담이 만들어지고, 그의 갈빗대 하나를 빼내어 만든 것이 이브입니다. 여기에서 남자와 여자로 분리된 존재로서 인간은 분리 불안을 일으킬 수밖에 없는 외로운 존재로서 인식되게 됩니다.

그런데, 우리는 여기서 외로움(loneliness)과 고독(solitude)을 구분 지어 이해해야 할 필요가 있습니다. 타인에게 둘러싸여 있어도 결국은 혼자일 수밖에 없고 외로움은 그에 따라 동반되는 쓸쓸한 감정을 의미합니다. 이와 달리 고독이란, 타인과의 접촉 없이 홀로 있는 상태만을 말합니다. 말하자면, '외로움은 남과 관계가 끊어진 상태이고, 고독감은 나와 내가 관계를 맺은 상태' 입니다.[4] 이러한 의미에서 외로움은 상대방을 필요로 하는 상태임에도 타인으로부터 철저하게 무시당하거나 거절당한 의미를 지닌 결핍감을 느끼는 부정적인 감정입니다. 반면에 고독은 타인의 존재여부나 필요 여부와는 관계없이 스스로 자기격리를 선택하는 바로 자신의 힘만으로 서는 자립적 상태라고 볼 수 있습니다.[5] 보다 쉽게 말하자면 부정적 혼자됨이 외로움이고, 긍정적 혼자됨이 고독이라는 것입니다. 그런데, 여기서 외로움이란 혼자 있을 때 느낄 수 있는 아픈 감정이지만, 여럿이 함께 있을 때도, 심지어 둘이 같이 있어도 느낄 수 있는 감정입니다. 시인 류시화는 '그대가 옆에 있어도 그립다'라고 했지만, 우리 인간은

'그대가 곁에 있어도 때론 외롭다'라고 말할 수 있는 존재이기도 합니다.

이를 통해서 보았을 때, 우리는 외로움과 친구 하려 하지 말고 고독을 선택하고 기꺼이 그와 친구가 되고자 하는 자세가 필요합니다. 학부를 졸업하고 대학원 수업을 들을 때, 지도 교수님께서 늘 하던 말씀이 생각납니다. '자고로 교수가 되고자 하려면 공부를 잘해야 하고 공부는 엉덩이가 무거운 사람이 잘할 수 있는 것이고, 고독과 친구가 될 수 있는 사람만이 연구를 잘할 수 있다.' 이 말은 비록 교수직이 아니라고 하더라도 무엇을 이루고자 한다면 반드시 지녀야 하는 그 무엇이라고 생각됩니다.

그런데, 요즈음 자라나는 어린이나 청소년들을 만나다 보면, 혼자 있는 것을 두려워하거나 심지어 그 외로움에서 벗어나는 방법을 모르는 세대인 것 같아 안타까운 마음이 들곤 합니다. 지금 우리 사회에서 베이비붐 세대나 4050 세대들은 어렸을 때부터 외로움에서 벗어나는 방법을 '무궁화꽃이 피었습니다' 등과 같은 놀이문화를 통해서 체득해 왔습니다. '무궁화꽃이 피었습니다'라는 게임은 여럿이 함께하는 놀이입니다. 드라마 〈오징어 게임〉에서 '무궁화꽃이 피었습니다'는 살벌한 징벌의 게임으로 그려지고 있습니다만, 예전에 지금의 나이 든 세대들이 함께한 '무궁화꽃이 피었습니다'라는 놀이는 술래가 된 아이가 커다란 벽을 마주하고 앞을 볼 수 없는 깜깜한 상태에서 술래가 아닌 여러 친구를 찾아내어 술래에게서 벗어나는 게임이 그 본질입니다. 이 게임은 커다란 외로움이라는 벽 앞에서 그 외로움을 벗어나기 위해서는 상대방을 부지런히 찾아내고 그들에게 다가가기 위해 부단한 노력을 해야 한다는 것을 암묵적으로 체화시킬 수 있는 놀이이자 학습 도구입니다. 이러한 놀이 하나 제대로 해보지 못하고 자라는 요즘 젊은 세대들이 쉽게 좌절하고, 포기하고, 급기야는 게임중독 등 여러 부정적인 환경에 처하는 것을 볼 때 참으로 안타까운 마음이 듭니다.

일찍이 함석헌 선생은 〈그대는 골방을 가졌는가〉라는 시를 통해 우리에게 혼자 있는 쓸쓸한 감정에서 벗어나 자신과의 대화이자 자신의 세계를 창조할 수 있는 고독한 동굴로 다가가는 것이 중요하다는 점을 강조하였습니다.

> "그대는 골방을 가졌는가?
> 이 세상의 소리가 들리지 않는
> 이 세상의 냄새가 들어오지 않는
> 은밀한 골방을 그대는 가졌는가. (중략)
> 그대 맘의 네 문 밀밀히 닫고
> 세상 소리와 냄새 다 끊어버린 후
> 맑은 등잔 하나 가만히 밝혀만 놓으면
> 극진하신 님의 꿀 같은 속삭임을 들을 수 있네."

함석헌 선생의 표현에서의 '골방'은 바로 자신을 위해 스스로 만든 시간과 공간을 의미하며 이는 곧 고독의 순간을 의미합니다. 이 점에서 고독은 '다른 이들과 어울리지 못해 불안해하는 외로움의 상태가 아니라 의도적인 분리의 상태이자 자신을 위한 최고의 선물'로 이해되게 됩니다.[6)]

현대인에게 있어서 외로움은 필수이고, 고독은 선택이라고들 합니다만, 에리히 프롬은 《사랑의 기술》에서 외로운 존재로서 인간은 타인과의 사랑을 통해 외로움에서 벗어날 수 있다고 강조합니다. 그 사랑의 대상이 하나님이든, 연인이든 상관없이 우리 인간은 누군가에게 의지하고 싶은, 그리고 누군가에게 버팀목이 되고 싶어 하는 존재입니다. 우리는 이러한 것을 의미 찾기, 혹은 의미 부여에서 찾아볼 수 있습니다. 이를 위해서 김춘수 시인의 표현대로는 '내가 너의 이름을 불러 줄 수 있는' 용기가 필요하며, 생텍쥐페리가 《어린 왕자》에서 강조한 바와 같이 길들이기에는 인내심이 요구되고, 에리히 프롬이 《사랑의 기술》에서 강조한 바와 같이 '기술'이 필요하게 됩니다. 이를 통해, 어린 왕자가 사막여우를 길들이듯이 내가 이전에는 '6747'을 아무런 의미 없는 존재로 여겼지만, 어느 사이에 '6747'이 그 어떤 의미를 지니게 되면 그것은 단순한 숫자의 나열이 아니라 의미 있는 존재로 변해버리는 것처럼 말입니다.

이처럼 삶에 있어서 우리 인간은 같은 시대를 산다고 하더라도 그가 직면하는 그 대상, 의미부여, 가치 찾기, 길들이기 등에 의하여 '외로움'과 '고독'을 새롭게 맞이하고 마주할 수 있다고 봅니다. 말하자면, 생각의 차이가 삶을 마주하는 자세를 결정짓게 됩니다. 생각은 '인생이라는 집을 짓도록 도와주는 설계도'입니다.[7] 우리가 살고 있는 '그래도'라는 섬이 외로움의 섬인지, 아니면 고독의 섬인지는 전적으로 우리가 마주하는 생각에 따라 다르게 다가옵니다. 생각의 차이가 우리의 행동의 차이를 만들고, 우리의 습관의 차이를 만듭니다.

인간이 의지할 곳은 '그래도'라는 긍정의 섬뿐이다

누구나 평탄한 삶을 그리워하고 또한 그렇게 되기를 기원하기도 합니다. 그런데도 인생이라는 것은 재난 영화처럼 황당하기 그지없는 사건과 사고들이 연이어 발생하는가 하면, 때로는 기쁨과 즐거움이 곳곳에 널려있기도 한 것이 삶입니다. 그런데, 그것이 누군가에게는 재난 영화와 같이 스펙터클하게 힘든 여정이 연속되는가 하면, 누군가에게는 꽃길만 펼쳐져 있다는 데 인생의 묘미가 있기도 합니다. 그런데, 제아무리 꽃길만 걷는 자라고 하더라도 삶의 마디마다 만나게 되는 여러 사건 · 사고들이 일어나게 마련이고 이러한 까닭에 인생이 계획대로 되지 아니하고 고난의 연속이라고들 하기도 합니다.

그러므로, 견딜 수 없는 일들이 사람에게 일어나는 법은 결코 없다는 마음가짐이 우선으로 필요합니다. 로마의 철인 황제 아우렐리우스는 다음과 같이 말합니다.[8)]

> "당신에게 일어나는 모든 일은 당신이 이겨낼 수 있든지, 아니면 그럴 수 없는 것이든지 둘 중 하나이다. 만약 당신이 견뎌낼 수 있는 능력의 범위 안에 있는 일이라면 불평하지 말고 당신의 이상이 그것을 감당해 나가도록 참아라. 그러나 혹 당신이 이겨낼 수 없는 일이 벌어진다고 할지라도 그것에 반감을 나타내지는 마라. 비록 그 일이 당신을 정복했다 할지라도 그것 역시 언젠가는 소멸하고 말 것이다."

그러므로, 우리 인생에 있어서 '어제는 이미 지나간 역사

(history)이고, 내일은 미스터리(mystery)같이 알 수 없지만, 오늘은 선물(present)'과 같은 존재로 받아들이는 것이 중요합니다.[9)]이와 같은 삶의 자세를 견지한 글을 우연히 만났습니다. "역사가 우리를 저버렸지만, 그래도 상관없다(History has failed us, but no matter)." 이것은 재일 한인 1.5세대 작가가 쓴 《파친코》의 첫 문장입니다. 일제 강점기 부산 어시장 근처의 하숙집 딸로 태어난 소설 속 주인공은 나라를 빼앗기고 일본으로 건너갔으며, 재일(在日: 자이니치) 한인들이 살아낸 삶의 궤적이 서럽디 서러운 이방인으로서가 아니라, 비록 나라를 빼앗겼어도 자기 자신만큼은 빼앗기지 않은 채 '살아남은 자'의 단단함과 기품을 드러내고 있습니다. 이런 까닭에 책을 읽는 내내 가슴이 시렸습니다. 우리는 역사라는 환경에서 때로는 가난해서, 때로는 배우지 못하고 무지해서, 사업에 실패하고, 직장에서 무시당하고 외면당해서 이리 치이고 저리 치이면서도, 끝내는 새로운 환경을 일구어 나간 사람들을 숱하게 보곤 합니다. 저 멀리는 재일 조선인들이 그랬고, 만주벌판의 조선족이, 러시아 땅의 고려인들이, 하와이 사탕수수밭 이민 세대들이, 그리고 더 가까이는 이 땅의 민초들이 그러한 삶을 역사라는 수레바퀴에 치이고 치여서 살았습니다. 그럼에도 한국인으로서의 정체성을 지닌 채, 반도의 끝자락인 분단된 국가에서 살아가면서 이루어 낸 기적들을 보면서 삶이란 무엇인가를 되새겨 보곤 합니다.

따지고 보면, 우리가 이 땅에 사는 동안 우리 일반 대중들과는 상관없이 세상 어디에서 발생한 그 무엇이 우리의 삶을 송두리째 조각내기도 하고, 내팽개치기도 하는 것이 사실입니다. 우크라이나를 침공한 푸틴의 러시아가 벌인 전쟁이 그 한 나라에만 국한되지 않고 세계 여러 나라의 삶에 영향을 미치고, 중국 우한에서 발생한 코로나가 전 세계 사람들의 삶을 온전히 바꾸어 놓았듯이 말입니다. 제아무리 코로나가 창궐하고 삶을 옥죄어 왔지만, 그래도 우리는 길고 긴 줄을 서서 마스크를 구입하기도 하고, 사회적 거리 두기로 세상과의 일시적 단절을 경험하기도 하고, 때로는 강압적인 사회적 격리를 당하기도 했습니다. 그래도 그러한 과정을 겪고 또 일어서서 생을 살아가는 것이 우리 인간의 모습이기도 합니다.

그렇습니다. 소설 《파친코》에서 작가도 언급한 바와 같이 '살아남는 게 가장 중요'합니다. 그리고 역사 속에서 '가장 강한 자는 힘센 자가 아니라 살아남은 자'라는 것도 배우게 됩니다. 유한한 삶에서 도중에 넘어지지 아니하고, 먼 길 걸어 자신에게 주어진 햇수만큼의 수명을 다하기 위해서 우리는 먼저 '살아남아야 할 책무'가 있습니다. 그다음 어떻게 살아가느냐가 중요한 질문으로 따라오게 됩니다. 우리가 살고 있는 이 세상은 '망자의 희생과 산 자의 헌신'에 의해 움직이는 한 편의 서사입니다. 그리고 나의 서사는 다시 가족의 서사로 이어지고, 그것이 다시 공동체의 역사로 환원되는 것이 우리 삶의 생태계입니다. 《사람으로 산다는 것》의 저자 헤닝 만켈(Henning Mankell)은 암을 마주한 삶의 끝자락에서 "우리의 궁극적인 가족은 무한하다. 설사 눈 깜짝할 정도로 짧은 순간에 우리를 스쳐 간 사람들이 누구인지 우리가 이제는 알지 못한다 해도."라고 강조합니다.[10] 여기서 우리 역사를 되돌아보면서 파친코의 첫 문장을 패러디하여 다양하게 이 땅의 민초들이 겪어냈던 삶의 서사를 이야기해 볼 수 있습니다.

> "분단의 역사가 우릴 망쳤지만, 그래도 상관없다."
> "가부장적 남성 중심 역사가 우릴 망쳤지만, 그래도 상관없다."
> "가난한 가족의 역사가 우릴 망쳤지만, 그래도 상관없다."
> "억압과 부정의 역사가 우릴 망쳤지만, 그래도 상관없다."

지금까지 살아오면서 이와 같은 것들을 마주할 때마다 느꼈던 감정은 바로 이러한 것들이었습니다. '그래, 분단이 우리 사회를 송두리째 바꾸어 놓았지만, 분단은 극복하면 되는 것이고, 가부장적 남성 중심 역사는 민주적인 평등사회로 만들어 가면 되는 것이고, 우리 가족 가난의 역사는 내 대에서 끊어내면 되는 것이고, 배우지 못한 한은 우리 부모 세대가 마지막이라는 것으로, 그리고 억압과 부정의 역사는 해방과 상식의 역사로 만들어 가면 되는 것'이라고 믿었습니다. 그러나 그러한 길로 나아가는 것이 서구사회의 발전 양태로 미루어 보았을 때 '피와 눈물'을 동반하지 않고서는 무척 이루어 나가기 어렵다는 것도 배웠습니다. 그래도 8 · 15 광복 이후 우리 선배들이 살아내고, 동년배들과 후배들이 이루어 왔던 역사를 보면 산업화, 민주화를 거쳐 보다 정의로운 공정과 상식의 사회로 나아가고 있다는 것에 안도의 한숨을 내쉬곤 합니다. 물론, 이 과정에서 여러 사람의 희생과 헌신이 사회 곳곳에서 되풀이되곤 한 것도 사실입니다. 이러한 역사가 때로는 서러움의 역사로, 한풀이의 역사로, 그리고 무엇보다도 왜곡의 역사로 되돌아간 것을 느끼곤 합니다. 굽이 흐르는 한강의 물줄기를 보면서 그럼에도, 한강의 물이 어제도 흐르고 오늘도 흐르고, 내일로 흘러가듯이 우리네 역사 또한 굽이치고 굽이치다 보면, 더 밝은 사회로 나아갈 것을 믿고 또 희망합니다.

이러한 긍정하는 삶은 부정적인 사고를 멀리했을 때만 나타날 수 있습니다. 부정적인 사고(negative thought)는 흔히 자동적 사고(automatic thought)와 결합하여 언급되곤 합니다. 일반적으로 자동적인 부정적 사고(ANT: Automatic Negative Thought)는 '어떤 일이 생기거나 일어나게 될 것이라 생각할 때 자동적이고도 습관적으로 비합리적인 생각을 하는 것'을 말합니다.[11)] 어떤 상황이나 외부 자극이 있을 때 스스로 인식하기도 전에 자동으로 떠오르는 생각이 바람직하지 못한 부정적인 방향으로 왜곡되어 나타나는 것을 의미합니다. 이러한 의미에서 자동적인 부정적 사고(ANT)는 '마치 개미 한 마리가 내 머릿속을 휘젓고 다니면서 무슨 일이 있을 때마다 순식간에 부정적으로 반응하는 것'과 같은 말입니다.

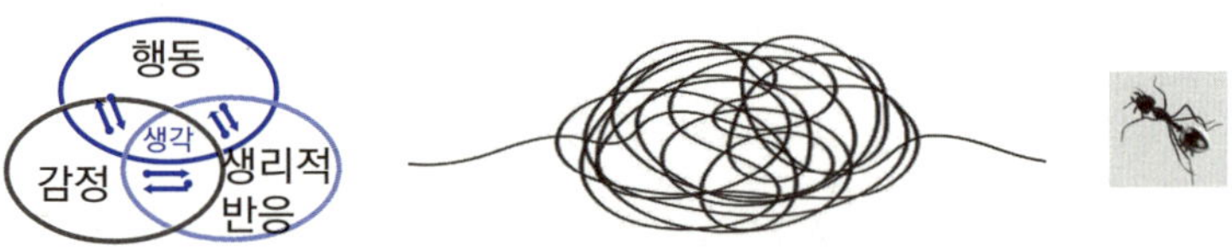

[그림 11-1] 인간의 행동, 감정, 생리적 반응 간의 관계

이와 같은 이유로 자동적인 부정적 사고에 자기도 모르게 중독된 사람들은 타인이 시켜서가 아니라 자신이 스스로 냉소적이고 우울하며 불만스러운 사고의 늪에 빠지게 됩니다. 이런 사고방식 때문에 언제나 우울하거나 불안한 기분을 늘 달고 사는가 하면, 자신감 없고 소심한 행동을 보이게 됩니다. 부정적인 사고는 부정적인 태도를 통해 겉으로 드러나곤 합니다. 우리가 일상생활을 하면서 나타내게 되는 부정적 태도로서는 적대적 태도, 초조한 태도, 회피적 태도, 우울한 태도, 그리고 원망의 태도 등이 있습니다.[12)]

우리는 자동적 부정적 사고의 반대편에 서 있는 긍정적 사고를 의식적이든, 무의식적이든 내 안에 내재화시킬 수 있도록 부단히 노력할 필요가 있습니다. 아우렐리우스가 《명상록》에서 '아무런 목적 없이 사는 것은 우주의 본성에 어긋난다'라고 일찍이 이야기한 것과 마찬가지로 '아무런 이유 없이 부정적으로 사는 것은 감히 인간의 본성에 어긋난다'라고 말할 수 있기 때문입니다.

인간이 가야 할 곳은 '그래도'라는 용기의 섬이다

우리는 흔히 힘든 일이 있을 때나 난관에 부딪혔을 때, 때로는 심한 두려움에 꼼짝달싹조차 하지 못할 때 '내일 지구가 멸망한다고 하더라도 사과나무를 심는다'라는 철학자 스피노자의 말이라든가 갈릴레이가 중세시대 지배적인 사상이었던 천동설에 대한 오류를 비판하자 종교재판에 회부되어 재판소를 나오면서 '그래도 지구는 돈다(Eppur si muove)'라고 한 말들을 되새기곤 합니다. 무엇이 이들을 두려움, 불안, 그리고 다가올 고통에 무너지지 않고 이와 같은 태도를, 믿음을 지니게 하였는가? 하는 의문 말입니다.

이 책의 2장에서도 언급한 바와 같이 인간은 수없이 많은 장면에서 선택하는 존재입니다. 그 선택의 갈림길에서 우리는 앞으로 나아갈 것인가? 뒤로 갈 것인가? 아니면 주저앉아 그냥 거기에 머무를 것인가? 등을 선택하곤 합니다. 앞으로 나아간다고 하더라도 이리 갈까? 저리 갈까? 하고 망설이는 것이 인간입니다. 이와 같은 태도를 보이는 까닭은 사람마다 지닌 기질이라든가 환경에 따라 다소간의 차이는 있지만, 그 근본적인 바탕에는 이와 같은 선택을 하게 될 때 필연적으로 다가오는 두려움, 불안, 그리고 혹시 그로 인해 받게 될 고통이 뒤따르게 마련이고, 다른 한편으로는 그렇게 하지 않았을 때 물밀듯이 다가오는 후회가 두렵기 때문입니다. 이 머뭇거림이라든가, 두려움을 극복하는 것이 바로 용기입니다. 지금까지 인류가 가장 많이 읽은 책인 《성경》에서 가장 많이 반복되는 구절이 바로 "두려워하지 말라"라는 말이라고 합니다. 〈시편 23장〉에서는 '사망의 음침한 골짜기를 지날지라도 해를 두려워 말라'라고 하고 있고, 〈시편 31장〉과 〈여호수아 1장〉에서는 '두려워 말고, 강하고 담대하라'라는 구절이, 그리고 〈마태복음 17장〉에서도 '일어나라, 두려워 말라'라고 거듭 언급하고 있습니다. 이처럼 성경의 구약이나 신약의 여러 장에서 '두려워 말라'라고 강조하고 있는 까닭은 '두려움은 인간이 일상생활을 하면서 가장 많이 가지게 되는 하나의 표상이고, 이것이 우리의 삶을 지배하지 못하도록 하라는 하늘

의 경고'라는 것입니다.[13)]

그런데, 인간이 여러 장면에서 맞이하게 되는 두려움에 대해서 결정학의 창시자인 조셉 비카르트는 《결정수업》에서 선택의 두려움은 크게 선택 자체에 대한 두려움과 선택 결과에 대한 두려움의 두 가지로 구분되고, 이는 다음과 같이 다시 몇 가지로 세분될 수 있다고 보았습니다.[14)]

선택 자체에 대한 두려움

- 더 나은 선택을 하지 못할 것 같은 두려움
- 잘못된 선택을 할 것 같은 두려움

선택 결과에 대한 두려움

- 실패할 것 같은 두려움
- 높은 곳에서 떨어질 것 같은 두려움
- 동일시될 것 같은 두려움
- 인정받지 못할 것 같은 두려움
- 이기적으로 보일 것 같은 두려움

이 두려움 때문에 한 발짝도 꼼짝하지 못하고 두려움에 떠는 것도 인간이고, 이 두려움을 극복하고 앞으로 나아가는 것도 인간입니다. 이 두려움이라는 외피를 선택한 인간은 고통이나 불안이 겹겹으로 채워진 내피들로만 가득 차 있을 것이고, 이 두려움이라는 껍데기를 깨고 나아가는 인간은 새로운 세상을 맞이하게 될 것이 자명합니다. 이와 관련하여 마사 누스바움은 《타인에 대한 연민》에서 '두려움은 일어날지도 모르는 결과에 집중하고, 희망은 좋은 결과에 집중한다'라고 보았습니다.[15] 일찍이 니체는 그의 저서 《즐거운 학문》에서 '삶은 가능성이라는 황금 실로 짜인 베일로 덮여있다'라고 강조한 바 있습니다. 말하자면, 인간이 어떤 선택을 하느냐에 따라 그에게 주어진 인간존재로서의 삶이 동전의 양면처럼 쾌락과 고통이 공존할 가능성으로 뒤덮일 수 있다는 것입니다.

이와 같은 이유로 인하여 지금까지 살아오면서 삶의 여러 자락에서 불현듯 또는 필연적으로 다가오는 두려움, 불안, 고통과 관련하여 배우게 된 것이 바로 '그래도'라는 마음가짐입니다. 이 '그래도' 의 마음가짐은 역사 이래 수없이 많은 소설이나 영화의 주요 주제였던 것도 사실이지만, 지금까지 살아오면서 만나게 된 용기 리스트로서는 다음과 같은 것들이 있습니다.

- 아무리 현실이 두렵고 무섭겠지만, 그래도 다시 일어날 수 있는 용기
- 오늘 당장 지치고 힘들지만, 그래도 조금 더 버틸 수 있는 용기
- 가족과 친구로부터 무시당하고 외면받을지라도, 그래도 손 잡아 줄 수 있는 용기
- 비록 내일 다시 아프고 괴로울지라도, 그래도 얼른 다가갈 수 있는 용기
- 오늘의 외로움이 내일의 괴로움보다 낫겠지만, 그래도 함께 어울릴 수 있는 용기

• 한번 상처받고 버림받았다고 하더라도, 그래도 줄곧 믿어줄 수 있는 용기
• 모양 빠지는 일일지 모르겠지만, 그래도 당당하게 도움을 요청할 수 있는 용기
• 아무리 외롭고 또 슬플지라도, 그래도 무소의 뿔처럼 혼자 당당하게 나아갈 용기
• 거부당할 것이 두렵고 부끄럽겠지만, 그래도 기꺼이 고백할 수 있는 용기
• 당장 손해는 입겠지만, 그래도 아닌 것은 아니라고 기꺼이 말할 용기
• 다소 체면은 구기겠지만, 그래도 대담하게 내려놓을 수 있는 용기
• 비록 세상이 나를 얕잡아 볼 수도 있겠지만, 그래도 서로에게 무엇보다 자신에게 친절할 수 있는 용기
• 모든 것을 다하고 매달렸지만, 그래도 기꺼이 포기하고 되돌아설 수 있는 용기
• 상처받은 흔적이 흉터가 되었을지라도, 그래도 다시 사랑할 수 있는 용기

이처럼 여러 장면에서 사용되고 있는 '그래도'라는 말은 때로는 자기 스스로에 대한 위안의 말임과 동시에, 우리 주위의 다양한 삶의 장면에서 목격되고 있는 용기들의 전형이라는 것을 알 수 있습니다. 그런데, '용기란 무엇인가?'라는 정의를 보다 구체적으로 알아보기 위하여 인터넷에서 검색해 보니, '음식물 같

은 것을 담을 수 있는 통을 말합니다.'라고 적혀 있어 혼자 웃었던 기억이 있습니다. 일찍이 아리스토텔레스는 '용기는 비겁함과 무모함이라는 두 가지 악덕의 중간 지점'이라고 언급한 바 있습니다. 비겁함이라는 것은 흔히 우리가 대표적인 악덕 중의 하나라고 이야기하곤 하지만, 무모함 또한 비겁함만큼이나 위험하기 그지없는 것입니다. 용기란 삶의 여러 질곡에서 나타나는 두려움, 불안, 고통에 마주치게 될 때 선택하는 태도이자 행동입니다. 요즈음 MZ 세대는 이러한 의미가 있는 단어로 '중꺾마'를 사용하기도 합니다. '중꺾마'는 '중요한 것은 꺾이지 않는 마음'을 의미하는 신세대 줄임말로서 어떤 경우에도 포기하지 않는 강한 의지를 나타내는 일종의 밈(meme · 인터넷 유행 콘텐츠)입니다. 이 말은 대한민국 축구 국가대표팀이 카타르 월드컵 16강 진출이라는 대업을 이루고 태극기에 새긴 글("impossible is nothing"과 "중요한 건 꺾이지 않는 마음")에서도 나타납니다. 이것은 2022년 카타르 월드컵 개막 전 "단 1%의 가능성이라도 있다면 앞만 보고 달려가겠다"라며 영국의 소속팀 경기 때 입은 부상으로 마스크 투혼을 예고했던 손흥민 선수의 인터뷰 내용과도 관련 있는 말이기도 합니다.

사람들은 살아가면서 난관에 부딪힐 때 혹은 어떤 일들을 계획하고자 할 때 그것이 달성하기 어려운 그 무엇일 때마다 흔들리기 마련이고, 무너지기 쉬운 존재입니다. 더군다나 과거의 특정한 경험이 자리를 잡은 경우 혹은 골리앗과 다윗의 싸움 같은 경우에는 꼼짝없이 주저앉아 무너지고 마는 것도 바로 인간입니다. 이에 따라 시인 류시화는 '흔들리지 않는 인생이 어디 있으랴'라고 노래하는가 하면, 가수 윤하도 〈사건의 지평선〉이라는 노래에서 '소중한 건 언제나 두려움이지만, 정답이 아닌 것들은 사건의 지평선 너머로 떠나보내야 하고, 지나다 보면 지나간다'라고 노래하기도 합니다.

그런데, 우리는 언제 용기가 발휘되고 언제 용기가 저해되는가? 하는 궁금증을 나타낼 때가 있습니다. 같은 사람이라고 하더라도 자신이 처한 상태나 환경 혹은 기질에 따라 용기의 정도가 다르게 나타나기 때문입니다. 이것을 뉴턴의 '운동 법칙'으로 설명할 수 있습니다. 뉴턴이 제시한 운동의 법칙은 3개의 법칙으로 이루어져 있는데, 그 첫 번째는 '관성의 법칙'으로 외력이 작용하지 않는 한 정지한 물체는 정지상태로 유지되고 운동 중인 물체는 직선운동을 유지한다는 것입니다. 둘째는 '가속도의 법칙(F=ma)'으로 물체의 가속도는 가해진 힘에 정비례한다는 것이고, 셋째는 '작용 반작용의 법칙'으로 모든 힘에는 그에 상응하는 반작용이 따른다는 것입니다. 용기를 이야기하는데 뉴턴의 운동 법칙이 왜 동원되느냐고 적잖이 의아해할 수 있습니다만, 이를 보다 구체적으로 살펴보면 다음과 같습니다.

첫째, '용기의 관성 법칙'은 용기를 내기 전까지는 우리는 앞으로도, 뒤로도 전혀 옴짝달싹도 못 하다가, 일단 용기를 내게 되면 그 힘으로 인해 줄곧 같은 방향으로 행동을 하게 된다는 것입니다. 이 말은 어떠한 두려움이나 불안 속에서도 용기가 행동을 결정짓는 중요한 요소라는 의미입니다. 용기를 내기 이전의 상태는 두렵기 그지없는 불안한 상태입니다. 마치, 번지 점프대 앞에 서게 되면 감히 뛰어내릴 생각조차 못 하고 오금이 저리기도 하고, 좋아하는 사람 앞에 다가가 혹시 퇴짜 맞을까 봐 부끄러워 좋아한다는 고백조차 못 하고 뒤돌아서는가 하면, 혹시 직장 상사에게 무식한 질문 한다고 혼나는 것이 두려워 질문조차 하지 못하는 것처럼 말입니다. 내가 간절히 원하는 것, 꼭 필요한 것은 언제나 모두 두려움의 반대편에 서 있기 마련이고, 이를 성취하기 위해서는 용기가 필요하게 됩니다. 비록 그것이 철저하게 계획된 것은 아닐지라도 안 될 것 같은 두려움이 용기로 바뀌는 순간은 단 몇 초면 충분합니다. 용기는 한순간에 결정됩니다. 라이언 홀리데이는 《브레이브 Brave》에서 '나설 것인지 물러설 것인지, 도약할지 후퇴할지 결정하는 순간은 1분보다 더 짧은 6초면 충분하다'라고 강조합니다.[16] 따라서, 한번 용기를 내게 되면 다음부터는 자동으로 관성의 법칙에 따라서 같은 일들이 반복해서 진행되고 앞으로 나아갈 수 있다는 것입니다. 우리는 여기서 처음에 한번 용기 내는 것이 어렵지, 다음부터는 어려운 것이 아니라는 것을 알 수 있습니다. 그저, '아무것도 아니야, 아무것도 아니야'라고 되뇌면서 눈 질끈 감고 한번 해보고 나면 별것도 아님을 깨닫기도 하고 어떻게든 다 해내는 것이 인간입니다. 한 번 두 번 세 번 그렇게 반복하면 습관이 되고, 그런 습관이 내재화되면 용기는 매번 두려움에 선택하는 것이 아니라 일상의 긍정적인 루틴으로 자리 잡게 될 것입니다.

둘째, '용기의 가속도 법칙'은 '어떤 물체에 더 많은 힘을 줄수록 그 물체는 더 속력의 변화를 겪으며 움직이는 것'과 같이 힘과 가속도의 법칙과 관련된 것입니다. 물체의 질량이 클수록 물체를 가속하는 데 더 많은 힘이 필요한 것과 마찬가지로 어떤 일에는 조금의 용기만 내면 되지만, 어떤 경우에는 더 큰 용기가 필요하다는 것입니다. 이를테면, 샤워할 때 보통 미지근한 물이나 따뜻한 물로 샤워를 했던 사람은 찬물로 샤워를 할 때는 조금의 용기만 내면 됩니다. 이와는 달리, 죽느냐 사느냐의 문제가 걸린 경우는 아주 대담한 용기가 필요하게 됩니다. 그리고, 어떤 일을 하고자 할 때 혼자서는 두려워서 잘하지 못하게 되지만, 여럿이서 힘을 합치면 별 두려움 없이 일을 수행할 수 있다는 것도 F=ma의 공식을 통해서 쉽게 이해할 수 있을 것입니다.

셋째는 용기의 작용 반작용의 법칙으로 모든 용기에는 그에 상응하는 반작용이 따른다는 것입니다. 흔히, '고위험(high risk), 고수익(high return)'이라는 말과 같이 위험이 크면 클수록, 그 반대급부 또한 큰 것이 일반적입니다. 위험부담이 적으면 적을수록 우리는 보다 편안하게 결정을 할 것이고, 이는 곧 큰 용기가 필요하지 않다는 것입니다. 또한, 위험부담이 크면 클수록 보다 대담한 용기가 있어야 할 것이며, 만약 성공한 경우에는 그에 따르는 보상 또한 크게 돌아올 것이라고 보는 것을 말합니다. 여기에는 소위 말하는 '왕관을 쓰려는 자, 그 무게를 견디어야 한다'라는 것과 같이 기꺼이 책임질 용기가 필요합니다. 무릇, 모든 용기에는 반드시 그 결과에 대하여 책임이 뒤따르게 마련입니다. 그러므로 용기는 돈키호테처럼 아무 생각 없이 저지르는 무모함과는 차이가 있습니다. 가치 있는 일을 하는 데 손쉬운 일은 없고 늘 그 반대급부가 따르게 마련입니다. 가치 있는 일 가운데 무섭지 않은 일은 없으며 의심, 불안, 한계, 악의와 씨름하지 않고 위대함을 이룩한 사람은 없다는 것을 늘 명심할 필요가 있습

니다.[17)]

세계적인 베스트셀러의 저자 라이언 홀리데이는 《브레이브Brave》에서 '용기란 자신만의 창의적인 길을 따르는 결정을 내리는 것'이라고 강조하면서 타인이 원하는 것이 아닌 자기 양심을 따라 내가 할 수 있는 크고 작은 일, 날이면 날마다 할 수 있는 일에서 스스로 선택해서 나아가는 용기를 실천하는 것이 중요하다고 보았습니다. 이는 바로 인생에 있어서 각자의 방식으로 자기 삶의 이유를 찾아내고 거기에서 답을 찾아 나가는 것이 바로 용기라는 것입니다. 이는 일찍이 《우상의 황혼》에서 니체가 강조한 내용과도 닮았습니다.

"나 자신에게 던지는 '왜?'라는 물음에
분명하게 답을 내놓을 수 있다면,
그다음은 아주 간단해진다.
어떻게 해야 할지 금세 알 수 있기 때문에
타인을 흉내 내면서 헛되이
세월을 보내지 않아도 된다.
이미 나의 길이 명료하게 보이기 때문에
이제 남은 일은 그 길을 걸어가는 것뿐이다."

어찌 보면, 우리 인생은 무한한 영겁의 시간과 끝없는 죽음으로 충만한 우주의 한 귀퉁이인 지구별의 '그래도'라는 섬에 잠시 머무는 여행자입니다. 여행은 계획이 주는 설렘, 과정이 주는 즐거움과 의미, 그리고 그 결과로 깃든 추억과 가치에 의해 평가되는 그 무엇입니다. 그리고 그 여행은 고독한 여행이고, 꿈과 열정으로 가득한 긍정의 여행입니다. 무엇보다도 낯설기 그지없는 미지의 세계로 두려움 없이 한 발 한 발 내딛는 용기의 길이기도 합니다. 그 길은 누구도 걷지 않은 길임과 동시에 나에게 주어진 나만의 길이기도 합니다. 그러므로 오직 저마다 자기 자신을 등불로 삼고 자기를 의지하여, 나만의 시선으로 나답게 걸어갈 수 있는 용기가 있어야 합니다.[18)] 이것만이 인생을 더 자유롭고 의미 있게 한다는 것을 믿고 또 믿습니다. 이러한 의미에서 '그래도'라는 섬에 놀러 온 여행자의 최고의 친구는 고독, 긍정, 용기이며, 그중에 제일은 용기입니다.

제12장

지금 중요한 것은 인생혁명이다

생각거리

"독창적인 사람들은 시류를 거스르는 힘겨운 투쟁을 감내하면서
세상을 더 나은 곳으로 만들기 위해 고군분투한다.
그들은 생명과 자유를 존중하고 신장시키기 위해 투쟁하는 과정에서
개인적인 쾌락을 충족시키는 일은 일시적으로 포기하고
자신의 행복을 추구하는 일도 뒤로 제쳐둔다.
그러나 멀리 보면, 그들은 더 나은 세상을 만들 기회를 얻는다.
심리학자 브라이언 리틀(Brian Little)의 말을 빌리자면,
그런 기회를 얻게 되면 색다른 만족감을 느끼게 된다.
독창적인 사람이 된다고 함은 행복을 추구하는 가장 쉬운 길은
아니지만, 숭고한 목적을 추구함으로써
행복을 느끼기에는 최적의 길이다."

[출처] 아담 그랜트. 《오리지널스》. 홍지수 역.
(서울: 한국경제신문, 2022). pp. 400-401.

지금 중요한 것은 인생혁명이다

episode 1

-어느 인디언의 기도-

바람결에 당신의 음성을 듣습니다.
온 세상 만물에 생명의 숨결을 불어넣어 주시는 이여
저는 작고 연약하오니
내게 당신의 지혜와 힘을 주시옵소서.

나로 하여금
아름다움 안에서 걷게 하시고
내 두 눈이 오랫동안
저녁노을을 바라볼 수 있게 하소서

당신이 만든 모든 물건들을
내 두 손이 소중히 하게 하시고
당신의 목소리를 들을 수 있도록
나에게 예민한 귀를 주시옵소서

당신이 내 이웃들에게 가르쳐 준 것들을
나 또한 알게 하시고,
당신이 모든 나뭇잎새와
바위틈새에 숨겨둔 교훈들을
나 또한 배우게 하소서

내 형제들보다 더 위대해지기 위해서가 아니라
나의 가장 큰 적인 나 자신과 싸워서 이길 수 있도록
나에게 힘을 주시옵소서

나로 하여금
깨끗한 손, 똑바른 눈으로
언제든지 당신 곁으로 다가갈 수 있도록 하여 주시옵소서

저녁노을이 지듯이
언젠가 내 생명이 다할 때
내 영혼이 한 점 부끄럼 없이 당신에게 다가갈 수 있게 도와주소서.

위에서 나온 글은 '어느 인디언의 기도'라는 시를 번역한 것입니다. 이 '인디언의 기도'는 1990년대 중반 (고) 황종건 교수님께서 명지대학교 사회교육대학원장이던 시절에 나에게 건네준 영어로 된 기도문입니다. 나는 이 기도문의 영어 원본을 대학 종강 시간마다 학생들에게 보여주며 위와 같은 내용으로 번역하면서 강의를 마치곤 했습니다. 왜 이 '인디언의 기도'를 거의 외우다시

피 해가면서 학생들에게 마지막 종강 시간에 힘주어 말했는지는 나 자신도 정확히는 모르겠습니다. 다만, 한 가지 이유를 말하라고 한다면 그것은 바로 인생은 타인과의 싸움도 아니고, 세상과의 싸움은 더더욱 아니고, 바로 나 자신과의 싸움이라고 믿기 때문에, '나 자신과 싸워서 이기는 힘을 달라'고 간구하는 이 기도문이 절실하게 마음에 들었기 때문입니다. 우리가 사는 인생은 그래도라는 '섬'이고, 이 섬은 바다로 둘러싸여 있습니다. 그 바다는 때로는 '파도처럼 넘실거리고 소용돌이치며 밀물과 썰물처럼 오르락내리락하지만, 곧 잔잔하게 빛을 담아 환하게 빛나는 것이고 우리의 삶 또한 그렇게 소란하게 흐른다'고 믿기 때문입니다.[1] 그러므로 우리는 이 바다와 같은 세상살이 속에서 고독의 섬, 긍정의 섬, 희망의 섬을 지키고 바로 서야 할 책임이 있습니다. 때론 심한 파도가 우릴 덮칠지라도, 때로는 잔잔한 빛이 우리를 눈부시게 할지라도 우리는 항상 거기에 있어야 하기 때문입니다. 여기에서 자신과 싸워 이기는 것이 필요합니다.

우리는 살아가면서 이 세상이 아름다워서, 누군가에게 고맙고 또 미안해서, 아니면 지금까지 서럽게 살아온 자신이 불쌍하고 대견해서 오늘 이 힘든 하루를 견뎌 내며 살아가고 있는 존재이기도 합니다.[2] 우리 자신들이 살아가면서 여기 어느 것에 의미를 부여하든, 그 의미가 매 순간 우리를 살아 있는 존재로서 가치 있는 삶을 살아가도록 한다는 것을 매일매일 배우게 됩니다. 우리는 매일 의미 있고 가치 있는 삶을 사는 것은 아니지만, 매일매일을 의미 있고 가치 있게 만드는 일은 많다는 것을 알기에 오늘(present)이 하나의 선물(present)이라는 것을 믿습니다.

그러므로, 인생이라는 이 찰나의 순간에 머무는 삶은 때로는 분노하고, 좌절하고, 무너지기도 하겠지만, 그래도 가치 있고 의미 있는 일들로 가득 채워 이 세상을 보다 밝은 세상으로 함께 만들어 가는 것, 그것이 인생이라는 섬에 놀러 온 우리들의 자세가 아닌가 생각됩니다.

지금은 '변하느냐 vs 주저앉느냐'의 양자택일 시대이다

지금까지 세상을 살아오면서 특히 요즈음에는 혁명이라는 단어가 그리 낯설지는 않습니다. 50년대 끝자락에 태어난 베이비붐 세대라 4.19 학생 혁명, 산업혁명이라는 단어를 수도 없이 들으면서 자라왔고, 나이가 들어서부터는 프랑스 혁명, 쿠바 혁명과 같은 말들을 수없이 들어왔기 때문만은 아닙니다. 이제 적어도 혁명이라는 단어는 과거 시대의 무력에 의하여 구체제(앙시앵 레짐)를 전복시키고 새로운 체제를 구축하고자 하는 의미의 '혁명(revolution)'이라는 용어보다는 과학혁명, 정보혁명, AI 혁명 등과 같이 패러다임 변화 수준의 획기적인 변화를 일으킬 때 사용하는 경우가 더 빈번하기 때문입니다.

그런데, 요즈음의 사회는 4차 산업혁명의 시대이고, 자본주의 4.0을 넘어 자본주의 5.0의 시대로 접어들고 있고, 특히 코로나 19 팬데믹 시대의 도래에 따라 그 어느 때보다도 변화가 극심하게 전개되고 있는 것이 사실입니다. 지금 우리는 변덕스럽고(Volatile), 불확실하고(Uncertain), 복잡하고(Complex), 애매모호한(Ambiguous) 뷰카(VUCA)시대의 강을 건너고 있습니다.[3)]

이 길은 과거 어느 시대, 그 어떤 사회도 경험하지 못했던 급격한 변화이고, 이제 개개인은 인간으로서 과거의 그 어떤 모습과는 완전히 다른 존재로의 변화를 도모하지 않으면 그 존재마저 위협받는 시대가 된 지 오래입니다. 이 점에서 우리는 영원한 베타로서 끊임없는 인생 혁명이 필요합니다. 독일의 철학자 한나 아렌트는, 혁명은 구체제의 잘못(이를테면, 폭정 등)을 뒤집었다고 해서 완료되는 것이 아니라 그 혁명의 결과 자유(freedom)를 체제에 성공적으로 반영함으로써 완성된다고 강조한 바 있습니다.[4)] 이를 곧바로 인생 혁명에 대입시켜 보면, 인생 혁명의 결과에서 우리 자신은 지금까지의 정신체계에서보다는 자유로운 존재임과 동시에 미래 사회의 변화에 능동적으로 적응해 나아가야 합니다. 말하자면, 우리 인간은 뷰카 시대의 시대적 상황에서 살아남기 위해서는 인생 혁명이 필수적이며, 이는 기존의 지식과 경험에서 탈피해 새로운 돌파구를 찾아가도록 요구받고 있습니다. 이러한 점에서 이 카멜레온과 같은 이 변화의 시대가 요구하는 '시대정신'이 무엇인가를 몇 가지로 구분하여 제시하면, 그 첫째는 가치혁명이고, 그 두 번째가 관계 혁명이고, 그 마지막이 학습 혁명이라고 봅니다. 이들을 보다 체계적으로 설명하면 다음과 같습니다.

이제는 가치혁명의 시대이다

가치란 일반적으로 한 개인이나 집단 혹은 조직이 중시하는 그 무엇을 가리키는 것으로 이해되고 있습니다. 이에 따라 우리가 어떠한 가치를 지니느냐에 따라 옳은 것, 바람직한 것, 해야 할 것과 하지 말아야 할 것 등에 관한 평가나 판단이 달라지게 마련입니다. 그런데, 현대사회에 접어들게 되면서 우리 사회를 비롯한 전 세계는 가장 오래되고 중요한 가치를 잊어버린 지 오래입니다. 이와 관련하여 짐 웰리스는《가치란 무엇인가》에서 마하트마 간디가 말한 '일곱 가지 사회적 대죄(seven deadly social sins)인 원칙 없는 정치, 노동 없는 부, 도덕 없는 상업, 양심 없는 쾌락, 인격 없는 교육, 인간애가 없는 과학, 희생 없는 예배'를 인용하면서 가치 혼란 내지는 가치 부재의 시대를 경고하고 있습니다.[5] 말하자면, 자고로 정치는 원칙이 있어야 하고, 부(富)는 노동을 통해서 축적되어야 하며, 상업은 도덕을 기반으로 하여 영위되어야 하고, 쾌락을 추구하되 양심에 근거해야 하며, 교육은 인격도야를 기본으로 해야 하고, 예배는 희생을 근간으로 이루어져야 하지만 그러하지 못하다는 것이 작금의 현실이라는 것입니다. 따라서 전 지구적인 차원의 사회적 위기하에서 새로운 가치의 확립을 위한 사회적 변화를 도모해야 한다는 것이 바로 짐 웰리스의 주장입니다. 그에 따르면, '우리 인간이 과거에 지녀왔던 옛 습성, 태도, 행동 양식이나 사회적 제도가 모두 나쁜 것도 아니고, 새로운 것이라고 해서 다 좋은 것은 아니라는 사실을 받아들이고 현재와 같이 급변하는 사회에서 구태를 벗어나서 새로운 방향 전환, 새로운 가치 정립이 필요하다'라는 것입니다.[6] 우리 사회에서 지금까지 일반적으로 지녀왔거나 지배적인 가치로부터 벗어나 새로운 조직, 사회, 나아가 보다 자유로운 국가가 되기 위해서는 무엇보다도 우리의 모든 일거수일투족을 지배하고 있는 가치가 먼저 변해야 합니다. 말하자면 가치혁명이 필요하다는 것이고 이것은 우리가 날마다 선택하고 또 선택해야 하는 장기적인 과제이기도 합니다.[7] 현시점에서 우리 사회에서 만연시되고 왜곡된 가치로부터 벗어나기 위한 방향을 몇 가지 제시하면 다음과 같습니다.

먼저, 오래된 가치로서 자본주의의 핵심가치였던 '효율성과 생산성' 중심으로부터 벗어나 '적응성' 중심으로 전환하는 것이 필요하다는 것입니다.

이것은 《공감의 시대》 저자이자 미래학자인 제러미 러스킨이 《회복력의 시대: The Age of Resilience》에서도 강조한 말입니다. 자본주의는 기본적으로 이윤추구를 목적으로 하는 사회입니다. 이 점에서 자본주의 사회 체제하의 지배적인 가치는 어떻게 하면 효율성을 추구할 수 있느냐가 지금까지 지배적인 가치로 군림하여 왔습니다. 효율성은 개념적으로는 더 적은 자본과 더 적은 노력(시간)으로 더 많은 성과를 거두고자 하는 원칙으로 '이익의 극대화'에 초점을 두게 마련입니다. 이를 위하여 중세 이래 인류는 기계문명을 도입하는가 하면, 과학적 조직관리를 위한 테일러주의를 도입하고, 보이지 않는 손에 의한 시장의 지배가치를 중시하여 왔습니다. 그 결과, 제러미 러스킨의 지적처럼 '중세 이래 현대를 향한 패러다임의 전환 중심에 효율성이 인간조건의 완성이라는 이름으로 현대성의 시간적, 공간적 동력'이 되었습니다. 그 결과, 효율성은 시간을 절약하고, 축적하고, 구매하고, 연장하게 되었으며 개인은 물론 사회에까지 영향을 미치고 있습니다.

동시에, '효율성을 중시하는 시장은 전지전능하고 무소 부재한 하나님과 같은 속성을 지닌 영원한 것이 되었으며, 그에 저항하거나 심지어는 의문을 제기하는 것조차 불가능해진 지 오래' 입니다.[8)] 우리 사회가 효율성만을 지나치게 추종하게 되면, 그 핵심인 '돈의 가치'만 중시할 수밖에 없고, 이는 결국 지금까지 우리가 이 지구별에서 목격한 바와 같이 환경, 사람, 그리고 그 사회가 피폐하기 그지없는 것으로 전락하기 마련입니다. 이러한 시장 중심의 가치는 우리 사회의 경제와 사회체제의 위험을 가중했으며, 효율성과 생산성에 근거하여 생산기지를 저개발 국가에 편중하였던 미국, 영국 등이 특히 코로나 19 팬데믹 시대에 있어서 공급망과 물류 이동의 취약성을 그대로 드러내게 되었습니다. 이에 따라 종전의 생물학적 시스템이 중시했던 바와 같이 효율성보다는 적응성이, 생산성보다는 재생성이 생산체계는 물론 사회의 선순환 체제를 확보하는 데 보다 더 가치 있는 것으로 나타나고 있습니다. 이에 따라 최근 기업이나 사회기관들은 효율성의 논리보다는 '적응성'의 논리를 강조하기에 이르렀고, 여기에서 기업의 사회적 책임(SR: Social Responsibility)이라든가 ESG(Environmental, Social and Governance)를 강조하고 있습니다. ESG란 기업이나 국가의 투자의사 결정 시 지속 가능 투자의 입장에서 재무적 성과만을 강조하던 방식에서 벗어나 장기적 관점에서 기업가치와 지속가능성에 영향을 주는 환경, 사회, 지배구조 등의 비재무적 요소를 강조하는 방식입니다. 말하자면, 한 사회의 기업이나 국가 등과 같은 조직의 평가 때에 있어서 비재무적 친환경 사회적 책임 활동이 조직가치를 평가하는 주요 지표로 자리매김하게 되었다는 것입니다.

이와 같은 효율성 중심에서부터 적응성 중심으로의 가치변화는 우리 일상생활에서의 많은 변화를 예고합니다. 그것은 인간 개개인의 자율성 기반 조직 운영 체제에서 협력성 기반 조직 운영 체제로, 경제 중심 사고에서 환경 중시의 사회 운영 체제로, 인간 개개인의 자율성 중시로부터 관계성과 포용성 중심으로, 그리고 무엇보다도 단일가치 중심 사고에서 다양한 가치 중심으로의 이동을 가능하게 한다는 데 그 의의가 있습니다.

둘째, 가치의 다양성을 인정하고, 다르거나 서로 어긋나는 이질적인 가치들을 포용할 수 있어야 한다는 것입니다.

이것은 가치 창출의 과정이 어느 일방의 지시나 명령에 따른 하향식이 아니라, 가치 공동 창출의 경험이 강조되어야 한다는 것을 의미합니다. 일의 수행방식이라든가 일에 대한 접근 방법은 하향식(top down)과 상향식(bottom up)의 두 가지로 크게 나뉩니다. 하향식은 모든 것의 원인이 되는 하나의 규칙이나 법칙을 발견하고는 거기에 따르고자 하는 방식이고, 이와는 달리 상향식은 각각의 사례와 그 사례의 서사가 작동하는 방식을 강조하는 태도를 견지하게 됩니다.[9] 그런데, 과거에는 하향식 사고가 지배적이었다면, 최근에는 상향식 일 처리가 중시되는 방향으로 나아가고 있는 것도 사실입니다. 더 엄밀히 말하자면, 일의 접근에 있어서 하향식보다는 상향식 진급법이 더 민주적이고 절차상의 정당성을 얻거나 유지하기에 보다 손쉬운 까닭에 선호하는 방식이기도 합니다.

그러나, 최근 들어서는 김난도 교수의 《트렌드 코리아 2023》

에서도 나타나는 바와 같이 우리 사회는 점차 '나노사회'가 되고 있고, 이러한 나노사회는 우리 사회가 하나의 공동체적인 유대를 이루지 못하고 개개인, 즉 나노 단위로 조각화되고 파편화된 모습을 보이는 특징을 지니게 됩니다. 이러한 사회에 있어서는 필연적으로 가치 또한 단일가치라든가, 양극화된 가치가 지배하는 것이 아니라, 다양화된 가치, N극화된 가치를 지니게 될 것이 자명합니다. 이것은 이미 토드 로즈의 《평균의 종말》에서도 강조한 것처럼 '평균'의 의미를 상실하게 됩니다. 말하자면, 지금까지의 평균은 다수를 만족시킬 수 있는 훌륭한 기준이자 가치였고, 이에 따라 평균적인 삶을 유지하는 것이 가장 큰 미덕이자 가치로 여겨지기도 하였습니다. 그러나, 이제는 다양화된 가치가 중시되게 되었습니다. 이는 말하자면, 일에서 하향식이나 상향식 접근 방법이 아니라 다양한 경험을 통하여 형성되는 가치 창출, 나아가서는 가치 공동 창출이 중시된다는 것을 의미합니다. 가치 공동 창출을 중시한다는 것은 바꾸어 말하면, 다양한 가치 창출 경험을 맞춤화하고 그 개인화된 경험을 함께 살린다는 것입니다. 이것은 디지털화되고 네트워크화된 사회에서 점차 그 위력을 떨치고 있습니다. 이 점에서 이미 기업들도 다양화된 기회를 통하여 DART(Dialogue 대화, Access 접근, Risk assessment 위험평가, Transparency 투명성)를 통해 효과적인 가치 공동 창출 경험을 촉진해 나가고 있는 것으로 나타나고 있습니다.[10] 이처럼 네트워크로 연결되고 다양한 상호작용으로 무장된 각 개인은 과거의 데카르트의 '나는 생각한다. 그러므로 존재한다'라는 명언 대신에 '나는 참여한다. 그러므로 존재한다'라는 가치를 중하게 여기게 될 것입니다. 제러미 러스킨도 이 말의 중요성을《회복력의 시대》에서 강조하고 있습니다. 그에 따르면, 폭넓게 내재화되고 겹겹이 쌓인 상호연결성이 좌우하는 가상의 세계와 물리적 세계에서 성장하는 개개인은 상호작용하는 다수의 행위자 사이에서 중단 없이 적응해야 하는 새로운 시대에 맞는 명언이라고 강조하고 있습니다.[11] 바로 여기에서 '개개인에게 유의미한 맞춤화된 상호작용'을 의미하는 가치 공동 창출 경험의 중요성이 자리를 잡게 됩니다. 이러한 가치 공동 창출 경험이야말로 앞으로 점차 디지털화되고 네트워크화되고 탈조직화한 나노사회에서 개인이 느끼는 가치의 원천이 되는 것은 자명한 일입니다. 이는 곧 다양한 가치 공존의 시대를 의미하고, 이러한 가치 공존 사회는 기본적으로 다양한 가치의 포용성을 근간으로 하게 됩니다. 이 점에서 앞으로의 사회는 가치의 경험성, 다양성, 포용성을 중요한 자산으로 여겨야 합니다.

마지막으로, 가치혁명은 인간을 의미 추구의 존재이자 성장을 최고의 가치로 여기는 존재라고 여기는 것으로부터 출발해야 합니다.

우리는 흔히 살아가면서 '**왜 사는지**' 이유를 아는 사람은 '**어떻게 살아야 하는지**'를 알 수 있다고 합니다. 삶의 의미, 삶의 가치야말로 인간이 추구하는 최상의 그 무엇이기 때문입니다. 이와 관련한 대표적인 예가 빅터 프랭클이 '죽음의 수용소'에서 겪은 것들입니다.[12] 정신과 의사이자 유대인이었던 빅터 프랭클은 1942년 고향 오스트리아의 비엔나에서 나치에 의해 아우슈비츠 강제수용소로 끌려갔습니다. 그는 죽음의 수용소에서 매일매일 추위와 굶주림에 시달리며 언제 가스실로 끌려가 죽을지 모른 채, 인간이 경험할 수 있는 가장 혹독한 시련을 겪으면서 어떤 상황에서도 절대 빼앗길 수 없는 인간 최후의 자유를 깨닫게 됩니다. 그것은 바로 주어진 상황에서 자신의 태도를 보일 수 있는 자유였습니다. 빅터 프랭클은《죽음의 수용소에서》라는 저서를 통하여 '아우슈비츠 수용소에서 삶의 의미를 잃은 사람은 쉽게 삶의 의욕을 잃어버렸으며, 수용소에서 끝까지 살아남은 대부분의 사람은 명백하고도 구체적인 삶의 이유가 있었다'라고 증언하였습니다. 전쟁이 끝나고, 수용소의 절망적인 삶에서 풀려난 그는 아우슈비츠의 경험을 토대로 인간이 존재하기 위해서는 삶의 의미를 추구하는 것이 중요하다는 연구를 시작해서 '로고 테라피(Logotheraphy)', 즉 의미치료라고 하는 새로운 심리치료의 이론 체계를 구축하였습니다. 로고 테라피는 환자 스스로 삶의 의미를 찾도록 도와주는 것을 과제로 삼고 있습니다. 그의 로고 테라피에 의하면 삶의 의미를 세 가지 방식으로부터 찾을 수 있다고 합니다.[13)]

- 무엇인가를 창조하거나 어떤 일을 함으로써
- 어떤 일을 경험하거나 어떤 사람을 만남으로써
- 피할 수 없는 시련에 대해 어떤 태도를 취하기로 결정함으로써

나는 1989년 여름에 학습여행차 오스트리아 비엔나를 거쳐 폴란드의 오시비엥침(Oświęcim)이라는 작은 마을에 있는 아우

슈비츠 수용소를 방문한 적이 있습니다. 그 당시 아우슈비츠에 전시된 방 한가득 들어찬 머리카락, 신발, 지갑, 옷가지들을 보면서, 그리고 질서정연하게 가스실로 들어가는 사진들을 보면서 왜 유대인들은 저항하지 아니하고, 도망가지 아니하고, 제 발로 가스실로 향했을까? 하는 의문이 내내 들었던 적이 있었습니다. 종교적인 신념 아니고서는 도저히 이해할 수 없는 상황이라고 나름으로 결론 내리면서도 가슴이 저며 드는 아픔을 경험하였습니다. 그러고 난 후 세상살이를 하면서, 그리고 빅터 프랭클의《죽음의 수용소》책을 읽으면서 그 당시 유대인들이 그토록 처연하게 가스실로 향할 수 있었던 이유를 어렴풋이나마 이해할 수 있게 되었습니다.

영화 〈아버지의 이름으로〉를 넷플릭스에서 본 적이 있습니다. 영화 속, 아버지는 고지식하며 가난한 처지였지만 흔들리지 않는 신념과 성실성으로 아들의 삶을 오롯하게 지켜냅니다. '아버지의 이름으로'의 시대적 배경은 영국령 북아일랜드와 아일랜드공화국의 통일을 요구하는 IRA에 의한 런던 폭탄 테러 사건의 주범 누명을 뒤집어쓰고 옥살이를 시작한 스무 살 청년 게리 콘론의 실화에 바탕을 두고 있습니다. 아버지의 도움으로 우여곡절 끝에 무죄를 입증한 게리는 마침내 풀려나지만, 아버지는 감옥에서 생을 마감합니다. 영화는 뒤늦게 아버지의 가르침을 깨닫고 정의와 진실을 위해 투쟁하며 의미 있는 삶을 향해 나아가는 아들의 모습으로 막을 내립니다.

살아가면서 의미 있고 가치 있는 삶을 산다는 것은 어찌 보면 인간으로서 당연한 권리이기도 합니다마는, 우리 인간은 가끔은

돌부리에 치여서 넘어지기도 하고, 물에 빠져서 허우적거리는 것처럼 의미 없고 가치 없는 삶을 영위하기도 합니다. 흔히들 생각하지 않고 살게 되면, 사는 대로 생각하게 된다고 합니다. 이는 인생을 낭비한 사람들이 마지막에 후회하는 그 어떤 상태이기도 합니다. 영화 〈빠삐용〉의 마지막 대사는 이러한 점에서 그 의미가 지대합니다.

말끔한 차림으로 사막 위를 걷던 빠삐용은 무엇인가를 발견하고 걸음을 멈추게 됩니다. 그곳에는 재판관과 배심원들이 빠삐용을 기다리고 있습니다. 곧 재판이 시작됩니다.

> "네 죄명을 알겠나?"
>
> "전 결백합니다. 죽이지 않았어요."
>
> "아무 증거도 없이 뒤집어씌운 겁니다."
>
> "그건 사실이다. 넌 살인과는 관계없어."
>
> "그럼, 무슨 죄로?"
>
> "인간으로서의 가장 중죄다. 너를 기소한다. 인생을 낭비한 죄로."
>
> "유죄, 벌은 사형이다."
>
> 영화, 〈빠삐용〉의 대사 중에서

2009년 세계적인 금융위기를 겪고 난 뒤 하버드대학교의 MBA 과정 학생들은 소위 말하는 'MBA 서약서'를 작성했다고 합니다. 이는 의대생들의 히포크라테스 선서에 해당하는 것으로 "경영인으로서의 나의 목적은 사람과 자원을 합해서 누구도 혼자서는 창출할 수 없는 가치를 창출함으로써 더 큰 선에 봉사하는 것이다."라고 시작됩니다.[14] 한 개인으로서 태어나서 의미 있고 가치 있는 일을 행하는 것은 무척이나 신나고 재미있는 일임이 분명합니다. 그러나, 제아무리 이기적인 DNA를 지닌 인간이라고 하더라도 개인적인 가치 창출보다는 사회적인 가치, 공공선에 이바지하는 가치, 인간의 존엄성에 이바지하고 싶어 하기 마련입니다. 왜냐하면, 이들 가치는 자기 자신을 넘어 더불어 사는 세상에서 더 큰 인정을 받게 마련이고 이는 인간존재로서의 동기 3.0에 해당하는 것이기도 하기 때문입니다. 세계적인 미래학자인 다니엘 핑크(Daniel Pink)에 따르면, 인간행동의 근원이 되는 동기는 동기 1.0(식욕, 수면욕, 성욕 등과 같은 생물학적인 욕구에 기반한 동기), 동기 2.0(보상과 처벌에 근거한 동기), 동기 3.0(자신의 삶을 주도하며, 새로운 것을 배우고 창조하며, 자신과 우리 세계에 더 잘하겠다는 본질적인 욕구) 등과 같은 3가지로 구분됩니다.[15]

다니엘 핑크가 《동기 3.0》에서 강조한 바와 같이 인간은 단순한 보상과 처벌에 근거하여 행동하는 존재이기도 하지만, 무엇보다도 동기 3.0을 바탕으로 의미 있는 가치를 추구하는 존재이기도 합니다. 삶에 있어서 의미 없고, 가치 없는 삶은 생각하기조차 어렵습니다. 그것은 인간의 존재 자체를 부정하는 가장 비인간적인 일이기 때문입니다. 일시적이고 유한한 삶의 자락에서 우리가 힘들고 고통스러운 일들을 겪어내면서도 현실을 살아가는 이유는 각자마다 꿈꾸고 부여하는 삶의 의미와 가치가 있기 때문입니다. 그 의미와 가치는 각자의 경험과 살아온 여정에 따라 다양하기 그지없을 것임은 분명합니다. 어떤 아버지는 가족을 지키는 것이 또 어떤 농부는 한 뼘의 땅이라도 더 마련하는 것이, 또 어떤 이는 자신이 살고 있는 이 땅의 평화와 민주주의의 가치를 수호하는 것이 가장 가치로운 일이라고 생각할 것이고, 또 어떤 이는 이 세상을 조금이라도 아름다운 세상으로 만들고 싶은 기대가 있을 것입니다.

그런데, 나 자신은 50년대 끝자락에서 태어난 베이비붐 세대로서 이 땅에서 태어나 자라면서 무엇이 가치 있는 삶인가? 하는 생각을 자주 해보곤 합니다. 한때는 어머니가 나의 종교여서 어머니 눈에 착하고 이쁜 아들이 되고자 하였던 때도 있었고, 결혼하여 한 가정의 구성원으로서 아이들의 안녕과 행복을 보장해주는 것이 최고의 가치인 양 여긴 적도 있었습니다. 또한, 사회적 불평등과 그 불평등을 초래하는 사회 부조리에 눈을 뜨고 한동안 그와 관련한 서적에 빠져 시대적 아픔을 토로하면서 밤을 지새운 적도 있었습니다. 그리고, 좀 더 성인이 되어서는 사회변화는 작은 집단의 헌신적인 노력으로 더 잘 변화될 수 있다는 믿음에 '자라나는 청소년들에게 보탬이 될 수 있는 존재'가 되고 싶어 청소년교육 운동에 참여하기도 하였습니다. 그런데, 점차 나이가 들어가면서부터는 그 어떤 가치보다도 우리가 살고 있는 인간 세계에서 '누군가에게 도움을 줄 수 있는 가치를 달성'하는 것이야말로 우리가 선택할 수 있는 최상의 가치가 아닌가 하는 생각을 하게 됩니다. 맥아더 '천재상' 수상자인 빌 스트리클런드(Bill Strickland)는 "한 사람의 가치는 자신보다 덜 혜택을 받은 사람의 운명에 어느 정도의 영향력을 행사하느냐에 따라 측정될 수 있다."라고 하였습니다.[16] 랄프 에머슨은 '성공이란 무엇인가'

라는 시에서 '자신이 한때 이곳에 살았음으로 해서 단 한 사람의 인생이라도 행복해지는 것, 이것이 진정한 성공이다.'라고 강조합니다. 우리 인간은 누군가의 삶에 긍정적인 영향을 미치고, 내가 태어나고 자란 이 땅에서 무엇인가 가치 있는 일들을 함께 추구해 나갈 때 가장 빛나는 존재입니다. 그리고, 어떤 의미에서 의미 추구는 의식적으로 그렇게 생각하든 그렇지 않든 간에 상관없이 삶의 매 순간 우리와 함께하는 것이라고 믿습니다.[17)]

이와 관련하여 다니엘 핑크가 언급한 다음과 같은 말은 21세기 혼돈의 시대를 사는 우리가 무엇을 지향해야 하는지를 깨닫게 합니다.

> "우리 인간은 적극적으로 이 사회에 참여하도록 만들어진 존재입니다. 또한, 우리는 다른 이들로부터 인정받으려고 발버둥을 칠 때보다는 자신의 목소리에 귀 기울일 때 자신의 삶에서 가장 풍요로운 삶을 경험한다는 것도 압니다. 다시 말해서 자신에게 중요한 무엇인가를 하고, 그 무언가를 잘하고, 또 자신보다 큰 대의를 위해 노력할 때 분명 우리는 가장 풍요로운 존재가 됩니다."[18)]

지금 중요한 것은 관계혁명이다

인간은 관계 지향적인 존재이고, 상호작용적인 존재입니다. 갓난아기는 무기력하기 그지없는 존재로 태어나지만, 끊임없는 사람과의 상호작용의 결과로 비로소 인간의 모습을 지니게 됩니다. 일찍이 로마의 철학자 키케로가 언급하였듯이 '인간이 인간인 까닭은 사람과 사람 사이의 결합 때문'입니다. 오선에서 벗어난 음표는 악보가 아니듯, 인간 세상과 별도로 존재하는 인간은 인간이 아닙니다.[19] 인간은 타인이라는 존재 없이는 보다 완전한 통합체로 존재하기가 어렵기 때문입니다. 《성경》의 누가복음 6장 44절의 "나무는 각각 그 열매를 보아 알게 된다. 가시나무에서 무화과를 딸 수 없고, 가시덤불에서 포도를 딸 수 없다."라는 말과 같이 인간은 그가 관계하는 사람에 의해서 비로소 그가 누구인지를 판단할 수 있습니다. 또한 우리 인간은 타인과의 관계를 통해서만 비로소 인간다움과 인간답지 않은 것을 구분하게 되고, 인간의 존엄성을 이야기할 수 있게 됩니다. 《리스본행 야간열차》의 저자인 페터 비에리는 《삶의 격: 존엄성을 지키며 살아가는 방법》에서 '인간이 존엄한 것은 인생을 스스로 개척한다는 의미에서 독립된 존재이기 때문만은 아니다. 존엄은 한 인간이 타인들과 맺는 관계의 종류에도, 다시 말해 그가 타인들과 어떻게 대면하는지, 타인들이 그를 어떻게 대면하는지에도 근거한다'라고 강조함으로써 인간과 인간 주체끼리의 만남이 인간다움을 만들어나가는 관계의 핵심이라고 강조합니다.[20]

그런데, 이러한 인간 간의 사회적 관계가 지금처럼 강조된 적은 없었습니다. 일찍이 철학자 데카르트는 '나는 생각한다. 그러므로 존재한다'라는 고전적 명언을 남긴 바 있습니다만, 이 말은 오늘날의 MZ 세대로부터 BB(Baby Boomer) 세대들에게는 '나는 관계한다. 그러므로 존재한다'라는 격언이 더 어울릴 정도로 각종 SNS나 작은 공동체 혹은 각종 모임에 대하여 참여 지향적이고 관계 지향적인 경향을 보입니다. 앞에서 언급한 바와 같이 가치의 중심이 효율성에서 적응성의 문제로 전환되게 되면 여기에서는 필연적으로 관계성이 강조되게 마련입니다. 왜냐하면, 사회적 상호작용 존재로서 인간은 상호작용하는 다수의 행위자 사이에서 중단 없이 적응해야 하는 새로운 시대에 살 수밖에 없고, 이는 사람과 사람 사이의 관계성을 더욱더 강조하기 때문입니다. 이와 관련하여 제러미 리프킨은 《회복력의 시대》에서 새로운 시대에 자율성의 개념은 관계성의 원칙으로 대체되어야 한다고 주장합니다.[21)]

이와 같은 주장은 2019년 말부터 시작된 코로나 19로 인한 세계적인 팬데믹과 2022년 2월부터 시작된 러시아의 우크라이나 침공 전쟁의 두 가지 사례로도 증명되고 있습니다. 이 두 사건이 초래한 사회적, 경제적, 정치적 결과는 전 세계적인 차원의 관계성을 확인시키는 데 충분했습니다. 이는 일찍이 영국 최고의 시인이나 철학자로 일컬어지고 있는 존 던의 《인간은 섬이 아니다》라는 책에서도 잘 드러나고 있습니다. 그에 의하면 모든 인간은 서로 연결되어 있고 서로의 일부분이라는 것입니다.[22)]

> "때를 따라 울리는 종소리에 그 누가 귀를 기울이지 않겠는가? 이 세상에서 자신의 일부가 사라짐을 알리는 종소리에 그 누가 귀를 뗄 수 있겠는가? 어떠한 인간도 그 자체로 완전한 하나의 "섬"일 수는 없다. 모든 섬은 바다에 떠 있는 "대륙"의 일부이다. 하나의 흙덩이가 바닷물에 씻겨 사라지면, 유럽은 그만큼 작아진다. 육지 끄트머리가 사라지고 당신 친구들의 소유지들이 사라지고, 당신 자신의 소유지가 사라지는 것과 같다. 그렇게 한 인간의 죽음은 나를 작게 만드는 것이

니, 나는 인류 안에 속해 있기 때문이다. 그러니 그 종이 누구를 위해 울리는지 알려고 하지 마라(For whom the bell tolls). 그 종은 당신을 위해 울리는 것이다."

그런데, 마틴 부버가 강조한 바와 같이 현대인들의 만남은 진정한 주체와 주체의 만남을 의미하는 '나와 너'의 관계가 아니라, 내가 너를 수단화하고, 이용하고, 물상화하는 '나와 그것'의 관계로 전락해 버린 것에서 문제가 생겨납니다. 여기에서 우리 사회는 필연적으로 단절사회, 갈등사회, 분단사회로 점점 더 치달을 수밖에 없으며, 그 어느 때보다도 세분화된 사회로 나아가고 있습니다. 이러한 사회에서 인간은 점차 파편화되고 결국에는 그 관계성을 잃어버리며 그 어리석음의 대가를 치르게 되었습니다.[23)] 그러므로, 우리는 현 단계에서 관계 혁명을 통한 새로운 '신뢰사회 구축'이라는 대명제를 실현해야 할 시기가 바로 지금이라고 생각됩니다. 과거 그 어느 때보다도 지금 시점에서 관계 혁명이 강조되는 이유는 다음과 같습니다.

첫째, 우리나라 사람들의 삶의 만족도가 OECD 선진국보다 현저히 낮다는 것과 관련된 이유입니다.

통계청이 발표한 《국민의 삶의 질 2022 보고서》에 따르면, 우리나라 국민의 삶의 만족도는 10점 만점에 5.9점('19~'21년 평균)으로 OECD 국가 중 하위권으로 나타났습니다. 그런데, 여기서 문제점은 한국인의 삶의 질을 나타내는 객관적 지표는 상위권이지만 주관적인 질적 지표의 순위가 낮아도 너무 낮다는 데 문제가 있습니다. 이를테면, 객관적 지표인 주거(7위), 교육(11

위) 등은 상위권이나 주관지표만을 다루는 부분(부패 44위, 관용 54위, 사회적 지원 85위, 자율성 112위)은 중하위권으로 낮은 평가를 받고 있다는 것입니다. 이것은 특히, WEIRD(서구의 Western, 교육 수준이 높고 Educated, 산업화된 Industrialized, 부유하고 Rich, 민주적 Democratic) 사회에서 자란 사람들이 가지고 있는 특성과는 차이가 납니다. 조지프 헨릭은《위어드 Weird》라는 저서에서 '위어드(WEIRD)는 관계와 사회적 역할보다는 자기 자신, 다시 말해 자신의 특성, 성취, 열망에 초점을 맞춘 데 비하여 한국인과 일본인은 관계적 맥락 안에서만 일관되게 행동하는 특성으로 비교된다'라고 보았습니다.[24] 말하자면, 한국 사회나 일본 사회 같은 경우 자신의 '진정한 자아'를 나타내는 자신만의 독특한 특성을 갖추어야 얻을 수 있는 자존감(self esteem)이 아니라 타인의 평가(other esteem), 즉 체면을 중시하게 된다는 것입니다. 말하자면, 지나치게 사회적 관계망 속에서 자신이 타인에게 '어떻게 보일 것인가'를 중심으로 자기 삶의 만족을 평가하게 된다는 것입니다. 서구사회의 위어드(WEIRD)는 그들이 속한 문화에서 자신이 세운 기준과 열망에 맞게 살지 못하면 죄책감에 시달린 데 비해서 비위어드권인 우리 사회는 자연적으로 우리 자신을 규율하고 통제하는 것이 죄책감 같은 도덕률이 아니라 수치심이나 체면과 같은 타인의 시선을 중히 여기게 된다는 것입니다.

그러므로 우리 사회에서는 고액탈세와 같은 범죄를 저질렀다고 하더라도 그것이 외부적으로 드러나고 이웃이 알기 전까지는 전혀 죄책감을 느끼지 아니하는 것도 수치심을 중시하는 문화와 같은 맥락이라고 봅니다. 이러한 사회적 분위기 탓에 우리 사회는 고액 상습 체납자 등의 명단을 공개해서 사회적 망신 주기 프로그램을 가동하고 있기도 하고 사회봉사 활동이나 대학의 고위 과정의 참여 여부를 사람들의 외부 시선에 따라 결정하기도 합니다. 이런 성향을 얼마 전 KTX를 타고 부산 출장을 다녀오던 길에 뒷좌석에 앉은 중년 부인들의 대화를 통해서 엿들을 수 있었습니다. 아마도 유한계급에 속한 여성들의 대화 주제가 세금 상속에서 자녀 이야기, 나중에는 골프 이야기로까지 전이되었습니다. 그러다가, 대화 도중 한 여성의 말이 귓가에 와닿았습니다. 요즘에는 '어중이떠중이들도 개나 소나' 다들 골프를 치러 다니니 골프 할 맛이 안 난다는 것이었습니다. 운동은 자기 자신을 위해서 하는 것이고, 특히 골프는 운동뿐만 아니라 친목 도모 차원에서 하는 것인데 왜 거기에 신분이 강조되고, 위세가 강조되는지를 몰랐습니다. 따라서, 인간 개개인의 삶의 척도는 자기 자신이 한 사회 내에서 자신이 이룩한 성과를 중심으로 판단되어야 한다는 것을, 그리고 더 중요한 것은 타인의 시선이 아니라 자신의 시선이어야 한다는 것을 다시 깨우칠 필요가 있다고 봅니다. 말하자면, 관계 혁명의 첫걸음은 '모두에게 사랑받을 필요는 없다'라는 기본적인 인식하에 타인에게 얽매이지 않고 온전한 나로 사는 법, 자기 자신의 주인으로 살아가는 방법으로부터 출발해야 한다는 것입니다.[25)]

자기 자신의 주인으로 살아간다는 것은 무엇보다도 남들과 자신을 비교하지 않는 것으로부터 출발합니다. 타인과의 비교는 비참해지거나 교만으로 가는 지름길입니다. 그리고 나 자신의 주인이 되기 위해서는 무엇보다도 내 안의 또 다른 나와의 부단한 내적 대화를 통하여 내적 일관성을 유지할 수 있어야 합니다. 이는 나도 모르는 내가 내 안에서 나를 조종하지 않도록 하는 것을 말합니다. 내적 통일성을 기하게 되면 나 자신을 함부로 대하지 않게 될 뿐만 아니라, 자기 자신에게도 친절할 수 있게 됩니다. 나 자신이 내 안의 또 다른 나에게 친절하지 못한 사람은 절대로 타인에게 친절할 수가 없습니다. 친절은 이 험난한 세상에서 인간이 가질 수 있는 가장 강력한 무기입니다. 언제 어디서나 누구에게나 친절하기는 그리 쉽지 않은 일입니다. 그런데도 애덤 그랜트는 세계적인 베스트셀러인《기브 앤 테이크》에서 '어쨌거나 친절은 인간의 본성'이라고 말합니다. 그러므로 우리는 자신의 본성에 충실하고 타인에게 신뢰의 메시지를 전달해야 합니다. 이와 관련하여 하버드 대학교 교수였던 조던 피터슨은《12가지 인생의 법칙》에서 '길에서 고양이와 마주치더라도 겁내지 말고 쓰다듬어 주라'고 강조하고 있습니다. 그리고, 나 자신의 주인이 된다는 것은 무엇보다도 나 자신의 한계를 남들이 결정하지 않도록 해야 할 뿐만 아니라,[26] 자신의 성공 여부를 타인의 시선이 아니라 나 자신의 방식으로 결정하는 삶을 산다는 것을 말합니다.

둘째, 지금의 4차 산업혁명 시대에서는 사회적 신뢰와 협력을 바탕으로 형성되는 사회자본이 개인적인 성공은 물론 사회발전의 핵심으로 주목받기 때문입니다.

오늘날 우리 한국사회의 변화의 핵심 키워드는 저출산 · 고령화의 진전과 1인 가구의 확대, 4차 산업혁명의 도래, 사회 불평등의 심화 등과 같은 것들입니다. 이러한 변화는 롤랜드 버거가

《4차 산업혁명》에서 강조한 바와 같이 '이미' 우리 곁에 와 있는 미래이기도 합니다. 특히, 우리 곁에 다가와 있는 이들 변화의 추세는 또 다른 차원의 위기를 일으키고 있다는 데 문제의 심각성이 더 크게 두드러지곤 합니다. 고령화는 세대 갈등을, 1인 가구의 확대는 사회적 고립 현상을, 4차 산업혁명은 양극화를, 사회 불평등은 사회 갈등을 초래하고 있기 때문입니다. 요즈음 주말이면 서울 광화문 광장과 시청 앞 광장에서 빈번하게 전개되고 있는 시위는 한편으로는 진보와 보수의 갈등이기도 하지만, 다른 한편으로는 진한 세대 갈등의 양상이 나타나고 있기도 합니다. 그리고 양극화와 사회 불평등의 심화는 우리 사회가 지향하는 민주주의적 가치를 위협하고 있습니다. 특히, 사회 불평등의 심화는 1988년 서울 올림픽 이후 급격히 심화하고 있는 현상으로 관련 통계조사 보고서에 따르면 2022년 현재 OECD 국가 중에서 최하위에 있는 것으로 나타나고 있습니다. 뿐만 아니라 현대경제연구원의 연구자료에 따르면 사회 갈등지수도 OECD 국가 중 7번째로 높았으며, OECD 회원국 평균과의 격차도 확대되고 있는 것으로 나타나고 있습니다.[27)]

이와 같은 현상은 결국 우리 사회가 고속성장한 결과로 물질만능과 결과지향, 생명 경시, 승자독식 만연, 경제적 가치(GDP) 위주의 양적 성장 중시의 결과로 인한 것이라는 데 거의 모든 전문가의 의견들이 일치하고 있습니다.[28)]

이와 같은 우리 사회의 고질적인 문제는 언제부터인가 '헬 조선'이라는 신조어를 대두시켰는가 하면, 3포(연애, 결혼, 출산 포기) 세대를 넘어 포기해야 할 특정 숫자가 정해지지 않고 여러 가지를 포기해야 하는 세대라는 뜻에서 나온 말인 N포 세대라는 말까지 대두되었습니다. 한편, OECD가 발표한 '더 나은 삶의 지수 2022 보고서'를 보면, 한국인의 사회적 지지도는 최악 수준이었습니다. '어려울 때 믿을 만한 친구나 친척이 있느냐'라는 질문에 한국인들은 5명 중 1명 정도만 "그렇다"라고 답해 조사대상국 중 가장 낮은 수준이었습니다. 이와 같은 현상은 결국 우리 사회가 '개인과 국가만 있고, 사회는 있되 공동체는 없는 각자도생의 경쟁 사회'로 치닫고 있다는 것을 의미합니다. 경쟁 중심의 성과사회에서는 '경쟁'과 '성공'만 존재하고, 승자독식의 약육강식 세계만이 존재할 뿐 협력은 찾아보기 어렵습니다. 이는 곧 과잉활동을 초래하게 되고, 한상철 교수가 《피로사회》에서 지적한 바와 같이 '피로사회 · 우울사회'로 치닫게 될 뿐입니다.

그러므로, 우리 사회는 과거의 물질 만능 중심의 사고에서 벗어나야 할 뿐만 아니라, 다른 한편으로는 사회적 연대, 연계 및 공동체적 가치회복을 통한 신뢰사회 구축이 사회적 과제로 주목받습니다. 신뢰사회의 구축은 무엇보다도 사회자본(social capital)의 형성과 관련이 있습니다. 사회자본은 신뢰 유지, 규범 준수, 개인 간의 협력 등을 통해 사회가 유지되고 발전하는 것을 설명할 수 있는 중요한 개념으로 '지속적인 연결망 혹은 서로 알고 지내거나 인정이 제도화된 관계, 즉 특정한 집단에 속함으로써 획득할 수 있는 실제적이거나 잠재적인 자원의 총합'이라고 정의됩니다.[29] 한마디로 말하면, 사회자본은 한 사회 내에서 사람들의 유대관계의 확대라든가 신뢰, 협력, 그리고 규범의 준수 여부에 달려있으며, 이들은 사회적 관계에 쏟는 시간, 감정의 강도, 친밀함, 그리고 상호 간의 서비스로 결정된다고 보는 것이 일반적입니다. 그러므로, 사회자본은 과거 사회에서의 물적 자본, 인적 자본과 함께 사회의 주요한 자본으로 자리를 잡아가고 있으며, 이들 사회자본의 형성이 사회발전의 주요한 동인이라고 인식되고 있습니다. 물적 자본, 인적 자본, 사회자본의 특성을 요약하여 설명하면 다음의 표와 같습니다.[30)]

단계	핵심자본	수단	성과
1세대 자본	물적 자본	하드웨어	하드웨어에 기술을 체화
2세대 자본	인적 자본	휴먼웨어	사람의 머릿속에 기술이 체화 근육 속에 숙련기술이 체화
3세대 자본	사회자본	네트웨어	정직성, 신뢰, 네트워크 상호호혜성(협력의 중요성)

지금 우리 사회는 4차 산업혁명, 코로나 19 이후의 급격한 사회변동으로 인하여 더욱더 사회자본의 형성과 개발이 중요한 과제로 떠오르고 있습니다. 사회자본은 기본적으로 사람과 사람 사이의 연결과 연대를 바탕으로 형성됩니다. 특히, 사회자본은 경제자본, 인적 자본과 함께 사회적 성공을 결정짓는 중요한 요소로 주목받고 있습니다. 특히, 사회 내에서 일류로 통하는 사람들, 영향력이 높은 상류층이 사회자본 관리의 필요성을 더 잘 알고 있으며, 이에 따라 이들은 사회적 소속을 만들고 관리하는 데 더 많은 시간을 보낸다는 것입니다. 이는 《아비투스 Habitus》의 저자 도리스 메르틴이 강조한 말입니다.[31)] 메르틴에 따르면, '연락처의 개수보다 중요한 것은 같은 야망과 가치관을 공유하

는 커뮤니티의 질'입니다. 그러므로, 우리 사회가 좀 더 '나은 사회', 좀 더 '좋은 사회'로 발전해 나가기 위해서는 무엇보다도 개인적 차원은 물론 사회 환경하에서 상호 간의 연결과 연대의 중요성을 깨닫고 상호 간의 가치와 신뢰를 바탕으로 인적 네트워크를 촉진하여 그를 통해 사회자본의 확대를 도모할 필요가 있습니다.[32)]

현대사회에서 한 사회에서의 사회자본의 형성과 개발은 사회의 지속 가능한 발전을 위해서나 그 구성원들의 삶의 질을 축적하고 확대하는 데 없어서는 안 될 그 무엇으로 이해되고 있습니다. 그러므로, 우리는 공동체의 성장과 발전을 위해 서로 협력하고 사람과 사람 사이를 가르고 차별하는 낡은 사고방식을 떠나 세상이 다른 방향으로 향할 수 있도록 노력해야 합니다. 물론, 이 변화의 시작과 출발점은 바로 우리 자신이어야 합니다.

셋째, 사회자본의 형성과 개발을 통한 신뢰 사회의 구축은 무엇보다도 인간과 인간 간의 공감 혁명이 전개될 때 더욱더 확대될 수 있습니다.

사람은 서로 마음과 마음이 연결될 때 더욱더 협력할 수 있는 존재입니다. 그런데, 그 마음을 얻기가 그리 쉬운 일은 아닙니다. 왜냐하면, 한 길 물속은 알아도 한 사람의 마음을 안다는 것이 매우 어렵기 때문입니다. 이에 따라 생텍쥐페리는《어린 왕자》에서 사람의 마음을 얻는 것이 이 세상에서 가장 어려운 일이라고 하였습니다.

우리 시대의 독보적인 사상가 제러미 리프킨은《공감의 시대》에서 '삶의 질을 추구하는 사회가 21세기 세계인의 꿈이고 상식이 된다면, 우리 인간은 언젠가는 공감이 증가하여 엔트로피를 밀어 올리는 역사의 불가피한 변증법을 깨뜨릴 수가 있게 된다'라고 보았습니다.[33] 다행히도 최근 여러 심리학적 연구 결과들은 '인간은 공감 능력을 갖추고 태어나는 호모 엠파티쿠스(Homo Empathicus)이다'라는 것을 증명하고 있습니다. 이는 결과적으로 인간의 본성에 이기적인 내적 충동과 똑같이 강력한 공감적 측면이 있다는 것을 말합니다. 이는 곧 사람됨의 핵심에는 공감이 존재한다는 것을 의미합니다.[34] 그러므로 우리는 의식적으로 생각하든 그렇지 않든 상관없이 삶의 순간마다 타인과의 상호작용을 통하여 타인의 삶의 위대함과 위약성을 느낄 수 있게 되고, 이와 동시에 삶의 경외감, 놀라움, 상상 초월을 경험하게 됩니다. 사람은 사회적 관계망 내에서 자신의 존재 의미를 끊임없이 수정하고 또 수정하기 마련입니다. 이런 점에서 우리가 삶의 여정을 지나 먼 훗날 돌이켜 보면, 우리의 삶의 의미를 부여한 경험은 공감적 포용의 순간이며, 그것이 바로 개인적 의미 추구의 지표라고 말할 수 있을 정도로 강력하다고 봅니다.[35]

이와 같은 공감의 확대는 무엇보다도 인간관계에서 철학자 마틴 부버가 《나와 너》에서 강조한 것처럼 '나와 그것'의 관계로부터 '나와 너'로의 관계로 이동하는 것에서 시작됩니다. 사람들은 자신이 '그것(처리대상이라든가 이용 가치)'으로 대접받는지 아니면 '너', 다시 말해 초점과 관심을 받을 가치가 있는 인간으로 대접받는지를 금방 알아차리기 때문입니다.[36] 또한, 공감 폭을 확대하기 위해서는 무엇보다도 접촉과 교류의 힘을 믿어야 합니다. 접촉은 더 많은 신뢰와 더 많은 연대, 더 많은 상호친절을 낳

으며, 다른 사람의 눈으로 세상을 볼 수 있도록 도와주기 때문입니다.[37)]

우리는 현재 갈등의 시대, 혼돈의 시대, 분열의 시대를 살고 있습니다. 사람들은 자신의 정치적 입장, 사회적 지위나 위치, 성별, 성적 취향에 따라 극도로 분열되어 있습니다. 이는 언뜻 보면 이들 사이에서 중간자적 입장을 차지하는 것이 어려울 것 같지만 우리가 새로운 시각으로 새로운 관계를 모색할 때 새로운 측면이 보일 수 있습니나. 우리는 다양한 경험과 만남, 그리고 상호교류의 폭을 확대함으로써 우리가 모두 서로 다르다는 사실이 아무런 문제가 아님을 깨닫게 되면, 이는 곧 분단과 분열을 극복하고, 갈등의 골을 넘나들 수 있는 지름길이 될 수 있습니다.

그러므로 우리는 우리에게 가장 중요한 인간관계에서 긍정적인 의사소통을 하려고 노력한다면, 정서적이고 실제적인 보상을 얻을 수 있을 것입니다. 여기에서 우리는 먼저 타인에게 다가갈 용기, 서로의 차이와 다양성을 인정할 수 있는 용기, 그리고 무엇보다도 이해의 폭을 넓히기 위한 공감력을 키우는 것이 중요하다고 봅니다.[38)] 여기에서 우리는 공감의 혁명, 신뢰의 혁명, 라포르의 혁명을 위한 변화의 길을 한 걸음 한 걸음 걸어갈 필요가 있다 할 것입니다.[39)]

지금, 여기서 바로 학습혁명이 시작되어야 한다

한동안 '99세까지 88하게 살자'라는 뜻으로 9988이라는 말이 널리 회자된 때가 있었습니다. 인생 100세 시대를 맞이하여 건강하고 활력 있게 살자는 의미가 강한 말입니다. 인생 100세 시대가 앞당겨진 이 시점에서 혹자는 '재수 나쁘면 200세까지도 살게 된다'라고들 말합니다만, 이 말속에는 건강하고 활력적이지 못한 채로 산다는 것이 얼마나 지옥 같은지를, 사는 게 사는 것이 아니라는 것을 강조한 것이라고 봅니다. 이에 따라 인생 100세 시대에 가려진 외면된 진실로서 우리가 오래는 살 수 있겠지만, 역설적이게도 '길고 고통스럽게 아플 수도 있다는 게 정설로 받아들여지고 있습니다. 이에 따라 의학자인 정희원 교수는 《당신도 느리게 나이 들 수 있습니다》에서 행복한 노년을 위해서는 '내재역량'을 키워야 한다고 강조합니다. 그가 말하는 내재역량이란 세계보건기구(WHO)가 제시한 '건강하게 나이 들기 위해서 삶의 요소를 다면적으로 관리해야 하는 4가지 기둥'을 말합니다. 그는 '개인의 삶의 방식이 노화 속도를 결정한다'라고 강조하면서 동료 친구들보다 1~20년 젊게 살기 위해서는 4가지 기둥(4M), 즉 **이동성**(Mobility), **마음건강**(Mentation), **건강과 질병**(Medical issues), **나에게 중요한 것**(What Matters)**을 체계적으로 관리**해야 한다고 강조합니다.[40)]

그리고, 최근 미국의 저명한 신경의학자인 로버트 프리드랜드는 《언에이징 Unaging》에서 '삶을 대하는 태도와 마음가짐에 따라 인생, 나아가서 노년의 삶은 달라질 수 있다'라고 강조합니다.[41] 그는 나이 드는 것과 노화는 전혀 별개의 문제라고 하면서 '나이가 드는 것은 거부할 순 없지만, 노화는 얼마든지 조절하거나 늦출 수 있다'고 보았습니다. 한마디로 그는 '나이 들어감에 따라 뇌와 다른 신체 기관이 어떻게 상호작용하는지 그리고 나와 다른 사람이 어떻게 상호작용하는지, 그것이 개인의 삶을 결정한다.'라고 보았습니다. 이를 바탕으로 그는 건강하고 행복한 생활을 위한 4가지 핵심 요소로서 인지 활동, 신체활동, 심리 활동, 사회활동을 제시하였습니다.

이상에서 살펴본 바와 같이 WHO에서 강조한 건강한 삶을 살기 위한 4가지 기둥이라든가 프리드랜드 교수가 제시한 인간답게 사는 데 필요한 4가지 활동은 결국은 우리 인간이 어디에 더욱 중점을 두느냐에 따라 삶의 방향이 달라질 수도 있겠지만, 그 어느 하나라도 게을리할 수 있는 성질의 것이 아닙니다. 삶의 의미라는 것은 '우리 스스로 만들어내는 것이지 발견하는 것이 결코 아니라는 점'을 인식한다면,[42] 내게 중요한 것을 새로 만들어내고 그 방향으로 꾸준히 노력하는 것이 필요합니다.

그러므로, 현시점에서 나와 우리에게 중요한 것이 무엇인지, 그리고 더 나은 삶을 만들어나가는 데 필요한 것이 무엇인지를 끊임없이 질문하고 답할 수 있어야 한다고 봅니다. 아테네 델포이 신전에는 '그노티 세아우톤(GNOTHI SEAUTON, 너 자신을 알라)'라는 말이 새겨져 있었다고 합니다. 우리는 끊임없는 내면과의 소통과 대화를 통해 우리 자기 삶의 의미를 찾아내고 우리 자신의 자아상을 확립해 나아가는 것이 필요합니다. 이는 '쾌락 과잉의 시대에서 균형 찾기'를 시도하고, 나아가서 '성과사회 · 피로사회'에서도 우리의 삶을 하나의 로즈가든으로 가꾸어 나아가는 데 필수적이기 때문입니다.

이를 위해서는 부단한 노력과 기술이 필요합니다. 그리고, 그 모든 변화의 주체는 바로 자기 자신이고 그 핵심은 지금, 바로 여기서부터입니다. 또한, 모든 변화의 출발점은 사소한 것으로부터 출발해야 합니다. 그러한 작은 변화가 모여서 습관이 되고, 그 습관이 모여서 우리의 운명을 결정하게 됩니다. 《해빗 Habit》의 저자인 앤디 우드는 한국어판 서문에서 '스스로를 변화시키는 일은 힘든 일이며, 올바른 선택을 하루도 쉬지 않고 꾸준히 해나가는 것은 정말 어려운 일'이라고 강조합니다. 하물며 혁명적인 변화는 더욱더 어렵고 힘들 수밖에 없을 것입니다. 그런데도, 우리가 인생 100세 시대에 더욱 건강하고 활기차며 가치 충만한 존재로 살기 위해서는 바로, 지금 여기에서 나 자신부터 변화를 시도할 필요가 있습니다. 여기서 우리는 인생 혁명이라고는 하지만, 실상은 인생 혁명이라는 것도 작은 변화에서 시작하게 된다는 것을 알 수 있습니다. 그리고 그 결론은 삶을 바라보는 관점의 변화이고, 결국 그것이 우리 인생에 혁명적인 결과를 낳게 되는 것입니다.[43] 이 점에서 우리는 큰일을 해내는 최고의 방법은 아주 작은 일의 반복이라는 것을 배우게 됩니다. 또한, 아주 작은 일의 반복은 결국 습관의 변화로 이어지게 되며, 그 습관이 모여서 인생의 큰 변화를 맞이하게 됩니다. 그리고 그 습관은 늘 복리로 작용하게 되어 돈이 복리로 불어나듯이 습관도 반복되면서 그 결과가 곱절로 불어나게 되어 결국, 인생의 혁명적인 변화를 초래하게 된다는 것입니다.[44]

나는 지금까지 살아오면서 인생에는 재테크 못지않게 학 테크, 직 테크, 육 테크, 심 테크가 필요하다는 것을 배웠습니다. 여기서 학 테크는 공부 머리, 직 테크는 일 머리, 그리고 육 테크와 심 테크는 각각 타인 돌봄, 자기 돌봄으로도 표현될 수 있으며, 이 둘은 인생 머리로도 표현될 수 있다고 봅니다. 우리가 시도하는 인생혁명을 위한 작은 변화는 이들 4가지 테크를 배우는 것으로부터 시작해야 합니다. 이들 4테크를 차곡차곡 쌓아가게 되면, 점차 우리 자신이 과거와는 전혀 다른 혁명적으로 변화된 자신을 먼 훗날 발견하게 되리라고 확신합니다. 그리고 이 과정에서 이러한 혁명적인 변화를 위한 노력이 '시작'보다는 '지속'이, '탁월함'보다는 '꾸준함'이 '영원한 베타'로서의 우리 인간의 삶을 더 생산적이고 보다 가치 있게 만든다는 것을 깨닫게 될 것이라고 믿어 의심치 않습니다.[45] 지난 몇 년 동안 배우고 느껴왔던 것들을 중심으로 현시점에서 필요한 인생혁명의 4테크를 제시하면 다음과 같습니다.

이제 인생의 4테크는 직선형이 아니라, 바람개비형이다

인간은 태어나면서부터 사회적 성숙 정도에 따라 또는 사회적 역할수행에 따라, 혹은 나이 변화에 따라 그 특성별로 여러 단계로 구분됩니다. 미국의 심리학자 레빈슨(Levinson)은 인생을 4가지 단계로 구분하고 이들 각 시기 사이에 3번의 전환기를 설정하여 인생의 단계별 특징을 설명하고자 하였습니다.[46] 레빈슨에 따르면, 인생은 성인 이전기(0~22), 성인 초기(17~45), 성인

중기(40~65), 성인 후기(60세 이후)의 4단계로 구분됩니다. 물론 이들 인생 단계별로 전환하는 시기가 있으며, 이들 전환기의 약 5년간에 걸쳐서 이전의 삶을 평가하고 통합하며 다음 시기를 설계한다고 강조합니다. 이와 비슷한 관점에서 필립 코틀러의《마켓 5.0》에 따르면 인생의 4단계는 기본(초기 20년으로 배움 기반), 중심(20~40세까지의 학습에서 일로의 전환 및 일중심기), 양육(40~60세까지의 가정생활 및 독립기), 최종(60세 이후의 은퇴시기)이라고 하는 4단계를 밟으면서 성장한다는 것입니다.[47)]

그런데, 필립 코틀러는 이러한 인생의 4단계를 직선적이고 단계적인 것으로 보았습니다만, 인생 5.0시대에 있어서는 과거 세대와는 달리 인생단계별 특성이 여러 세대들에게서 동시에 나타나는 현상들을 목격하곤 합니다. 이 점에서 지식의 반감기가 짧고 평균수명이 길어진 지금 사회에 있어서는 이들 단계가 보다 통합적이고 동시적인 것으로 이해해야 할 필요가 있습니다. 말하자면, 인생의 단계가 바람개비형 형태로 각 단계가 분리되고 독립적인 것이 아니라 순환적이고 상호적이어야 한다는 것입니다. 이들 4단계는 학(學)-직(職)-육(育)-심(心)의단계로 구분되고 이들 각 시기별로 달성해야 할 발달과업을 중심으로는 학 테크, 직 테크, 육 테크, 그리고 심 테크로 구분됩니다. 이는 [그림 12-1]과 같이 나타낼 수 있습니다.

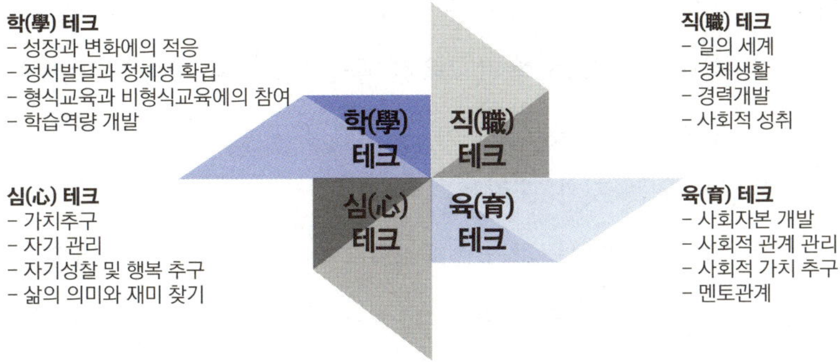

[그림 12-1] 인생 5.0 시대의 바람개비형 인간의 4테크

지금 베이비 붐 세대에게 있어서는 이들 인생의 각 단계를 거치는 데 보통 20년 정도씩 걸렸습니다. 그러나, 오늘날의 X, Y, Z 세대는 이들 단계가 시기적으로는 보다 빨리 나타나기도 하거니와 시공간적으로도 이들이 보다 통합된 형태로 나타나고 있습니다. 이 점에서 인생 100세 시대의 인생 5.0 사회에 있어서는 배우고, 일하고, 관계를 맺고, 인생의 의미를 찾아가는 것이 각각 인생의 연령별로 거치게 되는 것이 아니라, 이들 각 단계가 보다 통합되고 연결된 동시성의 형태로 경험할 수 있어야 합니다. 말하자면, 인생에서 빛나는 시기가 황혼녘에만 맛볼 수 있는 것도 아니고, 배움의 시기가 특정 시기에 정해져 있는 것도 아니라는 것입니다. 더구나, 일은 우리가 추구해야 할 가치와 맞물려 있다는 점에서 평생 동안 지속되어야 할 그 무엇이라고 봅니다. 인생의 각 단계마다 주어지는 사회적 역할이 다소 다르다고는 하더라도 배우고, 일하고, 참여하고, 성찰하고, 무엇인가를 이루고자 하는 것은 늘 함께해야 할 그 무엇입니다. 이 점에서 바람

개비형 인간이 보다 더 가치가 있다 할 것입니다.

먼저, 학(學) 테크는 학교교육은 물론 사회 내에서의 여러 단계의 교육과 학습을 통하여 사회적 성장과 적응을 도모하는 학습역량을 키우는 것과 관련됩니다.

과거사회에 있어서 교육은 학교교육 중심으로 시작되고 끝이나는 종결교육 모델(front-end model)이었습니다만, 오늘날과 같이 변화가 가속화되는 사회에 있어서는 계속교육 모델(continuous model)이 중요하게 되었습니다. 학습활동은 유아나 청소년기에만 한정되는 활동이 아니라 평생에 걸쳐서 끊임없이 전개되는 활동이어야 합니다. 세계적인 경영학자인 피터 드러커(Peter Drucker)는 '모든 사람은 배우는 자인 동시에, 가르치는 자이어야 한다'고 강조합니다.[48] 이러한 사회에 있어서는 개개인은 학교를 몇 년 다녔느냐가 중요한 것이 아니라(schooling), 끊임없이 배우고 익히고자 하는 평생학습 역량을 지니는 일이 중요하게 되었습니다. 하버드 대학교의 존 코터(John Koter) 교수는 《기업이 원하는 변화의 리더》에서 '성공하는 사람의 특징이 평생학습하는 사람이고, 평생학습을 하는 사람은 성공한다'고 강조한 바 있습니다.[49] 그리고, 저명한 인지신경과학자인 스타니슬라스 드앤은 《우리의 뇌는 어떻게 배우는가》에서 '인간이 멸망하지 않고 생존할 수 있었던 이유는 바로 배움의 능력이 있었기 때문'이라고 강조하면서, 호모 사피엔스와 더불어 인간에게 가장 적합한 학명은 바로 **호모 도센스(Homo docens, 가르치는 인간)**라고 보았습니다. 그에 따르면, 우리의 뇌는 이미 선험적으로 배울 수 있는 능력을 타고난다는 것입니다. 이와 더불어서 스타니슬라스 드앤은 우리의 뇌가 탁월한 배움의 능력을 갖출 수 있던 네 가지 요소로서 '**주의, 적극적 참여, 에러 피드백, 그리고 통합**'을 제시하였습니다.[50] 보다 구체적으로 인간은 자신이 주의를 두고 있는 정보만을 받아들이기 위해 선택적으로 정보를 무시하게 되고, 적극적인 행동과 시행착오를 통한 피드백에 의해 더 많이 배우게 되며, 우리가 배운 것을 모아 장기 기억화하면서 단단히 한데 모으는 통합능력을 지니고 있다는 것입니다.

1997년 IBM의 슈퍼 컴퓨터 '딥블루'와 인간의 체스대결, 2016년 알파고와 이세돌의 바둑대결, 2022년 말 챗GPT 등의 등장은 인간으로 하여금 기술발전과 함께 일할 수 있는 역량을 개발하도록 끊임없는 배움을 요구하고 있습니다. 이제 기술의 발달은 유발 하라리가 《호모 데우스》에서 '엄연히 존재하지만 할 일이 없는 계급'의 대두를 염려한 바와 같이 한편으로는 인간의 일자리를 위협하고 있습니다. 이러한 기술변화에 대응하는 데 필요한 역량을 갖추지 못하면 변화하는 사회에 낙오되고 뒤처지게 마련입니다. 이제 인간은 살아남기 위하여 변화하는 시대에 알맞은 역량을 갈고닦아야 하며 이는 끊임없이 평생학습하는 인간, 즉 호모 에루디티오(Homo Eruditio)의 등장을 재촉하고 있습니다. 여기에 새롭고도 꾸준하게 학(學) 테크를 하지 못하는 자는 한편으로는 배움을 통한 몰입과 성장의 기쁨을 맛보지 못할 뿐만 아니라, 생존 그 자체마저 위협받게 될 것이 자명합니다.

둘째, 직(職) 테크는 사회적 역할 수행과 관련된 일의 역량을 개발하고 축적해야 한다는 것과 관련됩니다.

인간은 성장하면서 인생의 각 단계별로 새로운 사회적 역할을 맡게 마련입니다. 인간은 성장과 더불어 전통적으로 학습-일-은퇴라고 하는 인생사이클을 경험하여 왔습니다. 이러한 시대에 있어서 인간은 생계를 꾸리고 보다 독립적으로 변화하면서 일의 세계로 편입하게 되고 시간이 지나면서 은퇴를 경험하게 됩니다. 이러한 사회는 평생직장사회로 한번 일의 세계로 진입을 하게 되면 평생을 한 직장에서 지낼 수 있었습니다. 그에 따라 이 시기에는 진입단계에서의 역량이 중요하였고, 그에 따라 그를 보장하는 학력(schooling)이 중시되었습니다. 그러나 오늘날과 같은 4차 산업혁명의 시대, AI와 로봇이 사람과 공존하는 시대에 있어서 인간은 끊임없이 학습-일-학습-일을 무한 반복하는 존재로서 무엇을 잘할 수 있느냐가 중시되는 '역량중심사회'에 살게 되었습니다. 역량중심사회에서 사람들은 언제나 인생의 각 단계별로 새로운 사회적 역할수행과 관련하여 일반적으로 기대(anticipation), 습득(acquisition), 실현(actualization), 적응(accommodation)이라는 4단계의 역할 채택과정을 거치게 됩니다.[51] 사회적 역할 수행과 관련하여 채택하는 가치는 인생의 단계별로 달라지게 마련이지만, 역할 수행에 필요한 이상적인 이미지를 만들어 내어야만 성공할 수 있게 됩니다. 이를 위해서는 자신이 좋아하는 일이 아니라 자신이 잘할 수 있는 일을 찾아내고 이를 지속적으로 수행하기 위한 역량을 개발해 나가야 합니다. 그런데, 도널드 클리프턴의 저서《위대한 나의 발견 강점 혁명》에서는 갤럽조사 결과를 통해 '대부분의 사람들이 지금 하는 일을 좋아하지 않으면서도 바꿀 생각도 하지 않는 것'으로 나타났습니다. 그는 이러한 문제를 해결하기 위해서는 '자신이 가장 잘하는 일, 즉 자신의 강점(재능)을 찾아 지식과 기술을 통해 그것을 다듬어 나가는 것이 중요하다'고 보았습니다.[52] 그리고 갤럽 프레스는 위의 책을 발전시킨 《위대한 나의 발견 ★ 강점혁명》이라는 책에서 '일의 세계에서 자신의 강점을 구축하기 위해서는 재능, 지식, 기술이 필요한데 이 세 가지 중에서 가장 중요한 것이 재능이다'라고 강조한 바 있습니다. 기술과 지식은 학습과 경험을 통해 얻을 수 있지만 재능은 찾아서 개발하는 것이 가장 생산적이라는 것입니다. 일의 세계에서 성공을 위해서는 자신이 가장 잘하는 일, 즉 강점을 찾아내고 개발하기 위한 지식과 기술역량을 키우는 것이 중요합니다. 이러한 점에서 우리는 한 번 직장에 들어가면 평생 동안 한 직장에서 일을 하는 '평생직장사회'가 아니라, 평생 동안 직업을 가지고 살아가야 하는 평생직업사회에 있어서는 자신의 강점을 찾아 이를 지속적으로 레벨업하기 위한 노력을 끊임없이 기울여야 합니다. 이를 위해서는 소위 말하는 경력개발은 필수적이며, 조직 내에서 소통과 협력을 바탕으로 직무역량을 제고하기 위한 노력이 꾸준히 강구되어야 합니다. 전 세계의 최고의 리더십 전문가이자 베스트셀러 작가인 존 맥스웰은 《사람은 무엇으로 성장하는가》에서 '중요한 것은 내 안의 가능성(강점)과 잠재력으로 인생이라는 경기에서 성실히 임했다는 자부심이다'라고 하면서 내일이 더 멋진 삶을 위해 성장을 제일의 가치로 삼고 아직 되고자 하는 사람이 되지 못했더라도 계속 걸어가는 법만은 잊지 말라고 강조하고 있습니다.[53] 이 점에서 우리는 일터에서의 자신의 강점을 극대화하기 위한 지식과 기술을 한 단계 업그레이드시킬 수 있는 직(職) 테크를 인생의 어느 단계에서나 체계적이고도 지속적으로 수행할 수 있어야 합니다.

셋째, 육(育) 테크는 사회적 존재로서 자신이 몸담고 있는 가정, 조직, 사회 내에서 효과적인 관계역량을 개발하는 것과 관련된 활동을 말합니다.

일찍이 아리스토텔레스가 이야기한 바와 같이 '인간은 사회적 동물'입니다. 사회적 동물로서 인간은 서로 간의 상호작용을 통하여 사회적 존재로서의 가치를 발견하고 개발하여 나가게 됩니다. 우리 모두는 가족의 일원으로 태어나서 사회 속에서 자라며, 점차 개인 차원(나와 나 자신의 관계)에서 대인관계(나와 다른 사람들과의 관계 및 상호작용) → 관리 차원(타인과 더불어 일을 완수하는 데 필요한 소통, 협력, 책임감) → 조직 차원(사람들을 조직화하고 관리하는 차원)으로 사회적 관계 기회 및 역량을 확장시켜 나가게 됩니다.[54] 여기서 중요한 것이 바로 효과적인 관계역량을 통한 내적, 외적 차원의 신뢰 구축입니다. 이러한 신뢰관계를 어떻게 형성하느냐에 따라, 그리고 보다 폭넓고도 긴밀한 사회적 관계를 발전시켜 나아가느냐에 따라 사회적인 성공 여부가 결정되게 됩니다. 세계적인 석학인 스탠퍼드 대학교의 제프리 페퍼 교수는 《권력의 기술》이라는 저서를 통해 '실적이 성공을 보장해 주지 않는 현상은 비단 미국에서만 일어나는 것도 아니고, 고위직에서만 일어나는 일도 아니다'라고 강조합니다.[55] 그리고, 한 개인이 가지고 태어난 재능보다는 배려하고 양보하고 베풀고 희생하고 조건 없이 주는 사람이 성공 사다리의 꼭대기에 오르게 되는 이유를 미국 와튼 스쿨의 조직심리학 교수 애덤 그랜트는《기브 앤 테이크 Give and Take》에서 여러 사례들을 통해 밝히고 있습니다. 말하자면, 이 사회에서의 성공은 한 개인이 지닌 재능이라든가 그가 거둔 실적 여부도 중요하지만 관계역량이 무엇보다도 중요하다는 것입니다. 심지어 애덤 그랜트는 '제가 뭐 도와드릴 일이 있을까요?'라고 하는 이 한마디가 일터와 인생, 관계를 바꾸고, 성공 여부를 결정짓는다고 합니다.[56)]

이와 같은 것들을 종합하여 살펴보면, 결국 개인적인 재능이나 실력 혹은 성과도 중요하지만 무엇보다도 사람과 사람 사이의 사회적 관계역량 또한 사회적 성공 여부를 결정짓는 데 매우 중요하다는 것입니다. 그런데, 이들 관계역량은 인간으로서의 성장과 발전을 위한 인간의 가장 기본적인 욕구이자 동기 중의 하나입니다. 세계적인 베스트셀러 작가인 스티븐 코비는《성공하는 사람들의 8가지 습관》에서 인간에게는 4가지 기본욕구와 동기, 즉 살고(생존), 사랑하고(대인관계), 배우고(성장과 발전), 영향력 남기기(의미와 기여)가 있다고 보았습니다. 이 가운데 대인관계의 중요성은 새뮤얼 보울스의《협력하는 종》에서 실험적 연구와 사례연구들을 통해서도 밝혀지고 있습니다.[57)]

특히, 코로나 팬데믹 시대에 우리나라를 방문하여〈2021 아시아 미래포럼〉에서 '위기, 인류에 내재된 협력의 스위치를 켜라'를 주제로 특별강연을 하기도 하였던 뤼트허르 브레흐만은《휴먼카인드》라는 저서를 통하여 "가장 다정한 인류가 살아남았다고 생물학자들은 말한다. 빙하기 시절 자기중심적이고 오만한 사람은 무리에서 쫓겨나 쓸쓸하게 죽었을 것이다. 원시 상태

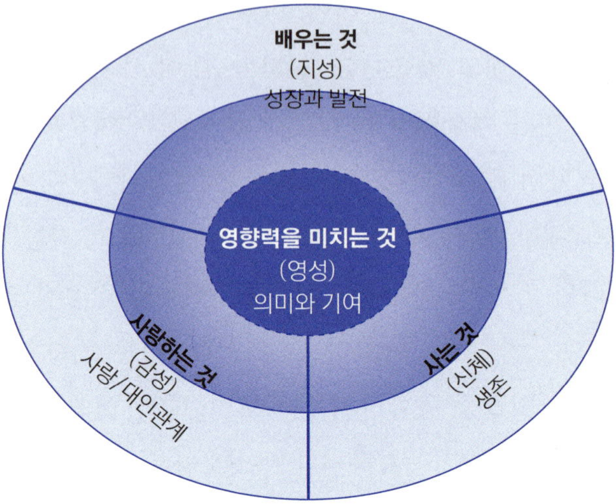

[그림 12-2] 스티븐 코비의 인간의 기본적인 욕구와 동기 4요소

에서 인간은 만인에 대한 만인의 투쟁을 통해 생존한 것이 아니라, 서로에게 다정한 존재였던 덕택에 살아남았다"고 강조합니다. 말하자면, 뤼트허르 브레흐만은 인간의 생물학적 진화도 공존과 협력을 키우는 방향으로 진행되었다는 것입니다. 이와 같이 인간은 '협력하는 본성'을 지니고 있다고는 하지만, 인간이 한 사회에서 교육받고 경험하는 바에 의하여 그것이 더욱더 촉진되고 활성화된다는 것을 염두에 둔다면, 이들 관계역량을 체계적이고도 지속적으로 성장시킬 수 있도록 하는 것이 필요합니다. 여기에서 바로 '육(育) 테크'의 중요성이 개인적으로나 사회적으로 매우 부각됩니다. 왜냐하면, 제아무리 크고 좋은 다이아몬드 원석이라고 하더라도 그를 어떻게 갈고 다듬느냐에 따라 명품 티파니 브랜드의 다이아몬드가 되기도 하고 전혀 이름 없는 다이아몬드로 전락하기도 하기 때문입니다. 인간 또한 그가 내재적으로 지니고 있는 (사랑하고 협력하는) 관계역량을 어떻게 진작시키느냐에 따라 사회적으로 유용한 존재로의 성장 여부가 결정되게 됩니다. 특히, 유네스코(UNESCO)도 1996년 일명 '들로르(Delors) 보고서'에서 '어떤 교육을 선택하느냐가 어떤 사회에서 살아갈지를 결정한다'고 결론짓고 모든 교육에서 반드시 중시되어야 하는 '학습의 4기둥'을 제시하였습니다. 유네스코가 '더불어 살아가기 위한 학습(learning to live together)을 알기 위한 학습, 행동하기 위한 학습, 존재하기 위한 학습'과 함께 주요 학습 영역으로 제시한 것만 보아도 상호협력 내지는 대인관계역량을 제고하는 육(育) 테크가 매우 중요하다는 것을 알 수 있습니다.

넷째, 심(心) 테크는 '생각하는 대로 살지 않으면, 사는 대로 생각하게 된다'라는 인식하에 생각의 힘, 마음의 근육, 즉 심근(心筋)을 단련시키는 역량을 개발하는 것을 말합니다.

유엔 산하 자문기구인 지속가능발전해법네트워크(SDSN)는 2012년부터 국가 국내총생산(GDP), 기대수명, 사회적 지원, 자유, 정부/기업 부패에 대한 인식, 관용 등 6개 항목의 3년 치 자료를 토대로 행복지수를 산출해 순위를 매겨 왔습니다. 그 결과, 〈2022 세계 행복보고서〉에 따르면 한국인의 행복지수가 OECD 38개 회원국 가운데 36위로 최하위권으로 나타났습니다. 전 세계 146개국 중에서는 한국의 행복지수는 59위였고, 세계 1위는 5년 연속 핀란드가 차지했으며, 아시아에서는 대만이 25위로 가장 순위가 높았습니다.[58] 그런데, 이것보다 더 심각한 지표는 한국인의 우울증 지수입니다. OECD의 통계에 따르면, 2021년 우울증 유병률은 미국(23.5%)과 일본(17.3%)보다도 월등히 높은 36.8%로 OECD 국가 중 가장 높은 것으로 나타났습니다. 이와 같은 현상은 결국 우리나라 국민들이 업무 등에 대한 스트레스, 사회적 고립감, 경제적 불안감 등으로 인하여 삶의 만족 수준이 매우 낮다는 것을 의미하고, 이는 곧 사회발전을 저해하는 주요 인으로 지적됩니다. 이와 같은 현상은 결과적으로 2022년 우리나라의 출산율이 0.78로 OECD 국가 중 최저수준인 것과 결코 무관하지 않다고 봅니다. 현재의 삶이 만족하지 않고 장래가 불안하니 그것이 저출산의 늪으로, 자살률 세계 1위, 우울증 지수 세계 1위의 덫으로 빠져들게 되는 요인으로 작동된다는 것입니다.

그런데, 미국 브루킹스연구소 수석연구원 출신 조너선 라우시는《인생은 왜 50부터 반등하는가》에서 '심리학 · 경제학 · 뇌과학을 아우르며 생애 연구와 빅데이터를 분석한 결과, 행복곡선은 알파벳 'U' 형태'라고 주장합니다.[59] 말하자면, 사람들은 대체적으로 10~20대에 행복했다가 40~50대에 바닥을 치고 다시 행복수준이 상승한다는 것입니다. 이는 행복을 결정짓는 데 있어서 무엇보다도 중년의 시기(20~40대)에는 삶의 기대치가 실제 만족도보다도 높기 때문이며, 나이 들면서 점차로 정신의 눈금자를 재조정하면서 중년의 위기를 지나게 된다는 것을 의미합니다. 이는 결국, 사람의 마음속에 자리 잡은 기대감, 가치, 신뢰, 희망과 같은 긍정적인 마인드가 사람들의 행복감 내지는 우울감에 강력하게 영향을 미친다는 것을 의미합니다. 그러므로 이와 같은 삶에 대한 부정적 태도를 제거하고 보다 활기차고 긍정적인 마인드를 지니는 것이 무엇보다 중요한 것으로 부각됩니다.

사람은 생각하는 대로 세상이 보이게 마련입니다. 배가 고프다고 생각하면 온통 식당 간판만 보이게 되고 새로운 자동차, 예를 들면 제네시스 GV80이나 벤츠 EQS를 사야겠다고 마음먹으면 도로 위에 질주하는 이들 모델만 눈에 띄게 마련입니다. 따라서, 자신이 어떤 생각을 하고, 무엇을 믿고, 무엇을 의지하고 살아가느냐가 삶에 있어서 중요합니다. 생각하지 않는 인간은 세상을 보이는 것만 보며, 자신의 내면을 제대로 파악하지 못하게 되어 세상사 모든 것에 흔들리고 그 결과 넘어지고 깨어져서 상처받는 영혼으로 전락하게 됩니다. 그러므로 우리 인간은 살아가면서 운동을 통해 근육을 기르듯이 사람 또한 마음의 근육인 심근을 키워야 합니다. 우리는 근육을 확장시키기 위해서 운동을 게을리하지 말아야 하는 것도 있지만, 단백질 섭취 등 근육단련에 필요한 음식물을 섭취해야 하며, 만약 이것이 부족하게 되면 이를 보충할 수 있는 보조제, 이를테면 단백질 합성제인 류신 같은 영양제를 섭취해야 합니다. 마찬가지로 사람도 마음의 근육, 궁리하는 근육, 생각하는 근육, 즉 심근을 꾸준히 단련해야 합니다. 심근을 기르기 위해서는 무엇보다도 자기 자신의 주인이 되는 마음을 다지는 한편, 다른 한편으로는 마음 단련에 필요한 사회적 관계를 유지해야 하며, 만약 이것이 부족할 경우에는 특별하게 고안된 우울, 불안, 번 아웃, 스트레스에 무너지지 않는 멘탈관리 프로젝트에 참여하거나 때로는 약물치료도 받아야 합니다.

우리가 마음의 근육을 단련한다는 것은 나 자신의 마음을 마치 고무공처럼 탄력 있는 존재로 만든다는 것을 의미합니다. 고

무공은 마룻바닥에 몇 번을 떨어뜨려도 다시금 통통 튀면서 회복을 하는 반면에 유리공은 바닥에 떨어뜨리자마자 박살나고야 맙니다. 우리 마음이 유리 멘탈이라고 하는 것은 쉽게 잘 무너지는 마음가짐을 강조하는 말입니다. 따라서 우리는 우리의 마음을 탄력성 있는 고무공과 같은 존재로 만들어나갈 필요가 있다 할 것입니다. 이들 마음의 근육과 같은 것을 학자들은 **회복탄력성**(resilience)이라고 합니다. 의사들의 의사라고 일컬어지고 있는 하버드 대학교 최고의 회복탄력성 전문가인 게일 가젤은《하버드 회복탄력성 수업》에서 회복탄력성은 '내면의 힘과 지원, 지혜, 선함을 포괄한다'고 보았습니다.[60] 그는 마음근육을 증진시키기 위해서는 대인관계가 좋아야 하고, 유연성과 끈기가 있어야 하며, 자기조절 능력과 긍정성, 나아가서 자기돌봄 의지가 있어야 한다고 보았습니다. 그리고, 회복탄력성을 지속적으로 유지하기 위해서는 다른 사람과 자신을 비교하거나 자기돌봄을 뒷전으로 미루는 함정에 빠지지 않도록 하는 것이 무엇보다도 중요하다고 보았습니다. 이와 같은 맥락에서 소통지능향상 프로젝트를 진행한 김수환 교수는《회복탄력성》에서 회복탄력성을 향상시키기 위해서는 '감사하기와 규칙적인 운동하기'의 두 가지 습관이 필요하다고 보았으며, 이들 습관이 인간의 뇌를 긍정적인 뇌로 만들고, 긍정성을 향상시키고, 행복의 기본 수준을 높인다고 보았습니다.[61] 이와 같이 우리 인간은 육체에 근육이 있는 것과 마찬가지로 마음에도 튼튼한 마음의 근육, 즉 심근이 있어야만 이 험난한 인생의 강을 보다 안전하고 만족하게 건널 수가 있습니다. 스티븐 코비 박사도《성공하는 사람들의 12가지 강점》에서 **마음근육, 즉 내면의 힘**(재능, 열정, 필요, 양심)을 지니게 되면 부와 성공은 저절로 따라온다고 강조합니다. 마음근육은 인간이 어떠한 일을 해내기 위한 기본적인 성취역량이라는 점에서 강력한 마음근육을 지닌다는 것은 스스로 원하는 일을 해낼 높은 역량을 지닌다는 것이기도 합니다.[62] 이와 관련하여 김주환 교수는《내면소통》에서 마음근육은 내가 나 자신을(자기조절력), 내가 다른 사람을(대인관계력), 내가 세상일을(자기동기력) 더 잘 다루는 능력이라고 파악하고, 마음근육을 강화한다는 것은 나를 바꾸는 것이며, 이는 곧 세상을 바꾸는 시발점이라고 강조한 바 있습니다.[63]

우리 모두는 자신의 인생을 써 내려가는 작가입니다.[64] 여기에서 당장 인생이 새로운 플롯으로 진행되고, 해피 엔딩으로 맺어질 수 있도록 작가로서의 필력을 다지는 것이 중요합니다. 유명 영화배우, 가수, 운동선수, 대기업 CEO 등의 사례에서 보듯이 '제 아무리 잘나가다가도 순식간에 천 길 낭떠러지'로 떨어질 수 있는 변화무쌍한 존재가 바로 인간이기 때문입니다. 이 점에서 우리는 인생이라는 장거리 마라톤을 끝까지 잘 완주하기 위해서, 그리고 자신의 인생 작가로서의 심근을 보다 튼튼히 할 수 있도록 심 테크 역량을 꾸준히 개발하는 것이 참으로 중요하다고 봅니다. 이와 관련하여 뤼트허르 브레흐만은《휴먼카인드》에서 '우리의 뇌는 변화가 잘 일어나는 조직이다. 우리가 우리의 몸매를 관리하고, 근육을 늘리기 위하여 운동을 하듯이 마음에 대하여 같은 일을 하지 못할 일이 어디에 있겠는가?'라고 반문합니다.[65] 우리가 마음의 근육을 왜 키워야 하는지, 그것이 왜 중

요한지를 로버트 그린은 《인생의 법칙》에서 다음과 같이 강조합니다.[66)]

"인간의 내면에는 두 개의 서로 다른 자아가 있다. '저차원의 자아'와 '고차원의 자아'가 바로 그것이다. 보통은 저차원적 자아의 힘이 더 세다. 저차원적 자아는 감정적 반응을 보이고 방어적 자세를 취하려는 충동을 일으킨다. 나만 옳다고 느끼고 내가 우월하다고 생각하게 만든다. 즉각적 쾌락과 오락거리를 찾으며 언제나 저항이 가장 적은 길을 택하게 된다. 남들의 생각을 그대로 채택하고, 집단 속에 나를 상실하게 만든다.

반면 우리가 고차원적 자아의 충동을 느끼는 순간들은 자신을 벗어나서 남들과 더 깊이 교감하고 싶을 때, 일에 완전히 몰두하고 싶을 때, 단순한 '반응'이 아니라 '생각'을 하고 싶을 때, 인생에서 나만의 길을 가고 싶을 때, 나만의 개성이 무엇인지를 발견하고 싶을 때 등이다. 고차원적 충동은 저차원적 충동보다 힘이 약하기 때문에 고차원적 자아와 교감하기 위해서는 노력과 통찰이 필요하다. 우리는 누구나 고차원적 자아라는 이상적 자아를 끄집어내고 싶다. 인간은 고차원적 자아를 개발할 때에만 진정한 만족을 느낄 수 있기 때문이다."

이상에서 살펴본 바와 같이 더 만족하고, 보다 행복하고, 더욱 성공하기 위해서는 학 테크, 직 테크, 육 테크, 심 테크라고 하는 4테크 역량을 끊임없이 개발하고 촉진하는 것이 필요합니다. 여기서 이들 4테크의 역량개발에 있어서는 '또는(or)'이 아니라 '그리고(and)'를 선택해야 합니다. 4테크 중 일부를 중시하는 '또는

(or)'이 아니라 4테크의 역량개발 모두를 동시에 포용하는 능력인 '그리고(and)'를 선택해야 한다는 것입니다.[67] 왜냐하면, 이들 역량 중 어느 하나라도 제대로 발휘되고 개발되지 못한다면, 이들 4가지 테크로 구성되는 바람개비형 인생이 더는 제대로 작동되지 않거나 멈추어 버리기 때문입니다. 이러한 '그리고'의 정신에다가 '그래도'라는 긍정, 용기, 희망의 마음가짐이 함께 균형을 잡아갈 때 우리는 모두 균형 잡힌 성공적인 삶을 살아갈 수 있으리라고 확신합니다. 《누가 내 치즈를 옮겼을까》의 저자인 스펜서 존슨은 《선물》이라는 책에서 '성공이란 그게 무엇이든 내가 중요하게 여기는 것을 향해 나아가는 것이다'라고 정의합니다.[68] 내가 중요하게 여기는 것, 즉 가치를 중심으로 사람들과 새로운 관계를 맺으면서, 앞에서 말한 4테크를 개발하여 꾸준히 앞으로 나아가는 것, 그것이 바로 **'영원한 베타'**로서 우리 인간이 지향해야 할 출발점이자 종착역입니다. 사람은 '대단한 일을 하는 사람이 대단한 것이 아니라 오랫동안 꾸준한 사람이 대단한 것'입니다.[69]

인생 5.0의 시대에 있어서 각 개인은 저마다의 맞춤형 경험으로 각자 다양한 형태로 사회에 참여하게 됩니다. 그에 따라 사회에 참여하는 방식과 그 중시하는 가치에 따라서 창출하게 되는 가치 또한 다양하기 마련입니다. 우리 사회는 우리만 사는 사회가 아닙니다. 이 땅은 과거 수천 년간 우리 선조들이 살아왔고 앞으로도 우리 후손들이 살아가야 할 땅이고, 우리 세대는 이 땅에 이 사회에 잠시 들렀다가 가는 존재이면서 이와 동시에 다음 세대가 만들어 가고 살아가야 할 이 사회를 좀 더 나은 상태로 물려줄 의무 또한 있다고 봅니다. 이러한 점에서 이 땅에 다양한 경험과 환경에 의하여 태어나고 자라온 각 세대는 서로의 가치와 존재를 인정하고 상호작용을 통하여 미래를 함께 만들어 가야 할 필요가 있습니다. 여기에서 우리는 다양한 가치의 공존은 물론 새로운 가치를 공동창출해나갈 필요가 있습니다.

우리가 살고 있는 현재 사회는 세대 차이, 부의 양극화, 디지털 격차라고 하는 세 가지 주요 해결과제를 떠안고 있습니다. 날로 극심해지는 세대 차이는 매번 선거 때마다 각 정당의 유불리에 따라 이용되기도 하고 활용되기도 합니다만, 부의 불평등에 뒤이은 세대 갈등의 심화는 이 사회의 앞날을 더욱더 암울하게 만들어 버리곤 합니다. 필립 코틀러가 《마케팅 5.0》에서도 언급한 것과도 같이 다양한 가치를 지닌 5세대(베이비붐 세대, X, Y, Z 세대)가 지구상에서 이 땅에서 함께 살아가는 건 역사상 처음 있는 일입니다. 이 점에서 이 시대는 분명 공존을 강조하게 되고, 이러한 공존의 가치는 다양성과 공감을 바탕으로 출발해야 합니다. 공감하기 위해서는 먼저 만나야 하고, 함께 일해야 하고, 더불어 경험해야 합니다. 각자의 영역에만 한정되고, 서로만 마주보고 있을 때 공존의 가치는 찾기 어렵습니다. 인간 개개인이 함께 어우러지다 보면 서로를 이해할 기회가 많아지게 되고, 점차 다양한 가치를 수용할 수 있는 체제가 마련될 것이라고 믿습니다. 우리는 각 개개인의 '성장하는 힘'을 믿듯이, 서로 '소통하고 협력하는 힘' 또한 존재한다고 믿어 의심치 않습니다. 더불어 경험하는 세계를 통하여 다양한 가치를 공동으로 창출할 수 있는 사회, 그리고 그 속에서 삶의 존재 의미를 찾을 수 있고, 더불어 사는 재미를 추구할 수 있는 참여의 장이 필요하다고 봅니다. 그리고, 세대별로 서로 추구하는 바의 가치가 다르고 경험하는 종류와 질이 다르다고는 하더라도 각 세대가 서로 랜선으로 접속(ontact)하거나, 대면접촉(contact)을 통하여 만나게 되는 횟수가 증대되게 되면 그만큼 이해의 폭도 넓어지리라고 봅니다.

인간은 목적 지향적 동물이고, 참여 지향적 존재입니다. 인간은 사회적 참여를 통하여, 그리고 경험하는 과정을 통하여 혹은 경험의 결과를 통하여 더 가치 있는 그 무엇을 창출할 수 있는 존재입니다.[70] 여기에 공감하는 인간, 생각하는 인간, 공부하는 인간, 놀이하는 인간, 서로 가르치고 배우는 인간, 생산하는 인간 모두가 지닌 가치의 의미를 되새겨 볼 필요가 있습니다. 이들 인간형이 별도로 존재하는 것이 아니라 인간 자체에 내재한 특성의 한 부분이기 때문입니다. 단군신화에서 곰과 호랑이가 인간이 되기를 갈구하였던 것처럼 우리는 먼저 우리가 변화할 수 있도록 다양한 경험을 하고, 그를 통해 변화의 방향을 구하고, 찾아내고, 끊임없이 도전할 수 있는 용기가 필요합니다. 이를 통해서만 우리는 삶의 의미를 찾고 보다 만족한 가치 있는 삶을 살 수 있기 때문입니다. 이 점에서 《성경》의 마태복음 7장 7~8절의 의미를 인생 5.0 시대에 새로운 인생혁명을 구하는 이들이 주목해야 할 격언이자 행동지침으로 새겨둘 필요가 있습니다.

> "구하라, 그리하면 너희에게 주실 것이요.
>
> 찾으라, 그리하면 찾아낼 것이요.
>
> 문을 두드리라, 그리하면 너희에게 열릴 것이니

구하는 이마다 받을 것이요

찾는 이는 찾아낼 것이요

두드리는 이에게는 열릴 것이니라.

—〈마태복음 7장 7~8절〉—

여기서 '구하다'라는 것은 내가 욕망한다는 말입니다. 욕망한다는 것은 먼저 무엇을 보고, 느낀바 내가 그리되고자 희망한다는 뜻입니다. 그리되고자 희망한다면 그러한 방향으로 나아갈 것을 궁리하게 되고 궁리하게 되다 보면 결국 그 방법을 찾아내게 될 것입니다. 그리고 그 찾아가는 길에만 오롯이 집중해야 합니다. 그 찾아가는 길은 일찍이 남들이 이미 걸어간 길이 아니라 새로운 길이고, 그 새로운 길은 험난하기 짝이 없습니다. 그러므로 우리는 그 찾아가는 길이 제아무리 어렵고 굴곡지다고 하더라도 계속해서 두드리고 두드리다 보면 우리가 원하는 목적지에 도달할 것이라고 봅니다. 그리고 우리는 이러한 길목에서 삶의 안정과 기쁨을 맛보게 되고, 희망을 이야기하게 됩니다. 이 점에서 '인생은 영원한 베타일 때 가장 행복하다.'라는 말을 인생의 지침으로 삼은 나 자신에게 감사한 마음입니다. 내가 만나는 모든 사람을 이해하고자 노력하고, 그들에게 신뢰를 부여할 용기를 지니고, 그들과 함께 내 삶과 우리들의 삶을 변화하도록 주도하여 성장해 나가는 것, 이것이 영원한 베타로서 우리들이 지향해야 할 주요 가치라고 봅니다.

에필로그

지금 중요한 것은 내 안의 VIP를 맞이하는 것이다

에필로그

에필로그: 지금 중요한 것은 내 안의 VIP를 맞이하는 것이다

다시, 경계선에서

인생은 언제나 경계를 넘나드는 존재입니다. 이것은 인간에게 주어진 운명 같은 것이기도 합니다. 삶과 죽음, 행복과 우울, 성공과 무력감, 기쁨과 두려움, 인정과 무시, 존경과 외면, 자아와 타자, 시간과 공간 등 우리는 수많은 경계에 걸쳐 존재합니다. 우리는 살아가면서 수많은 경계를 마주할 때마다 때로는 주저하고 고민에 빠지기도 하지만, 때로는 아무것도 아닌 듯이 두려움 없이 훌훌 털고 다시 일어서는 존재이기도 합니다. 이러한 모습은 특히 인생의 전환기마다 더욱더 쉽게 찾아볼 수 있습니다. 살아오면서 우리는 한편으로는 '선 넘지 마라'라고 하면서도, 다른 한편으로는 '선 넘지 않으면 이룰 수 있는 게 하나도 없다'는 것도 배우게 됩니다.

나는 경상북도와 충청북도의 접경선 지역인 경북의 산골 마을에서 태어났습니다. 내가 자란 6, 70년대의 시대적인 상황 탓인지는 모르겠지만, 자라면서 아버지께 유독 많이 들은 말이 '뱁새가 황새 따라가려고 하면 가랑이가 찢어진다'라는 말이었습니다. 어린 시절에는 그저 '분수에 맞는 행동을 해라'라든가 '욕심을 버리고 자족하라'라는 말로 이해를 했던 까닭에 이 말을 들을 때마다 기분이 별로 좋지 아니하였습니다. 그러다가, 나이가 들어가면서 이 말의 의미가 새롭게 다가오게 되었습니다. 가령, '뱁새가 황새를 안 따라가면 뱁새는 항상 뱁새끼리만 놀아야 하는가?'라든가, '뱁새가 황새를 따라가다 가랑이가 찢어져 봐야 아픈지, 아프지 아니한지를 아는 것 아닌가?' 그리고 그래도, 뱁새가 자꾸 황새를 따라가다 보면 용불용설(用不用說)의 법칙에 따라 뱁새 가랑이도 자꾸 늘어나는 진화를 거듭하게 되어 후대에도 영향을 주는 것 아닌가?'라는 생각과 같은 것 말입니다. 아무튼, 이 뱁새 이야기는 나이가 든 지금에서도 '좋은 의미'로 해석되지 않아 그 누구에게도 이런 말을 한 적이 없습니다만, 이따금 농담 삼아서 '왜 뱁새가 황새를 따라가면 안 되는가?'에 대한 질문을 혼자 되뇌곤 했습니다. 그런데, 젊어서는 사서 고생도 하라는 말도 있듯이 뱁새 가랑이도 한번 찢어져 보는 것도 괜찮다고 생각했지만, 나이가 들면서부터는 황새 따라가려다 한번 다친 뱁새 마음이 아른거리고, 찢어진 상처가 흉터가 되어 있는 뱁새 다리가 자꾸 생각나서, 그 어렸을 때 왜 아버지께서 그런 말씀을 하셨는지 이해가 되기도 하였습니다. 아무튼, 시간의 추이에 따라 생각의 폭도 참으로 다양하게 변한다는 것을 예전에는 미처 알지 못하였습니다.

그러면서 한편으로는 지금까지 살아오면서 인생은 서럽기 그지없는 여행이라고 생각했습니다. 그러는 과정에서, 왜 나에게만 힘들고 고통스러운 일들이 자꾸 일어나는 것일까 하고 반문하기도 하고, 가끔 왜 이런 힘든 시기에 이 세상에 태어났는가를 한탄하기도, 때론 누군가를 원망하기도 한 것이 사실입니다. 적어도 2015년 6월 29일 전까지는 그러한 마음이 지배적이었습니다.

2013년 1월 28일 나는 24년간 근무하던 대학에서 무고와 모함으로 '교무처장 재직 때 교무처 산하 입시관리팀 직원과 공모하여 입시경비를 횡령하였다'라는 사유로 파면을 당했습니다. 그리고 14건의 소송을 거쳐 2년 5개월 만에 대학에 다시 복직하게 되었습니다. 말 그대로 천신만고 끝에 복직하게 되었다는 것입니다. 그 복직을 한 날이 바로 2015년 6월 29일입니다. 파면에서 복직에 이르기까지 허공에 날린 변호사비, 그 사이 검찰청과 법원 오가며 마음고생을 하며 버틴 시간, 그동안 스쳐 지나간 온갖 인간 군상들의 모습 등이 주마등처럼 스쳐 지나갔습니다. 이 과정에서 배운 것이 2가지가 있습니다. 그 하나는 권력이 약자를 괴롭히려고 마음만 먹으면 얼마든지 그 권력을 휘두를 수도 있고 그 권력 아래 당하는 힘없는 사람은 누구든지 나락으로 떨어질 수밖에 없다는 것이고, 다른 하나는 완전 밑바닥에 떨어졌을 때 다른 사람을 알 수 있는 좋은 기회였을 뿐만 아니라 나 자신을 정말 잘 파악할 수 있는 기회이기도 하였다는 것입니다. 이는 2014년 초에 방영된 드라마 〈별에서 온 그대〉에서 여주인공 천송이(전지현 분)와 세미(유인나 분)의 대화에서도 고스란히 나타나고 있습니다.

"내가 이번에 바닥을 치면서 기분이 더러울 때가 참 많았는데, 한 가지 좋은 점이 있다. 사람이 딱 걸러져. 진짜 내 편과 내 편을 가장한

적, 인생에서 가끔 큰 시련이 오는 거, 한 번씩 진짜와 가짜를 걸러 내라는 하느님이 주신 그 기회가 아닌가 싶다."

그런데, 이보다 더 중요하게 배운 것으로, 내가 바닥을 쳤을 때 가장 무서웠던 것은 주변 사람들이 나를 버리는 것이 아니라 나 스스로가 나를 버리게 될 수 있다는 것이었습니다. 권력을 가진 자가 부당한 처분을 하였을 때, 이를 맞서서 싸우기보다 때로는 타협하려고 하였던 나약한 심성도 심성이려니와 그보다 더 잔인한 것은 그러한 권력에 힘없이 당하기만 하는 나 자신을 무력한 존재로 단정하고 거기서 끈을 놓고자 했던 적이 있었기 때문입니다.

2015년 6월 29일 천신만고 끝에 복직하게 된 날, 나는 행주산성 아래의 강가에서 한없이 울었습니다. 노벨 문학상 수상자 코엘류는 《피에트라 강가에서 나는 울었네》를 통하여 '모든 사랑 이야기는 서로 닮아 있다'라고 말하였지만, 나는 적어도 그날 늦은 저녁 개와 늑대의 시간에 행주산성 아래의 강가에서 '모든 고통은 서로 닮아 있다'라고 생각하게 되었습니다. '모든 슬픔과 아픔은 내가 초래한 것이고, 그것을 극복하고 견뎌내는 것 또한 나의 몫이다'라고 나 자신에게 다짐하며 나를 위로하고 또 토닥거렸습니다. 그러면서, 다시는 이러한 시련과 고통이 내게 다가오지 않도록 해야겠다고 다짐하며 다른 한편으로는 '앞으로 살아가면서 꽃으로라도 사람을 때리지 않고, 말로써도 상처를 주지 않겠노라'고 다짐하였습니다. 그러다가 문득 '이 모든 것이 나에게 일어난 것이 아니라, 이 모든 것들이 나를 위해 일어난 것'이라는 전혀 새로운 생각이 들었습니다. 이것은 이른바 관점이 변환되는 순간이었고, 나의 전공이 '성인학습'이고 성인학습에서 중요한 개념이 '전환학습(transformative learning)'이라는 것을 강의 시간에 수없이 언급하였지만, 실제로 이러한 것을 직접 체험한 것은 처음이었습니다. 전환학습은 '학습 과정에 참여한 성인이 극적인 사건 또는 점진적이고 의미 있는 경험을 통해 본인이 기존에 가지고 있던 고정관념이나 신념체계를 비판적으로 성찰하고, 학습의 과정을 통해 새로운 지식을 습득할 뿐만 아니라 관점의 전환과 행동의 변화를 경험하게 된다'라는 것이 그 주요 골자입니다.

이와 같은 관점의 변화는 존 던이 《인간은 섬이 아니다》에서 '누구를 위해 종이 울리는지 알려고 하지 마라. 그 종은 바로 그대를 위해 울리느니'라는 말의 의미를 깨닫는 것과 일맥상통하는 것이기도 합니다. 인생의 모든 일은 나를 위해 일어난 것입니다.[1)] 인생에서 일어나는 모든 일은 내가 감당할 수 있는 일이라는 것도 배웠습니다. 니체의 말처럼 '나를 죽이지 못하는 고통은, 나를 더 강하게 해줄 뿐이다'라는 것도 깨달았습니다. 모든 전쟁에서 패하고 세인트 헬레나섬에 유배된 나폴레옹의 '**오늘 나의 불행은 어제 내가 보낸 잘못된 시간의 보복이다.**'라는 말에 격하게 공감하면서 인생에서 일어나는 모든 고통은 내가 지금까지 살아온 방식을 바꾸라는 신호라고 받아들이기 시작하였습니다. 어둠이 존재하는 이유는 빛을 정의하고, 그 빛을 더욱더 빛나게 하기 위함입니다. 이러한 생각이 들자 불과 어제까지만 해도 죽을 것같이 밤이 오는 것을 두렵게 하였던 불면증이 사라지게 되었습니다. 또한, 내가 겪은 모든 고통과 아픔의 가치가 무의미하게 되지 않도록 새로운 희망과 도전 의지가 강렬하게 다가왔습니다.

사람은 생각하지 않고 살게 되면, 사는 대로 생각하게 된다고들 합니다.[2)] 생각하지 않고 산다는 것은 마치 인생을 작용 반작용의 법칙에 따라 산다는 것입니다. 배고프면 먹고, 추우면 따스한 곳을 찾고, 누군가가 좋아해 주면 좋아하고, 싫어하면 싫어하는 반응을, 남이 나를 해치려고 하면 나도 그들에게 똑같이 분노를 표출하는 것과 같은 작용 반작용적인 삶은 피동적인 삶이고, 지극히 동물적인 1차원적 삶에 지나지 않는다고 봅니다. 내가 선택하고 행하는 그 모든 것은 자신에게 되돌아오는 것이 인생입니다. 우리가 지나친 쾌락을 추구하면 그 반작용으로 고통이 뒤따를 것이고, 무엇인가를 얻기 위하여 고통을 무릅쓰게 되면 그 반작용으로 우리에게 더 나은 만족감과 기쁨이 주어질 것은 자명합니다. 따라서, 나의 손과 발은 나의 머리에 의하여 움직이듯, 나의 모든 것들은 타인이 결정하는 것이 아니라 나 스스로 결정하도록 해야 합니다. 그렇게 했을 때야 비로소 인간은 인간답게 주체적인 삶을 영위할 수 있습니다. 흔히 노예란 자신의 삶을 결정하지 못하고 주인에게 모든 행동의 결정권이 있는 자를 일컫는 말로 사용됩니다. 마찬가지로 내가 타인의 노예가 아니라 나 자신의 주인이 되기 위해서는 내 안에 잠들어 있는 또 다른 나와의 사이에서 주체적으로 선택을 해야 합니다. 사람은 살다 보면, 현실로부터 도망치고 심지어는 자기 자신으로부터도 회피하고 싶은 무기력에 빠질 때가 있습니다. 현재와 같이 변덕스럽고, 불확실하고, 복잡하고, 모호한 시대에서는 더욱더 그러한 모습을 보이기 쉽습니다. 내 안에 내가 숨는 행위는 어렸을 적에 친구들과 숨바꼭질하는 것과 같은 것이어서 결국은 들키고야 말게 됩니다. 타인에 의해서 구출되느니 내가 먼저 나를 찾아내어 거짓된 안전감에서 벗어나 진정한 자신의 주인이 되는 것이 필요합니다. 우리는 이제까지 자신의 재능과 가능성을 제대로 파악하지도 못한 채 자기로부터 숨어 지내는 것보다는 지금부터는 자기 자신을 찾아가는 것이 중요하다고 봅니다. 이 점에서 결정학의 창시자인 조제프 비카르트는 《결정수업》에서 자신을 찾아가는 것은 '무엇을 찾느냐가 아니라, 그것을 찾아가기 위해 어떻게 노력하는가와 그 노력에서 무엇을 배웠느냐가 중요하다'라고 강조합니다.[3)]

지금 중요한 것은 바로 내 안에서 잠자는 VIP를 일깨우고 맞이하는 것이다

사람은 믿고자 하는 의지에 따라 믿는 경향이 있습니다. 그리고 상호작용하는 방식에 따라 서로가 서로에게 영향을 미치게 마련입니다. 그리하여, 나와 네가, 나아가서 우리가 그렇게 믿으면 그렇게 된다는 것 또한 믿습니다. 그래서, 나는 지난날 살아오면서 보고, 듣고, 말하면서 배운 바를 믿기로 했습니다. 그리고, 그 과정에서 지금까지 사회생활을 하면서 얻은 교훈 3가지는 무슨 일이든지 간에 목표가 뚜렷해야 한다는 것이고, 그 목표가 분명하고 구체적일수록 무슨 일이든 해내고자 하는 방법이 생기고, 그리고 무슨 일이든 쉽게 이루어지는 일은 없다는 것입니다. 이를 한마디로 표현한다면 '내 안에 잠들어 있는 VIP를 일깨워야 한다'라는 것입니다. 《성경》의 마태복음 제7장 12절에서는 '남에게 대접받고자 하는 대로 남을 대접하라'라고 이야기합니다만, 내가 나를 대접하지 않는 사람은 타인을 결코 대접할 수 없습니다. 그러므로, 내 안에 잠자는, 아니 나 자신이 애써 숨겨왔던 VIP를 찾아내어 나 자신을 '매우 중요한 사람'으로 여기는 것이 무엇보다도 중요합니다. 일반적으로 VIP는 '매우 중요한 사람(Very Important Person)'을 의미합니다만, 여기에서는 VIP(가치 Value, 독립 Independence & 연대 Interaction, 열정 Passion)의 DNA를 내재화한 사람을 의미하는 것으로 사용하고자 합니다.

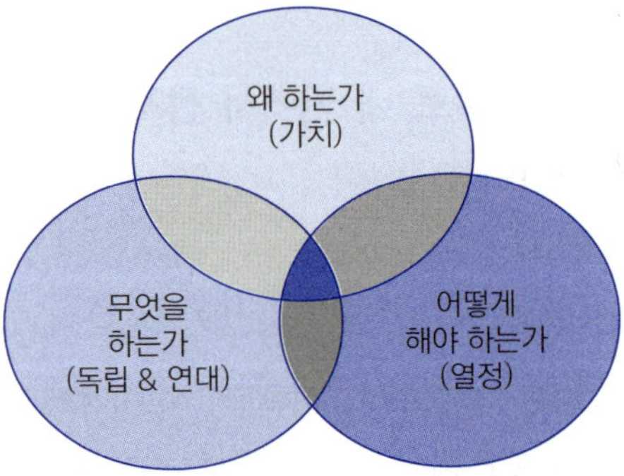

여기서 가치(Value)는 우리 자신이 평소에 '왜(why)' 그것을 강조하고 중시하는가와 관련된 것으로 모든 태도나 행동의 근원으로 작동하게 됩니다. 그리고 독립과 연대(Independence & Interaction)는 '무엇을 할 것인가(what)'의 문제와 관련됩니다. 자

기 자신을 사랑하지 않는 자는 타인을 결코 사랑할 수 없습니다. 또한, 자신이 바로 서지 못한 사람은 타인과의 교류와 협력 또한 제대로 이루어 내기가 어렵습니다. 오직 독립적인 주체만이 타인과의 연계와 연대가 가능합니다.[4] 인간은 타인과 끊임없는 상호작용을 통해서 보다 창의적이고 생산적인 존재로 발전해 나갈 수 있기 때문입니다. 열정(Passion)은 '어떻게 할 것인가의 방법(how)'의 문제로 어떠한 고난이나 고통이 다가와도 '중꺾마'로 무한한 긍정의 에너지로 특정한 사실을 마주하는 자세를 말합니다. 이들 3가지는 서로가 서로에게 연결되어 있으며 상호의 존적입니다. 우리 인간은 내가 소중히 여기는 그 무엇이 있으면, 그것을 얻고, 지키고, 무너지지 않고 바로 서서 끝없이 노력하는 존재이며, 그 어떤 고통도 견디어 내고 나아갈 수 있는 존재입니다.

따라서, 여기에서 자신의 최고의 가치를 무엇으로 정하느냐가 제일 중요합니다. 예나 지금이나 돈(property), 권력(power), 명예(prestige)와 같은 외적 가치만을 최고의 가치로 여기는 사람들이 많습니다. 이들은 사람 대부분이 중시하는 가치이기는 하지만, 유한한 가치이기도 합니다. 이들 희소가치를 둘러싸고 사람들 간의 무한경쟁이 일어나게 됩니다. 이긴 자가 모든 것을 가지는(the winner takes it all) 승자독식의 사회는 필연적으로 피로 사회, 우울 사회로 전락하고 맙니다. 이러한 외적 가치만을 중시하는 사고는 이제는 그 종말을 고해야 합니다. 한동안 전 세계를 지배했던 이데올로기가 종말을 고하듯이 말입니다. 인간은 어떤 면에서는 때때로 물질적인 외적 가치에 의해 지배되는 인간이기는 하지만, 그보다는 고귀한 내적 가치에 의해서 더욱더 그 가치가 빛나는 존재입니다. 이 점에서 긍정의 에너지인 성장을 제1의 가치로 여기는 것이 무엇보다도 중요합니다. 뿌리가 깊은 나무는 바람에 아니 흔들리듯, 가치가 바로 선 사람은 쉽게 무너지지 아니합니다. 바로 우리가 지향하는 가치야말로, 우리 자신의 내면의 깊은 뿌리와도 같은 존재입니다. 올바른 가치가 내면화된 사람은 타인과 비교하는 삶을 살지 아니합니다. 인생이라는 경기에서 타인과의 비교는 비참해지거나, 교만하게 되는 지름길입니다. 타인과의 비교로 일관된 삶은 불행하기 그지없습니다. 특히 내가 통제 불가능한 요인을 중심으로 타인과의 비교를 하다 보게 되면 더욱더 그러합니다. 따라서, 타인과의 비교를 통해 자신의 외모를 탓하고, 직업의 귀천을 따지고, 지위의 높낮이를 정하고, 재산의 많고 적음을 비교하는 데 나에게 주어진 소중한 시간을 낭비할 필요는 없습니다.

인생은 영원한 베타이다

하버드 대학교 심리학과 교수였던 조던 피터슨은《12가지 인생의 법칙: 혼돈의 해독제》에서 '나 자신을 다른 사람들과 비교하지 않고, 오직 어제의 나 자신과 비교하는 삶을 중시'하는 자세가 필요하다고 강조합니다.[5)] 그리고 이것은 성공하는 모든 사람의 참모습이기도 합니다. 모든 성장에는 속도보다는 방향이 중요합니다. 또한, 존 맥스웰의 지적처럼 '돈을 많이 벌었다는 것이, 명예를 높이 쌓았다는 것이, 공부를 많이 했다는 것이, 높은 지위를 누렸다는 것이 인생에서의 성공'을 의미하지 않습니다. 또한 이것만이 인생의 행복을 결정짓는 중요 요소도 아닙니다. 인생에서의 성공 여부나 행복의 체감은 오로지 자기 자신만이 결정할 수 있는 그 무엇이기 때문입니다. 그러므로, 중요한 것은 꺾이지 않는 마음으로 인생이라는 경기에서 성장을 제1의 가치로 여기며 살아왔다는 자부심, 그리고 그러한 가치를 지키기 위하여 어제도 오늘도 '열정'을 친구로 삼아 계속 걷는 영원한 베타형 인간이 되는 것입니다. 우리가 가고자 하는 올바른 방향으로 걷고 있고, 앞으로도 계속 걷고자 노력한다면, 결국 우리는 그 길에 도착해 있을 것입니다. 설령, 그 길에 일찍 도착하지 못한다고 하더라도 그 걷는 동안 우리는 더 성공에 가깝게 다가갈 것이며 더 만족하고 행복한 생활을 유지할 수 있습니다. 왜냐하면, 삶에 있어서 행복의 반대말은 불행이 아니라 우울감이며, 성공의 반대말은 실패가 아니라 무력감이라고 믿기 때문입니다.

그러므로 인생 100세 시대의 인생 여정에서 가장 중요한 것은 바로 '성장을 제1의 가치'로 두는 것입니다. 성장만이 오늘보다 더 나은 내일을 만듭니다. 성장만이 보다 가치 있는 삶을 추구하도록 요구합니다. 성장은 멈추었을 때야 비로소 그 가치가 돋보이게 마련입니다. 죽은 물고기는 흐르는 물길에 몸을 맡기지만, 산 물고기는 물길을 거슬러 올라갑니다. BTS의 노랫말에서와 같이 '인생의 최고의 순간은 아직 오지 않았다(yet to come)'라는 마음으로 내 인생을 어제보다는 나은 오늘로 만들어 가는 **'영원한 베타**(permenant beta)'의 정신이야말로 인간이 인간다움을 유지하는 가장 핵심 비법입니다. '영원한 베타'로서 인간은 자기 자신을 일으키고(企), 자신의 일을 성장시키며(業), 경영하는 자신의 기업가(企業家)입니다. 자기 자신의 기업가로서 인간은 마치 기업이 끊임없는 개선과 혁신을 거듭하고, 그를 통해 무한경쟁의 시대에서 지속 가능한 성장을 이어가듯이 자신 또한 자신의 브랜드 가치를 끊임없이 업그레이드하는 영원한 베타의 자세를 지녀야 합니다. 기업가에게 있어서 '완성(finish)'이라는 말이 금기어이듯이, '끝'이라는 말은 우리 모두에게 금기어이어야 합니다.[6] 우리는 높은 지위에 있다고 하더라도, 많은 지식을 소유하고 있다고 하더라도, 그리고 무엇보다 아무리 '나이 들었다'고 하더라도 하루하루 더 많은 것을 배우고, 더 많은 꿈을 꾸고, 더 많이 타인은 물론 자신을 돌보면서 성장할 수 있는 기회를 가져야만 합니다. 그러므로, 이 영원한 베타의 길에는 언제나 질문과 성찰이라는 친구가 동행해야 합니다. 오늘 내가 던지는 최초의 질문이 나의 삶을 바꾸듯이 오늘 우리가 함께하는 질문은 우리의 세상을 바꾸게 됩니다. 질문은 우리를 행동으로 이끌고 성찰은 우리를 또 다른 질문으로 안내하면서 우리를 성장하게 만들기 때문입니다. 우리는 인생이라는 무대에서 늘 질문의 힘과 성찰의 가치를 믿으면서 어제보다는 나은 오늘을, 오늘보다는 내일을 기약할 수 있어야 합니다.

인간의 위대함은 그가 부모나 사회로부터 물려받는 그 무엇에 의하여 결정되는 것이 결코 아닙니다. 스티븐 코비 박사가 《성공하는 사람들의 7가지 습관》에서 언급한 바와 같이 '인간은 환경의 산물도 아니고 자신이 선택하고 행한 온갖 결정들의 산물'이기 때문입니다. 우리 인간은 우리 자신이 주어진 삶 속에서 무엇을 경험하고 배우며, 그 배운 결과에 근거하여 어떠한 결정을 하는가에 따라 전적으로 현재와 미래의 삶이, 심지어 과거의 삶까지도 새롭게 규정되게 마련입니다. 영화 〈쇼생크 탈출〉에서 주인공 앤디의 말처럼 '두려움은 우리를 죄수로 가두고, 희망은 우리를 자유롭게 한다'라는 것을 믿습니다. 또한 더 나은 세상은 나로부터 시작되기보다는 우리가 모두 함께 만들어 갈 때 더 잘 이룰 수 있다는 것도 믿습니다. 그리고 희망합니다. 오늘과 내일의 나와 우리의 행복은, 어제와 오늘 나와 우리가 충실히 보낸 시간의 축복이기를 희망합니다.[7)]

미주

프롤로그: 지금은 가치 중심의 인생 5.0의 시대이다

1) 조동성. 자본주의 5.0연구회. 《자본주의 5.0》. (서울: Weekly BIZ Books, 2016).
2) 필립 코틀러 외. 《마켓 5.0》. 이진원 역. (서울: 더퀘스트, 2021). p. 55.
3) 데이비스 스티븐슨. 《초연결》. 김정아 역. (서울: 다산북스, 2020). pp. 16-17.
4) 상게서. p. 14.
5) 상게서. p. 24.
6) 프리할라드 외. 《경쟁의 미래》. 김성수 역. (서울: 세종서적, 2014). p. 35.
7) 필립 코틀러. 《마켓 3.0》. 안진환 역. (서울: 타임비즈, 2010). p. 25.
8) 프라할라드. 전게서. p. 23.
9) 프라할라드. 전게서. p. 39.
10) 프라할라드. 전게서. p. 40.
11) 뉴욕타임스(NYT), 2022.3.5일 자 뉴스.
12) 다니엘 핑크. 《드라이브 Drive》. 김주환 역. (서울: 청림출판, 2017). pp. 203-205.

제1장: 목표 없는 삶은 선장 없이 표류하는 배와 같다

1) 마르쿠스 아우렐리우스. 《명상록》. 이현우 · 이현준 편역. (서울: 메이트북스, 2020). p. 30.
2) 조던 피터슨. 《12가지 인생의 법칙》. 강주헌 역. (서울: 메이븐, 2021). p. 495.
3) 루이스 캐럴. 《이상한 나라의 앨리스》. 박혜원 역. (서울: 알에이치코리아, 2020). pp. 127-128.
4) 브라이언 트레이시. 《목표: 그 성취의 기술》. 정범진 역. (서울: 김영사, 2003).
5) 조선일보. 2021, 12.16일 자 A27면 1단 신문 기사.
6) 앨런 알렉산더 밀른. 《곰돌이 푸》. 박혜원 역. (서울: 더클래식, 2019).
7) de Posada, Joachim & Singer, Ellen. 《마시멜로 이야기(Don't Eat The Marshmallow Yet!)》. (SF: Berkley Books, 2005).
8) de Posada, Joachim & Singer, Ellen. 《마시멜로 이야기(Don't Eat The Marshmallow Yet!)》. (SF: Berkley Books, 2005).
9) 지미 카터. 《나이가 드는 것의 미덕》. 김은령 역. (서울: 도서출판 끌리오, 1999).
10) 조지 베일런트. 이덕남 역. 《행복의 조건: 하버드 대학교 인생성장 보고서》. (서울: 프런티어, 2010). p. 17.
11) 다니엘 핑크. 《드라이브 Drive》. 김주환 역. (서울: 청림출판, 2017). p. 186.
12) 동아일보. '베이비 부머 인생 2막 무대로'(2022.3.19일 자).
13) 다니엘 핑크. 전게서. pp. 186-187.
14) 상게서. pp. 188-189.
15) 알랭 드 보통. 《불안》. 정영목 역. (서울: 은행나무, 2020). p. 230.
16) 다니엘 핑크. 전게서. p. 191.
17) 김형석. 《인생 문답》. (서울: 미류책방, 2021). p. 52.
18) 다니엘 핑크. 전게서. p. 202.
19) 빅터 프랭클. 《죽음의 수용소에서》. 이시형 역. (서울: 청아출판사, 2020). p. 195.

20) 마사 누스바움. 《타인에 대한 연민》. 임현경 역. (서울: 알에이치코리아, 2020). p. 281.
21) 파커 파머. 《가르칠 수 있는 용기》. 이종인 외 역. (서울: 한문화, 2016). pp. 304-305.
22) 황부영. "아 옛날이여", '옛날 없이 못 하는 일본의 국가 브랜드(1)'. 이코노미 조선(2022.01.14.).
23) 마사 누스바움. 《지혜롭게 나이 든다는 것》. 안진이 역. (서울: 어크로스 출판, 2020). pp. 152-153.
24) 상게서. p. 153.
25) 상게서. p. 176.

제2장: 인생은 B와 D 사이의 C이다

1) 그런데, 교육부 교원소청심사위원회의 징계 사유는 영국 대학과의 공동 학위 운영 주체인 대학이 영국의 국립대학이었음에도 학교 당국의 주장을 그대로 인용하여 Further Education College를 '계속교육대학'으로 번역하고 말 그대로 정식 고등교육기관이 아닌 우리나라의 대학 평생교육원과 같은 곳이라고 잘못 판단한 결정이었습니다. 물론 이러한 판단은 후일에 진행된 행정법원의 소송에서는 영국의 교육제도를 전혀 이해하지 못한 소치라고 보고 교원소청심사위원회의 결정을 기각한 바 있습니다.
2) 마르쿠스 아우렐리우스, 《명상록》. 천병희 역. (서울: 도서출판 숲, 2014). p. 36.
3) 신영복. 《처음처럼: 신영복의 언약》. (서울: 돌베개, 2016).
4) 마틴 셀리그만. 《긍정심리학》, 우문식 역. (서울: 물푸레, 2020). pp. 109-110.
5) 도스또옙스키. 《까라마조프 형제들》. 홍대화 역. (서울: 창비, 2021).
6) 석영중. 《인간 만세: 도스또옙스키의 까라마조프가의 형제들 읽기》. (서울: 세창출판사, 2018).
7) 마틴 셀리그만. 《긍정심리학》. 우문식 역. (서울: 물푸레, 2014).
8) 장영희. 《축복: 세상에서 제일 큰 축복은 희망입니다》. (서울: 비채,

2006). p. 175.

9) 빅터 프랭클. 《죽음의 수용소에서》. 이시형 역. (서울: 청아출판사, 2020). p. 114.

10) 제대 후 나중에 안 사실이지만, 삼청교육대 순화 교육은 전두환 정권 시절의 가장 대표적인 인권탄압사건으로 1988년 국회의 국방부 국정감사 발표에 의하면 삼청교육대 현장 사망자가 52명, 후유증으로 인한 사망자 3백97명, 정신장애 등 상해자 2천6백78명이 발생한 것으로 보고되었습니다.

11) 마틴 셀리그만. 《긍정심리학》. 김인자 역. (서울: 물푸레, 2020). p. 174.

12) 대니얼 카너먼. 《생각에 관한 생각》. 김창신 역. (서울: 김영사, 2018). p. 479.

13) 칙센트미하이. 《몰입의 즐거움》. 이희재 역. (서울: 해냄출판사, 2007).

14) 이어령. 《젊음의 탄생》. (서울: 마로니에북스, 2013). p. 105.

15) 웬디 우드. 《해빗 Habit》. 김윤재 역. (서울: 다산북스, 2019). pp. 102-103.

16) 상게서. p. 104.

17) 로버트 스턴버그 외. 《지혜의 탄생》. 최호영 역. (서울: 21세기북스, 2010).

18) 알리기에리 단테. 《신곡》. 김운찬 역. (서울: 열린책들, 2021).

19) 존 맥스웰. 《다시 일어서는 힘》. 김고명 역. (서울: 비즈니스북스, 2017).

20) 존 맥스웰. 《어떻게 배울 것인가》. 박산호 역. (서울: 비즈니스북스, 2014).

21) 셀리그만. 〈TED: 긍정심리학을 말하다〉. www.ted.com/talks/martin_seli.

22) 게리 켈러. 《원씽 The One Thing: 복잡한 세상을 이기는 단순함의 힘》. 구세희 역. (서울: 비즈니스북스, 2013).

23) 강신주. 《감정 수업》. (서울: 민음사, 2013). p. 354.

24) 찰스 두히그. 《습관의 힘》. 강주헌 역. (서울: 갤리온, 2012). p. 12.

25) 장 보드리야르. 《소비의 사회》. 이상률 역. (서울: 문예출판사, 1999). p. 87.

26) 도리스 메르틴. 《아비투스》. 배명자 역. (서울: 다산초당, 2020). p. 41.

27) 존 맥스웰. 《다시 리더를 생각하다》. 이한이 역. (서울: 비즈니스북스, 2020). p. 29.

28) 배철현. 《심연: 나를 깨우는 짧고 깊은 생각》. (서울: 21세기북스, 2018). p. 204.

29) 발티자르 그라시안. 《인생 수업》. 정영훈 외 편역. (서울: 메이트북스, 2020). p. 49.

제3장: 단언컨대, 학습은 완벽한 성장 촉진제이다

1) 공병호. 《공병호의 변화경영》. (서울: 21세기북스, 2007), p. 17.
2) 상게서. p. 74.
3) Sharan Merriam & Rosemary Caffarella. 《Learning in Adulthood》. (SF: Jossey-Bass, 1999). pp. 51-53.
4) Malcom Knowles 외. 《성인학습자》. 최은수 역. 서울: 아카데미프레스, 2010). p. 13.
5) 상게서. p. 15.
6) 특히, 도도새는 인도양 남서부에 있는 화산섬 모리셔스에서만 서식했던 종으로서 천적이 없고 식량이 넘치는 완벽한 환경에서 도도새의 날개는 퇴화해 더 이상 날지 못하게 되었고, 16세기 이후 유럽인이 모리셔스섬에 발을 디디면서 도도새는 인간의 먹잇감이 됐지만, 날갯짓 한 번 못하고 계속 잡히다가 결국 멸종이 된 대표적인 사례입니다.
7) Matlock, Duke, Martin, Dave. 《Get Up and Grow 21 Habits of Successful People》. (NY: Morgan James Publishing, 2018).
8) 레베카 코스타. 《지금, 경계선에서》. 장세현 역. (서울: 쌤앤파커스, 2011), pp. 320-321.
9) 세계적인 리더십 전문가 존 맥스웰은 치타의 사냥기술은 '속도'가 아니라 '민첩성'에 있다고 강조한 바 있습니다. 존 맥스웰, 《다시 리더를 생각하다》. 이한이 역, (서울: 비즈니스북스, 2021). pp. 14-15.
10) 존 맥스웰. 《다시 리더를 생각하다》. 이한이 역. (서울: 비즈니스북스, 2021). pp. 20-21.
11) Sharan Merriam & Rosemary Caffarella. 《Learning in Adulthood》. (SF: Jossey-Bass, 1999). p. 43.
12) 정민승. 《평생학습, 또 하나의 오래된 미래》. (서울: 에피스테메, 2021), pp. 10-11.
13) 장자크 루소. 《에밀》. 정영하 역. (서울: 연암사, 2003), p. 242.

14) 정민승. 전게서. pp. 162-163.

15) 정민승. 전게서. pp. 162-163.

16) 마르쿠스 아우렐리우스. 《명상록》. 김병호 역. (서울: 집문당, 1990), pp. 13-23.

17) 장자크 루소. 전게서. p. 243.

18) 정민승. 전게서. p. 156.

19) 권두승, 조아미. 《성인학습 및 상담》. (서울: 교육과학사, 2021). p. 10.

20) 파울로 프레이리. 《페다고지: 억눌린 자를 위한 교육〉. 성찬성 역. (서울: 한마당, 1995).

21) 피터 드러커. 《변화 리더의 조건》, 이재규 역. (서울: 청림출판, 2014).

22) 류시화. 《사랑하라 한 번도 상처받지 않은 것처럼》. (서울: 오래된 미래, 2005), pp. 36-38. 이 시의 작가는 인터넷상에 오마르 워싱턴(Omar Washington) 또는 샤를 드 푸코(Charles de Foucauld)로도 알려져 있습니다.

23) 앨빈 토플러. 《부의 미래》. 김중웅 역. (서울: 청림출판, 2008).

24) 피터 드러커. 《일의 철학》. 피터 드러커 소사이어티 역. (서울: 청림출판, 2018). p. 124.

25) 마이클 영. 《능력주의》. 유강은 역. (서울: 이매진, 2020).

26) 박권일. 《한국의 능력주의》. (서울: 이데아. 2021).

27) 알랭 드 보통. 《불안》. 정영목 역. (서울: 은행나무, 2012). pp. 229-230.

28) 오욱환. 《교육불평등》. (서울: 교육과학사, 2021). p. 4.

29) 상게서. p. 4.

30) 존 코터. 《기업이 원하는 변화의 리더》. 한정곤 역. (서울: 김영사, 2015). pp. 254-255.

31) 권두승 외. 《성인학습 및 상담》. (서울: 교육과학사, 2021). p. 186.

32) 하 로우 외. 《코칭심리》. 탁진국 외 역. (서울: 학지사, 2011). p. 78.

33) 상게서. p. 80.

34) 상게서. pp. 80-81.

35) 짐 퀵. 《마지막 몰입》. 김미정 역. (서울: 비즈니스북스, 2021). pp. 266-267.

36) 위키백과. '아테나의 부엉이'(https://ko.m.wikipedia.org/wiki4

2022.3.16. 출력).

37) 문영미. 《디퍼런트 Different》. 박세연 역. (서울: 살림Biz, 2011). p. 95.

38) 상게서. p. 96.

39) https://m.blog.naver.com/monsoon8273/222587409143(2022.3.15일자 출력).

40) 스타니슬라스 드앤. 《우리의 뇌는 어떻게 배우는가》. 엄성수 역. (서울: ROK, 2022). pp. 232-261.

41) 상게서. p. 233.

42) 짐 퀵. 《마지막 몰입》. 김미정 역. (서울: 비즈니스북스, 2021). p. 83.

43) 김영철 편. 《모든 이가 스승이고, 모든 곳이 학교다》. (서울: 창비교육, 2018).

44) 다니엘 핑크. 《드라이브 Drive》. 김주환 역. (서울: 청림출판, 2017). pp. 154-156.

45) 주간조선. '20대 기자와 103세 철학자의 대화'. 2695호(2022.02.11.).

46) 벤자민 페렌츠. 《101살 할아버지의 마지막 인사》. (서울: 양철북, 2021). pp. 49-50.

제4장: 경험과 자본은 축적의 결과이다

1) 이길보라. 《해보지 않으면 알 수 없어서》. (서울: 문학동네, 2020).

2) 찰스 두히그. 《습관의 힘》. 강주헌 역. (서울: 갤리온, 2012). pp. 375-376.

3) 박노해. 《그러니 그대 사라지지 말아라》. (서울: 느린걸음, 2010).

4) 프랑크 봄, 로버드 사부다. 《오즈의 마법사》. 푸른 삼나무 역. (서울: 넥서스주니어, 2021).

5) 조던 피터슨. 《12가지 인생의 법칙》. 김주헌 역. (서울: 메이븐, 2018). p. 64.

6) 마사 누스바움. 《타인에 대한 연민》. 임현경 역. (서울: RHK, 2020). p. 55.

7) 상게서. pp. 55-56.

8) 이 가운데서 나 자신이 가장 두려워하는 것은 '높은 곳에 서 있는 것'과 '뱀'입니다. 고층 아파트에서 아래를 내려다본다든지, 바깥이 훤히 트인 공영주차장 3, 4층으로 차를 몰고 올라가는 것은 죽기보다 더 싫은 차라리 '오금이 저린'다는 표현이 보다 더 적당한 두려움 그 자체입니다. 이

른바 '고소공포증'이라고 하는 것입니다. 다음으로 두려운 것이 '뱀'인데요. 어렸을 때 뱀에 물려 다리가 퉁퉁 부어 요즘 아이들 표현대로 말하자면 '개고생'을 한 적이 있습니다. 그 후로는 뱀만 보면 기겁을 하게 됩니다. 2003년도에 평생교육원장직을 수행하고 있을 때의 일입니다. 원장방에서 잔심부름을 하는 근로학생이 있었습니다. 이 학생은 제가 소속한 학과 학생이고 2학기 동안이나 제 강의를 들은 바 있어서 제가 뱀을 무서워한다는 것을 알고 있었습니다. 제 사무실에서 일한 지 한두 달 지났을 무렵, 저와 어느 정도 친근감이 형성되었다고 판단되었는지, 어느 날 뱀 모형을 들고 제 사무실 책상 앞으로 다가왔습니다. 화들짝 놀라서 책상에서 기겁을 하고 뒤로 나자빠진 경험이 있습니다. 그날의 그 사건은 학교에서 한동안 직원들 간에 술안줏거리로 회자되었음은 물론입니다.

9) 고도원. 〈아침편지〉. 2005.5.11.

10) 스펜서 존슨. 《누가 내 치즈를 옮겼을까?》. 이명진 역. (서울: 진명출판사, 2017).

11) 제사미 히버드. 《성공한 사람들의 가면증후군》. 청송재편집부 역. (서울: 청송재, 2021).

12) 상게서. p. 75.

13) 조던 피터슨. 《질서 너머》. 김한영 역. (서울: 웅진지식하우스, 2021). p. 303.

14) 마틴 셀리그만. 《긍정의 심리학》. 우문식 역. (서울: 물푸레, 2020).

15) 강신주. 《감정수업》. (서울: 민음사, 2012). p. 458.

16) 상게서. p. 456.

17) 한스 로플링. 《팩트풀니스 Factfulness》. 이창신 역. (서울: 김영사, 2023). p. 38.

18) 《위키백과》에서는 다음과 같이 설명하고 있습니다.

그 첫째는 종족의 우상입니다. 이것은 자기의 의지나 감정에 의하여 생각이 흐려진다거나 또한 감각 기관에 의해 착각이 일어나는 것처럼, 모든 인간이 본능적으로 쉽사리 이끌려 들어가는 여러 가지 착각을 말합니다. 말하자면, 세계의 모든 현상을 인간의 관점에서만 보려는 것을 종족의 우상이라고 합니다.

둘째는 동굴의 우상입니다. 이것은 개개인마다 가진 서로 다른 성격, 기질, 교육, 관점, 처지 때문에 생기는 편견입니다. 각 개인은 자기만의 독특한 동굴에 갇혀 있는 것과 같은 상태이기 때문에 편견을 갖게 되는 것입니다.

셋째는 시장의 우상입니다. 베이컨은 말 때문에 생기는 편견을 시장의 우상이라고 했습니다.

마지막 넷째는 극장의 우상입니다. 베이컨은 무대 위에 꾸며진 것을 보고 환호하는 관객들처럼, 전통이나 권위를 등에 업고 나타나는 지식이나 학문을 아무런 비판 없이 받아들이는 것을 가리켜 극장의 우상이라고 했습니다.

19) 슈퍼밈(super meme)이란 '사회에 확고하게 뿌리를 내리고 널리 만연하여 다른 모든 믿음과 행동에 영향을 미치거나 악영향을 가하는 모든 종류의 믿음, 생각, 행'동을 가리키는 말입니다(자세한 내용은 레베카 코스타의 《지금 경계선에서》에 언급되어 있습니다).

20) 이는《성경》의 히브리서 11장 1절에 나오는 말입니다.

21) 빅터 프랭클. 《죽음의 수용소에서》. 이시형 역. (서울: 청아출판사, 2020). pp. 118-121.

22) 이재운 외. 《우리말 1000가지》. (서울: 예담, 2018).

23) 강신주. 전게서. p. 442.

24) 마사 누스바움. 전게서. p. 255.

25) 마사 누스바움. 전게서. p. 255.

26) 찰스 두히그. 전게서, p. 12.

27) 장 보드리야르. 《소비의 사회》. 이상률 역. (서울: 문예출판사, 1999). p. 87.

28) 톨스토이는 그의 장편소설 《안나 카레니나》의 첫 시작 문구에서 '행복한 가정은 서로 닮았지만, 불행한 가정은 모두 저마다의 이유로 불행하다'고 하였습니다. 이 말 가운데 행복과 불행을 성공과 실패로 치환하여 언급한 것이 이 문장입니다.

29) 이와 관련하여 최종엽은 《오십에 읽는 논어》라는 저서에서 40세까지는 재화만사성(財貨萬事成), 즉 돈으로 모든 것이 해결될 줄 알았다고 언급하고 있습니다. 오십 대가 되면서부터는 가화만사성이 더 중요하다는 것입니다.

30) 도리티 메르틴. 《아비투스》. 배명자 역. (서울: 다산초당, 2020). p. 166.
31) 상게서. p. 167.
32) 상게서. p. 175.
33) 알랭 드 보통. 전게서. p. 230.
34) 추친닝. 《승자의 심리학》. 함규진 역. (서울: 씨앗을뿌리는사람들, 2005). p. 76.
35) 사이토 다카시. 《세계사를 움직이는 다섯 가지 힘》. 홍성민 역. (서울: 뜨인돌출판사, 2009).
36) 부르디외에 따르면 경제자본은 돈이나 토지, 재산처럼 재정적인 이득을 발생시키는 데 사람들이 이용하는 자원과 자산의 총합입니다. 문화자본은 경제학자들이 규정하는 인적 자본을 포함하여 문화적 지식과 문화적 가공물까지를 포함합니다. 이와는 달리 사회자본은 한 사람이나 집단이 유용한 연줄을 제공해 줄 수 있는 집단이나 일족 혹은 클럽의 회원이 되거나 그들과 그물처럼 얽힌 관계를 맺음으로써 얻는 실제 자원이나 잠재적 자원을 합친 개념입니다. 한마디로 사회자본은 무엇을 아느냐가 아니라, 누구를 아느냐의 문제, 나아가 누구와 친한가와 관련된 개념입니다.
37) 캐서린 하킴에 따르면, 매력자본은 아름답거나 멋진 외모, 성적인 매력, 사회적인 요소로서 우아함과 인간관계기술, 신체적인 건강함과 사회적 에너지, 사회적 표현력, 섹슈얼리티의 6가지로 구성됩니다. 캐서린 하킴. 《매력자본》. 이현주 역. (서울: 민음사, 2013). pp. 20-25.
38) 도리스 메르틴. 전게서. pp. 22-23.
39) 여기에서 사용된 '경험과 자본은 축적의 결과'라는 말은 원래 전 서울평생교육진흥원 김영철 원장과 중앙대학교 이희수 교수와의 저녁자리에서 이희수 교수가 언급한 '시련과 자본은 축적의 결과이다'라는 말을 다소 수정하여 제시한 글임을 밝혀 두고자 합니다.

제5장: 비르투가 있어야 포르투나도 뒤따른다

1) https://ko.wikipedia.org/wiki/%EB%B3%84%EC%9D%98_%EC%88%9C%EA%B0%84.

2) William Smiley Howey. 〈Empathic Communicator〉. (NY: Wadsworth Pub Co, 2011). p. 125.
3) 웬디 우드. 《해빗 Habit》. 김윤재 역.(서울: 다산북스, 2020). p. 132.
4) 공병호. 《10년법칙: 명품인생을 만드는 10년 법칙》. (서울: 21세기북스, 2006).
5) 존 맥스웰. 《사람은 무엇으로 성장하는가》. 김고명 역. (서울: 비즈니스북스, 2012). p. 109.
6) 대니얼 코일. 《탤런트 코드》. 윤미나 외 역. (서울: 웅진지식하우스, 2021). p. 312.
7) 미하이 칙센트미하이. 《몰입의 즐거움》. 이희재 역. (서울: 도서출판 해님, 1999). p. 49.
8) 사이토 다카시. 《세계사를 움직이는 5가지》. 홍성민 역. (서울: 뜨인돌, 2010).
9) 피터 드러커. 《프로페셔널의 조건》. 이재규 역. (서울: 청림출판, 2017). p. 175.
10) 조던 피터슨. 《질서 너머》. 김한영 역. (서울: 웅진지식하우스, 2021). p. 214.
11) https://www.chosun.com/culture-life/art-gallery/2021/06/02/XXMFCRG4IRDW7LGP5JA2UFMFIA/.
12) 게리 하멜, 프라할라드. 《미래경쟁전략》. 김소희 역. (서울: 21세기북스, 2011). pp. 301-304.
13) 갤럽 프레스. 《위대한 나의 발견 강점혁명》. 갤럽 프레스 역. (서울: 청림출판, 2021). p. 14.
14) 갤럽 프레스의 《위대한 나의 발견 강점혁명》에는 강점 진단 도구가 포함되어 있으며, 이를 활용하여 자신의 강점테마 5가지를 찾아낼 수 있습니다.
15) 유선영. 《결국, 강점》. (서울: 빌리버튼, 2019). p. 111.
16) 마이클 샌델. 《공정하다는 착각: 능력주의는 모두에게 같은 기회를 제공하는가?》. 하규진 역. (서울: 와이즈베리, 2020).
17) 주간경향. '기회의 불평등, 진짜 악화했을까?'. (2023.3.20. 제159호).
18) 이동규. 《생각의 차이가 일류를 만든다: Think 4.0 시대의 역발상 콘서

트》. (서울: 21세기북스, 2019).

19) 마키아벨리. 《군주론》. 박상훈 역. (서울: 후마니타스, 2019). pp. 333-334.

20) 카롤루스 보빌루스의 《지혜에 대하여(Liber de sapiente), 1510》에 삽입된 '포르투나와 비르투'라는 제목의 목판화가 있다고 합니다. 눈을 가린 채 회전하는 운명의 바퀴를 들고 공처럼 둥근 의자에 불안하게 앉아있는 것이 운명의 여신이고, 성찰의 거울을 들고 사각의 안전한 의자에 앉아있는 것이 지혜의 여신입니다. 오른쪽 맨 위에 있는 '지혜자(sapiens)'가 하는 말이 인상적입니다. "비르투를 믿어라. 포르투나는 파도보다 더 순식간에 사라진다."

21) 말콤 글래드웰. 《아웃라이어》. 최정태 외 역. (서울: 김영사, 2009).

22) 마이클 모부신. 《운과 실력의 성공방정식》. 이건 외 역. (서울: 에프엔미디어, 2019). pp. 291-317.

23) 존 맥스웰. 《사람은 무엇으로 성장하는가?》. 김도명 역. (서울: 비즈니스북스, 2012). p. 30.

24) 영화 〈완벽한 타인〉의 마지막 엔딩 장면에서는 "사람들은 누구나 세 개의 삶을 산다. 공적인 나, 개인적인 나, 비밀의 나"라는 짧은 자막이 나옵니다.

25) 스티븐 코비. 《성공하는 사람들의 12가지 강점》. 김경섭 역. (서울: 김영사, 2022). p. 35.

26) 황농문. 《몰입: 두 번째 이야기》. (서울: RHK, 2019). p. 26.

27) 수전 케인. 《콰이어트 Quiet》. 김우열 역. (서울: RHK, 2012). pp. 405-406.

28) 마커스 버킹엄 외. 《일에 관한 9가지 거짓말》. 이영래 역. (서울: 쌤앤파커스, 2019). p. 124.

29) 상게서. p. 122.

30) https://positivepsychology.com/what-is-flow/#Mihaly-Csikszentmihalyi.

31) https://positivepsychology.com/what-is-flow/#Mihaly-Csikszentmihalyi.

32) https://positivepsychology.com/what-is-flow/#Mihaly-Csikszentmihalyi.

33) 칙센트미하이. 《몰입의 경영》. 심현식 역. (서울: 황금가지, 2007). p. 111.

34) 로버트 그린. 《권력의 법칙》. 안진환 외 역. (서울: 웅진지식하우스, 2009). pp. 30-34.
35) 상게서. p. 30.
36) 알랭 드 보통. 《불안》. 정영옥 역. (서울: 은행나무, 2020). p. 38.
37) 레이 달라오. 《원칙: Principles》. 고영태 역. (서울: 한빛비즈, 2022). p. 421.
38) 상게서. p. 210.
39) 마사 누스바움. 《타인에 대한 연민》. 임현경 역. (서울: RHK, 2020). p. 181.

제6장: 사람을 움직이는 것은 관계의 힘이다

1) 페터 비에리. 《삶의 격: 존엄성을 지키며 살아가는 방법》. 문항심 역. (서울: 은행나무, 2022). p. 111.
2) 상게서. p. 111.
3) 제러미 리프킨. 《회복력의 시대: The Age of Resilience》. 안진환 역. (서울: 민음사, 2022). p. 352.
4) 존 던. 《인간은 섬이 아니다》. 김명복 역. (서울: 나남, 2009). p. 178.
5) 제러미 리프킨. 전게서. p. 361.
6) 조지프 헨릭. 《위어드: Weird》. 유강은 역. (서울: 21세기북스, 2022). p. 58.
7) 웨인 다이어. 《모두에게 사랑받을 필요는 없다》. 장원철 역. (서울: 스몰빅라이프, 2020).
8) 이 말은 얼마 전에 JTBC에서 방영된 드라마 〈대행사〉에서 주인공 고아인(이보영 분)이 대기업 사장직을 그만두고 새롭게 창업한 회사에서 직원들과의 대화에서 한 대사인 "내 한계를 남들이 왜 결정하지"라는 말을 인용한 것입니다.
9) 권두승. '사회적 자본의 형성, 평생학습이 답이다.'. 김성회 외. 《한국의 논점 2018》. (서울: 북바이북, 2018). pp. 376-384.
10) SBS미래부. 《더 좋은 사회, 더 나은 미래》. (서울: 한울, 2017). p. 37.
11) 오선정. 《사회자본과 노동시장의 성과 보고서》. (서울: 한국노동연구원, 2017). p. 3.

12) 서울특별시. '공유경제와 사회적 자본'. 《서울소식》. (2019.10.14.).
13) 도리스 메르틴. 《아비투스》. 배명자 역. (서울: 다산초당, 2020). p. 308.
14) 오선정 외. 《사회자본과 노동시장의 성과》. (한국노동연구원 보고서, 2017). p. 3.
15) 제프리 페퍼. 《권력의 기술》. 이경남 역. (서울: 청림출판, 2012). p. 175.
16) 김주환. 《회복 탄력성》. (서울: 위즈덤하우스, 2019). p. 159.
17) 제프리 페퍼. 전게서. p. 174.
18) 폴 에얼릭, 로버트 온스타인. 《공감의 진화》. 고기탁 역. (서울: 에이도스, 2012). pp. 126-127.
19) 존 맥스웰. 《사람은 무엇으로 성장하는가?》. 김고명 역. (서울: 비즈니스북스, 2012). pp. 54-55.
20) 대니얼 카너먼. 《생각에 관한 생각: 우리의 행동을 지배하는 생각의 반란》. 이진원 역. (서울: 김영사, 2012). pp. 467-469.
21) 조우성. 《한 개의 기쁨이 천 개의 슬픔을 이긴다》. (서울: 서삼독, 2022).
22) 정도언, 《당신이 숨기고 있는 것들》. (서울: 지와인, 2021). p. 126.
23) 로버트 그린. 《인간 본성의 법칙》. 이지연 역. (서울: 위즈덤하우스, 2022). p. 31.
24) 마사 누스바움. 《연민》. 임현경 역. (서울: RHK, 2020). pp. 176-177.
25) 홍성수. 《말이 칼이 될 때: 혐오 표현은 무엇이고 왜 문제인가?》. (서울: 어크로스, 2018).
26) 마르쿠스 아우렐리우스. 《명상록》. 이현우 외 편역. (서울: 메이트북스, 2021). p. 105.
27) 이것은 빌 비숍의 《관계 우선의 법칙》에서 성장을 가로막는 8가지 제한 요인을 일부 수정하여 보완한 것입니다. 빌 비숍. 《관계 우선의 법칙》. 김승욱 역. (서울: 경영정신, 2001). p. 95 참조.
28) 제러미 리프킨. 《공감의 시대》. 이경남 역. (서울: 민음사, 2010). p. 731.
29) 로먼 크르즈나릭. 《공감하는 능력》. 김병화 역. (서울: 더퀘스트, 2014). p. 18.
30) 제러미 러프킨. 《회복력의 시대》. 안진환 역. (서울: 민음사, 2020). p. 357.
31) 조셉 비카르트. 《결정 수업》. 황성연 역. (서울: 현대지성, 2022). p. 245.
32) 뤼트허르 브레흐만. 《휴먼카인드: 감춰진 인간 본성에서 찾은 희망의

연대기》. 조현옥 역. (서울: 인플루엔셜, 2020. p. 481.

33) 박민수. '공감력, 4차 산업혁명 시대에 무엇을 의미하는가?'. Journal of Engineering Education Research. 2019(Vol. 22, No. 1). pp. 16-21.

34) 로런스 앨리슨 외. 《타인을 읽는 말》. 김두완 역. (서울: 흐름출판, 2021). pp. 331-332.

35) 로먼 크르즈나릭. 《공감하는 능력》. 김병화 역. (서울: 더퀘스트, 2014). pp. 298-299.

36) 김주환. 《내면소통》. (서울: 인플루엔셜, 2023). p. 91.

37) https://www.manpowergroup.com/en/insights/10-communication-skills.

38) 레오나르드 믈로디노프. 《새로운 무의식: 정신분석에서 뇌과학으로》. 김명남 역. (서울: 까치글방, 2013). pp. 157-158.

39) 상게서. p. 160.

40) 권두승 외. 《성인학습 및 상담》. (서울: 교육과학사, 2021). pp. 345-347.

41) 에드워드 윌슨. 《인간 존재의 의미》. 이한음 역. (서울: 사이언스북스, 2016).

42) 상게서. p. 31.

43) 상게서. pp. 37-38.

44) 마사 누스바움. 《타인에 대한 연민》. 임현경 역. (서울: RHK, 2020). p. 175.

45) 애덤 그랜트. 《오리지널스》. 홍지수 역. (서울: 한국경제신문, 2022). p. 223.

46) 상게서. p. 223.

47) 상게서. p. 227.

48) 정신과 의사 전미경은 '인간관계 손절의 기술'에서 손절에도 기술이 필요하다고 보면서 1) 경청과 이해, 2) 공감과 소통, 3) 수용과 타협, 4) 포기와 정리 단계를 제시하고 있습니다. https://youtu.be/6DxMGOEESLI.

49) https://dbr.donga.com/article/view/1303/article_no/3547/ac/magazine.

50) 레이 달리오. 《원칙》. 고영태 역. (서울: 한빛비즈, 2022). pp. 282-283.

51) https://dbr.donga.com/article/view/1203/article_no/6175.

52) https://dbr.donga.com/article/view/1203/article_no/6175.

53) 레이 달리오. 전게서. p. 469.
54) 수전 파울러. 《최고의 리더는 사람에 집중한다》. 박영준 역. (서울: 가나출판사, 2015). p. 79.
55) 페터 비에리. 《삶의 격》. 문항심 역. (서울: 은행나무, 2022). p. 139.
56) 레이 달리오. 전게서. p. 444.
57) 리드 호프먼 & 벤 카스노카. 《연결하는 인간》. 차백만 역. (서울: RHK, 2015). p. 157.
58) 존 클레멘스 외. 《고전에서 배우는 리더십》, 김민홍 편역. (서울: 매일경제신문사, 2004). p. 230.
59) 닐스 플레깅. 《언리더십》. 박규호 역. (서울: 흐름출판, 2011). p. 44.
60) 미셸 레더먼. 《아는 사람의 힘 사람, 일, 성공을 연결하는 커넥터 기술》. 도지영 역. (서울: 유노북스, 2019).
61) Reid Hoffman & Ben Casnocha. 《The Start-up of You Adapt to the Future, Invest in Yourself, and Transform Your Career》. (NY: Random House Business Books, 2012). p. 197.
62) 리드 호프먼 & 벤 카스노카. 《연결하는 인간》. 차백만 역. (서울: RHK, 2015). p. 155.
63) 상게서. p. 265.

제7장: 싸(4)가지 없는 사랑은 폭력이다

1) 말하자면, 50년대와 60년대의 절대적인 빈곤의 시대에서 태어나 한편으로는 70년대와 80년대의 산업화를 거치면서 상대적 박탈감이 극대화되었던 시기에 청소년기를 거친 세대인가 하면, 산업화를 이끈 핵심세대였고, 뒤따르는 민주화 시대에는 후배들로부터 온갖 소리를 다 듣고 견뎌야 하였던, 말하자면, 서럽디 서러운 낀 세대이기도 합니다. 다른 한편으로는 사회발전에 대한 공헌 가치가 절대적으로 크다고 자기 긍정이 강한 세대 특성이 있는 것도 사실입니다.
2) 에리히 프롬. 《사랑의 기술》. (서울: 문예출판사, 2019). p. 13.
3) 상게서. p. 17.
4) 강신주. 《감정수업》. (서울: 민음사, 2014). p. 442.

5) 에리히 프롬. 전게서. pp. 44-47.
6) 류승연.《배려의 말들》. (서울: 도서출판 유유, 2020).
7) 김덕권. 브레이크 뉴스 칼럼(2021.6.23.).
8) 알랭 드 보통.《불안》. (서울: 은행나무, 2020). p. 230.
9) 공자.《논어》. 오세진 역. 〈서울: 홍익출판사, 2020).
10) 조던 피터슨. 김한영 역.《질서 너머: 인생의 다음단계로 넘어가는 12가지 법칙》. (서울: 웅진지식하우스). p. 357.
11) 상게서. p. 314.
12) 상게서. p. 315.
13) 이 말은 1992년도에 국민 드라마로 기록되었던 드라마 〈사랑이 뭐길래〉의 OST에서도 사용되었습니다. 드라마 중에서 대발이 아버지인 남편 이순재에게 구박당한 김혜자가 신세 한탄을 하며 홀로 노래를 듣는 중에 '네가 나를 모르는데 난들 너를 알겠느냐….' 한이 맺힌 듯한 웃음소리로 끝나는 구슬픈 노래가 라디오에서 흘러나왔던 장면이 바로 그것입니다.
14) 제인 오스틴.《오만과 편견》. 전승희 외 역. (서울: 민음사, 2009).
15) 톨스토이.《전쟁과 평화》. 연진희 역. (서울: 민음사, 2019).
16) 톨스토이.《사람은 무엇으로 사는가?》. 홍대화 역. (서울: 현대지성, 2021). pp. 3-5.
17) 박노해.《걷는 독서》. (서울: 느린걸음, 2021). p. 5.

제8장: 진정한 이해는 머리로 하는 것이 아니라 가슴으로 하는 거다

1) 나중에서야 안 일이지만, 그때의 술은 보통의 막걸리가 아니라, 물로 희석하기 바로 전의 술로 '모리미'라고 하는 것으로 매우 독한 술이었습니다. 말하자면, 양조장의 고모님께서 동생인 필자의 아버지께 특별히 주신 술이었던 것입니다.
2) https://www.scolarisgroup. com/sou.
3) https://www.polyu.edu.hk/obe/students/files/deep. pdf.
4) https://www.polyu.edu.hk/obe/students/files/deep. pdf.
5) 제럴드 잘트먼.《How Customers Think- 소비자의 숨은 심리를 읽어라》. 노규형 역. (서울: 21세기북스, 2004). p. 44.

6) 상게서. pp. 4-45.
7) 배철현. '에토스, 로고스, 파토스'. 《신동아》. 2016년 8월호. https://shindonga.donga.com/Series/3/990544/13/728146/2.
8) 김윤희. '고대 연설에 나타난 설득의 방법적 요소에 관한 연구.' 강원대학교 인문과학연구소. 《인문과학연구》. 2012, vol 34, pp. 259-286.
9) 배철현. 전게논문. p. 13.
10) 대니얼 카너먼. 《생각에 관한 생각》. 이진원 역. (서울: 김영사, 2016). pp. 458-469.
11) 김주환. 《내면소통》. (서울: 인플루엔셜, 2023).
12) 제럴드 잘트먼. 《How Customers Think- 소비자의 숨은 심리를 읽어라》. 노규형 역. (서울: 21세기북스, 2004). p. 73.
13) 정도언. 《당신이 숨기고 있는 것들》. (서울: 지와인, 2021). p. 105.
14) 로먼 크르즈나릭. 《공감하는 능력》. 김병화 역. (서울: 더퀘스트, 2014). p. 52.
15) 조너선 하이트. 《바른 마음: The Righteous Mind》. 왕수민 역. (서울: 웅진지식하우스, 2014). pp. 223-224.
16) 상게서. p. 224.
17) 제러미 리프킨. 《공감의 시대》. 이경남 역. (서울: 민음사, 2010). p. 55.
18) 로먼 크르즈나릭. 《공감하는 능력》. 김병화 역. (서울: 더퀘스트, 2014). p. 13.
19) 상게서. p. 21.
20) 상게서. p. 21.
21) 권두승 외. 《성인학습 및 상담》. (서울: 교육과학사, 2021). p. 270.
22) https://tenrycolle.com/skills/listening/definition-and-stages-of-listening-process/.
23) https://tenrycolle.com/skills/listening/definition-and-stages-of-listening-process/.
24) https://openpress.usask.ca/rcm200/chapter/stages-of-listening/.
25) 권두승 외. 《성인학습 및 상담》. (서울: 교육과학사. 2021). pp. 387-391.
26) 로버트 그린. 《인간 본성의 법칙》. 이지연 역. (서울: 위즈덤하우스, 2022). p. 336.

27) 앨런 랭어. 《마음 챙김》. 이양원 역. (서울: 더퀘스트, 2018). p. 118.
28) 앨런 랭어. 《늙는다는 착각》. 변용란 역. (서울: 유노북스, 2022). pp. 59-60.
29) 앨런 랭어. 《마음 챙김》. 이양원 역. (서울: 더퀘스트, 2018). pp. 121-123.
30) 앨런 랭어. 《늙는다는 착각》. 변용란 역. (서울: 유노북스, 2022). p. 31.
31) 앨런 랭어. 《마음 챙김》. 이양원 역. (서울: 더퀘스트, 2018). p. 124.
32) 정도언. 《당신이 숨기고 있는 것들》. (서울: 지와인, 2021). p. 127.

제9장: 만남은 교육에 선행한다

1) 권두승 외. 《성인학습 및 상담》. (서울: 교육과학사, 2021). p. 41.
2) 정민승. 《성인학습의 이해》. (서울: 에피스테메, 2010).
3) 파울로 프레이리. 《페다고지 Pedaogy: 50주년 기념판》. 남경태 역. (서울: 그린비, 2019).
4) 허버트 미드. 《정신, 자아, 사회》. 山本雄二 譯. (東京: みすず書房, 2021).
5) 마틴 부버. 《나와 너》. 표재명 역. (서울: 현암사, 2018).
6) "어린 왕자는 장미들을 다시 보러 갔다.

그는 꽃들에 말했다. 「너희들은 내 장미를 전혀 닮지 않았어, 너희들은 아직 아무것도 아니야. 누구도 너희들을 길들이지 않았고, 너희들은 누구도 길들이지 않았어. 너희들은 옛날 내 여우와 같아. 수많은 다른 여우들과 다를 게 없는 여우 한 마리에 지나지 않았지. 그러나 내가 친구로 삼았고, 그래서 이제는 이 세상에서 단 하나밖에 없는 여우가 됐어.」

이 말에 장미꽃들은 난처했다.

「너희들은 아름다워, 그러나 너희들은 비어 있어.」 어린 왕자는 다시 말했다. 「아무도 너희들을 위해 죽을 수는 없을 거야. 물론 멋모르는 행인은 내 장미도 너희들과 비슷하다고 생각할 거야. 그러나 그 꽃 하나만으로도 너희들 전부보다 더 소중해. 내가 물을 준 꽃이기 때문이야. 내가 바람막이로 바람을 막아 준 꽃이기 때문이야. 내가 벌레를 잡아 준 꽃이기 때문이야(나비가 되라고 두세 마리만 남겨 놓고). 내가 불평을 들어 주고, 허풍을 들어 주고, 때로는 침묵까지 들어 준 꽃이기 때문이야. 그것이 내 장미이기 때문이야.

앙투안 생텍쥐페리(Antoine Saint-Exupery). 《어린 왕자》. 황현산 역. (서울: 도서출판 열린책들, 2015). pp. 88-89.

7) 찰스 디킨스. 《크리스마스 캐럴》. 이은정 역. (서울: 펭귄클래식, 2008).

8) https://blog.aladin.co.kr/haesung/6771185.

9) 헨리 나우웬. 《탕자의 귀향: 집으로 돌아가는 멀고도 가까운 길》. 최종훈 역. (서울: 포에에마, 2009). pp. 13-40.

10) 상게서. p. 15.

11) 클라우스 슈밥. 송경진 역. 《4차산업혁명》. (서울: 메가스터디(주), 2017). pp. 240-241.

12) 파커 파머. 《가르칠 수 있는 용기》. 이종인 외 역. (서울: 도서출판 한문화, 2013). p. 24.

13) 엘런 랭어. 《마음챙김 Mindfulness》. 이양원 역. (서울: 도서출판 길벗, 2015). p. 72-74.

14) 마크 트웨인. 《미시시피강의 생활 Life on the Mississippi》pop: Book. 2019.

제10장: 아는 것이 힘이지만, 잊는 것 또한, 힘이다

1) 조각상 뒤에 언급한 문구가 지금도 기억에 고스란히 남아 있습니다. "마침내 나는 일어섰다. 그리고 한 발을 내디디며 걷는다. 어디로 가야 하는지 그리고 그 끝이 어딘지 알 수는 없지만, 그러나 나는 걷는다. 그렇다. 나는 걸어야만 한다."

2) https://ko.wikipedia.org/wiki/%EB%AF%80%EB%84%A4%EB%AA%A8%A8%EC%8B%9C%EB%84%A4.

3) 로버트 그린. 《전쟁의 기술: 승리하는 비즈니스와 인생을 위한 33가지 전략》. 안진환외 역. (서울: 웅진하우스, 2020). p. 52.

4) 상게서. pp. 53-56.

5) 피터 센게. 《학습하는 조직》. 강혜정 역. (서울: 에이지 21, 2014).

6) 피터 드러커. 《프로페셔널의 조건》. 이재규 역. (서울: 청림출판, 2001).

7) 게리 하멜 & 프라할라드. 《미래경쟁전략》. 김소희 역. (서울: 21세기북스, 2011).

8) 배리 오라일리. 《언러닝 Unlearning》. 박영준 역. (서울: 위즈덤하우

스. 2023).

9) 엘런 랭어. 《마음 챙김》. 이양원 역. (서울: 더 퀘스트, 2022). p. 56.

10) 홍사현. '망각으로부터의 기억의 발생 – 니체의 기억 개념 연구'. 서강대학교 철학연구소. 《철학 논집》. 2015, vol. 42, p. 325.

11) 강신주. 《망각과 자유》. (서울: 갈라파고스, 2012). p. 38.

12) 홍사현. 전게논문. pp. 325–326.

13) 레이몬드 벨리오티. 《권력의 조건》. 한누리 역. (서울: 한누리, 2017). pp. 144–145.

14) 시어도오 젤딘. 《인생의 발견》. 문희경 역. (서울: 어크로스, 2016). p. 174.

15) 상게서. p. 172.

16) 캐럴 드웩. 《마인드셋: 스탠퍼드 인간 성장 프로젝트》. 김준수 역. (서울: 스몰빅라이프, 2017).

17) 배리 오라일리. 《언러닝》. 박영준 역. (서울: 위즈덤하우스 2023). p. 107.

18) 애덤 그랜트. 《씽크 어게인》. 이경식 역. (서울: 한국경제신문, 2022). pp. 390–391.

19) 캐럴 드웩. 전게서. p. 138.

20) https://emeritus.org/blog/learning-to-unlearn/.

21) 배리 오라일리. 《언러닝》. 박영준 역. (서울: 위즈덤하우스, 2023). p. 14.

22) https://www.weforum.org/agenda/2022/02/learning-to-unlearn-exponetially/.

23) 지그문트 바우만. 《고독을 잃어버린 시간》. 조은평 외 역. (서울: 동녘, 2013). p. 203.

24) 허명숙, 천면중. '구성원들의 학습 관성, 폐기학습, 지식통합능력, 혁신행동 간의 관계에 관한 실증연구'. 한국지식경영학회. 《지식경영연구》. 2015. 16(2), pp. 249–278.

25) 찰스 두히그. 《습관의 힘》. 강주헌 역. (서울: 갤리온, 2012). pp. 379–392.

26) 이반 이스쿠이에르두. 《망각의 기술》. 김영선 역. (서울: 심심, 2017). p. 62.

27) 배리 오라일리. 《언러닝》. 박영준 역. (서울: 위즈덤하우스, 2023). pp. 34–40.

28) 상게서. p. 36.

29) https://barryoreilly.com/explore/blog/the-obstacles-to-unlearning/.

30) https://emeritus.org/blog/learning-to-unlearn/.
31) 배리 오라일리. 전게서. p. 289.
32) 마크 쉔, 크리스틴 로버그. 《편안함의 배신》. 김성훈 역. (서울: 위즈덤하우스, 2012). p. 29.
33) https://emeritus.org/blog/learning-to-unlearn/.
34) 스튜어트 브랜드. 《느림의 지혜》. 박근서 역. (서울: 해냄. 2000). p. 18.
35) 이반 이스쿠이에르두. 《망각의 기술》. 김영선 역. (서울: 심심, 2017). p. 223.
36) 이진우. 《니체의 인생강의》. (서울: 휴머니스트, 2015). p. 144.

제11장: 인생이 머무는 곳은 '그래도'라는 섬이다

1) 제대 후 나중에 안 사실이지만, 삼청교육대 순화 교육은 전두환 정권 시절의 대표적인 인권탄압사건으로 1988년 국회의 국방부 국정감사 발표에 의하면 삼청교육대 현장 사망자가 52명, 후유증으로 인한 사망자 3백97명, 정신장애 등 상해자 2천6백78명이 발생한 것으로 보고되었습니다.
2) 여기서 국난극복 기간은 '1979년 박정희 전 대통령이 사망한 10 · 26 사태 이후부터 제5공화국 출범인 1981년 1월까지를 '국난 기간'으로 규정하고 있습니다. 이에 따르면 국난을 극복하는 데 공을 세운 군인이나 군무원, 공무원, 주한 외국 군인 등에게 기장을 수여하도록 했으며, 기장 수여 대상자가 사망했을 때는 그 유가족이 받을 수 있도록 했습니다. 네이버 시사상식사전 〈국난극복기장령〉 참조.
3) 빅터 프랭클. 《죽음의 수용소에서》. 이시형 역. (서울: 청아출판사). p. 211.
4) 정도언. 《당신이 숨기고 있는 것들》. (서울: 지와인, 2021). p. 299.
5) 최진석. 《탁월한 사유의 시선》. (서울: 21세기북스, 2022). p. 170.
6) 배철현. 《나를 깨우는 짧고 깊은 생각: 심연》. (서울: 21세기북스, 2020). p. 50.
7) 상게서. p. 46.
8) 마르크스 아우렐리우스. 《명상록》. 이현우 외 편역. (서울: 메이트북스, 2021). p. 85.

9) 이 말은 프랭클린 루스벨트 미국 대통령 부인의 명언으로도 알려져 있으며, 영화 〈쿵푸팬더〉에서도 언급된 바 있습니다.

10 헤닝 만켈. 《사람으로 산다는 것》. 이수연 역. (서울: 뮤진트리, 2017). p. 453.

11) 김춘경 외. '부정적 자동적 사고'. 《상담학사전》. (서울: 학지사, 2016).

12) 로버트 그린. 《인간본성의 법칙》. 이지연 역. (서울: 위즈덤하우스, 2022). pp. 344-355.

13) 라이언 홀리데이. 《브레이브: Brave》. 조율리 역. (서울: 다산초당, 2022). p. 35.

14) 조셉 비카르트. 《결정수업》. 황성연 역. (서울: 현대지성, 2022). pp. 46-80.

15) 마사 누스바움. 《타인에 대한 연민》. 임현경 역. (서울: 알에이치코리아, 2020). p. 255.

16) 라이언 홀리데이. 전게서. p. 188.

17) 라이언 홀리데이. 전게서. p. 50.

18) 이 말은 석가모니가 열반에 들기 전 제자들에게 사바세계를 수행하며 살라는 가르침으로 '자등명(自燈明), 법등명(法燈明)'에서 유래한 말입니다.

제12장: 지금 중요한 것은 인생혁명이다

1) 로랑스 드빌레르. 《모든 삶은 흐른다》. 이주영 역. (서울: FIKA, 2023). p. 25.

2) 박주영 판사 판결문. 울산지방법원 2019.12.4. 선고(2019고합241 자살방조 미수).

3) VUCA란 말은 1990년대 초반 미국 육군 대학원에서 처음 사용되기 시작했다고 전해지고 있습니다.

4) 한나 아렌트. 《혁명론》. 홍영표 역. (서울: 한길사, 2004). p. 26.

5) 짐 웰리스. 《가치란 무엇인가》. 박세혁 역. (서울: IVP, 2011). p. 20.

6) 상게서. p. 59.

7) 상게서. p. 24.

8) 제러미 러스킨. 《회복력의 시대: The Age of Resilience》. 안진환 역. (서울: 민음사, 2022). pp. 30-31.
9) 레이 달라오. 《원칙》. 고영태 역. (서울: 한빛비즈, 2022). pp. 195-196.
10) 프라할라드 외. 《경쟁의 미래》. 김정수 역. (서울: 세종서적, 2014). p. 42.
11) 제러미 러스킨. 전게서. pp. 351-352.
12) 빅터 프랭클린. 《죽음의 수용소에서》. 이시형 역. (서울: 청아출판사).
13) 상게서. p. 166.
14) 다니엘 핑크. 《Drive 드라이브》. 김주환 역. (서울: 청림출판, 2017), p. 197.
15) 상게서. pp. 5-17.
16) 상게서. p. 198.에서 재인용.
17) 상게서. p. 357.
18) 상게서. p. 205.
19) 페터 비에리. 《삶의 격: 존엄성을 지키며 살아가는 방법》. 문항심 역. (서울: 은행나무, 2022). p. 111.
20) 페터 비에리. 전게서. p. 111.
21) 제러미 리프킨. 《회복력의 시대: The Age of Resilience》. 안진환 역. (서울: 민음사, 2022). p. 352.
22) 존 던. 《인간은 섬이 아니다》. 김명복 역. (서울: 나남, 2009). p. 178.
23) 제러미 리프킨. 전게서. p. 361.
24) 조지프 헨릭. 《위어드: Weird》. 유강은 역. (서울: 21세기북스, 2022). p. 58.
25) 웨인 다이어. 《모두에게 사랑받을 필요는 없다》. 장원철 역. (서울: 스몰빅라이프, 2020).
26) 이 말은 얼마 전에 JTBC에서 방영된 드라마 〈대행사〉에서 주인공 고아인(이보영 분)이 대기업 사장직을 그만두고 새롭게 창업한 회사에서 직원들과의 대화에서 한 대사인 "내 한계를 남들이 왜 결정하지"라는 말을 인용한 것입니다.
27) 권두승. '사회적 자본의 형성 평생학습이 답이다.'. 김성회 외. 《한국의 논점 2018》. (서울: 북바이북, 2018). pp. 376-384.
28) SBS 미래부. 《더 좋은 사회, 더 나은 미래》. (서울: 한울, 2017). p. 37.
29) 오선정. 《사회자본과 노동시장의 성과 보고서》. (서울: 한국노동연구원,

2017). p. 3.

30) 서울특별시. '공유경제와 사회적 자본'. 《서울소식》. (2019.10.14.).

31) 도리스 메르틴. 《아비투스》. 배명자 역. (서울: 다산초당, 2020). p. 308.

32) 오선정 외. 《사회자본과 노동시장의 성과》. (한국노동연구원 보고서, 2017). p. 3.

33) 제러미 리프킨. 《공감의 시대》. 이경남 역. (서울: 민음사, 2010). p. 731.

34) 로먼 크르즈나릭. 《공감하는 능력》. 김병화 역. (서울: 더퀘스트, 2014). p. 18.

35) 제러미 리프킨. 《회복력의 시대》. 안진환 역. (서울: 민음사, 2020). p. 357.

36) 조셉 비카르트. 《결정수업》. 황성연 역. (서울: 현대지성, 2022). p. 245.

37) 뤼트허르 브레흐만. 《휴먼카인드: 감춰진 인간본성에서 찾은 희망의 연대기》. 조현옥 역. (서울: 인플루엔셜, 20210). p. 481.

38) 박민수. '공감력, 4차 산업혁명 시대에 무엇을 의미하는가?'. Journal of Engineering Education Research. 2019(Vol. 22, No. 1). pp. 16-21.

39) 로런스 앨리슨 외. 《타인을 읽는 말》. 김두완 역. (서울: 흐름출판, 2021). pp. 331-332.

40) 정희원. 《당신도 느리게 나이 들 수 있습니다》. (서울: 더퀘스트, 2023).

41) Robert P. Friedland. 《Unaging: The Four Factors that Impact How You Age》. (London: Cambridge University Press, 2022).

42) 페터 비에리. 《삶의 격》. 문항심 역. (서울: 은행나무, 2022). p. 374.

43) 존 로빈스. 《존 로빈스의 인생 혁명》. 김은령 역. (서울: 시공사, 2011).

44) 제임스 클리어. 《자유 작은 습관의 힘》. 이한이 역. (서울: 비즈니스북스, 2019).

45) 앤디 우드. 《해빗》. 김윤재 역. (서울: 다산북스, 2020). p. 19.

46) 권두승 외. 《성인학습 및 상담》. (서울: 교육과학사, 2021). p. 116.

47) 필립 코틀러 외. 《마켓 5.0》. 이진원 역. (서울: 더퀘스트, 2021). pp. 65-66.

48) 피터 드러커. 《이노베이터의 조건》. 이재규 역. (서울: 청림출판, 2001). p. 120.

49) 존 코터. 《변화 리더의 조건》. 한정곤 역. (서울: 김영사 2007).

50) 여기서 주의는 우리의 인지적 능력의 한계를 효율적으로 사용할 수 있

도록 돕습니다. 주의를 두고 있는 정보만을 받아들이기 위해 선택적으로 정보를 무시하게 합니다. 그 덕에 우리는 우리가 중요하다고 여기는 것에 집중할 수 있다는 것입니다. 적극적으로 행동하는 인간은 소극적으로 행동하는 인간보다 더 많은 것을 배우게 됩니다. 그래서 적극적 참여가 배움의 두 번째 요소라고 보았습니다. 세 번째 기둥인 에러 피드백은 적극적 참여와 함께 중요한 요소이며, 마지막으로 우리가 배운 것을 모아 장기 기억화하면서 단단히 한데 모으는 능력, 통합이 마지막 요소입니다. 이 네 가지 요소는 태어날 때부터 우리가 죽기 전까지 배움을 유지할 수 있게 만드는 중요한 요소입니다.

51) 로버트 세틀 외. 《소비의 미래》. 대홍기획 마케팅컨설팅그룹 역. (서울: 세종서적, 2010). p. 179.

52) 도널드 클리프턴 외. 《위대한 나의 발견 강점 혁명》. 갤럽 역. (서울: 청림출판, 2019).

53) 존 맥스웰. 《사람은 무엇으로 성장하는가》. 김고명 역. (서울: 비즈니스북스, 2012). pp. 4-6.

54) 스티븐 코비. 《원칙중심의 리더십》. 김경섭 역. (서울: 김영사, 2001). p. 484.

55) 제프리 페퍼. 《권력의 기술》. 이경남 역. (서울: 청림출판, 2011).

56) 애덤 그랜트. 《기브 앤 테이크 Give and Take》. 윤태준 역. (서울: 생각연구소, 2023).

57) 새뮤얼 보울스. 《협력하는 종》. 최정규 역. (서울: 한국경제신문사, 2016).

58) https://worldhappiness.report/ed/2022/.

59) 조너선 라우시. 《인생은 왜 50부터 반등하는가》. 김고명 역. (서울: 부키, 2021).

60) 게일 가젤. 《하버드 회복탄력성 수업》. 손현선 역. (서울: 현대지성, 2022). p. 22.

61) 김주환. 《회복탄력성》. (서울: 위즈덤하우스, 2019). pp. 245-256.

62) 김주환. 《내면소통: 삶의 변화를 가져오는 마음근력 훈련》. (서울: 인플루엔셜, 2023). p. 33.

63) 상게서. p. 19.

64) 게일 가젤. 전게서. p. 208.

65) 뤼트허르 브레흐만. 《휴먼카인드》. 조현욱 역. (서울: 인플루엔셜,

2021). p. 516.

66) 로버트 그린. 《인생의 법칙》. 이지연 역. (서울: 위즈덤하우스, 2022). pp. 19-20.

67) 짐 콜린스 외. 《성공하는 기업들의 8가지 습관》. 워튼 포럼 역. (서울: 김영사, 2002). pp. 69-70의 글 내용을 일부 수정보완한 것입니다.

68) 스펜서 존슨. 《선물》. 형선호 역. (서울: 랜덤하우스코리아, 2011).

69) TvN의 방송 프로그램인 〈유퀴즈온더블록〉에서 방송인 유재석과 조세호와의 대화에서 나영석 PD가 방송인 강호동을 언급하면서 한 말입니다.

70) 다니엘 핑크. 《드라이브 Drive》. 김주환 역. (서울: 청림출판, 2017). pp. 203-205.

에필로그: 지금 중요한 것은 내 안의 VIP를 맞이하는 것이다

1) 벤저민 하디. 《최고의 변화는 어떻게 만들어지는가》. 김미정 역. (서울: 비즈니스북스, 2021). p. 305.

2) 이 말은 프랑스의 소설가이자 문화평론가인 폴 부르제(Paul Bourges)가 《한낮의 악마》라는 책에서 언급한 것으로 전해지고 있으며, 은지상. 《생각대로 살지 않으면 사는 대로 생각하게 된다》. (서울: 황소북스, 2016)에서도 인용하고 있습니다.

3) 조셉 비카르트. 《결정수업》. 황성연 역. (서울: 현대지성, 2022). p. 104.

4) 최진석. 《탁월한 사유의 시선》. (서울: 21세기북스, 2022). p. 179.

5) 조던 피터슨. 《12가지 인생의 법칙: 혼돈의 해독제》. 강주현 역. (서울: 메이븐, 2021). p. 133.

6) 리드 호프먼, 벤 카스노카. 《연결하는 인간》. 차백만 역. (서울: RHK, 2015). p. 10.

7) 이 말은 나폴레옹이 '오늘 나의 불행은, 언젠가 내가 잘못 보낸 시간의 보복이다.'라고 말한 것을 패러디 한 것입니다.

찾아보기

인명

ㅊ

ㅋ

ㅌ

ㅍ

내용

ㄱ

ㅅ

ㅇ

ㅈ

ㅊ

ㅋ

저자 소개

권두승

명지전문대학교 총장이자 (사단법인)한국청소년지원네트워크 설립 이사장. 고려대학교 사범대학 교육학과를 졸업하고 잠시 구로공단 지역의 청년교육 기관에서 일하다가 사람들의 평생학습을 촉진하는 데 관심을 두고 고려대학교 대학원에서 교육학 석사 및 박사학위를 받았다. 일본 도쿄대학교 객원 연구원, 고려대학교 객원교수, 한국평생교육학회 15대 학회장, 한국평생교육총연합회 26대 회장을 역임했다. 성인의 학습활동을 촉진하는 원리와 그 제도화 연구에 매진해 왔다. 저서로 〈성인학습 및 상담〉, 〈평생교육경영론〉, 〈성인 교육자론〉 등이 있고, 역서로는 〈평생교육의 미래〉, 〈여가학으로의 초대〉가 있다. 서울대학교, 연세대학교, 고려대학교, 이화여자대학교, 중앙대학교, 아주대학교, 명지대학교에서 학부생 또는 대학원생을 대상으로 성인학습론을, 세바시에서는 '창의성은 인정에서 자란다' 주제로 강의를 한 바 있다.

영원한 베타

원하는 변화를 이루기 위한 방법

Be the change you wish to be

2023년 7월 10일 1판 1쇄 인쇄
2023년 7월 15일 1판 1쇄 발행

저　자 • 권두승
발행인 • 한정주
발행처 • 교육과학사

경기도 파주시 광인사길 71
전화 • 031)955-6956~8 / 팩스 031)955-6037
Home-page • http://www.kyoyookbook.co.kr
E-mail • kyoyookbook@daum.net, kyoyook@chol.com
등록 • 1970년 5월 18일 제2-73호

정가 22,000원

ISBN 978-89-254-1792-9